U0561105

A Research on Western Postmodern
Educational Historiography

# 西方后现代教育史学

李先军 ◎ 著

华东师范大学出版社
·上海·

图书在版编目(CIP)数据

西方后现代教育史学/李先军著.—上海:华东师范大学出版社,2023
ISBN 978-7-5760-3472-1

Ⅰ.①西 Ⅱ.①李… Ⅲ.①教育史-西方国家-现代 Ⅳ.①G519

中国国家版本馆CIP数据核字(2023)第021337号

# 西方后现代教育史学

著　　者　李先军
责任编辑　彭呈军
特约审读　朱晓韵
责任校对　樊　慧　时东明
装帧设计　卢晓红

出版发行　华东师范大学出版社
社　　址　上海市中山北路3663号　邮编 200062
网　　址　www.ecnupress.com.cn
电　　话　021-60821666　行政传真 021-62572105
客服电话　021-62865537　门市(邮购)电话 021-62869887
地　　址　上海市中山北路3663号华东师范大学校内先锋路口
网　　店　http://hdsdcbs.tmall.com

印 刷 者　上海景条印刷有限公司
开　　本　787毫米×1092毫米　1/16
印　　张　24.25
字　　数　437千字
版　　次　2023年3月第1版
印　　次　2023年3月第1次
书　　号　ISBN 978-7-5760-3472-1
定　　价　86.00元

出 版 人　王　焰

(如发现本版图书有印订质量问题,请寄回本社客服中心调换或电话021-62865537联系)

本书为国家社会科学基金教育学一般课题"西方后现代教育史学研究"(BOA180048)的最终研究成果。

# 目 录

**导论·001**

    一、选题缘由与研究价值：教育史研究与现实需要   001
    二、相关概念界定及理论基础   004
    三、本书框架   006

**第一章 | 西方后现代教育史学的勃兴·009**

    **第一节  后现代主义思想的产生与发展**   011
        一、后现代主义概念溯源   011
        二、后现代主义思想的发展   016
        三、后现代主义思想的主要特征   019

    **第二节  后现代教育史学的兴起**   024
        一、后现代教育史学的产生   024
        二、后现代教育史学对传统的超越   030

**第二章 | 历史化教育史学·037**

    **第一节  历史化教育史学的产生**   039
        一、福柯等后现代思想的影响   041
        二、对理性主义视角下传统教育史学研究方法解构   044
        三、美国教育史学批判的传统对课程史研究的影响   049

    **第二节  波克维茨的历史化课程史学**   052
        一、波克维茨的历史化课程史学方法论   052
        二、波克维茨课程史学研究的具体运用   062

### 第三节　林恩·范德勒的课程史研究　078
一、林恩后现代课程史学思想的缘起　079
二、教育史中理论主义方法批判　083
三、当下主义方法的运用　085
四、受教育主体的谱系学　088

## 第三章｜新文化教育史学·093

### 第一节　新文化史学的兴起　095
一、大众文化的崛起　095
二、新马克思主义史学的影响　097
三、人类学的研究实践　099

### 第二节　新文化史学对教育史研究的意义　102
一、为教育史研究找到一种新的解释框架　102
二、扩展了教育史的研究范围　106

### 第三节　图像教育史学　112
一、图像史学兴起的缘由及其价值　113
二、图像史学研究方法的教育史学借用　117
三、荷兰图像教育史学　122
四、运用图像史学研究需注意的问题　130

## 第四章｜新叙事教育史学·135

### 第一节　后现代历史叙事的缘起　137
一、后现代历史叙事的产生　138
二、新叙事史学对传统史学的超越　140
三、叙事合法性的后现代辩护　143

### 第二节　新叙事史学与教育史学研究　146
一、叙事在教育史研究中的意义　146
二、新叙事史学在教育史研究中的运用　149

## 第五章 ｜ 后殖民主义教育史学 · 157

### 第一节 殖民地教育史研究的兴起　159

### 第二节 后殖民教育史学的理论基础　163
一、东方学理论　163
二、自我技术的生产理论　165
三、第三空间理论　166

### 第三节 后殖民批判理论对殖民教育的解构　168
一、殖民地当局对教育霸权有意识地建构　169
二、殖民地人民与殖民教育的合作　172
三、殖民地教育对西方教育的反哺　173

### 第四节 后殖民理论在教育史研究中的运用　175
一、发掘殖民地本土教育的历史　175
二、揭露殖民教育压迫殖民地人民的教育历史　177
三、殖民地人民反抗殖民教育的历史　179

## 第六章 ｜ 教育记忆史学 · 183

### 第一节 历史记忆的兴起　185
一、记忆史的产生　185
二、历史与记忆的互动关系　188
三、集体记忆的建构与个体记忆的彰显　191

### 第二节 记忆史学与教育史学研究　195
一、记忆史在教育史研究中的价值　195
二、记忆史学在教育史研究中的应用　198

## 第七章 | 美国后现代教育史学 · 205

### 第一节 美国后现代教育史学的缘起　207
　　一、后现代主义思想的影响　207
　　二、对传统教育史学的反叛　209

### 第二节 斯普林的激进主义教育史学　213
　　一、文化战争的缘起　213
　　二、文化战争的目的　215
　　三、文化战争的过程　216

### 第三节 激进主义的城市教育史学　219
　　一、卡茨的激进主义教育史学　220
　　二、泰亚克的城市教育微观史学　229

### 第四节 索尔·科恩的新文化教育史学　233
　　一、教育史的叙事观　233
　　二、文学作品作为历史材料　237
　　三、电影作为历史材料　239

## 第八章 | 英国后现代教育史学 · 243

### 第一节 英国后现代教育史学的缘起　245
　　一、英国后现代史学思想的影响　245
　　二、英国教育史学自身发展的需要　247
　　三、英国后现代教育史学的概况　249

### 第二节 英国后现代女性教育史学　253
　　一、英国后现代女性主义史学的产生　253
　　二、后现代女性主义史学研究的主题与方法　255

### 第三节 英国新文化教育史学　261
　　一、英国新文化教育史的产生　261

二、大众读写能力史　　262

　　三、图像教育史　　265

　　四、日常生活教育史　　267

　　五、学校建筑史　　271

# 第九章 | 加拿大后现代教育史学·281

## 第一节　加拿大后现代教育史学的产生背景　　283
　　一、加拿大传统教育史学的发展　　283

　　二、加拿大教育史学的转向　　286

## 第二节　加拿大后现代教育史学的主要流派　　288
　　一、女性主义教育史学　　289

　　二、城市教育史学　　299

　　三、家庭教育史学　　308

## 第三节　加拿大后现代教育史学的总体特征　　314
　　一、关注边缘主题，强调教育历史的"他者"　　314

　　二、注重微观研究，肯定个体经验和个人能动性　　316

　　三、运用跨学科研究方法，重视多渠道的史料来源　　317

# 第十章 | 后现代教育史学的评价·319

## 第一节　西方后现代教育史学的成绩　　321
　　一、研究主题的多样化　　321

　　二、激发了教育史研究者的主体性　　322

　　三、关注边缘群体的教育史研究　　325

　　四、研究方法的多元化　　326

　　五、历史编撰方式的多样化　　327

## 第二节　西方后现代教育史学的不足　　328
　　一、教育史研究客观性的冲击　　328

二、教育史研究的碎片化　　332
　　三、教育史研究意义的消弭　　335

　**第三节　后现代主义对中国教育史学的影响**　　336
　　一、新叙事教育史学　　337
　　二、新文化教育史学　　338
　　三、微观教育史学　　341
　　四、教育史学研究方法的反思　　342

# 结语：走向杂糅·345

# 参考文献·354

# 后记·374

# 导　论

本书是国家社会科学基金教育学一般项目"西方后现代教育史学研究"的最终研究成果。

教育史学在于探讨教育史研究的本质与方法，通过对已有教育史研究成果的反思、分析与批判，以期获得教育史研究适切的理论与方法。当前，我国现代化的进程加快，社会发展过程中人的问题也愈加突出，这需要教育改革适应社会发展的需要。教育学理论也应对此作出反应。教育史作为教育学的二级学科，也应对当前不断变化的教育问题作出回应，以满足社会发展对教育变革的需求。20世纪70年代以来，受后现代主义思潮的影响，西方教育史学发生了巨大变化，进而对我国的教育史研究也产生了较大影响。在此背景下，对西方后现代教育史学进行归纳与总结，有利于达成对教育发展历程新的诠释，从而找出教育史研究的最佳路径。

本书旨在探讨西方后现代主义教育史学的缘起、发展过程，及其所取得的成效和不足。主要探讨后现代教育史学各流派，以及在美国、英国、加拿大等西方主要发达国家的发展过程，描述西方后现代教育史学的真实面貌，总结西方后现代教育史学的总体特征，并对其成效和不足加以评价，进而为我国教育史学发展提供有益的借鉴。

## 一、选题缘由与研究价值：教育史研究与现实需要

### （一）选题缘由

1. 我国教育史学存在的问题

随着社会的发展，已无法仅靠传统教育史学指导和解决当前教育史学所面临的问题。近年来，一些研究者批判了教育史研究中存在的问题，如缺少对现实教育问题的关注[1]、在

---

[1] 李先军.论波克维茨的"历史化"教育史学[J].华东师范大学学报(教育科学版),2017(4):99—106.

书写体例上缺乏创新、教科书式的书写方式等①。剪刀加浆糊式的"剪切教育史学"的"研究",追求所谓的客观中立而导致缺乏明确的研究立场,这显然不利于深入理解现实教育问题的历史根源;一些研究者沉醉于史料的堆垛之中,缺少理论阐释和分析,导致解释的深度不够,致使研究的意义未能彰显。

关于教育史学研究的意义,周愚文指出:"如果研究者不去考虑教育史知识的正当性与合法性,则其研究成果的妥当性、客观性(objectivity)与确定性(certainty)基础就不稳固。因为研究的质料(matter)与形式(form)、内容(content)与方法(method),对教育史的研究而言都很重要,缺一不可。……没有教育史实的分析是空的,没有方法论指引的教育史研究是盲目的。"②教育史学的研究可以为教育史研究指明方向。

2. 西方教育史学研究转向

20世纪60年代以后,后现代主义在西方成为一种流行的话语和社会思潮。它影响到人文社会科学领域,尤其体现在美学、文学、哲学的历史学上。在社会科学和后现代主义思想的双重冲击之下,史学研究也发生了巨大变化。在福柯的知识考古学与谱系学方法、德里达的解构主义理论、海登·怀特的叙事理论以及罗兰·巴特的阅读理论等理论的影响下,后现代主义史学得以发微,进而对20世纪80、90年代的西方教育史研究产生影响。

在语言转向、文化转向或叙事转向等后现代思潮的影响下,西方教育史研究也开始出现了一些新的变化。教育史研究的目的、方法、主题、内容都与传统教育史研究呈现出不同的特点。这需要对相关研究从教育史学的视角来进行分析与总结,以便更好地指导教育史研究实践。

## (二) 研究价值

1. 理论价值

第一,可为我国教育史研究奠定理论基础

后现代主义对微观史学、日常生活史学、新文化史学、新叙事史学、女性主义史学等都产生了重要影响,西方学者将其运用到教育史学研究之中后,形成了不同的教育史学流派,

---

① 张斌贤.告别教科书传统:教育研究规范化的必由之路[J].教育科学研究,2017(12):38—40.
② 周愚文.教育史学研究[M].台北:台湾师范大学出版中心,2014:11—12.

使教育史学研究与教育史研究相互促进。因此,对后现代教育史学各主要流派的研究,有利于提高教育史研究水平,促进中国本土特色的教育史学建设。

第二,可奠定我国教育问题研究的理论基础

后现代社会作为现代化的必然进程,它是现代社会发展到一定程度的产物。随着我国现代化进程的加剧,其存在的问题也将显现出现,并呈现出一定的后现代特征,并将作为教育问题表现出来。在后现代教育史学对我国教育研究已经产生影响的背景下,本研究将为对当代教育问题的思考提供一个新的视角。

2. 应用价值

第一,有利于明确教育史研究的意义和方向

教育史作为教育学的二级学科,应为教育学科的发展发出自己的声音,因而应在求真与致用之间寻求平衡。当前教育史研究中所面临的"教科书式书写方式"、缺乏研究立场、忽视史料堆积后的概念解释等问题,使研究者迷失在陈旧的固有套路之中。后现代教育史学强调"往事不可追忆",重视对当前教育现实问题的解决。通过对西方后现代教育史学的研究,进而对教育史观予以重构,并可采取多学科的视角和方法,开阔研究者的视野,拓展教育史研究的领域,构建后现代教育史学研究范式。

第二,有利于解决我国教育史学方法运用不当的问题

当前我国学者在教育史研究中开始运用后现代史学的研究方法和视角,但不少方法的运用存在着偏差,如在运用微观史学和日常生活史等方法,进行教师或学生生活史的研究时,缺少历史解释和对现实教育问题的观照。

第三,有利于提高我国在国际教育史学研究中的话语权

后现代主义在美国人文社会科学领域已经具备巨大的影响力,如在历史学界已经占据主流甚至霸权地位。[①] 后现代教育史学反对西方中心论,对科学主义和实证主义持一种怀疑态度,注重自下而上的研究视角,关注教育史的人文属性,有着对平等、民主的价值追求。因此,本研究有利于在与世界教育史学界的交流中,构建具有中国本土特色的教育史学理论,成为世界教育史的书写者和解说员。

西方教育史学的发展,由传统史学转向新史学,即从强调宏大叙事转向强调微观的教育史研究;到20世纪80、90年代以前受后现代史学的影响,转向新叙事教育史学和新文化

---

① 黄宗智.我们要做什么样的学术?——国内十年教学回顾[J].开放时代,2012(1):60—78.

教育史学。21世纪以来,受全球取向历史学的影响,当代西方教育史学多元化的格局形成。后现代教育史学有利于拓展研究领域,获得新的研究视角与书写体例,丰富教育史的研究。但后现代教育史学也可能带来虚无主义,导致研究的碎片化。教育史研究应反对一种非此即彼的思维方式,采取多元化的研究路径,促进教育史研究的进一步发展。

## 二、相关概念界定及理论基础

### (一) 概念界定

1. 后现代主义

后现代主义是在对现代主义批判的过程中产生的。英国学者佩里·安德森(Perry Anderson)认为,现代主义的创造是一种美学运动:尼加拉瓜诗人鲁文·达里奥于1890年开启了名为现代主义的文学潮流。直到20世纪中叶,现代主义才成为一般用语。后现代主义也是产生于20世纪30年代的西班牙语世界。也有学者如阿普尔比、亨特、雅各布等人认为,"后现代主义"一词最初是在艺术尤其是在建筑艺术领域流行起来的,指反现代艺术。后现代思想家在对标志着现代主义的理性霸权、总体性思维等思想的批判过程中,形成了各种流派。福柯将"后现代"解释为"某种认识和思想的态度"。利奥塔认为,后现代主义就是对元叙事的怀疑。后现代主义的特征是:正在见证多中心的死亡,反对任何总体性、绝对性的东西。陈嘉明认为,后现代主义虽然有各种不同的主张,但也有其共同点,即对现代性的批判、对理性主义的批判、对多元化思维的追求、关注人的生存与生命意义等。[①]

综上所述,后现代主义可以理解为,主张对传统理性霸权的批判反思,对多中心的提倡,以及运用不同的立场、视角和方法去重新解读知识、文化和建构社会规范的一种哲学思潮。

2. 后现代主义史学

关于后现代主义史学,是指在后现代主义思想影响下产生的新的历史流派。主要包括新叙事史、新文化史、批判史学。它是对传统总体史、历史客观性、单一历史解释的一种解构。

---

① 陈嘉明.现代性与后现代性十五讲[M].北京:北京大学出版社,2006:129.

新叙事史代表性的流派,包括意大利的微观史、德国的日常生活史、法国的心态史和事件史。新文化史借助于人类学和文学批评理论的方法,确立了历史学主流的文化转向,主要表现在大众取向、微观取向和叙事取向上。批判史学主要是指,福柯、德里达、利奥塔、怀特、巴特等后现代主义思想家对传统史学的批判与解构。周愚文认为,后现代史学的基本观点是,否认历史书写指涉真实的历史过去。后现代史学的主要观点为:(1)反对历史的大叙事、元叙事;(2)反对历史的因果解释;(3)否认历史的连续性,而强调间断性;(4)否认历史知识的客观真实性与一贯性,且其具权力性质;(5)反对中心主义与统一史,主张多元解释;(6)历史书写只能是叙事文本的论述,不涉及真理;(7)历史文本即是历史实在,其有多种形式,文本是建构的,不涉及之外的世界;(8)历史叙事无法再现历史实在。(9)历史叙事是文学修辞,甚至与虚构类同。①

3. 后现代教育史学

后现代教育史学是在后现代主义哲学和史学的影响下,并将它们运用于教育史的研究中后所产生的研究范式。周愚文认为,后现代主义启发了教育影视史学、后现代女性主义教育史学、新教育文化史、教育的叙事研究,以及教育书写体例的改变等。武翠红认为,后现代教育史学在英国主要体现在:否定西方和国家中心式教育史研究、呈现心理和生活的教育叙述史研究、重视语言和文化因素的教育史研究。本研究认为,后现代教育史学,是指不同于传统以西方、精英人物为中心的大写的历史,它开始关注殖民地和少数族裔的教育史,不同于以往宏观的历史,而是下层人士的日常生活史,具体分为历史化教育史学、新文化教育史学、新叙事教育史学、后殖民主义教育史学、记忆教育史学、后女性主义教育史学等研究范式。

### (二) 理论基础

后现代教育史学以福柯的"当下的历史"(history of present)作为理论基础。所谓"当下的历史",主要是指:

> 目前我们的观念,是如何历史地形成的。即当下的"真",有着深刻的社会历史渊

---

① 周愚文.教育史学研究[M].台北:台湾师范大学出版中心,2014:153—154.

源;通过对历史状况的拷问,可以回答当下人们深信不疑的"真"是何以为"真"的原因。简言之,就是整合多个角度,审视那些所谓的理所当然的观念,是如何被历史地建构,并最终在人们的头脑里成为常规性存在;探寻促使这些观念形成的可能性条件。①

即须分析我们对后现代教育史学的某些看法,是怎样历史地建构起来的。如,我们对后现代主义教育史学所导致相对主义、碎片化的批判是怎样产生的?

### 三、本书框架

本书探讨了西方后现代教育史学的兴起,后现代教育史学各流派,以及它们在美国、英国、加拿大等国的发展过程,并对其作出了评价,以期为我国教育史学的未来发展提供借鉴。

#### (一) 西方后现代教育史学的兴起

探讨后现代教育史学,当然有必要了解它产生的时代背景和学术背景。在20世纪70、80年代,以所谓"文化转向"和"语言学转向"为标志的当代西方社会思潮勃兴,在人文社会科学领域必然会产生广泛的影响,在福柯的后现代主义、利奥塔和德里达的解构主义、巴尔特的符号学理论和怀特的叙事理论等的影响下,后现代教育史学逐渐发展起来。

探讨后现代教育史学,还应归纳后现代史学的主要特征,如宏大叙事的破裂、历史连续性的断裂、历史客观真实神话的破灭等;历史与文学之间界限模糊,也成为了后现代教育史学的主要特征之一。同时,后现代教育史学还具有多元性、批判性、碎片化等特征。如后现代教育史学讲述的,是遗忘的、隐藏的、看不见的、忽视的、变化了的、被抹去的教育历史,即被压抑和边缘化人群的教育历史。它认为,以往教育史学所追求的客观性,是难以实现的,那只是一种"高贵的梦想"。书写可接受历史的关键,在于须从历史学家的立场出发,进行深度地反思与自我实践。后现代教育史学碎片化的思维方式,也并非一无是处,它明显有利于帮助教育史研究者熟悉历史解释的多样性。

---

① 赵婧."碎片化"思维与教育研究——托马斯·波克维茨教授访谈录[J].全球教育展望.2012(10):3—7.

### (二) 西方后现代教育史学主要流派及基本观点

后现代主义意味着对元叙事的怀疑,批判启蒙运动以来的现代性。西方教育史学在后现代主义哲学"语言学转向"影响下,针对传统教育史学只注重教育机构史、制度史、教育思想史等"大写历史"的研究,忽视小人物、小地区、村庄等"小写历史"的教育研究等问题,针对性地进行了文化的转向和叙事的转向,开始采取自下而上和微观的视角,改变了以往注重思辨和分析的教育史学研究范式,开始重视普通人日常教育生活研究,形成了新文化教育史学、新教育叙事史学等后现代教育史学研究范式。

探讨后现代教育史学,应从后现代教育史学几个主要研究领域,如历史化教育史学、新文化教育史学、新叙事教育史学、教育记忆史学、后殖民主义教育史学等入手,来理解和分析后现代教育史学的异同。具体而言,研讨西方后现代教育史学各派别及其代表人物的基本观点。

后现代教育史学在发展过程中,形成的主要派别有:在福柯、德里达和利奥塔等人影响下形成的历史化教育史学,以美国学者托马斯·波克维茨(Thomas Popkewitz)为代表;在诠释学、文学批评、人类学影响下形成的新叙事教育史学和新文化教育史学派别,其主要代表人物为科恩、斯通等人;在萨义德等后殖民主义理论影响下形成的后殖民主义教育史学等。

### (三) 西方各国后现代教育史学的发展过程

探讨后现代教育史学,更有必要介绍后现代教育史学在西方主要国家如美国、英国、加拿大、澳大利亚等国的发展过程,并进行批判性地反思。各国由于文化教育历史发展不同,后现代教育史学发展过程和特色也迥异。如美国出现了激进修正派教育史学,代表人物有乔尔·斯普林(Joel Spring);英国教育史学在女性主义和后现代影响下的后现代女性主义教育史学,以及在文化史影响下出现的大众读写史、图像史、日常生活教育史以及学校建筑史,构成了英国教育史学发展的主题。加拿大受新社会史学和人类学的影响,从大教育的角度来研究那些一直处于边缘和从属地位的少数族裔、女性、工人阶级子女的教育史,也出现了城市教育史与家庭教育史学等流派。由于各国的历史文化传统以及教育研究发展的状况不同,其后现代教育史学也呈现出不同特色。因而应重点探讨各国别具特色的教育史学研究,及其各自对教育史研究产生的影响。

### (四) 西方后现代教育史学的评价

探讨后现代教育史学,还须对它发展的成功经验和历史教训进行批判性反思。西方后现代教育史学虽然丰富了教育史学的研究范式,但其对传统教育史学的批判,明显存在着矫枉过正的问题,如反对历史研究存在的客观性。后现代教育史学与新史学、实证主义教育史学等的关系,其实是一场连续不断的对话,在研究策略上应相互照应,切不可断章取义。后现代史学产生之后,进而对当代的新史学、微观史学、心态史学、社会史学等都产生了深远的影响。如果只是"知新"而不"温故",忽视两者的连续性和复杂性,便难以得出正确的结论,因为任何理论简化都存在着风险。

本书四部分构成的章节分别为:第一部分是西方后现代教育史学的勃兴,为本书第一章;第二部分是西方后现代教育史学各流派,为本书第二至六章;第三部分是西方各国教育史学发展概况,为本书第七至九章;本书最后一部分是对后现代教育史学的评价,为本书第十章。

# 第一章

## 西方后现代教育史学的勃兴

西方后现代教育史学是在后现代主义思想影响下发展起来的。20世纪60年代以来，西方文化发生了一场深刻的变革。后现代主义思想的产生，对文学、哲学、历史学都产生了深远的影响，带来了思想的繁荣。如利奥塔主张的宏大叙事的终结、福柯的知识考古学、海登·怀特(Hayden White)"历史若文学"的语艺论、德里达的解构理论等后现代史学思想，均直接影响到教育史学，使传统教育史学的研究范式受到冲击，在重构中再一次获得了学术滋养，从而发展出多种不同的研究范式。

## 第一节　后现代主义思想的产生与发展

20世纪60年代，一场针对西方启蒙运动以来的现代文化变革兴起，其代表人物是福柯、德里达等人。后现代主义思想最早产生于文学、建筑学，后移植到哲学、社会学以及历史学等其他学科之中。后现代主义思想虽然有着诸多不同派别，但都共同反对启蒙运动以来的人类中心主义、理性霸权等思想。它经历了一个从产生到发展，到20世纪80、90年代进入高潮，再到21世纪初逐渐式微的过程。

### 一、后现代主义概念溯源

后现代主义这一术语的对立面是"现代主义"。现代主义一词，并非来自西方，而是来自拉丁美洲的西班牙语世界。

#### (一)"现代主义"和"后现代主义"的提出

英国学者佩里·安德森认为，"现代主义"一词的创造是一场美学运动的结果。鲁文·达里奥(Ruben Dario)于1890年开启了一股有自觉意识的、名为现代主义(modernismo)的文学潮流，发起了一场以摆脱过去西班牙文学束缚的解放运动。① 现代主义是对传统固步自封的反动，它抗拒传统的束缚，不断求新求变。

---

① 佩里·安德森.后现代性的起源[M].紫辰,合章,译.北京:中国社会科学出版社,2008:1.

20世纪30年代,同样在西班牙语世界出现了"后现代主义"一词。最早使用后现代主义(postmodernismo)这个术语的人是费德里克·德·奥尼斯(Federico de Onis)。他用这个词描述现代主义内部一股保守的逆流:回避难以遏制的抒情性挑战,抑制情感,极力追求细节和反讽式幽默,它最独到的特色在于能够全新而真实地表现女性。①

在20世纪50年代,该术语才出现在英语世界中,并开始在历史学、文学艺术和社会学中产生影响。但到了70年代以后,后现代观念才开始产生广泛的影响。1972年,在美国纽约州宾厄姆顿(Binghamton),威廉·斯潘诺斯(William Spanos)创办了杂志《疆界》(Boundary 2),其副标题为:后现代文学与文化杂志。在越南战争打得最激烈之际,其目标在于"让文学回到现实世界中",而且证明"后现代主义是对新批评的美学形式主义和保守政治观的抛弃、抨击和颠覆"②。此后,后现代主义进入建筑、雕塑与绘画领域。它的出现满足了新时代的精神需求。它既是一种理论,也是一种文化,同时也是一种时代的精神态度。它激烈地反对传统与权威,体现了一种"去中心化"的精神追求。

在陈启能看来,后现代的影响主要体现在三个方面:

> 第一是作为一个新的文化时期的标志。这一文化时期或历史时期并不代表人类社会的发展或者进步。相反,这一时期的到来是人类社会走向没落和哀亡的前兆。第二是作为一种新的文学、美学批判理论。这一理论的主要倾向是反对把人视为世界万物的主导力量,而是把人作为其他事物的同类,带有一种反人文主义倾向。第三是代表一种思潮流派,其主要特征是批判启蒙运动所提倡的理性主义,特别是反对普遍理性的概念和现代化的实践。③

### (二)"后现代主义"的哲学渊源及其诠释

后现代主义哲学思想的源头至少可以追溯到尼采。尼采的多视角主义,激进的反传统精神,都可视为后现代主义的哲学渊源。

但直接运用"后现代"一词的第一本哲学著作是让-弗朗索瓦·利奥塔的《后现代状况:

---

① 佩里·安德森.后现代性的起源[M].紫辰,合章,译.北京:中国社会科学出版社,2008:1.
② 佩里·安德森.后现代性的起源[M].紫辰,合章,译.北京:中国社会科学出版社,2008:16.
③ 陈启能.二战后欧美史学的新发展[M].济南:山东大学出版社,2005:101.

关于知识的报告》。利奥塔直接从哈桑那里学得了后现代这个术语。① 利奥塔将现代主义所主张的社会进步观念,如"科学的进步有利于满足人类的福祉",称为"元叙事"。正是元叙事,使文明社会的各个基本方面都获得了合法化。而后现代是发达社会的知识状态。在他看来,当科学知识的游戏规则合法化的元话语明确求助于诸如精神辩证法、意义阐释学、理性主体或劳动主体的解放、财富的增长等某个大叙事时,我们便用"现代"一词指称这种依靠元话语使自身合法化的科学。而对元叙事的怀疑,则被看作是"后现代"。怀疑大概是科学进步的结果,但这种进步也以怀疑为前提。② 他对信息社会中金钱、技术、权力等之间的关系进行了批判。在今天的出资者话语中,唯一可信的赌注是力量。购买学者、技师和仪器不是为了掌握真理,而是为了增加力量。③ 在这种背景下,知识和权力是同一个问题的两个方面:谁决定知识是什么? 谁知道应该决定什么? 在信息时代,知识的问题比过去任何时候都更是统治的问题。④ 从事科学研究所需的经费,可能导致如果没有金钱,就没有证据,没有对陈述的检验,以致没有真理。科学语言游戏,将变成富人的游戏。最富的人最有可能有理。财富、效能和真理之间出现了一个方程式。⑤ 技术改进来自于发财的欲望,而非求知。技术与利润的"有机"结合先于技术与科学的结合。技术只是通过普及的性能思想的中介才在当代知识中取得了一点重要性。⑥

知识不再以追求真理为目标,而是与财富和权力相联,这导致知识客观性的丧失。历史研究的客观性也不再作为历史学者追求的目标。在教育史领域,研究者也不再去追求教育发展过程的真实性,而只是关注为现行教育政策的合法性进行辩护。

后现代主义者批判了自苏格拉底、柏拉图以来的逻各斯传统,即能够帮助我们揭开实在内部本质的理性主义传统。伊格尔顿指出,从哲学上说,后现代思想的典型特征是避开绝对价值、坚实的认识论基础、总体政治眼光、关于历史的宏大理论和"封闭的"概念体系。它是怀疑论的、开放的、相对主义和多元的,赞美分裂而不是协调,破碎而不是整体,异质而不是单一。它把自我看成是多面的、流动的、临时的和没有任何实质性统一的。后现代主

---

① 佩里·安德森.后现代性的起源[M].紫辰,合章,译.北京:中国社会科学出版社,2008:25.
② 让-弗朗索瓦·利奥塔.后现代状况[M].车槿山,译.南京:南京大学出版社,2011:4.
③ 让-弗朗索瓦·利奥塔.后现代状况[M].车槿山,译.南京:南京大学出版社,2011:158.
④ 让-弗朗索瓦·利奥塔.后现代状况[M].车槿山,译.南京:南京大学出版社,2011:31.
⑤ 让-弗朗索瓦·利奥塔.后现代状况[M].车槿山,译.南京:南京大学出版社,2011:155—156.
⑥ 让-弗朗索瓦·利奥塔.后现代状况[M].车槿山,译.南京:南京大学出版社,2011:156.

义的倡导者,把这一切看作是对大一统的政治信条和专制权力的激烈批判。后现代主义的批评者,则倾向于把它看作是对于资本主义秩序下的真理、现实和身份概念的犬儒主义抛弃,这个资本主义秩序感到这些东西只是它获取利益和进行统治的冲动的障碍。①

**(三) 后现代主义对历史学的影响**

后现代主义史学的产生,晚于后现代哲学。后现代主义在20世纪70年代后期,开始对历史学产生影响。后现代主义挑战了知识具有客观性的观念,从而对历史的客观性提出了质疑。美国历史学家海登·怀特1973年出版的《元史学:十九世纪欧洲的历史想象》一书,标志着新叙事史学的诞生。海登·怀特在书中对以兰克为代表的十九世纪的科学史学进行了猛烈批判,提出了"历史若文学"的观点。

安克斯密特发表了《历史编撰与后现代主义》,他对现代主义史学也进行猛烈批判。他主张:

> 我们已经没有什么文本、过去,而只有对它们的解释。
>
> 我们现在更应该思考过去而不是研究过去。未来我们与过去的关系以及我们对过去的洞见将是一种比喻性的,而不是一种平实性的。后现代主义并不拒斥科学历史编纂,而只是使我们注意到现代主义者的恶性循环,这种循环会令我们相信在它之外不存在任何事物。但实际上,在它之外是历史的目的和意义的整个领域。②

他认为,在后现代主义看来,证据不是指向过去,而是指向对过去的不同解释。③ 现代主义史学家研究的目的,在于寻找真实的过去;而后现代主义者更多的是指向对过去的理解,及其当代意义。也就是说,焦点不在过去本身,而在于现在与过去的关系。

后现代主义的出现挑战了传统历史学中"历史真实"的概念。而历史真实是现代主义史学的核心概念。现代主义史学认为,检验历史研究是否真实的标准,历史叙述是否与客观存在的历史相吻合,在于探究过去真实的历史。历史研究在于探索社会发展的规律,这

---

① 特里·伊格尔顿.后现代主义的幻象[M].华明,译.北京:商务印书馆,2000:致中国读者1—2.
② 弗兰克·安克斯密特.历史编撰与后现代主义[J].陈新,译.东南学术,2005(3):67—77+42.
③ 弗兰克·安克斯密特.历史编撰与后现代主义[J].陈新,译.东南学术,2005(3):67—77+42.

在兰克史学中体现得非常典型。兰克是科学史学的先驱,是近代史学的奠基者,他撰史的标准是"如实直书"。

后现代主义对历史小说也产生了重要的影响。詹明信认为:后现代历史小说不再以重现历史过去为己任;它所要承担的任务,只在于把我们对于"过去"的观念以及观念化的(典型)看法"再现"出来——因此可以说,它自然而然地发挥了一种"大众化"历史的功能……我们只能通过我们对历史所感应到的"大众"形象和"模拟体"来掌握历史,而历史本身却始终是遥不可及的。① 在晚期资本主义,人开始失去了自我。詹明信提出了"认知绘图"式美学。他指出,在《都市的形象》(The Image of the City)一书里,连殊(Kevin Lynch)告诉我们,所谓疏离的都市,归根到底,乃是一个偌大的空间,人处在其中,无法(在脑海里)把他们在都市整体中的位置绘制出来,无法为自己定位,找到自我。② 因为传统的标志(如历史古迹、市中心地带、自然界范图、建筑物,等等)已经不再通行了。这需要在传统的位置中重新制定疏离的方法,重新绘制信号系统。詹明信最后指出,倘使我们真要解除这种对空间的混淆感,假如我们确能发展一种具有真正政治效用的后现代主义,我们必须合时地在社会和空间的层面发现及投射一种全球性的"认知绘图",并以此为我们的文化政治使命。③

现代社会发展存在着的问题也使得人们力图从后现代主义思想中寻找解决之道。现代主义并未完成其承诺,它并未解决人类面临的问题,反而在某些方面变得更加严重。在启蒙的名义下,曾经使人类向往一个人的自由发展的美好社会。但在德国历史学家耶尔恩·吕森看来,现在,启蒙的那个承诺——通过人类理性的自由运用,不受迷信、专制、封建制度的不平等与经济落后的妨碍,在社会中去创造出一种自决生存的基础——不仅显得像一个未曾得到兑现的誓约,而且像是一个恰好变成它反面的期望。人类的理性,摆脱了限制其应用的传统主义的束缚,已经形成了新的控制手段,造成了新的社会不平等和新的依赖。最终它也在各种不同形式的意义虚无体验中导致了一种新的冲突。启蒙的宏伟计划如今被宣告为一个失败。④

---

① 詹明信.晚期资本主义的文化逻辑[M].张旭东,编,陈清侨,等,译.北京:生活·读书·新知三联书店,2013:384.
② 詹明信.晚期资本主义的文化逻辑[M].张旭东,编,陈清侨,等,译.北京:生活·读书·新知三联书店,2013:417.
③ 詹明信.晚期资本主义的文化逻辑[M].张旭东,编,陈清侨,等,译.北京:生活·读书·新知三联书店,2013:422.
④ 耶尔恩·吕森.后现代主义观点下的历史启蒙[J].赵协真,译.东南学术,2005(3):67—77+42.

20世纪60年代的反叛文化,使得后现代主义运动风起云涌。法国1968年"五月风暴"、美国学生的反战运动,及其后来的黑人权利运动、女性主义运动、少数族裔争取平等的斗争等,都构成了对现代主义的挑战,使得后现代主义逐渐流行开来。

### 二、后现代主义思想的发展

后现代主义的产生,植根于西方资本主义的政治经济文化领域内的变革。利奥塔认为,后现代社会的来临与工业化社会的到来息息相关。他认为,科学作为指称真理凌驾于习惯性知识的叙事方式之上,掩盖了自身合法化的基础,从传统上讲,科学自身合法化的基础建立在宏大叙事本身的两种形式上。

第一种宏大叙事形式源于法国大革命,它讲述了一个人类借助于认知进步而成为自身解放的英雄能动者的故事;第二种宏大叙事形式源自于德国唯心主义,讲述了一个逐步展现真理的精神的故事。这就是证明现代性正确的伟大神话。相比之下,后现代状况的规定性特征是,这些元叙事失去了可信性。[①] 它们为多元化所破坏,同时,被技术化证明所破坏。在技术化证明的过程中,资本或国家所掌握的价格昂贵的机器设备把"真理"降低为"述行性"(perfomativity),为权力服务的科学在效率上获得了新的合理性。[②]

后现代主义受到广泛关注始于20世纪60年代末70年代初,当时现代主义已逐渐商品化。第二次世界大战结束后,西方确定了稳定的资本主义制度,而现代主义的发展也到了一个高原期。因为支撑现代主义发展的两个因素已经彻底消失:一是西方有产阶级传统道德的普遍堕落;二是关键技术并未显著增加。

与20世纪初相比,科技的发展遇到了瓶颈。19世纪末20世纪初的重大发明,如汽车、飞机、无线电、电影等为现代主义的发展提供了动力。在20世纪60年代以后,技术上缺少重大突破,而人类却笼罩在核战争的阴云之中。60年代兴起的学生运动的失败,导致了人们对政治失望,也缺少了激情。这些都成为了推动后现代主义产生的因素。

总之,后现代主义是西方现代主义发展到高峰的一种产物。在现代主义达到高峰之后,必然会出现一种打破传统的新的文化形态。这种思想体现在绘画、建筑、音乐、文学等

---

① 佩里·安德森.后现代性的起源[M].紫辰,合章,译.北京:中国社会科学出版社,2008:26—27.
② 佩里·安德森.后现代性的起源[M].紫辰,合章,译.北京:中国社会科学出版社,2008:27.

诸多艺术形态艺术之中。20世纪50年代到60年代初,西方文化发生了剧变,颇有与过去文化决裂的意味。詹明信指出,后现代主义之所以产生,正是建基于近百年以来的现代(主义)运动之上;换句话说,后现代主义文化的"决裂性"也正是源自现代主义文化的消退及破产。不论从美学观点或从意识形态角度来看,后现代主义表征了我们跟现代主义文明彻底决裂的结果。① 现代主义宣传权威和精英主义,而后现代主义对此进行了猛烈的抨击和无情的解构,试图消除精英主义与大众文化之间的藩篱,使大众文化也可以作为主题来加以关注。

后现代主义也可以追溯到艺术上的达达主义。针对第一次世界大战末期的社会状况,一些青年在精神上充满苦闷和虚无主义。达达主义追求一种非理性状态,而不追求明晰的艺术标准,对一切事物都采取一种虚无主义的态度。达达主义曾被认为是对所有艺术的玷污,并非仅仅是他们所看到的荒谬的战争文化。他们高度强调荒谬的"为了艺术的命运而艺术"的美学主义,拒绝使用任何符码,对蒙太奇的强烈偏好,为展示每个文本的多种释义而对文本的虚幻进行统一予以攻击,都表明他们受到了尼采哲学的影响。有趣的是,达达主义的奠基性人物之一,雨果·鲍尔便曾写过一篇关于尼采的论文。②

20世纪80年代,后现代主义成为了全球性的文化景观,探讨它成为了一种时髦。利奥塔于1979年发表了《后现代状况:关于知识的报告》,谈论了西方发达工业社会中的知识状况。利奥塔认为,根据总体假设,高等教育应该培养社会系统所需要的能力。它在于培养并传递一种普遍的生活方式,这种生活方式往往是被解放的叙事加以合法化的。在非合法化语境中,大学和高等教育机构从此培养的不是各种理想,而是各种能力:多少医生、多少专业教师、多少工程师、多少管理人员,等等。知识的传递似乎不再是为了培养在解放之路上引导民族的精英,而是为了向系统提供能够在体制所需的语用学岗位上恰如其分地担任角色的游戏者。③ 学生不再关注社会的进步和人类解放的伟大任务,只是关注职业所需要的能力。

在80年代早期,詹明信发表了一系列论文,认为后现代是晚期资本主义的文化逻辑,是资本主义发展的产物。这激起了热烈的讨论。在80年代中期,詹明信来到中国讲演,后来讲演报告汇集成《后现代主义与文化理论》(*Postmodernism and Cultural Theories*)出版。

---

① 詹明信.晚期资本主义的文化逻辑[M].张旭东,编,陈清侨,等,译.北京:生活·读书·新知三联书店,2013:344—345.
② 迈克·费瑟斯通.消费文化与后现代主义[M].刘精明,译.南京:译林出版社,2000:60.
③ 让-弗朗索瓦·利奥塔.后现代状况[M].车槿山,译.南京:南京大学出版社,2011:172—173.

在1991年,他出版了《后现代主义:晚期资本主义的文化逻辑》(*Postmodernism, or, The Cultural Logic of Late Capitalism*)。但后现代并不是继现代之后而出现的。从一开始,它就是现代内部的一种内在的更新运动,这股向真实性的破碎作出反应的趋向与现代主义对统一性的依恋正好相反:它兴高采烈地接受现代主义所释放出来的创作自由。① 由此看来,后现代并非仅仅是一个时段,而且也是一种社会心态,一种情绪和心态。

费瑟斯通认为,与后现代主义相关的民主的大众冲动,对"他者"的迷恋神往,对大众快感的容忍,对紧张、分裂的情感体验,都可以在这种传统中得以发现。相应地,"社会的终结""规范的终结""知识分子的终结""先锋主义者的终结"以及"太平盛世者之终结、解构"的悲怆哀鸣,也都与后现代主义相关。②

事实上,后现代主义思想并非铁板一块。哈贝马斯就曾称福柯、德里达为"年轻的保守主义者"。哈贝马斯认为,现代性是一个未完成的规划。他认为,现代主义最大的失误不是对市场缺少警惕性,而是它太相信规划;不是资本的控制,而是现代性的必需——社会的结构区分,而不是追求租金或利润——使它受挫。③ 他对福柯、德里达(相关的还有德勒兹、利奥塔)的不满,主要是他们支持一种消解中心的、无限制的主体性,只满足来自于后现代主义先锋派的强度,而先锋派就要打破艺术与日常生活的界限,从而把审美体验和表达放到高于道德与真理的交往模式之上。④

佩里·安德森评价詹姆斯,认为他是一个将后现代主义进行全面考察的人。他指出,列文和菲德勒从文学史对它进行探测;哈桑把它扩大到绘画和音乐领域,但在这两个领域内,他只是间接引用,而不是探索后现代主义。詹克斯专注于建筑学中的后现代主义,利奥塔详细论述了科学中的后现代主义,哈贝马斯则在哲学上触及它。詹姆斯的论著却另辟蹊径,堂而皇之地把后现代主义几乎所有艺术领域以及相关的主要话语加以考察。这样一来,与这个时代的其他一切文化记载相比,他对这个时代的描绘,便最为全面和丰富多彩。⑤

20世纪90年代以后,后现代走向没落。这是因为苏东剧变,被西方历史学家福山认为资本主义已经战胜社会主义,走向了历史的终结。有人认为,到了1990年,后现代不仅是

---

① 佩里·安德森.后现代性的起源[M].紫辰,合章,译.北京:中国社会科学出版社,2008:33.
② 迈克·费瑟斯通.消费文化与后现代主义[M].刘精明,译.南京:译林出版社,2000:209.
③ 佩里·安德森.后现代性的起源[M].紫辰,合章,译.北京:中国社会科学出版社,2008:45.
④ 迈克·费瑟斯通.消费文化与后现代主义[M].刘精明,译.南京:译林出版社,2000:45.
⑤ 佩里·安德森.后现代性的起源[M].紫辰,合章,译.北京:中国社会科学出版社,2008:60.

没落,而是已经终结。如哈钦在其《后现代主义的政治》第二版后记中不无伤感地写道:"我们干脆说出来吧:后现代主义已经完了。"麦克黑尔则把后现代主义的终结,确定在"9·11"恐怖袭击日。他说:"后现代主义是何时终结的?肯定不是在1989年12月31日,也不是2000年1月1日。即便如此,就在2001年9月11日这一天,人们跨越了某种文化门槛,这种感觉却十分强烈和普遍。"①不管怎样,后现代主义在21世纪后不再像20世纪60年代到80年代那么受到人们重视,人们以惋惜或欢快的语调谈论它们的逐渐逝去。

20世纪80年代,是后现代主义的全盛时期,到了90年代,有一个较为稳定的时期。21世纪初,后现代主义在包括西方教育史研究在内的人文社会科学研究中的影响逐渐消退。这使得教育史研究失去了初心。

### 三、后现代主义思想的主要特征

作为一种语言游戏,不确定性和内在性是后现代主义的一种标志。美国学者伊哈布·哈桑(Ihab Hassan)从文化上探讨了后现代主义。他指出,后现代主义像现代主义一样,很可能本身就是一个十分矛盾的范畴,时而是能指,时而是所指,在指意的过程中不断改变自身。② 哈桑认为,后现代性一词出现在1947年汤因比对西方文明的新循环的描述中。在他看来,后现代主义的主要特征是内在—不确定性(indetermannency),即不确定性(indeterminancy)和内在性(immanence),它是后人文主义文化(posthumanist culture)中暗含的有机成分。③ 不确定性是指,由种种不同的概念帮助描述出的一种复杂的对象。这些概念是:含混、不连续性、异端、多元性、随意性、叛逆、变态、变形。内在性是指明心灵的能力。心灵的这种能力在符号中概括它自身,越来越多地干预自然,通过抽象对自身产生作用,因而不断强化地、直接地变成自身的环境。这一智性的倾向可以由下列各种概念进一步说明:散布、播撒、推进(pulsion)、相互作用、交流、相互依存。④

---

① 陈后亮.后现代主义"终结"论:分析与理解[J].四川大学学报(哲学社会科学版),2021(3):64—73.
② 伊哈布·哈桑.后现代转向:后现代理论与文化论文集[M].刘象愚,译.上海:上海人民出版社,2015:28.
③ 伊哈布·哈桑.后现代转向:后现代理论与文化论文集[M].刘象愚,译.上海:上海人民出版社,2015:30.
④ 伊哈布·哈桑.后现代转向:后现代理论与文化论文集[M].刘象愚,译.上海:上海人民出版社,2015:186.

这种特征也体现在哈桑指出的后现代主义的时代主题之中。他指出：

> 后现代主义的时代证据在于：1. 不确定性。与科学思想的不确定性相比，文化上的不确定性表现出更大的狡诈和结合力：选择、多元性、碎片化、偶然性，想象只是它含混特征中的一小部分。2. 过程与变化。在一个技术的世界上，一切都是流。时间机器已经是后工业机器，它既加速生命，也加速死亡。从最坏处说，过程可以把逻各斯转变为"工具理性"；使人变成"单向度的人"（马尔库塞的著作）；从最好处说，过程带来变化、惊奇、创新；宣布存在到时间的开放性（海德格尔的著作）。人们追求满足，却不愿付出与承诺，物化变成怀疑。3. 自我的衍射（the diffractions of the self）。从"自我的丧失"，经过"酒神式本我"和"分裂的自我"到"变幻无常的人"的"解构自我"，个体的本质特征已经衍射了。人们完全沉溺于性、迷幻剂、疯狂的放荡状态之中。4. 欲望的移位。这个时代全面彻底地把欲望变为了思考的对象。今天欲望已经变成了一种享受特权的理论话语，变成了我们文化中喋喋不休的谈资。5. 传媒的内在性。传媒就近在我们身边，成了我们日常生活的全部内容，融入了各种结构、事件和"镜像"。历史被置于舞台上，不像是一场演出，倒更像是一个偶然发生的事件，呈现在它的事实面前。传媒的内在性导致了逻各斯的分散。①

此外，还有天地的交合，以及新诺斯替主义或存在的非物质化两个时代主题。不确定性是我们知识秩序中一个决定性的因素，而内在性特别明显地表现在艺术中。

后现代难以有一个统一的概念，它也缺乏语义上的稳定性。哈桑并不认为现代主义和后现代主义能截然分开。它包含四重观察角度，即连续性与非连续性、历时性与共时性。后现代主义作为一个"时期"，可以从连续性与不连续性这两个不完全的、互补的方面来认识。游移不定而又抽象的日神观点，只能看到历史的连续性；而以感官为主甚至近于半盲的酒神感觉，则只能体验历史上的断裂时刻。后现代主义同时乞灵于这两位神祇，因此能够取得两面观。我们必须对同一和差异、联合和分裂、忠诚和叛逆给予同样的尊重，才能真正理解历史，才能把变化看作（通过感觉和理解）既是空间的、精神的结构，又是时间的、物

---

① 伊哈布·哈桑. 后现代转向：后现代理论与文化论文集[M]. 刘象愚，译. 上海：上海人民出版社，2015：139—142.

质的过程,既是一种模式,又是一个独特的事件。①

詹明信对现代主义和后现代主义进行了区分。他认为,历史变革与历史性接触的新形势决定了现代主义时间性的主题;偏离中心的高度技术化的世界体系的新形势决定了后现代主义形式上的创新。也许我们可以做这样的总结:现实主义的叙述性作品把解决金钱和市场体系消失带来的矛盾和困境作为最基本的经验。现代主义的叙述性作品提出了一个不同的问题,即一个关于时间的新的历史经验;而后现代主义在一个困境与矛盾都消失的情况下似乎找到了自己的新的形势、新的美学及其形式上的困境,那就是空间本身的问题。② 后现代作为现代主义发展到高峰的一种产物,现代主义高峰时所流行的种种典型经验(如彻底的孤独、极端的寂寞、沉沦、苦恼与颓废以及个人的反叛、梵高式的狂放等等),已发生巨大变化。詹明信认为,踏入后现代境况以后,文化病态的全面转变,可以用一句话来概括说明:主体的疏离和异化已经由主体的分离和瓦解所取代。这样的推论无疑使人想起当代教育理论中一个相当盛行的题旨:主体的灭亡——也就是指不假外求、自信自足的资产阶级独立个体的结束。这也意味着"自我"作为单位体的灭亡。在主体解体以后,再也不能作为万事的中心,个人的心灵也不再处于生命中理所当然的重点,这正是去"中心论"所坚持的。无论目的是建立一个崭新的道德理想,或是提供一种客观的经验描述。③ 这也带来了他所称为"情感的消逝"这一后现代社会的特征。

詹明信也指出,后现代文化给人缺乏一种深度的全新的感觉,这种"无深度感"不但能在当前社会以"形象"(image)及"模拟体"(simulacrum,或译作"类象")为主导的新文化形式中经验到,甚至可以在当代"理论"的论述本身中找到。④ 他认为,一种崭新的而无深度的感觉,正是后现代文化第一个、也是最明显的特征。说穿了这种全新的表面感,也就给人那样的感觉——表面、缺乏内涵、无深度。这几乎可以说是一切后现代主义文化形式最基本

---

① 伊哈布·哈桑.后现代转向:后现代理论与文化论文集[M].刘象愚,译.上海:上海人民出版社,2015:180.
② 詹明信.晚期资本主义的文化逻辑[M].张旭东,编.陈清侨,等,译.北京:生活·读书·新知三联书店,2013:244.
③ 詹明信.晚期资本主义的文化逻辑[M].张旭东,编.陈清侨,等,译.北京:生活·读书·新知三联书店,2013:366.
④ 詹明信.晚期资本主义的文化逻辑[M].张旭东,编.陈清侨,等,译.北京:生活·读书·新知三联书店,2013:354.

的特征。①

后现代主义有着不同的派别。特里·伊格尔顿认为,对于一种不那么妥协的后现代主义变体,历史地存在就是打破大写的历史的虚假图解,危险地、去中心地生活,不要目标、不要根据、不要起源,听任嘲讽的笑声古怪地咆哮,在地狱的边缘狂喜地舞蹈。② 与大英博物馆巨大的玻璃空间不同,后现代设计是一种排除了英雄主义、幻想和信念的小的美好时代的设计。然而,没有某种支撑的、给予能力的信念,人们从来不能长久生存。无论是后现代主义的不确定性还是它鬼怪般的内在性,都不能阻止詹姆斯式的"信仰意志"。如果说后现代主义的确指向了什么方向,它现在指向的,首先是超越对老信仰哀悼或怀恋的方向,是许多方向,是信仰本身,而不是更新的老信仰。③

在后现代社会中,人们对影视作品的推崇,使得思考时间变得更少,正如鲍德里亚关于模拟与仿真的说明,现实在向影像转变。同时时间也碎化为一系列永恒的当下片段。人们正在失去思考的能力,产生了一系列詹明信所说的精神裂变。精神裂变就是指,能指之间联系的中断,就是时间、记忆、历史的中断。精神裂变式的体验就是"孤立的、毫无联系的、毫无联贯性的物质性能指符号,这种能指,无法连贯出前后一致的连续意义"。④

随着后现代主义一词在文化、艺术、建筑、音乐等中的广泛运用,其影响得到了广泛的传递。费瑟斯通认为,在艺术中,与后现代主义相关的关键特征便是:艺术与日常生活之间的界限被消解了,高雅文化与大众文化之间层次分明的差异被消弭了;人们沉溺于折衷主义与符码混合繁杂风格之中;赝品、东拼西凑的大杂烩、反讽、戏谑充斥于市,对文化表面的"无深度"感到欢欣鼓舞;艺术生产者的原创性特征衰微了,还有,仅存的一个假设:艺术不过是重复。⑤ 后现代主义的这些一般特征——强调平等化,铲除符号等级、反基础论及对消解文化的普遍冲动——可以与个性化的后现代体验相联系。⑥ 这种体验包括对传统断裂所带来的惊奇的感觉、惊惧等。

---

① 詹明信.晚期资本主义的文化逻辑[M].张旭东,编,陈清侨,等,译.北京:生活·读书·新知三联书店,2013:360.
② 特里·伊格尔顿.后现代主义的幻象[M].华明,译.北京:商务印书馆,2000:76.
③ 伊哈布·哈桑.后现代转向:后现代理论与文化论文集[M].刘象愚,译.上海:上海人民出版社,2015:372.
④ 迈克·费瑟斯通.消费文化与后现代主义[M].刘精明,译.南京:译林出版社,2000:84.
⑤ 迈克·费瑟斯通.消费文化与后现代主义[M].刘精明,译.南京:译林出版社,2000:11.
⑥ 迈克·费瑟斯通.消费文化与后现代主义[M].刘精明,译.南京:译林出版社,2000:94.

西方马克思主义者伊格尔顿认为,后现代主义是一种文化风格,它以一种无深度的、无中心的、无根据的、自我反思的、游戏的、模拟的、折衷主义的、多元主义的艺术反映这个时代性变化的某些方面,这种艺术模糊了"高雅"和"大众"文化之间,以及艺术和日常经验之间的界限。这种文化具有多大的支配性或者流行性——它是一直发展下去,还是仅仅表现为当代生活中的一个特殊领域——还是一个有争议的问题。① 它是对现代主义精英文化的一种反叛,也体现了一种多元主义的倾向。伊格尔顿指出,它是一种文化,一种理论,一种普遍敏感性和一个时期。从文化上说,人们可以把后现代主义定义为对现代主义本身的精英文化的一种反应,它远比现代主义更加愿意接受流行的、商业的、民主的和大众消费市场。它的典型文化风格是游戏的、自我戏仿的、混合的、兼收并蓄的和反讽的。它代表了在一个发达的和变形的资本主义社会条件下,一般文化生产和商品生产的最终结合;它不喜欢现代主义那种"纯粹的"、自律的风格和语气。②

后现代主义的出现,在于对理性和启蒙未能完成其承诺的反动。研究者都希望去探索某种断裂,并使之合法化。他们希望确立一种新的研究方法,尤其是区别于现代主义的研究方法,即后现代主义的方法,去研究具体领域的问题,以找到新的解决思路。不同派别的后现代主义对此反应各不相同。有激进的后现代主义、温和的后现代主义、建构的后现代主义。也有人将其分为"极端的"与"温和的"后现代主义、"对抗的"与"游戏的"后现代主义,以及"怀疑论的"与"肯定论的"后现代主义,等等。③

后现代主义的界定虽然千差万别,但其也有共通之处。大卫·格里芬指出:"后现代主义这一词汇在使用时可以从不同方面找到共同之处的话,那就是,它指的是一种广泛的情绪,而不是任何共同的教条中认为人类可以而且必须超越现代的情绪。"④

总之,后现代主义的种种姿态,我们今天的群众不但易于接受,并且乐于把玩,其中的原因在于后现代的文化整体早已被既成的社会体制所吸纳,跟当前西方社会的正统文化融成一体了。⑤ 詹明信通过对绘画作品的分析,得出了后现代文化的第一个特征,一种崭新的

---

① 特里·伊格尔顿.后现代主义的幻象[M].华明,译.北京:商务印书馆,2000:1.
② 特里·伊格尔顿.后现代主义的幻象[M].华明,译.北京:商务印书馆,2000:致中国读者1.
③ 陈嘉明.现代性与后现代性十五讲[M].北京:北京大学出版社,2006:135.
④ 曾水兵.后现代主义对现代性教育的解构和重构[J].宁波大学学报(教育科学版),2005(2):52—54.
⑤ 詹明信.晚期资本主义的文化逻辑[M].张旭东,编,陈清侨,等,译.北京:生活·读书·新知三联书店,2013:351.

平面而无深度的感觉,正是后现代文化第一个、也是最明显的特征。这种全新的表面感,给人以表面、缺乏内涵和无深度的感觉。这几乎可说是后现代主义文化形式的最基本特征。①

在历史研究领域,对"他者"和人类真相的发现动摇了西方中心论。生活在别的空间的他者也上升为一种典型。西方人开始感到,自己并不能创造全人类的历史,而只能创造部分人类的历史。② 20 世纪 70 年代,西方遭遇到经济危机,进步理念也遭遇危机。西方研究者开始去寻找所谓"过去的黄金时代",以再现美好的过去。人们开始关注过去个体的日常生活,而将宏大叙事视角下的大转折抛在一边。在民主思潮的影响下,一些学者对边缘人群的遭遇充满着同情,进而对他们的历史展开研究,以反抗主流的刻板印象及对边缘群体的忽视。个体的记忆和边缘群体的日常生活受到重视,一些人打算寻根,在田园牧歌中寄托自己的哀思。这种现象,只是一种对现实社会问题不满的极度烦躁情绪。但沉湎于过去,而忽视其与现实问题的纠葛,这可能导致进一步地失去现在。

## 第二节　后现代教育史学的兴起

在 20 世纪 60 年代,受后现代主义思想的影响,后现代教育史学兴起,出现了"叙事的转向"。后现代教育史学在 80、90 年代达到高潮。一些新的研究主体获得突出的声望。妇女史、家庭史、少数族裔史、工人阶级、多元文化与双语教育史研究成为了主流。

### 一、后现代教育史学的产生

西方教育史学的发展,大体经历了三个阶段:传统教育史学、新教育史学和后现代教育史学。

---

① 詹明信.晚期资本主义的文化逻辑[M].张旭东,编,陈清侨,等,译.北京:生活·读书·新知三联书店,2013:360.
② 弗朗索瓦·多斯.碎片化的历史学:从《年鉴》到"新史学"[M].马胜利,译.北京:北京大学出版社,2008:153.

## （一）传统教育史学的定型

西方传统史学是自上而下的历史学，主要是探讨民族国家的教育制度发展过程，以及著名教育家的教育思想，关注的是王公贵族等精英的历史，尤重政治史和军事史。在教育史研究中，关注的是国家教育政策、精英人物的教育活动；研究方法主要是依靠国家法律文本、档案、思想家的著作等来开展研究。

传统教育史学研究的目的，在于展现当前教育发展辉煌的历史进程。如在美国，以卡伯莱的《美国公立教育》为重要标志，讲述了一个以美国公立学校为主角，美国教育不断发展进步的故事，它是对美国公立教育的颂歌。

在传统教育史学研究中，图书馆、档案馆以及博物馆成为了研究者寻找研究资料主要的、或几乎是唯一的场所。研究的内容，主要是偏重于制度史、思想史、机构史、政策史；主要采取叙事和思辨的方式来研究教育史；研究者主要是持一种进步史观、直线式史观、精英史观：

> 历史进步观作为一种理论体系包含三个主要论点：（一）社会演化受规律支配；（二）理性和科学是推动社会进步的动力；（三）世界历史是一个统一和有目的的过程。历史运动的方向是前进的，各地的人类为进步做出贡献，同时又继承、分享和继续创造文明成果。历史进步观和启蒙思想在18、19世纪导致了西方史学理论的更新，促进了历史研究和编纂重心的转移、范围的扩大、新型体裁（如文明史）以及新的研究方法（如比较法和综合法）的出现，宣告了近代史学体系的确立。[①]

英国的传统教育史观被称为辉格史观。辉格史学以当代主流的价值观为标准，来评价历史发展过程中各种事件的对错。它是一种二元对立的历史观点，即将历史上的人或事物分为进步的或落后的。符合当前前进方向的被认为是进步的，反之就是落后的。辉格派重视英国1688年"光荣革命"以来的宪政史，维护议会至上的传统，赞美"光荣革命"所开创的改良道路。如英国辉格派最出名的史学家麦考莱（Macaulay）的《英国史》，讴歌了这场革命

---

① 何平.历史进步观与18、19世纪西方史学[J].学术研究，2002(1)：82—86.

中资产阶级的价值观,颂扬领导革命的辉格党人的优秀品质。

在武翠红看来,辉格史观表现在,相信历史存在着演变的逻辑,一切以今天的标准来评价过去,即以今论古。从研究对象来说,主要是精英主义研究,包括伟大教育家与改革家的教育思想史、培养贵族子弟的教育机构史、教育制度史和教育政策史。从研究方法来说,传统教育史学主要是挖掘调查报告、国会纪要报告、官僚机构档案和教会档案史料,以史实来告诉人们教育历史是什么;从写作上来说,主要是事件和人物的教育叙事史;从教育史与其他相邻学科的关系上来说,传统教育史学强调教育史学科自身的自主性,描述教育历史采取"艺术式"和"个别描述式"的历史叙述方法,而拒绝运用"法则归纳式"和"科学式"的分析方法,很少运用社会科学的方法,对历史学、社会学等学科很排斥。①

英国教育史学家罗伊·劳将英国 20 世纪 50 年代以前的教育史著作统统称为辉格教育史学派(Whig School)。麦卡洛赫也指出,在 20 世纪 60 年代以前,英国教育史研究受辉格史观的影响,传统教育史研究者将教育史描绘成由国家精英所引导的,国家干预教育逐步进步的历史。②

这种传统的教育史研究,忽视了普通个体在教育发展中的作用。教育历史发展是复杂多变的,单一的仅分析上层精英人物在历史发展中所起的作用,不大可能正确说明教育发展的内部原因。传统教育史研究强调如实直书,让史料进行说话,缺少分析和解释,使教育史研究者的主观能动性难以得到发挥,这明显不利于教育史研究价值的实现,从而为新教育史学的兴起提供了契机。

### (二) 新教育史学的确立

第二次世界大战后,西方政治经济发生了较大变化。国际教育史学界开始由传统史学转向新史学。新史学最初的代表是法国历史学家吕西安·费弗尔与马克·布洛赫所倡导的年鉴学派。1929 年 1 月,二者共同创办了一份史学刊物——《经济与社会史年鉴》。他们提出要以经济社会史为中心,借鉴其他学科,开展跨学科的历史研究,以反对此前以政治、军事、外交为中心的传统史学。他们都对历史中人们的社会心态感兴趣,采取历史心理方

---

① 武翠红.英国教育史学:创立与变革[M].北京:中国社会科学出版社,2015:27.
② Gary McCulloch, William Richardson (2000). *Historical Research in Educational Settings*. Buckingham, UK: Open University Press, 37.

法来进行历史研究,开辟了心态史的研究领域。

费弗尔的《拉伯雷的宗教》是他影响最大的著作。他通过考证拉伯雷是否为不信教者,进而扩展到16世纪是否有无神论者的研究。他告诫研究者,不能以当代对语言的理解,去规定其他历史时期的语言,这可能犯时代错置(anachronistic)的错误。布洛赫在《历史学家的技艺》中提出,要研究人的情感与想象,否则历史发展中就缺少人性的历史。而拒斥对人性的探讨,以确保研究的客观中立是客观主义、实证主义史学所倡导的。他认为历史学研究的对象是人,具体来说是复数的人,其研究目的在于增进人类的福祉。年鉴学派提倡总体史的研究。历史学的任务就是研究人类社会生活过程中的各个方面。他们反对以精英人物为中心,主张研究下层人物的历史。主张以问题为中心,选择一个合适的历史时期去开展研究。而不是像传统的叙事史学,选定一个特定的时期来进行叙事。

在第二次世界大战之后,法国年鉴学派迎来了蓬勃发展的时期。年鉴学派的第二代代表人物布罗代尔在其代表作《菲利普二世时代的地中海和地中海世界》中,将三个部分分为三个层面,即地理时间、社会时间和个人时间。他研究了整个地中海以及与地中海相联系的任何事物,追求一种总体的历史。他运用长时段的理论,撰写了《15至18世纪的物质文明、经济和资本主义》,描写了资本主义物质文明的总体史。1968年法国学生运动之后,年鉴学派第三代代表人物雅克·勒高夫(Jacques Le Goff)、勒华拉杜里(Emmanuel Le Roy Ladurie)等人,担任《年鉴》的主编职务。1970年,他们打出了"新史学"的旗帜。

新史学继承了年鉴学派长时段的理论,开始专注于历史人类学、精神状态史;同时重视历史认识论和史学方法论;开始研究一些较为微观层面的课题,如气候、菜单等。勒高夫撰写的《新史学》一书,直接对该运动进行了概括。勒华拉杜里的《蒙塔尤:1294—1324年奥克西坦尼的一个小山村》,通过一份14世纪初宗教法庭审判异端记录的手稿,揭示了14世纪初的乡村生活以及村民的情感状态。它涉及夫妻关系、家庭生活、家庭的经济结构等。第三代研究者也强调历史的断裂性,研究开始变得支离破碎。勒高夫于1978年出版了《新史学》,对这一研究实践进行了归纳。

传统教育史学存在的诸多问题,遭到了教育史家的批判。新教育史学批判传统的教育史观,是一种进步史观和直线史观,是一种对传统教育持续发展的赞歌,忽视了教育发展的曲折性,以及边缘群体在教育中所作的贡献。

在美国,对传统教育史学的修正主要是沿着两条路线进行:一条是以贝林和L.克雷明(L. Cremin)为代表的温和路线;二是以M.凯茨(M. Katz)和J.斯普林(J. Spring)为代表的激进路线。① 前者属于新史学的范畴,而后者更多受到了后现代主义思想的影响。20 世纪 70 年代以后,美国教育史学受到了新史学和后现代主义的双重影响。在新史学视角下移的影响下,西方马克思主义教育史学、城市教育史学、女性主义教育史学、少数民族教育史学、多元文化教育史学都得到发展。

英国传统教育史学可以分为三类:一是由奎克、劳里、布朗宁、亚当森和沃森为代表的师资培训者;二是以利奇、萨德勒、菲茨吉本·杨(R. F. Young)、朗兹(G. A. N. Lowndes)为代表的行政和立法的权威人士;三是以艾伯特·曼斯布里奇(A. Mansbridge)、玛丽·斯托克(M. Stock)和克雷克(W. W. Craik)为代表的教育改革的"参与者"。② 如教育行政人士和立法者通过教育史研究来宣传教育改革、教育立法的正确性和有效性,以此来宣传政府干预教育的可行性。例如,菲茨吉本·杨在对《青少年教育》(*The Education of the Adolescent*)、《哈多报告》(*Hadow Report*)、《斯宾斯》(*Spens Report*)等的研究作品中,都一再用教育史证明教育变革的重要性、教育政策的可行性。③

在不同的国家,新史学呈现出不同的特征。新教育史学有三个特征:第一,明确批判了风格华丽的辉格传统,自觉从广阔的社会背景来研究教育机构和教育过程;第二,将研究重点从教育理论的发展转向教育与社会的关系;第三,为了贴近人民大众,许多新作都使用社会科学的概念。④

### (三) 后现代教育史学的诞生

后现代教育史学对教育史的重构产生了巨大影响。但在英美教育史学界,迟至 1996 年才开始探讨后现代主义。⑤ 在后现代史学的影响下,阅读史、儿童史、女性史、记忆史的研究方法都得到了革新,并产生了较为丰硕的研究成果。这在后现代教育史学中体现得更加明显。在后现代主义的影响下,多种教育史学的研究范式出现,并取得了较为丰硕的研究

---

① 周采.美国教育史学的嬗变与超越[M].北京:人民教育出版社,2006:78.
② R. Lowe (2000). *History as Propaganda*: *the Struggle Use of the History of Education*, In R. Lowe. *History of Education*: *Major Themes*, *Vol* Ⅰ: *Debates in the History of Education*, London and New York: Taylor & Francis Group, Routledge Falmer, 238 - 254.
③ 武翠红.英国教育史学:创立与变革[M].北京:中国社会科学出版社,2015:31—32.
④ 周洪宇,周采.教育史学前沿研究[M].济南:山东教育出版社,2019:467.
⑤ 周愚文.教育史学研究[M].台北:台湾师范大学出版中心,2014:10.

成果。

美国著名的教育文献史学家索尔·科恩(Sol Cohen)在新文化史的影响下,将文学作品如电影、小说等作为史料,对传统的史学观作出了挑战。20世纪80年代的美国女性主义教育史学也呈现出新文化史的特征:第一,质疑历史的客观性,使用意识形态的文化工具来指征文化实践,展示其新文化史的转向;第二,反对宏大叙事和元叙事,运用词典编撰学的史学方法研究微观史学,展示了其语言学的转向;第三,强调公民身份和培养女性公民,反映了其女性主义的教育史观;第四,在全球史观的影响下,以"后女性主义"理论为指导,强调人类社会是一个整体,男女两性教育呈现出性别融合的趋势。① 后现代主义思想家波克维茨(Thomas Popkewitz)被称为"教育界中的福柯",他提出了"历史化"教育史学。他借用福柯的后现代思想,提出教育史研究的目的是解决现实问题,教育历史发展是断裂而非连续性的;在教育研究中应充分发展研究者自身的主观能动性。

20世纪80年代,后现代主义也对英国教育史学界产生了冲击。斯通、罗伊·劳、曼根等纷纷作出反应,推动了英国教育史学向叙事史学回归,致力探讨文化的深层结构,以及进行殖民地教育史研究。英国教育史学者否定"西方中心论"和"民族中心论",开始关注和撰写殖民地和少数民族的教育史;在新叙事史学和教育史的联姻过程中,教育史研究从社会环境转向历史中的个体——教师、学生和家长,从经济和社会背景分析转向个体的日常生活和个体心理的描述;在新文化史的影响下,教育史学者运用福柯方法重新解读教育史,书籍史、阅读史、识字史和学校物质文化史等作品不断涌现,众多微观的个案研究不断兴起,并逐渐形成一种研究风气。"大写教育史"走向衰落,"小写教育史"走向兴盛,形成了英国教育史学多元化发展的趋势。②

在后现代影响下,加拿大女性主义教育史学、城市教育史学、家庭教育史学也发生了转向。在教育史研究中关注女性的社会性别,边缘群体的研究,如原住民教育史;也注重微观史的研究,利用信件、日志等拓展了史料的范围。

在20世纪80年代初,受后现代和女性主义思想的影响,西方各国开始关注女性教师的声音,研究性别如何影响她们的学习,以及她们在幼儿学校、公私立学校的生活和工作。对各级教育中男教师的历史研究,大多不考虑性别而继续从事这项工作。20世纪90年代,关

---

① 诸园.美国女性教育史学史[M].北京:中国社会科学出版社,2017:150.
② 武翠红.英国教育史学:创立与变革[M].北京:中国社会科学出版社,2015:145.

于女教师的研究重点有所扩大:一些研究公立学校女性教师的历史学家,强调了性别与种族、婚姻状况等社会差异相互交织的方式;还有一些人担任了天主教学校的女教师和参加了新教任务。①

20世纪60年代以来,德国教育史学也经历了变革,一方面转向了新社会史学,批判了辉格教育史学的传统,即关注教育机构史;从关注教育观念的变化,到关注教育与社会的关系;使用社会科学的概念,并采用量化研究方法。② 另一方面,在新文化史学的影响下,关注大众文化素养的研究。如德国学者探讨了1800年德国西北部人们日常生活的需求与接受初等教育的情形,考察了他们的识字与文化素养水平,分析了书写文化传播的影响因素。③

在美国20世纪60、70年代兴起的公众史学也可以说是受到了后现代史学的影响。公众史学提出书写公众、公众参与和公众消费。这是对传统史学为精英阶层服务的一种反动。

## 二、后现代教育史学对传统的超越

### (一) 研究不再以恢复历史本来面目为目的

后现代教育史学与传统教育史学在研究目的上完全不同。在研究目的上,兰克史学提倡"如实直书",倡导历史研究在于了解和恢复历史的本来面目。然而在后现代史学看来,真实的历史不可追溯,历史研究的目的来自于对现实的不满与批判,以及促进现实问题的解决。福柯要求研究"当下的历史"(history of present)。伽达默尔则提出"效果历史",即历史不仅是逝去的过去,而且也是一个实现的过程,历史通过制约我们的历史理解力而产生效果。传统的历史研究强调对整体史的关注,历史研究不过是对普世价值的实现过程;而后现代主义对此充满怀疑,它强调对地方性问题的关注。

---

① Kay Whitehead (2019). Histories of teachers in Australia and New Zealand from the 1970s to the present. *History of Education Review*, 48(2):242-258.
② Konrad H. Jarausch (1986). The Old "New History of Education": A German Reconsideration. *History of Education Quarterly*, 26(2):225-241.
③ Andrea Hofmeister, Reiner Prass, Norbert Winnige (1998). Elementary Education, Schools, and the Demands of Everyday Life: Northwest Germany in 1800. Translated by Jonathan B. Knudsen. *Central European History*, 31(4):329-384.

以上这些都体现在后现代教育史学的研究之中。如美国激进修正主义者迈克尔·B.凯茨1968年出版了《早期学校改革的讽刺：19世纪中叶马萨诸塞州的教育革新》一书。该书认为，城市公立学校运动并不是人道主义和民主主义的，而是社会控制的一种工具；是本土出生的精英阶级，通过公立学校对移民、黑人和其他少数族裔实施控制的工具。① 这与美国传统教育史家卡柏莱等人对公立学校的态度不同。他们认为，公立学校的发展是美国社会民主和进步观念所推动的产物。凯茨研究的目的，并非去追求历史的真实，而是去寻求对历史的一种新的解释。

美国激进修正主义的主要代表人物，还有乔·H.斯普林、赫伯特·金蒂斯（Herbert Gintis）、马文·拉泽尔松（Marvin Lazerson）、科林·格里尔（Colin Gigur）、克拉伦斯·J.凯利尔（Clarence J. Khalil）、保罗·维奥拉（Paulo Viola）、塞缪尔·鲍尔斯（Samuel Bowles）等人。激进修正主义史学，反对卡柏莱和克雷明所认为的美国公立教育史是一部不断进步和发展的历史论断。在他们看来，它是美国白人统治阶级将其价值观念强制灌输给少数民族的历史，是少数民族文化教育特色逐渐消亡的血泪史。他们与传统史学家追求历史真实并不一样，而是更多地根据美国社会现实中的各种复杂情况，去寻求一种新的理解。

**（二）拓展研究史料**

在史料的运用上，后现代教育史学拓展了史料的范围。以往的教育史料，视官方档案为真理，忽视民间资料的价值。在"文化转向"的背景下，受新文化史学的影响，年鉴学派的第一代领导人反思了以往采取社会经济史的研究范式，开始了新的研究取向。如罗杰·夏蒂埃（Roger Chartier）反对年鉴学派的历史研究方法："其一是反对系列史，即在长时段中量化地考察历史的方法；第二，反对'心态'的概念和方法。"②他反对过去年鉴学派将文化史从属于社会经济史的做法，而将其视为一个独立的研究领域。

罗杰·夏蒂埃主要关注法国早期现代政治、法国大革命和早期现代社会。他教导历史学家仔细观察普通人使用其制造的文化产品的过程。如他在《在悬崖的边缘》（*On the Edge of Cliff*）中探讨了文化和社会生活之间的复杂关系；他极力主张文化不能仅仅被视为一种社会安排的显示。社会有其自身的运行法则和逻辑，不能简单地归结为

---

① 周采等.当代西方教育史学流派研究[M].上海：上海交通大学出版社，2018：166.
② 周兵等.西方史学通史（第6卷 现当代时期）[M].上海：复旦大学出版社，2011：37.

文化或语言。我们的大部分生活可能是文本或类似于某人；但我们不能完全脱离文本或文化生活的基础，也不能脱离社会实践的基础。我们现在弥漫的官方文本与反抗意志（rebel wills）之间的紧张局势，也正如那过去的社会一样。"话语"倾向于来自权威或权力领域，并且服务于该领域的目的；相反，"实践"倾向于创新的、大众的或反对权力的。话语也组织、表现和压制现实。文本与实践二者的价值观如此清晰，它们可视为处于持续的斗争之中。前者试图强加控制与秩序，后者寻求自由与创造性的空间。在他看来，历史或者作为社会意义建构历史的文化社会学，其最根本的目的存在于个人创新能力与社群、约束、规则、传统的限定的紧张关系之中。由于它们在支配关系中的地位，这些限制或多或少地存在着，这些都可能让他们去思考、表达和行动。① 这充分体现夏蒂埃受到了后现代主义思想的影响。

其他新文化史学家如菲力浦·阿利埃斯（Philippe Aries）、诺贝特·阿利亚斯（Norbert Elias）、米歇尔·德·塞托（Michel de Certeau）、路易斯·马兰（Louis Marin），都关注个体对其周遭生活的体验和理解。在新文化史的影响下，一切社会现象，如大众文化、物质文化、一些日常生活、身体、性别等的研究都得到重视。马克思主义史学家爱德华·汤普森（Edward Thomas）出版了《英国工人阶级的形成》（*The Making of the English Working Class*，1963），在书中不仅分析了社会政治经济对阶级形成的影响，也考察了大众文化在阶级形成中的作用。文化史的研究涉及各个方面，英国文化史学家彼得·伯克（Peter Burke）甚至提出每样东西都有它的文化史，包括睡梦、食品、情感、旅行、记忆、姿态、幽默、考试等。在德国和荷兰，新文化史学主要表现为"日常生活史"。福柯则认为文化具有断裂性或非连续性，因而强调文化的建构，他将监狱犯人，精神病人等历史边缘人群作为研究对象，来为他们建构历史。

受后现代主义的影响，新文化史学非常关注实践。在彼得·伯克看来，"实践"是新文化史的口号之一，也就是说，他们应当研究宗教实践的历史而不是神学的历史，应当研究说话的历史而不是语言的历史，应该研究科学实验的历史而不是科学理论的历史。② 实践的转向形成了旅游史、收藏史、体育史、阅读史、记忆史、物质文化史以及身体史等的研究。

---

① Jonathan Dewald (1998). Roger Chartier and the Fate of Cultural History. *French Historical Studies*，21(2):221-240.
② 彼得·伯克.什么是文化史[M].蔡玉辉，译.北京:北京大学出版社，2009:67.

教育史研究在转向新文化史之后,学校的图书馆、博物馆、识字率、学校建筑、学生的课表、书桌等的历史都受到教育史研究者的关注。

### (三) 采取新叙事的书写体例

在书写体例上,后现代史学主张采取叙事的方式。海登·怀特"历史若文学"的观点开启了史学的"文学转向"。后现代主义将历史学与文学等同起来。后现代史学认为历史中充满着想象,承认虚构在历史书写中的地位。怀特认为对过去事情的叙述,就是一个不断赋予情节的过程。他提出了情节编排的四种方式:传奇、喜剧、悲剧、反讽。这四种方式又与历史话语的三种解释方式,即形式论证、情节叙事、意识形态意义结合在一起,形成了多种解释模型。

美国后现代教育史学者索尔·科恩主张,历史虽然有真实的成分,但传统的历史实在论并不能充分满足历史写作的需求。在教育史的写作中,想象与虚构的运用与文本一样重要。他认为:"历史学家与小说家之间的差异,比我们以往认为的要小得多。在教育史研究中,对历史文学性与修辞手段的关注姗姗来迟,虽然它已获得了未经承认的繁荣。""历史写作不仅仅是一种文学消遣。但问题仍然存在,如何处理好虚构化与史学真相要求之间的关系?"[1]他批评了克雷明,受兰克的影响,克雷明强调历史研究的客观性,重视美国教育史研究的宏观视角,而忽视历史哲学与微观视角。克雷明作为科恩在哥伦比亚大学时的教师,时常告诫他要尊重清晰、简单、通俗、优雅的书面句子。科恩认为,虚构存在于史学之中,它仅仅是强加于事件的必要形式。应这样理解,虚构存在于所有的历史之中。[2] 即使历史是客观的,但在写作历史的过程中,也不得不借用虚构的手段。历史文本与小说文本也存在着区别。他指出:

> 历史文本由一个结构组成。该结构包含了想象或虚构,包括情节、对叙事需求的回答,以及经验基础;或者包含了事实、以及学科编撰研究方法与实践要求的答复。研究方法与实践涉及证据、文献的事实、引用(citation and quotation)、参考文献等,证明

---

[1] Sol Cohen (2004). An Essay in the Aid of Writing History: Fictions of Historiography. *Studies in Philosophy and Education*, 23:317-332.

[2] Sol Cohen (2004). An Essay in the Aid of Writing History: Fictions of Historiography. *Studies in Philosophy and Education*, 23:317-332.

包含在叙事结构中的话语或陈述真实性、有效性和可信性。①

历史文本由一些事实与虚构的想象构成。没有了想象,也就没有了创造。历史虚构在历史书写中具有了合法性,新叙事的方法成为了教育史的一种编撰形式。

**(四) 强调研究者主体性的发挥**

在研究者主体性的发挥方面,对于历史文本的理解,后现代主义重视读者的诠释。如罗兰·巴特对史学的客观性持怀疑态度,在《历史的话语》(*The Discourse of History*)中提出:"(历史的)事实无它,仅是语言性的存在(linguistic existence)。"②在他看来,没有纯粹的事实,事实是由于意义的引进才得以成立。他甚至提出了"作者之死",批评传统的文本只关注作者,而漠视读者的角色,宣称"读者时代"的来临。

德里达的阅读理论,要求读者充分发挥自身的积极性;他甚至认为读者与作者在文本面前,在某种程度上具有同等重要性。他强调,读者要对文本进行批判性阅读。批判性阅读也是一种开放性的阅读。文本的阅读经过延异的作用,呈现出无止境或多重解读。德里达主张"文本之外,别无他物(There is nothing outside of the text)"。这涉及史料解释的限度,甚至可能出现过度阐释或强制阐释。

在历史的客观性方面,传统史学强调历史的真实;而后现代史学则认为,虽然历史的真实是存在的,但难以探寻。后现代史学质疑了历史的客观性。福柯在其历史学中,探讨了历史上知识与权力的互动关系。知识总是与权力相联,权力为知识的合法性提供基础;知识产生后,又为权力的合法性提供支撑。传统史学要求历史研究必须基于第一手资料,即原始资料;万不得已时才借助于二手资料。历史研究的目的在于揭露历史而非解释历史。这一思想仍以兰克为代表。

后现代史学认为,档案资料往往都体现了时代的烙印,与记录者的性别、阶级、利益与个人成见密切相关。在福柯看来,这与权力相联系。德里达等人则是质疑记录史学的语言与符号。在"语言学的转向"(linguistic turn)的影响下,德里达等哲学家主张,我们关于世界

---

① Sol Cohen (2004). An Essay in the Aid of Writing History: Fictions of Historiography. *Studies in Philosophy and Education*, 23: 317 - 332.
② 黄进兴. 后现代主义与史学研究[M]. 北京:生活·读书·新知三联书店,2008:106.

的认识都是通过语言表达出来的,因此我们关于这些认识的探讨,就变成了对语言与语言符号的探讨。德里达反对西方的逻各斯中心主义,提出了文本的概念。文本一词与文献资料等的用法大致相同。文献忠于原始的作者,而文本具有开放性,允许语言符号进行多元的阐释。德里达主张应对文本进行批判性的解读。文本是我们了解过去的途径,舍此之外,别无他途。但由于文本的阅读和书写,通过延异或增补(supplement)的作用,其意义呈现无止境的滑移,因而历史的真实是难以获得的。

总之,随着后现代主义教育史学研究范式在西方国家的确立,教育史学研究呈现出崭新的面貌。虽然,后现代主义思想在21世纪的影响力逐渐下降,后现代教育史学难以再现20世纪90年代的辉煌,但其对教育史学研究取向的影响仍在继续。目前在教育史学界影响较大的新叙事史学和新文化教育史学,引领着21世纪教育史的研究走向深入。

# 第二章

# 历 史 化

# 教 育 史 学

后现代思想家福柯开启了后现代史学的进程。他倡导知识考古学和谱系学的历史研究方法。他的历史研究关注知识、权力与主体等议题，历史的客观性、连续性和总体性遭到怀疑。在福柯思想的影响下，美国学者托马斯·波克维茨等人也质疑主体的连续性、普适性与非历史性，形成了"历史化"的教育史学理论。历史化教育史学理论主张恢复被总体化叙事压制的声音，采取文化史、谱系学与"当下历史"（history of present）相互交织影响的方法。他们将其运用到学校教育，尤其是课程史的研究过程之中，形成课程史研究领域的托马斯·波克维茨学派。

## 第一节　历史化教育史学的产生

教育史研究的目的是什么？寻找历史的真相，抑或解决现实问题？历史的真相能否获得？历史是连续的还是断裂的？对这些问题的不同回答，体现了现代史学和后现代史学不同的研究旨趣。托马斯·波克维茨对美国教育史研究中的历史主义思想进行了猛烈抨击，他批评了教育史研究中存在的历史主义、档案迷信等倾向，从社会知识论的角度，提出了"历史化"教育史学的研究思想，并将其娴熟地运用于对儿童、课程、学校变革的历史分析之中。这一思想与其社会知识论一脉相承。其历史化思想是指，在教育研究中，应考虑不同的历史传统，如文化史、谱系学与"当下历史"相互交织影响的方法①。历史化要求研究者关注地方性的知识，反对线性的历史观。与历史主义不同，它不追求历史的连续性和宏大叙事，而是从微观的视角，去重新审视教育发展的历史过程，尤其是那些被人们所忽视的，或被认为是不言自明的历史知识。历史是开放的，没有目的。历史研究，应驻足于历史的细枝末节，在历史小事件中发现历史的开端，研究历史的断裂。历史化，体现的是一种问题意识和反思意识。波克维茨是一个研究教育全球化问题的专家。其历史化思想，是在欧洲传统哲学、社会理论、女性主义、历史理论、文学理论，以及美国实用主义哲学影响下形成的。他强调，从历史的视角来看待当今全球化背景下教育领域所发生的一切；他主张打破学科

---

① Thomas S. Popkewitz (2012). *Styles of Reason and the Historical Object*: (Re)visioning The History of Education. Thomas S. Popkewitz, Editor. (Re)visioning the History of Education: Transnational Perspectives On the Questions, Methods and Knowledge. New York: Palgrave. 2.

的界限,进行更多的相互对话。

托马斯·波克维茨是美国威斯康星大学麦迪逊分校课程与教学系终身教授。1940年8月出生于纽约布鲁克林。其父母是分别来自于波兰和比利时的移民,父亲是一名木匠,母亲是一名护士。作为在美国本土出生的犹太人,对于美国主流文化强大的文化同化与排斥的压力,波克维茨也时常感到焦虑不安。这可能也是在20世纪60年代他成年以后,追求社会正义,利用纳入/排斥的分析框架来为教育中的边缘群体发声,揭露他们所受教育不公的原动力。他在本科时就读纽约亨特学院(New York's Hunter College),专业是历史学,同时他辅修了基础教育,1958年毕业并获得文学学士学位。毕业后在曼哈顿的一所学校工作了6年。1964年,他在哥伦比亚大学教师学院获得硕士学位,1970年,在纽约大学米勒德·克莱门茨(Millard Clements)的指导下获得博士学位。

因其在学术上的卓越表现,1989年他获得了瑞典于默奥大学荣誉博士学位,1996年当选为俄罗斯教育研究院院士,2000年获得葡萄牙里斯本大学荣誉博士学位,2004年获得比利时鲁汶大学荣誉博士学位。他也曾获得芬兰的赫尔辛基大学(2007)和西班牙格拉纳达荣誉博士学位(2015)等。2005年获得哥伦比亚大学教师学院杰出校友奖,2008年获得美国教育研究会终身成就奖。他是南京师范大学兼职教授。他著述丰富,已经出版了约40本书和300多篇论文,被译成17种文字。他对美国、欧洲、拉美和亚洲进行比较研究,对一些国家的课程改革产生了较大的影响。北京师范大学于2015年建立了波克维茨研究中心(The Research Centre of Popkewitz Studies, RCPC, 2015)。近年来,他在北京师范大学、华东师范大学、南京师范大学、东北师范大学、北京大学、浙江大学等高校先后进行多次讲学。

笔者曾在威斯康星大学麦迪逊分校跟随波克维茨访学一年。波克维茨门下有一个周三组会(Wednesday Group)。该组会以读书为主,偶尔要求同学们做主题报告,组会人数经常爆满。虽然参加的人数可能时有变化,但在这一年中,即便在圣诞节期间,周三组会也一直未曾中断。波克维茨大部分时间都亲自参加,解答同学们各种疑问。组会主要围绕福柯、德里达、利奥塔等后现代思想家的著作来展开阅读,同时也阅读一些历史学、社会学和哲学的经典著作。来自于校内各专业学生提供的广泛的阅读书单也开阔了波克维茨的眼界。在其研究生课堂上探讨的话题或课程作业,有时要求学生运用福柯的理论去分析一个具体问题。他建议学生,去分析那些看起来是理所当然的东西,以及它们是如何被视为理所当然的。如他在1998年发表了《心灵追索:学校教育政治学与教师的建构》,他分析了理性是如何配置我们的思想,并使之常态化。笔者曾经问他的思想是否属于后现代主义,他毫不犹豫给予了肯定的回答。

波克维茨是美国课程论研究的专家,他深受福柯、德里达等后现代主义思想家的影响,对理性主义视角下传统教育史学研究方法进行了解构,并将其历史化教育史学用在美国课程史的研究之中。

## 一、福柯等后现代思想的影响

福柯常用的方法被称为知识考古学和谱系学。他的知识考古学,与主流历史学的差异在于,传统的历史学是纵向的,而他的知识考古学是横向的。以往的考古学家研究同一时期的各种器物,包括陶器、书籍、各种建筑材料,需要弄明白的是它们是怎样在一起的,反映出当时人们怎样的生活状态。福柯的知识考古学方法,也是考察同一时期不同的知识体系是如何形成的,如他研究了 18 世纪经济学、语言学和科学等各个学科的形成。福柯明确指出,他的研究不属于传统的历史研究。福柯在《知识考古学》中对长时段、线性的历史不以为然,而看重断裂的历史。在福柯看来,历史并不总是连续的,而是充满着断裂。他指出,思想、知识、哲学、文学的历史,似乎是在不断增加断裂,而且在寻找不连续性的所有现象。而纯粹意义上的历史,仅仅是历史,却似乎是在借助于自身的无不稳定性的结构,消除事件的介入。[1] 波克维茨也认为,教育改革并不一定能够促进社会进步,带来更加美好的社会。

谱系学的方法起源于尼采,福柯又继承了这一方法。在某个方面,谱系学也是一种思考方式,去思考理性体系如何随着时间的变化表现为一种文化实践。其中心在于,社会问题与个人生活如何形成与变化,以影响我们生活的条件。因此,谱系学提供了一种将变化置于知识体系之中,通过权力的作用来组织"自我"的方法。[2]

谱系学建立在知识考古学的基础之上。考古学是要弄明白在一个历史时刻,各种器物是如何组合在一起的;而谱系学是要搞清楚,什么样的人会与那些器物相匹配。福柯的谱系学一般建立在考古学类型的研究之上。也就是说,他考察了器物的横断面(考古学),然

---

[1] 米歇尔·福柯. 知识考古学[M]. 谢强,马月,译. 北京:生活·读书·新知三联书店,1998:5.
[2] Thomas Popkewitz, Barry M. Franklin, Miguel A. Pereyra (2001). *Cultural History and Education: Critical Essays on Knowledge and Schooling*. New York: Routledge Falmer. 22.

后提出类似于以下的问题:什么样的人会过这样的生活?鉴于那些器物和知识,人怎么看待世上的自己?① 在《知识考古学》中,当他被问及他研究的"话语"性质,究竟是历史还是哲学时,他作了如下回答:"假如哲学是一种起源的追忆或者回归的话,那么我所作的一切无论如何不能算作是哲学;同样,如果说思想史旨在重新赋予那些已一半消失的形态以生命的话,那么,我的所作也不算是历史。"②

福柯的历史,不在于恢复历史本来的面貌;其历史研究,在于研究"当下的历史"。福柯在《规训与惩罚:监狱的诞生》中说明了他写本书的目的:"只是因为我对过去感兴趣吗? 如果这意味着从现在的角度来写一部关于过去的历史,那不是我的兴趣所在。如果这意味着写一部关于现在的历史,那才是我的兴趣所在。"③与传统史学从起源顺时而下不同,福柯的当下的历史逆流而上,所选择的过去,是基于现在的状况,因而这引出了谱系学和考古学的工作。同德里达一样,福柯也认为事物的本质是歧异性的。"谱系学"以重视事物的崛起、断续与转折为窍门。换言之,"谱系学"重视事物曲折、颠簸的"由来",而非一路无碍的"缘起"。④ 而谱系学的核心在于权力的运作。知识与权力的关系问题,也是福柯探讨的话题之一。权力无所不在。它与知识之间密不可分。权力的运作,必然渗透在知识生产之中。福柯权力观的一个独创之处,在于它把权力与知识密切地联系起来,提出了著名的"权力—知识"的命题。权力与知识这二者其实是一个整体,权力的行使不断地创造知识;而反过来,知识也带来了权力。⑤

福柯的上述思想为波克维茨等人分析资本主义的课程设置提供了思想武器。波克维茨与布伦南合编的《福柯的挑战:教育中的话语、知识与权力》运用福柯权力的理论,分析了当前不同形式的教育知识如何去规制学校中的行动与参与,以及用"当下的历史"分析了学校教育的实践。⑥

---

① 林恩·范德勒(Lynn Fendler).米歇尔·福柯[M].邵文实,译.哈尔滨:黑龙江教育出版社,2016:46.
② 米歇尔·福柯.知识考古[M].谢强,马月,译.北京:生活·读书·新知三联书店,1998:265.
③ 米歇尔·福柯.规训与惩罚:监狱的诞生[M].刘北成,杨远婴,译.北京:生活·读书·新知三联书店,2009:32.
④ 黄进兴.后现代主义与史学研究[M].北京:生活·读书·新知三联书店,2008:34.
⑤ 陈嘉明.现代性与后现代性十五讲[M].北京:北京大学出版社,2006:197—198.
⑥ Thomas S. Popkewitz, Marie Brennan (1998). *Foucault's Challenge: Discourse, Knowledge, and Power in Education*. New York: Teachers College Press.

波克维茨明确指出，他的研究是来自于法国学术的影响。福柯的历史学强调地方性、地方化的空间，如疯人院和监狱。他在社会历史分析中引入了权力的概念，去代替同时代学者所用的进步的观念。波克维茨认为，法国年鉴学派有一个传统观点，即将思想的样式，作为它们与长时段的变革相互交织在一起时生产和再生产的样式。它提醒人们，在思考学校教育的历史现象时，应考虑到认识论与物质条件的相互关系。同时，应将"变革"视为持续形式的社会断裂，而非必然发生的或可能进步的大事件的演变或大事纪年。福柯与年鉴学派这一观点相似。他将权力引入社会历史分析的方法，为历史地考虑学校教育学提供了一个中心主题；他关于变革的历史观（如区域的、认识论上的中断），对理解大众学校教育与19世纪教育学的形成，以及发生在当前教育改革的重组，能起到一个"锚"的作用。①

福柯认为主体不是天然的，而是权力造就的。他在回应别人对其著作中没有主体时的批评时指出：

> 首先，我相信不存在独立自主的、无处不在的普遍形式的主体。我对那样一种主体观持怀疑甚至敌对的态度。正相反，我认为主体是在被奴役和支配中建立起来的；或者，像古代那样的情形，通过解放和自由的实践，当然这是建立在一系列的特定文化氛围中的规则、样式和虚构的基础之上。②

波克维茨接受福柯的观点，主体是由历史建构的。波克维茨研究了教育中不同主体的形成，如儿童、青少年、终身学习者等是如何被权力历史地建构出来。如他在《世界主义与教育改革的时代》(*Cosmopolitanism and the Age of school Reform*)这本书中，探讨了"青少年"的问题。他认为，如今我们把中小学儿童理所当然地视为青少年，并认为他们应该接受所谓理想化蓝图中青少年所应该接受的一系列训练。事实上，"青少年"这一表述，只是20世纪的发明，是随着心理学的发展而由学者们创造出来的"假说"，没有人能够说出到底何为理想的"青少年"，但是这个"假说"却真实地指导着学校的实践。③

---

① Thomas S. Popkewitz. (1991). *A Political Sociology of Education Reform: Power/Knowledge in Teaching, Teacher Education and Research*. New York: Teachers College Press. 5.
② 米歇尔·福柯. 福柯访谈论：权力的眼睛[M]. 严锋，译. 上海：上海人民出版社，1997. 19.
③ 赵婧. "碎片化"思维与教育研究——托马斯·波克维茨教授访谈录[J]. 全球教育展望，2012(10)：3—7.

在波克维茨的影响下,其弟子,威斯康星大学课程与教学系的贝克教授运用福柯的主体理论进行了儿童史的研究。她采取了三种研究策略:一是如何阅读和书写作为"主体"和研究"对象"的儿童;二是如何处理时间;三是如何勾勒空间。① 王文智指出,派纳在读了贝克的《永恒的运动中》一书之后,曾评论道:"看起来教育学界有了自己的福柯。"缘此,波克维茨学派,被称为"教育学中的福柯"。②

## 二、对理性主义视角下传统教育史学研究方法解构

### (一) 历史主义导致出现无家可归的游子心灵

自启蒙运动以来,理性被人们夸大,甚至加以了神话;理性地行动,被认为能促进世俗社会的完美。历史主义认为,历史的本质,是人的理性与预定目标的实现过程;它明确反对理性霸权主义。这是后现代主义哲学家的一个基本观点。

波克维茨认为,历史主义的理性,考虑到了与人文主义有关的一系列原则。这些原则,始于通过绘制历史变革的过程,以及确保将人性置于一个更加美好的社会之中,从而赋予了历史主体的身份。历史主义的一个重要假设是,它的"人文主义"在某个层面与欧洲启蒙运动的"世界主义"相关;它将人的理性(智慧和美德)与合理性(科学),作为了历史中心的演员。③

历史主义通过对过去的研究,来描述这种人性。因此,它使得"过去"在某种程度上成为了一种个体意识。人类发展的目的和意图,在于思考变革,并掌握获知将来可能性的方式。人类行动者,对此将给予独立的时空,并加以重点关注;同时,也依然关注过去已发生了什么、现在发生了什么、将来会发生什么。在历史发展和变革过程之中,历史主义者为公民、工人、儿童、家庭分别赋予共同的和卓越的代理人。在美国教育发展的过程中,历史主义者长期在教育研究中占据着主导地位。于是,理性成了社会制约的工具,成了规定我们

---

① 王文智.美国课程史学的话语变迁[M].济南:山东教育出版社,2015:217.
② 王文智.美国课程史学的话语变迁[M].济南:山东教育出版社,2015:232.
③ Thomas S. Popkewitz. (2012). *Styles of Reason and the Historical Object*:(Re)*visioning The History of Education*. Thomas S. Popkewitz, Editor. (Re)*visioning the History of Education*: *Transnational Perspectives On the Questions*, *Methods and Knowledge*. New York: Palgrave. 3.

身份(主体性)、制约我们行为和日常行动的准则。①

历史主义者的这种实践,存在着不可忽视的问题。如课程发展的历史可能被理解为,是生产某种特定人群,如公民、工人、父母等的持续历史工程。而教育学,则是通过考虑人类的能动性,并给予社会干预,以培养和发展人的"理性",促进个体幸福与社会进步。因此,历史主义所"生产"的这种特定人群,实与具体而真实个体的行为存在着明显差别,无法反映个体受教育的情形,及其在历史中的真实命运。历史主义这种普遍的、总体的和进步的历史观,会导致"无家可归的心灵"(homeless mind)的出现。

"无家可归"在某种程度上,是指个体被抽象的原则规定和区分(ordered and differentiated)。看起来,它是没有历史场景、文化特性和地理界限的。这样,"无家可归"这一名词,就是将作为"学习者"的儿童普遍化,并创造出了一个普遍类别的儿童,以取代了个体的"他"。无论他是生活在麦迪逊、东京或开普敦,也无论他是生活在贫困还是富有的环境之中。②

"无家可归的心灵",不仅体现在思想上,而且还体现在历史主义之中,它使具有某种特质的人类行动者的介入成为了可能。这种人,表现出没有历史场景、文化特性和地理界限。这种无家可归的心灵,存在于人既是反思的客体,又是反思主体的过程之中。由是,儿童被要求遵循的一种生活方式,便被通过界定抽象和普遍化的公正,从而被归入善良公民的类别,并与其日常活动区别开来。③

"无家可归的心灵",使人在日常生活中,只能从属于某一文化群体去思考和行动,或通过普遍化的归类来进行自我认知。如利用心理学中关于自尊、功效和个性,来评判个人行为时一样。④ 历史主义者凭借欧洲背景中个人的、思想的、制度形式的有意识或无意识的行动,来预测事件的运动过程。其中心假定是,历史主义的"理性",是通过主体的身份与代理

---

① Thomas S. Popkewitz. 理性之理性:世界主义及其对学校的治理[J]. 胡美馨,韩春燕,吴宗杰,译. 全球教育展望. 2010(3):3—18.
② Thomas S. Popkewitz. (2012). *Styles of Reason and the Historical Object*:(Re)visioning The History of Education. Thomas S. Popkewitz, Editor. (Re)visioning the History of Education: Transnational Perspectives On the Questions, Methods and Knowledge. New York: Palgrave. 4.
③ Thomas S. Popkewitz. (2007). *Cosmopolitanism and the Age of School Reform: Science, Education, and Making Society by Making the Child*. New York: Routledge Taylor & Francis Group. 11.
④ Thomas S. Popkewitz. (2007). *Cosmopolitanism and the Age of School Reform: Science, Education, and Making Society by Making the Child*. New York: Routledge Taylor & Francis Group. 29.

人的活动,使那些力量能够为人所知。行动者作为能动者的代表,而时间作为发展和变革者的代表。历史主义规定了过去、现在和未来的特定关系,通过对大事件的解释,以及对过去行动的追溯,去表达其所代表事件的重大意义。因此,行动按照时间顺序的安排而被限定,而非历史的行动者或其代理人,也只能在理性的指导下行动。有鉴于此,无家可归的心灵,便存在于自我意识之中,即"全球地思考,地方地行动"①。

历史主义的主体是先验的,它假定有一个自治的主体存在。随着时间的发展,这种非历史的主体,表现出为其规定的不同特征。历史主义是将处于不同历史时期的人的特质和能力进行比较,以区别出不同历史时期(如古代与现代人)的价值观念;同时,也将他们与文明程度不高的人或野蛮人加以区别。社会达尔文者强调,人必须继承良好的道德观念和智力,确保用更文明和更尊贵的人性去取代弱者。依此思路,主体的特点已被规定好了,其差别只是体现在其代理人的不同之中。然而,主体的位置应该是活动的,而非中心化的;而且它所占据的位置,是由话语权力所决定的。

**(二) 实证主义历史学研究忽视价值判断**

波克维茨还反思了实证主义的研究方法论。实证主义对历史档案极端重视,忽视了对其文化性、历史性进行批判地研究,这体现在历史主义的物质化上。他认为:"实证主义的方法,集中在具体事情或个体人物上,因而失去了对现实的社会和历史的关注。"②

实证主义史学导致了现实与过去分离,实证主义对科学的理解,体现在对数据收集与分析的信仰上。科学规则要求我们,应仅仅去观察那些可以观察到的事物,因为历史与价值无法得到观察。由此推衍,它们不应是科学考虑的一部分。诚如波克维茨所批评:"真理被界定为存在于数据收集的过程之中,将关注的焦点远离文本所构成的社会视野。"③

---

① Thomas S. Popkewitz. (2007). *Cosmopolitanism and the Age of School Reform: Science, Education, and Making Society by Making the Child*. New York: Routledge Taylor & Francis Group. 29.
② Thomas S. Popkewitz (1991). *A Political Sociology of Education Reform: Power/Knowledge in Teaching, Teacher Education and Research*. New York: Teachers College Press. 18.
③ Thomas S. Popkewitz. (1987). *The Formation of School Subjects and the Political Context of Schooling*. Thomas S. Popkewitz( Editor). *The Formation of School Subjects: the Struggle for Creating an American Institution*. New York: The Falmer Press. 3.

对此，波克维茨认为，虽然这种观点对于历史与科学的观点是错误的，但其具有某种意识形态上的涵义："科学作为原则，将政治、社会和经济问题转换为看起来是个管理问题。这导致出现了用效率和客观的错误观念来引导教育学实践，也导致由过去兴趣构成的现实之路模糊不清。"①他认为，实证主义的信仰，企图将档案文本作为历史数据构成自然空间的做法，是非历史的。他说："将档案赋予具有过去起源的魅力，缺少历史地理解历史。"②档案为实证事实提供数据服务，从组织历史叙事，以及在其多样性和复杂性中创造出人；从注册表、分类账目和信件中，档案创造了外部手段，将过去整理为对现在的记忆。这当然有其价值。档案在18世纪末得以发明，是因为它与国家治理有关。档案的制作与保管，激发了政治热情和专业知识。通过编制档案，使历史事件合法化，或赋予其意义，或使之无意义，或作为不知所云的知识。历史研究者根据自己的价值观，有意识地去选择过去的记录，索引或目录式地编出片段，借助它们去解释历史上的重大事件；而且在不同时期，历史学家对档案的解释也不尽一致。在档案中，还规定了不同等级、阶级的人，应该具有的身份及其行为方式。

在历史主义中，由什么构成档案，成为了集体记忆的技术。该集体记忆，会无意识地将未来的行动与过去的主张相联系。于是，档案就成为了人们做事、思考、想象、记忆时的一种集体经验；档案馆便成为历史研究者研究历史人物生存方式或历史事件内隐真相的场所。因此，档案不一定就是"事实"；而是能施加影响，来决定哪些能看见和行动力量的游戏。若依此立论，档案当然不是一个民族文化的所有记录，也不是为其证明其过去的文本或身份变化的证据；档案馆也不是使记录、记忆或遗忘成为可能的一种社会机构。

### （三）教育史学寻求历史研究的客观中立，忘却了权力的在场

历史主义者宣称，历史研究旨在寻求客观中立的历史。波克维茨从社会知识论的角度，对此进行了严厉批判。在他看来，历史的真实性难以追寻，历史亦非中立。

具体说来，课程的发展过程，便受到了政治、经济、文化相互交织的影响。他从政治权

---

① Thomas S. Popkewitz. (1987). *The Formation of School Subjects and the Political Context of Schooling*. Thomas S. Popkewitz (Editor). *The Formation of School Subjects: the Struggle for Creating an American Institution*. New York: The Falmer Press. 3.
② Thomas S. Popkewitz. (2012). *Styles of Reason and the Historical Object: (Re)visioning The History of Education*. Thomas S. Popkewitz, Editor. *(Re)visioning the History of Education: Transnational Perspectives On the Questions, Methods and Knowledge*. New York: Palgrave. 7.

力、意识形态、文化霸权等角度,对教育历史文本进行了综合性解读。他认为,因为史料的记载,是由统治阶级的意志所决定的;所以任何记载,都是对一定历史时期社会具体生活情境的有选择的记录。它是不可能完全复制的"在场"。因为不符合统治阶级意志的事件,必定是不在场的,或者给予了扭曲事实的记载。

从社会认识论的角度,权力决定了史料的记载必定是符合统治阶级利益的,是完全站在统治阶级的立场来对事件进行的陈述。历史档案由官方记录,权力决定了哪些内容能得以记载,哪些表述方式能得以采用。因此,波克维茨认为,档案不是能够找到事件发生源头的地方,而是探索主体的构成和发生那种可能性条件的地方。档案与历史文献的不同,并不存在于描述档案细节的附件材料之中,而在于对这些材料进行清晰地描述、理论化以及方法论上所给予重视的方式。① 波克维茨批评了教育史学家迷信档案的做法,他对这种迷信的揶揄是,历史学家陶醉在档案的气味和灰尘之中,如同陶醉在历史的魔力之中。"档案"一词,始于古希腊统治者的创作。由于档案胎育于权力起源的地方,所以它便不可避免地带有权威的胎记。波克维茨认为,若将档案作为稳固的知识来源,便很可能忽视代理者、能动性以及变革的理论,使它们默默地行进在构成历史主义及其批评"理论"的非常叙述之中。②

权力决定了社会关系,也决定着社会实践。在波克维茨看来,学校教育就是一种改变社会的管理实践。它通过计划和刻画(calculated and inscribed),来决定作为国家未来公民该怎么思考、推理(reason)和行动的原则。③ "学校的教学内容,是社会、政治、经济、文化利益的交汇,它构成美国机构中变革和应变的潜在基础。"④历史主义者认为,学校应通过理性

---

① Thomas S. Popkewitz. (2012). *Styles of Reason and the Historical Object*: (Re)visioning The History of Education. Thomas S. Popkewitz, Editor. (Re)visioning the History of Education: Transnational Perspectives On the Questions, Methods and Knowledge. New York: Palgrave. 7.
② Thomas S. Popkewitz. (2012). *Styles of Reason and the Historical Object*: (Re)visioning The History of Education. Thomas S. Popkewitz, Editor. (Re)visioning the History of Education: Transnational Perspectives On the Questions, Methods and Knowledge. New York: Palgrave. 6.
③ Thomas S. Popkewitz. (2007). *Cosmopolitanism and the Age of School Reform: Science, Education, and Making Society by Making the Child*. New York: Routledge Taylor & Francis Group. Preface XV.
④ Thomas S. Popkewitz. (1987). *The Formation of School Subjects and the Political Context of Schooling*. Thomas S. Popkewitz (Editor). *The Formation of School Subjects: the Struggle for Creating an American Institution*. New York: The Falmer Press. 3.

规训来操控心灵。如此,学校科目便无异于炼金术。其目的,在于更好地操控孩子和教师的内在气质和敏感性,而非为了进行优质教学。他说:"当学科进入到学校成为科目,教育学魔法般地改变了学科空间。这个炼金术将学校科目变为规范儿童、家庭和社群的场所。"① 波克维茨的学校课程炼金术是指,学校的学科是由儿童心理学、教育学、评价工具、教学常规、管理结构与社会化实践所塑造。学校课程的炼金术也不是中立的,分析性理论,而是一个批判理论,作为一个帮助我们掌握权力效果的工具。具体来说,主体从来都不是纯粹的、中立的和无价值负载的。炼金术理论强调权力关系对课程的塑造。

因此,不加批判地接受学校发展的历史,便"掩盖了其作为社会组织的文本的偏见"。② 他赞同法国年鉴学派史学家马克·布洛赫的观点。即:"历史学家拥有的,只有过去留下的足迹,而不是过去。正是这些足迹,为当下写作的历史留下了线索;甚至在历史服务于运用诠释学去寻求理解过去,它的文本、背景和知识发展时,也是如此。"③问题在于,这些足迹如何被理解,又如何与变革的思维方式相联系。这首先就需要研究者进行批判地反思。

### 三、美国教育史学批判的传统对课程史研究的影响

美国传统教育史学被称为辉格史学。它强调挖掘史料,以证明美国教育不断进步的历程。美国20世纪上半叶著名的历史学家比尔德(Charles A. Beard)认为:

> 整个世界向着更美好的未来逐步前进,历史学家的作用就是加速这个完美的过程……通过帮助改革者了解过去发生的种种陷阱与失败并理解其原因,以期避免它们,并且通过了解和解释思想观念的巨大变迁,帮助改革者建立一种更加美好的

---

① Thomas S. Popkewitz. 理性之理性:世界主义及其对学校的治理[J]. 胡美馨,韩春燕,吴宗杰,译. 全球教育展望,2010(3):3—18.
② Thomas S. Popkewitz. (1987). *The Formation of School Subjects and the Political Context of Schooling*. Thomas S. Popkewitz (Editor). *The Formation of School Subjects: the Struggle for Creating an American Institution*. New York: The Falmer Press. 20.
③ Thomas S. Popkewitz. (2012). *Styles of Reason and the Historical Object: (Re)visioning The History of Education*. Thomas S. Popkewitz, Editor. *(Re)visioning the History of Education: Transnational Perspectives On the Questions, Methods and Knowledge*. New York: Palgrave. 2.

未来。①

传统课程史学不能真实反映美国课程发展的历程。

针对传统教育史学的修正史学有两条：一是以贝林和克雷明为代表的温和修正派；一是以凯茨（Michael Katz）和斯普林（Joel Spring）为代表的激进修正派。② 凯茨批判了美国公立学校一直进步的神话。他在 1968 年出版了《早期学校改革的讽刺》（*The Irony of Early School Reform*），该书如以往一样处理宏大的主题，接近于案例研究。他在书中描述了精英群体为了自身的利益，将其白人的价值观强加给工人阶级和穷人的故事。在斯普林看来，美国公立教育是美国白人对印第安人、非洲裔美国人等少数民族，以及外来移民进行控制的工具。美国教育史中的多元叙事，影响着美国课程史的研究。他在《教育与美国社会的形成》（*Education in the Forming of American Society*）中，批判了传统教育史研究的可信性，在这些作家看来，"过去只是现在的缩影"。③

1986 年，美国课程史专家克利巴德（Kliebard, H. M.）出版了《美国课程斗争：1893—1958》（*Forging the American Curriculum: Essays in Curriculum History and Theory*）。该书以独特的方式呈现课程变革的历史，是受益于修正主义教育史学对"进步教育"的重新思考。④ 他写作本书的动力来自于两个方面：一是教育史研究的不平衡。研究者关注教育机会问题，而对学校实际上发生了什么缺少关注。二是关于"进步教育"的研究千差万别，令人无所适从。他在考察各种相关研究后，发现这个概念是空洞而有害的。关于具体的课堂中的教育史，体现了后现代史学提倡关注日常生活史的影响。

克雷明在《学校的变革：美国教育中的进步主义，1876—1957》中对进步主义作了较为肯定的评价。他认为，要明确完整地定义进步教育的努力是徒劳的，在历史上进步教育从来都是人言人殊，而这正反映了美国教育的多样性。进步教育运动是整个世界对工业化的更广泛反应的一部分。克雷明认为，进步教育体现了扩展学校教育的功能——由智力发展扩大到促进健康和职业能力等，将科学研究运用到教育实践，依据学生类型的不同调整教

---

① 丹尼尔·坦纳，劳雷尔·坦纳.学校课程史[M].崔允漷,译.北京:教育科学出版社,2006:5.
② 周采.美国教育史学:嬗变与超越[M].北京:人民教育出版社,2006:78.
③ 韩江雪."进步教育"寻绎:地位政治语境下的课程冲突研究[J].当代教育科学,2019(12):23—29.
④ 王文智.美国课程史学的话语变迁[M].济南:山东教育出版社,2015:84.

学等几方面的特点。① 克利巴德认为，虽然进步教育未完成对学校教育的承诺，但其面向教育民主的努力值得肯定。

与以往的课程思想史不同，克利巴德更是探讨了在"进步时代"各课程流派之间的斗争。他将美国1958年《国防教育法》出台之前的60余年的课程思想分为了四大利益群体：人文学科论者（humanists）、儿童发展论者（developmentalists）、社会效率论者（social efficiency educators）和社会改良论者（social meliorist）。不同群体有一些共同的利益诉求，同时也存在着一些冲突。

人文社会论者的主要代表人士是大学中的学者，其中包括哈佛大学校长埃利奥特（Eliot）。他们赞同心智训练，将任何学科都视为潜在的训练学科。他们的观点受到了儿童研究运动的领导人斯坦利·霍尔（G. Stanley Hall）等人的批评。

儿童发展论者认为儿童与生俱来的发展顺序是确定教学内容最重要的基础。霍尔的儿童研究，倡导观察和记录儿童在不同发展阶段的言行。埃利奥特在1892年领导了著名的全国教育学会十人委员会，次年发表的报告打上了其思想的烙印。该报告发表后受到了霍尔的批评。霍尔认为，由于不同的儿童存在着较大的差异，因而不应以同样的方式接受相同的教育。统一课程不可行，心智训练只重视形式而忽视了内容，适应大学与适应生活并不是一回事。

社会效率运动的倡导者则批判学校的教学与管理效率低下，要求引入科学管理来消除教育中的浪费现象。

社会改良派认为教育是改良社会的手段，学校应开设一些面对种族和性别不平等等社会问题的课程，来促进问题的解决。②

由于这四大派别对教育的目的以及课程设置的观点存在着较大差异，因而不断地引发争论与攻讦。克利巴德通过分析这些差异，对它们的观点进行了整合，并作了新的解读。他最后分析杜威的教学理论与这些派别的关系与差异。他认为进步教育成为了一种混合物，不同的成分被放在一起，却又各自保持了自身的特点。进步教育的这种纷乱混杂的特点使得它更加容易成为被批评的对象。③

---

① 劳伦斯·克雷明.学校的变革：美国教育中的进步主义，1876—1957[M].单中惠，马晓斌，译.上海：上海教育出版社，1994：3.
② 王文智.美国课程史学的话语变迁[M].济南：山东教育出版社，2015：87—91.
③ 王文智.美国课程史学的话语变迁[M].济南：山东教育出版社，2015：104.

克利巴德也重视地方层面的具体课程运作，提倡将包括案例研究在内的具体的课程社会史研究与课程思想史研究结合起来互为补充。① 具体课程案例史的研究体现了后现代的意蕴，体现了其通过由下而上的视角来关注课程变革，进而支持或修正已有的课程理论框架。王文智认为，克利巴德的课程史研究中的一些要素，可看作是之后祭出"语言学转向"和"新文化史"旗帜的新一代课程史研究的先导。②

由于波克维茨本科专业是历史学，这对他进行课程史的研究提供了较为扎实的基础。阚维在《理解课程的复杂性：波克维茨课程研究述评》一文中提出，波克维茨课程研究的方法论是追寻历史的视角的观点。③

## 第二节 波克维茨的历史化课程史学

波克维茨运用福柯"当下的历史"研究方法，来进行课程史研究；他将其方法称为"历史化"的研究方法。他对传统课程研究中的理性主义做法进行了解构，他批判美国课程发展的传统的指导思想——进步主义思想指导下的课程设置，提出了学校课程的去中心化、主体的去中心化、进步的去中心化等课程理念，展现出美国课程是一个斗争的场域。

### 一、波克维茨的历史化课程史学方法论

#### （一）追寻"当下历史"的研究方法

波克维茨的"历史化"思想要求，从现实问题形成的历史过程出发，来展示现实问题所处的社会历史文化背景。他借用了福柯"当下历史"的概念，将其运用于教育史研究之中。所谓"当下历史"主要是指：

> 目前我们的观念，是如何历史地形成的。即当下的"真"，有着深刻的社会历史渊

---

① 王文智. 美国课程史学的话语变迁[M]. 济南：山东教育出版社，2015：113.
② 王文智. 美国课程史学的话语变迁[M]. 济南：山东教育出版社，2015：116.
③ 阚维. 理解课程的复杂性：波克维茨课程研究述评[J]. 课程·教材·教法，2013(10)：115—120.

源;通过对历史状况的拷问,可以回答当下人们深信不疑的"真"是何以为"真"的原因。简言之,就是整合多个角度,审视那些所谓的理所当然的观念,是如何被历史地建构,并最终在人们的头脑里成为常规性存在;探寻促使这些观念形成的可能性条件。①

另一种诠释是:

> 此处的历史,并非追溯过去历史事件和人物意义上的档案;也不是用这种方法,去考虑世界主义的"理性"……它是去探询社会认识论上的变革所产生的原则。这些原则,控制着儿童是谁、他/她应该是谁、谁不符合那些空间。它运用过去和现在主要资源的目的,在于通过学校教育目标的生产、规定(order)、分类,去理解差异、分化和分支。②

波克维茨以"青年"这一表述为例,来说明这个问题。通常人们认为,高中生就是青年。"当下历史",就是探讨为何我们理所当然地认为高中生就是我们理解的青年。这里的"历史",就是我们这种想法何以成为可能事件的叠加,而非时间意义上的发展史。他在研究学校改革时,梳理了"改革"一词的发展史。他认为:

> "改革"一词,在历史发展和社会关系的语境中,体现了跨时段的不同概念。在19世纪初,改革与帮助罪人找到拯救之路有关;到了20世纪中叶,改革指的是将科学原则作为一种方法运用到启蒙和真理的追求之中;在当前的实践中,改革坚持千年来的宇宙观,但部分依赖于个人主义特殊的意识形态和专业实践。③

为了探讨引起改革的生态环境,便没有不变的对于改革的界定;其界定,通常是随着制度环境的不断变化而改变的。

---

① 赵婧."碎片化"思维与教育研究——托马斯·波克维茨教授访谈录[J].全球教育展望,2012(10):3—18.
② Thomas S. Popkewitz. (2007). *Cosmopolitanism and the Age of School Reform: Science, Education, and Making Society by Making the Child*. New York: Routledge Taylor & Francis Group. 7.
③ Thomas S. Popkewitz. (1991). *A Political Sociology of Education Reform: Power/Knowledge in Teaching, Teacher Education and Research*. New York: Teachers College Press. 14.

追寻"当下历史"的概念,本来是为了研究当前现实问题的一种方法论。当我们在研究历史问题时,应关注该概念的历史发展过程;从概念的变革中,去把握时代的历史主题。依照波克维茨的说法便是:"课堂里发生的事情、学校教育以及我们对儿童的理解,既是过去的,也是现在的。"①"历史,并非学校教育发展的编年史。对问题的研究,是对我们日常生活的风俗和传统进行仔细地观察。"②

波克维茨在《教育改革政治社会学——教学、师资培育与研究中的权力/知识》中,分析了教师教育、品格教育、教师、教学方法等与教育变革相关的历史发展过程,并阐述了这些概念内涵变化的历史背景。他说:

> 历史学家应该多从历史的角度思考历史主义自身;更多地去阅读元史学、知识社会学和科学社会学等的文化史。它也意味着,必须超越自身边界之外,去关注其他社会/文化分析的派别。其中作为"专业术语"部分,属于理论和哲学反思的成果。对其文学作品的阅读之处,不必进行分析地阅读。因为概念有基本的特质。这种特质,在于超越历史自身;但又作为一种思考的风格,存于与概念相关的思考方式以及对过去的有序研究之中。③

"当下历史"的研究方法,是让历史研究为现实问题的解决服务。

现实的主题,都存在着一个历史发展过程。应弄清其形成过程以及成因,了解其历史的意义。任何人或事,只有当人们认识到其过去时,才能深刻理解其现在的意义和价值,对于教育也是如此。他要求,历史地和社会地分析学校教育变革的实践。他认为,"语言学转向"的重大意义在于,它帮助我们认识到何时我们"使用"语言,它可能不是我们的口

---

① Thomas S. Popkewitz. (1987). *The Formation of School Subjects and the Political Context of Schooling*. Thomas S. Popkewitz (Editor). *The formation of School Subjects: the Struggle for Creating an American Institution*. New York: The Falmer Press. 2.
② Thomas S. Popkewitz. (1987). *The Formation of School Subjects and the Political Context of Schooling*. Thomas S. Popkewitz (Editor). *The formation of School Subjects: the Struggle for Creating an American Institution*. New York: The Falmer Press. 2.
③ Thomas S. Popkewitz. (2012). *Styles of Reason and the Historical Object: (Re)visioning The History of Education*. Thomas S. Popkewitz, Editor. *(Re)visioning the History of Education: Transnational Perspectives On the Questions, Methods and Knowledge*. New York: Palgrave. 13.

头语言。① 即是说,我们所使用的语言,是历史建构的,它决定了我们的所见、所思、所谈,并以教师或学生的身份去行动。如"学习",是20世纪20年代的发明,行为主义心理学为教师提供了管理课堂的方法。但"学习"一词,也与一系列的价值、优先考虑的事情、个人性向等,密切地联系在一起。它影响着一个人应该怎样去看待这个世界,并如何采取相应的行动。在波克维茨看来,社会理论,也是一种关于变革的理论。因为它也同样关注:世界的"目标"是怎样历史地建构起来的,它又是怎样随着时间的变化而变化的。②

福柯在《规训与惩罚》中,指出了撰史的目的。他研究历史的目的,不是为了了解或恢复真实的过去。他指出:"如果这意味着从现在的角度来写一部关于过去的历史,那不是我的兴趣所在。如果这意味着写一部关于现在的历史,那才是我的兴趣所在。"③他在书中探讨了现代社会规范化权力以及知识形成的历史。

波克维茨也表达了类似的观点。他指出,历史研究的目的在于理解当代学校教育的问题,是如何形成这个样子:当我们在进行改革时,我们如何思考它?我们提出学校的知识、学生、教学与评价等问题时,它们是怎样的?在学校教育研究中,这些问题将课程知识社会学作为一个中心问题。④ 对历史的理解,不仅仅是从历史资料检测中建构阐释,更是将历史作为一种活动。历史是一种理论活动,通过对研究对象的历史现象的区分与分类,来建构研究对象。课程作为一种历史形成的知识,它通过对世界和作为世界生产性成员的"自我"的"理性思考",镌刻着规则和标准。但在课程中"讲述真相"的规则,不仅仅是对仔细审查

---

① Thomas S. Popkewitz. (2015). *The Sociology of Knowledge and the Sociology of Education: Michel Foucault and Critical Traditon.* 60. https://www.researchgate.net/publication/288668030_Popkewitz_The_sociology_of_knowledge_and_the_sociology_of_educationL_Focault_and_Critical_Traditions_Torres_book?enrichId=rgreq-a5c6d0d2-2b37-4ed6-8494-2941217c09b0&enrichSource=Y292ZXJQYWdlOzI4ODY2ODAzMDtBUzozMTIwMjQyNTk1OTYyODlAMTQ1MTQwMzc4ODcwOQ%3D%3D&el=1_x_2.

② Thomas S. Popkewitz. (2015). *The Sociology of Knowledge and the Sociology of Education: Michel Foucault and Critical Traditon.* 63. https://www.researchgate.net/publication/288668030_Popkewitz_The_sociology_of_knowledge_and_the_sociology_of_educationL_Focault_and_Critical_Traditions_Torres_book?enrichId=rgreq-a5c6d0d2-2b37-4ed6-8494-2941217c09b0&enrichSource=Y292ZXJQYWdlOzI4ODY2ODAzMDtBUzozMTIwMjQyNTk1OTYyODlAMTQ1MTQwMzc4ODcwOQ%3D%3D&el=1_x_2.

③ 米歇尔·福柯.规训与惩罚[M].刘北成,杨远婴译.北京:生活·读书·新知三联书店,2019:32.

④ Thomas S. Popkewitz (1997). The production of reason and power: Curriculum history and intellectual traditions, Journal of Curriculum Studies, 29(2):131-164.

与观察对象的建构。课程是一门学科技术,它指向着个体怎样去行动、感受、交谈、"观看"世界和"自我"。从这种意义来说,课程是一种形式的社会建构。①

波克维茨非常同意福柯对尼采"效果史"的分析。福柯指出:

> 当历史在我们自身的存在中引入非连续性时,历史就成为"效果"史了——因为历史使我们的情感分化,使我们的本能戏剧化,使我们的身体多样化,并让它们自相对抗。"效果史"从未囿于那种保证生命和自然的稳定性的自我,并且效果史不允许自身被冥冥之中一种顽固不变的力量带向千年王国的终点。它掏空了人们喜欢给它设立的基础,并猛烈地攻击人们妄称的连续性。这是因为知识并非是用来理解,而是用来分解(cutting)。②

在传统的历史主义看来,历史中所有的事件都是伟大的历史前进过程中的一环。在波克维茨看来,讨论课程的当下的历史,就得考虑到理性规定了我们在学校中的所见、所闻、所感,并将其进行归类。

理性反思和行动规则的标准都是历史上形成的,在一定的社会和文化实践框架之内,并随着时空而变化。课程成为学校教育的场所,在于它运用了理性的规则和标准,以及生产理性的人。它包括了一些原则,去规制什么是可以被认识的,而这些认识又是如何产生的。③

在他看来,当下的历史是一种策略,去挖掘多元的历史实践,共同使学校的所见以及所行变得易懂,成为学校教育的对象。

他认为,在理性规约下,学科的发展也是为了更好地制造某种类型的人。心理学被用来创造一种价值尺度,它将不成熟或原初的人类发展,与种族和国籍相对应的完全赋予的能力进行比较。"专心的倾听者"体现了世界主义的文明生活方式。在教学守则中,学生没有学会按照某种特定的方式去欣赏音乐,可能会被视为"注意力不集中"。这就将儿童归为

---

① Thomas S. Popkewitz (1997). The production of reason and power: Curriculum history and intellectual traditions, Journal of Curriculum Studies, 29(2): 131-164.
② Thomas S. Popkewitz (2011). Curriculum History, Schooling and the History of the Present. History of Education, 40(1): 1-19. 译文参见爱思想网址: http://www.aisixiang.com/data/17010.html 译者: 苏力 校者: 李猛.
③ Thomas S. Popkewitz (2011). Curriculum History, Schooling and the History of the Present. History of Education, 40(1): 1-19.

一个特定的与社会和道德相关的类别,如流浪汉、爱取绰号的人、黑帮混、少年犯、潜在的宗教狂热者、爱开玩笑的人、有严重的情绪压力和对性强烈感兴趣的人。①

波克维茨认为,研究课程的当下的历史,就是要去批判性地探寻构成现在的种种基础。学校教育课程的历史化,正如女性主义哲学家朱迪斯·巴特勒(Judith Butler)所主张,就是要对那些在规范和生产主体过程中被视为自然的,但未经批判的进行质疑。诸如"学习""赋权""问题解决""自我实现""社区"等概念,绝不仅仅是让教育者抓住其本质,并予以实现。学校教育话语也不仅仅是一种"现实"的附带现象。②

## (二) 教育史研究者,应成为批判的行动者

社会科学和历史中的语言学转向,被视为与启蒙运动相关的现代主义学说的一种重塑。它将行动者和能动性从解释的中心位置移开,以达到去中心化。其关注的重点变成了话语"中心"是如何建构,去组织和生产主从关系。例如,关注黑人民族性的建构,而非关注黑人;"性别"而非妇女;"童年的"建构而非孩子;"教师"建构而非教师们。③ 在波克维茨看来,这种变化并未放弃启蒙运动所主张的世界是社会建构的观念,祛除理性在社会变革中的中心作用。

话语运动将语言作为观念系统以及推理规则,去组织和指导世界中的个体参与。学校教育的语言,不仅仅是字词与谚语,说话的规则和标准也是社会建构的。历史的关注点转向了观念系统的分类、差异与区分(distinctions and differentiations)如何随着时空变化在实践中建构"主体"。

把知识作为历史研究的中心问题,也是"主体去中心化"一个具有挑衅性的说法,以标志着抛弃将行动者作为主体的意识哲学。将主体的建构作为中心分析,就是要理解某种形式的知识在某种特定的社会关系和历史上定义的权力关系中拥有的优先权。

把主体作为社会建构物进行质询,在福柯的历史谱系学中占据中心地位。语言学转向

---

① Thomas S. Popkewitz (2011). Curriculum History, Schooling and the History of the Present. *History of Education*, 40(1):1-19.
② Thomas S. Popkewitz (2011). Curriculum History, Schooling and the History of the Present. *History of Education*, 40(1):1-19.
③ Thomas S. Popkewitz (1997). The production of reason and power: Curriculum history and intellectual traditions, *Journal of Curriculum Studies*, 29(2):131-164.

的一个内涵,就是要认识到当我们在"使用"语言时,说话的可能不是我们。我们的言语是语言历史形成的。该思想来源于巴赫金(Bakhtin)。例如,在当代教育研究中,必谈教师和学生的"声音"。教师的实践智慧是权威的和"真实的",然而当我们历史地去质询教师的书写和言说行为时,我们发现没有什么是"自然的",尤其是涉及谈论学校"管理",教师的"声音"和"智慧"。教师的"声音"和"智慧"的话语题写,体现了理性建构的形式优先于教师进入学校教育的场景。不同的话语策略产生于实践、技术和机构的符号化与非符号化的聚合体之中,它们伴随着时间变化出现,也是权力的结果。

历史主义已经影响西方教育多年,研究者将历史资料作为历史的真实。他们从历史档案中挖掘所谓真实的知识。而启蒙运动以来,行动者作为有目的的代理人受到重视。进步被认为是人将思想和理性运用到社会实践的成果。而不是将社会的发展寄托于社会组织,或某种超验的力量,如上帝。将历史行动者定位为对过去进行知识的建构,是因为确信使当前的行动者成为一个有目的的变革代理人。①

行动者的认识论特权是美国社会科学和历史的套语(doxa)的一部分。例如历史叙事,讲述了社会机构(如学校)的演变,从坏到好或好的可能性的运动。自从19世纪以来,美国的历史叙事将国家定位为"新世界",也就是作为新的边疆(精神的和物质的)。"新世界"不仅仅是地理上的,它也是会出现在新千年的特殊社会的一个代表。教育史也是这样一种发展顺序。例如,有被视为对体制发展有贡献的教育研究者的传记史,有进步主义教育的叙事;有教育系统纳入更多受教育人群的故事,如妇女教育史讲述了妇女在17世纪到19世纪增加识字率。②

"如果我们以普遍一致的区隔方式来界定族群的话,只会有一种情况,那就是这些区隔方式是由研究者提出的。也就是说,没有全球皆然的有色人种、女性族群或阶级。"③即每个族群都是由历史建构的,因而应尊重这种差异。

对过去予以历史化,并不意味着重复或复制过去,而是一种理解变化的方式,探索思想

---

① Thomas S. Popkewitz (1997). The production of reason and power: Curriculum history and intellectual traditions, *Journal of Curriculum Studies*, 29(2):131-164.
② Thomas S. Popkewitz (1997). The production of reason and power: Curriculum history and intellectual traditions, *Journal of Curriculum Studies*, 29(2):131-164.
③ 托马斯·波克维茨.教育改革的政治社会学:教学、师资培育及研究的权利/知识[M].薛晓华,译.台北:国立编译馆,巨流图书股份有限公司,2007:330.

和行动的对象在时空中是如何聚集、联系或断裂的。历史化理论主张,在研究中,应采取批判的观点,并对主体"去中心化"。波克维茨认为,在学术工作中,知识总是与权力相联系的。因此,研究者必须将社会科学问题,从当前的社会运动中"去中心化",以便恢复他们作为批判的历史行动者的感觉。① 问题在于,不少研究者缺少这种历史意识,常常将学校发展的过程,视为一个理所当然的演变过程。如历史研究者选择相关的案例,是为了去说明文明的进程。如此,历史的功能便成为说教式的,目的在于说明虔诚的传统或影响人类发展的普遍自然法则。②

然而,"历史、社会学、哲学和教育学,并非像它们所宣称的那样,去'公正'地解释世界;它们也是被社会所建构,在政治上植根于各学科的实践之中。"③质言之,学校里的论断和价值的形式,并非中立的。学校中"学习"的概念,来源于人们的斗争,旨在寻求在对青年进行社会化的机构中,实践自己关于社会和政治的观点。公立学校教育的历史,存在着何种个人和社会要被作为再塑造对象的激烈而深刻的争论。这些争论,已被嵌入教育学的重建之中。毋庸讳言,学校教育是社会建构的一种尝试。进入学校教育的世界之中,就是参与一个具有一系列的论断、行动和价值的社会世界。在课堂组织之下,教师的行为和学生成绩标准,指向的是一个人如何去交谈、思考、"发现"和行动。④

针对历史主义提出的先验主体观,波克维茨指出,历史化需要对主体去中心化。它应集中于使学校的客体及其特有的人群,可能去看见、思考、行动、"感觉"的方式;应关注在主体构成中的语言、文本、可视的事物,即"我们"是谁、应该是谁、被期待是谁。⑤ 历史化将剥夺规定的主体作为一个发起者的角色,将自治的作者视为具有多重和复杂的功能。即将

---

① Thomas S. Popkewitz (1991). *A Political Sociology of Education Reform: Power/Knowledge in Teaching, Teacher Education and Research*. New York: Teachers College Press. 8.
② Thomas S. Popkewitz (1987). *The Formation of School Subjects and the Political Context of Schooling*. Thomas S. Popkewitz (Editor). *The formation of School Subjects: the Struggle for Creating an American Institution*. New York: The Falmer Press. 20.
③ Thomas S. Popkewitz (1991). *A Political Sociology of Education Reform: Power/Knowledge in Teaching, Teacher Education and Research*. New York: Teachers College Press. 10.
④ Thomas S. Popkewitz (1983). *Change and Stability in Schooling: The Dual Quality of Educational Reform*. Geelong: Deakin University Press. 9.
⑤ Thomas S. Popkewitz (2012). *Styles of Reason and the Historical Object: (Re)visioning The History of Education*. Thomas S. Popkewitz, Editor. *(Re)visioning the History of Education: Transnational Perspectives On the Questions, Methods and Knowledge*. New York: Palgrave. 9.

作者作为一种概念上的角色，文本如何去体现、如何为行动给出明确的解决方法以及计划。但是，对主体的去中心化，不应被视为废除对理性、合理性或能动性与变革的启蒙责任。刚好相反，是为了剥夺自我对生活和自然安心的稳定性，去挑战一种假定。即自由和解放，依赖于深思熟虑及对主体的科学管理。历史主义将自治的主体，视为卓越的人物和历史分析的源头；而历史化的主体，将被给予性视为一个事件，而非数据或事实，以作为理解的源头。

历史的任务，在于将主体作为一个"事件"，去探寻所注意到的和给予的作为过去和现代的陈述如何可行、如何被理解。事件的概念与实证主义、历史经验主义的主张，恰好相反。理论、概念和解释的图表，看起来作为事实，经过主体的意识表达社会关系，解释主体的思想、观念，或构成主体的一部分。相反，历史化将历史作为一个事件，来理解它的产生。就是在历史研究中，应重点研究赋予人身份种类和身份概念的内容；在其社会文化的、政治关系和政治制度的历史交汇处，去看待产生自治反思策略的客体、概念、理论原则的构成规则。

依此，事件的概念也要求，不是思考作为一个从单一蚁群进化过程中的所见、所行，而是思考导致事件发生的一系列小事件。它产生于不均衡网格的历史运动的聚集处，从而使客体的反思和行动可行。人们也可以接近学校课程的形成及其炼金术，将其作为一个事件，对其凸现为一种治理场所进行质疑。作为炼金术士，学校课程不是单一事情，它的产生与课程名称，如物理、数学、艺术的关系，则少得可怜。

### （三）关注教育历史发展的断裂与非连续性

历史主义将历史上的各个时期，看作理论上进步过程中的必经阶段，持有一种历史连续性的观点。但波克维茨认为，历史不是线性的，而是断裂的："历史的方法，有利于探究当前的大事件与从过去的模式中形成和断裂的其他事件之间的关系。"[①]这体现了福柯思想对其所产生的影响。

自20世纪中叶以来，西方思想家开始关注历史的断裂或中断，它是对现代主义强调连续性教育史研究的一种反动。诚如波克维茨所言："当前研究历史，是为了在制度生活中，

---

① Thomas S. Popkewitz (1991). *A Political Sociology of Education Reform: Power/Knowledge in Teaching, Teacher Education and Research*. New York: Teachers College Press. 15.

对间断、非连续性、断裂现象进行定位。没有连续的和按次序的大事件和制度的运动,我们也不能将变革归于历史行动者的动机或信念。"①

涂尔干主张,不管任何情况的预先设想或计划,都会对社会规划有重大修改,包括没有预见的发展和后果。波克维茨则认定:"关注历史间断或断裂的目的在于,重新界定学术工作的目的,以及调查随着时间变化,制度实践与真理、政权之间的关系变化。"②这一思想,被他运用于教育改革史的研究之中。他认为,应在社会整合中,从社会、集体和历史角度,分析学校改革与知识(认识论)、机构、权力间的相互关系。这种研究的关键在于,将历史与现实相联系,以便在社会环境中考虑关系的连续性、反复性及其断裂。因此,一些历来影响学校日常实践的结构关系问题,便成为了他所关注的焦点。其目的,在于寻找更为有效的方式,去理解学校的知识生产过程。他指出:"社会变革并不需要进步的实践观念,作为一种方法的社会知识论,在于关注社会生活;作为一种研究方法,将个人从分析的中心移开,质疑此时此刻所赋予的首要地位,应关注知识和权力的关系。"③

综上所述,波克维茨的历史化教育史学,实际上是受全球化、后现代主义、社会知识论以及美国批判教育理论的影响,体现出其思想的批判性和综合性。从研究方法论的角度来看,其历史化思想,实以福柯"当下历史"作为方法论基础。它强调,以现实问题为核心,一反传统教育史研究的"从源头顺流而下";而是从现实问题出发,追根溯源,进行回到"原点"的思考。波克维茨要求,在研究中采用"去常规化"的思维方式,即采取"碎片化"思维。他致力于突破传统进步的、线性的历史观,透露出其对每一个历史实践主体所作贡献的关注,激励历史研究主体进行更为积极的参与和批判性反思,以体现出研究者的创造性,去审视那些教育中"毋庸置疑"的观点,以及追寻它是如何在头脑中历史地产生的,以便更好地理解现实问题的产生根源,进而去选择解决问题的最佳方式。这无疑有利于拓展教育史研究的领域,激发教育史研究者融入自身的生活经历、情感与激情,身临其境地投入研究之中。

---

① Thomas S. Popkewitz (1991). *A Political Sociology of Education Reform*:*Power/Knowledge in Teaching*,*Teacher Education and Research*. New York:Teachers College Press. 16.
② Thomas S. Popkewitz (1991). *A Political Sociology of Education Reform*:*Power/Knowledge in Teaching*,*Teacher Education and Research*. New York:Teachers College Press. 4.
③ Thomas S. Popkewitz. (1991). *A Political Sociology of Education Reform*:*Power/Knowledge in Teaching*,*Teacher Education and Research*. New York:Teachers College Press. 5.

## 二、波克维茨课程史学研究的具体运用

受后现代主义的影响,美国的课程史研究者不再囿于以往课程制度史与思想史的研究,开始关注学校中实际发生的事情。课程史研究中案例研究兴起,深化了课程研究,使人们开始关注具体的课程实施中各种利益之间的博弈。同时,受新社会史学的影响,借用社会科学的研究方法,如从微观视角关注研究者主体的能动作用等角度,来研究课程史,扩大了课程史研究对课程实践的影响。

### (一) 课程史研究的产生

波克维茨使得课程史的研究,从斯宾塞提出的"什么知识最有价值",到阿普尔等新马克思主义者提出的"谁的知识有价值",转向了"有价值的知识如何形成"。

美国课程史的研究经历了三个不同的发展阶段:萌芽期(1926—1970年代末)、奠基期(1970年代末—1990年代初)、多元发展期(1990年代至今)。①

在萌芽时期,美国课程史的研究对象,主要是对美国建国两百多年来课程发展中产生的重要人物、课程思想与理念、课程事件进行探讨。这些研究将课程发展视为一种线性的不断发展的过程,所采取的方法是以编年的方式呈现课程研究资料。

在奠基期,以古德森(1983)的《学校科目和课程演进:课程史的研究》(*School Subject and Curriculum Change: Studies in Curriculum History*)和克利伯德(1986)的《美国课程斗争:1893—1958》(*The Struggle for the American Curriculum: 1893—1958*)为代表,开始进行课程理论的建设,并借用社会科学的方法开展课程研究。

在课程多元发展阶段,以芒罗(Munro)的《引发课程史中的女性声音》(*Engendering Curriculum History*,大陆地区译名为《课程史的生成》),从后结构女性主义的角度解读课程历史,试图还原复杂、混乱、非线性的课程理论历史的原有属性,使单一的英雄主体远离中心,其实是在还原课程史中的女性声音。

课程被视为一种"文本"(text)而以不同的方式被确认和分析,这些方式包括政治的、种

---

① 杨智颖.课程史研究观点与分析取径探析:以 Kliebard 和 Goodson 为例[M].高雄:高雄复文图书出版社,2008:17—54.

族的、性别的、现象学的、自传/传记的、后现代/后结构的、美学的、神学的、制度的和国际的等等,而所有这些理解又都包含历史的向度。①

波克维茨的课程史研究方法产生于多元时期,对课程发展的历史给出了不一样的多元解释。

波克维茨通过纳入与排斥的概念,分析了课程史上对学生的建构。他认为历史研究不单单是去理解过去,而是通过对历史现象进行区分和归类来建构起历史对象的活动,讨论我们当前认为的自然而然的东西是如何通过理性建构起来的。他分析心理学与教育学等学科,如何通过理性的历史建构,来成为对人的规训力量。

波克维茨首先分析了心理学的产生。新心理学产生的中心目的在于对儿童的设计。1885 年,法国教育学家孔佩雷(Gabriel Compayré)宣称,教育学是一门应用心理学,是所有科学的来源之一,因为它与人的道德能力相关。它包含了灵魂的所有部分,也必须经常用到心理学。灵魂不仅是上帝的旨意,而且也与欧洲有关人的变革的宗教观念相关,将它作为人的心灵的一个类别。孔佩雷还认为,人类心灵具有道德的和理性的特点,能使人类干涉和改变他人的生活,以确保个体的幸福和集体(社会)的进步。②

19 世纪欧洲学校课程的目的在于系统地培养学生,在行动中体现个人的德行。但是,在美国早期和欧洲早期的学校教育中,学校的教育学最初是根据教堂的忏悔程序而设计的。忏悔是一种宗教教育,牧师为个体宗教教育提供宗教关怀。在新式学校教育中,忏悔中教义问答式的教育被移植到公立学校教育中,作为一种创造爱国主义、美德和共和主义的公民美德的手段。这种"教育"方式是运用理性和科学,为个人具体的义务以及对他人的义务提供指导。例如,《马丁·路德职责表》的教义问答,为瑞典学校教育提供现代化技术一直到 1800 年。③

波克维茨在分析 20 世纪初的进步主义教育改革时指出,课程的"理性"作为一种转换的法则,不仅仅是一个国家内的现象,而是在西方内外全球范围内传播,通过一系列的原则

---

① 陈华.西方课程史的研究路径及内涵探析[J],全球教育展望,2014(4):10—15.
② Thomas S. Popkewitz (2011). Curriculum History, Schooling and the History of the Present. *History of Education*, 40(1):1-19.
③ Thomas S. Popkewitz (2011). Curriculum History, Schooling and the History of the Present. *History of Education*, 40(1):1-19.

进行治理,儿童是谁? 他应该是谁? 谁不适合特定的空间?①

几乎所有的课程都与对人的转化相关,即便是科学课程,通过运用理性参与到人的转化的过程之中。波克维茨认为,从历史上看,教授课程不是为了音乐或科学课程本身,学校课程聚合起来是为了改变生活方式的规则。教育学将集体授课与一些原则联系起来,而这些原则与儿童是谁、他们应该是谁、谁"更适合"预想的未来相关。②

在某种意义上,学校课程是19世纪的发明。在17世纪早期,学校课程与所阅读的书籍相关。例如,为了学习拉丁文,高中生要阅读两本凯撒和三本维吉尔(Vigil)的著作。大学也为大学申请和录取考试规定了英语必读书目,这一做法至少沿用到1885年。在20世纪的头十年,学校的教学科目,在新的心理学提供的教育学原则指导下,围绕特定的课程知识组成。

学校课程的组织原则发生改变,这好像16世纪的炼金术。与炼金术类似,教育学神奇地将教育学、科学和人性引入到学校课程中来。

### (二) 美国课程设置的指导思想

波克维茨在《课程史、学校教育与当下的历史》中讨论了进步主义思想指导下的课程设置。在美国"例外论"的指导下,新的心理科学的代表人物桑代克将其写入了教育目标。他断言,科学能够发现与个体内在的特征相关的法则。这些法则能够塑造和形成个性,以带来"对幸福的追求"。教育心理学在于形成"人的思想和精神",因而个体能够为其进步,或对其未来的信仰负责。③ 例外论先在的视角与对科学的信仰相伴而来,作为一种生活方式,体现在杜威的实用主义之中。

杜威认为,与个人好工作有关的基督教普世价值观念,与国家的民主之间没有什么区别。杜威关于民主的设想,与基督教(加尔文教)启示进步真相的普遍伦理观相关。基督教

---

① Thomas S. Popkewitz (2011). Curriculum History, Schooling and the History of the Present. *History of Education*, 40(1):1-19.
② Thomas S. Popkewitz (2011). Curriculum History, Schooling and the History of the Present. *History of Education*, 40(1):1-19.
③ Thomas S. Popkewitz (2011). Curriculum History, Schooling and the History of the Present. *History of Education*, 40(1):1-19. 以下译文部分参考陈昊. 课程史,学校教育及其现状. 重庆与世界(学术版),2014(2):65—73.

作为一种反省的伦理方式,体现在民主之中,因为个体能发现生命演变和部分意义。基督教(加尔文改良主义)和民主二者都是个体寻求"持续展示生命、永不停止发现生命意义的过程"。① 杜威认为,基督教民主主义体现的是理性与科学的胜利。与基督教教义类似的是,民主精神意味着,它坚持自由的观念,摆脱传统,追求真理,消除对人的发展的束缚。在杜威提出的课程教学中,也强调儿童自由理性地思考,以获得问题的解决方案。课程被作为民主实现的途径,以确保未来实现的可能性。杜威的课程论非常强调对教育科学方法的运用。关于儿童发展与成长的理论被用在教育之中。杜威的儿童问题解决教学,是为了让儿童成为更好的人,以解决未来所面临的社会问题。杜威也非常强调反省的作用,而这种反省被带入日常生活之后,可以帮助我们摆脱陈规的约束,避免罪恶继续发展。

波克维茨指出,科学被用来应对危险人群的恐惧,进步教育致力于解决社会问题。在20世纪初的美国,随着美国经济的大发展,大量移民人口涌入,社会贫富差距巨大。移民与种族问题意味着人们不得不面对危险人口的威胁。在追求社会道德进步的背景下,教育被赋予重要的社会责任。审视美国的进步教育,它带有清教徒的特征。教育改革的目的在于建立一个拥有共同的价值观念,具有包容心的美国社会,培养具有良好道德素养的美国公民。②

波克维茨通过对进步主义课程设置的分析,解构了理性与科学在课程设置中所起的作用。

科学和理性是如何通过对课程设置的规训,产生了教育学与心理学。课程史研究中分析它在不同的社会背景中与理性结合,来完成社会所要求培养新人的目的。课程设置不仅仅是学科知识选择的问题,而且与社会道德目标相关,在科学的名义下,通过对儿童心灵的规训,以达到教育的道德目的。课程知识不再是中立的,而是波克维茨所提出的"炼金术",以期达到所期望的成果。学校课程也不是教授各门学科本身,而是作为一种改变生活方式的法则。知识并非中立的,而是具有政治性、伦理性和美学性。波克维茨受福柯的谱系学的影响,并非追溯本源,而是从当前的现实问题出发,回到课程设置问题产生的源头,以发现课程设置的原初意义,进而对今天的课程设置的政治性与伦理性产生深入的理解,以解决课程设置中存在的问题。

---

① Thomas S. Popkewitz (2011). Curriculum History, Schooling and the History of the Present. *History of Education*, 40(1): 1-19.
② Thomas S. Popkewitz (2011). Curriculum History, Schooling and the History of the Present. *History of Education*, 40(1): 1-19.

波克维茨分析了在 20 世纪初进步主义教育时代,作为一种"转换法则"的课程。他探索了数学、文学和音乐教育的形成。探讨了它们作为"转换法则"的具体实践活动。在他看来,在某种意义上,课程设置是 19 世纪的一个发明。最初教育改革的指导思想是为了让教师掌握教学内容知识与教育学知识,以便提供更佳的教学效率和效果。他指出,学校课程设置的目的,不是为了教学该学科内容本身,而是与生活方式有关,根据"转换法则"聚合起来。① 学校课程的选择与组织,在某种程度上,是为了国家道德上的优雅与对进步的期待服务。根据教育学的"转换法则"来进行学校课程的选择。如几何学、化学和地质学带来了国家的进步。地理学讲授了创世的真相,动物学讲授了动物的分类,并将人置于自然界的最高等级。理解科学法则,将使人更加靠近上帝,部分是因为提高了劳动生产率,部分在于告知学生生与死是一个自然的化学过程,是一个生于尘,回归尘的无限循环的过程。

如在 19 世纪与 20 世纪之交,基督教救赎的世俗主题在学校课程中得到体现。科学、数学、文学与历史课程用以提升人性。数学被视为一种实践学科,可以用在建造房屋和参与商业等社会活动之中。课程的学习也是为了对城市的工人阶级子弟和移民进行改良。文学课程可以授予儿童良好的道德。音乐教学可用来陶冶情操,刺激身体循环,避免人口堕落和使身体强壮。在 20 世纪初,声乐教学加入到音乐欣赏之中,课程被用来减少青少年犯罪。它规定了行为举止,以避免与种族和移民人口相关的堕落的特征。生理心理学认为,对身体和大脑适当数量的刺激,可带来音乐美学观念、宗教信仰与公民美德。例如,歌唱表达了家庭生活中的勤奋观念和爱国主义,被用来反对与黑人和移民相关的刻板化种族印象。

这充分体现了波克维茨将知识作为一种社会控制的观念,是其社会知识论在课程史研究中的运用。学生在学校里的所学,不仅仅是有关做什么和知道什么。学习拼写、科学、数学或地理学的同时,也是在学习指向世界的气质、意识和敏感性。课程知识不仅与我们在学校中谈话和推理方式相同——通过谈话与推理,我们讲述有关我们自己与他人的真相——有关权力与规则问题。②

---

① Thomas S. Popkewitz (2011). Curriculum History, Schooling and the History of the Present. *History of Education*, 40(1):1-19.
② Thomas S. Popkewitz (1997). The production of reason and power: Curriculum history and intellectual traditions, *Journal of Curriculum Studies*, 29(2):131-164.

### (三) 学校课程的去中心化

福柯强调历史是断裂的,在波克维茨的研究中也得到体现。福柯对领域史的强调,如他研究了精神病人、监狱等的历史,这对波克维茨产生了较大的影响。他在周三组会 (Wednesday Group) 上探讨了女性主义、实用主义,包括福柯在内的后现代主义。

波克维茨认为,研究当下的历史,就是在机构生活中找到中断点、不连续点以及断裂处。事件或机构没有连续的或按顺序的运动,我们也不能将变化归为历史行动者的动机或信仰。① 他指出:

> 关注历史的中断与断裂是为了重新界定学术工作的目的。它的目标在于调查机构实践与随着时空中变化的真理政权(regimes of truth)之间的关系。至于真理政权,我采用福柯使规则和标准问题化的观念,通过个体界定好的与坏的,合理的与不合理的,理性、非理性或与理性无关的。该立场提出了一个矛盾的任务,将个体置入历史之中,因而当前我们能更充分的理解组织社会生活的集体样式。在这一过程中,戳破了我们行为的因果关系。②

当下的教育改革可视为一种对传统的断裂。当代关于变化的研究,集中在稳定和和谐。社会结构,是在变化概念中的一个重要组成部分。结构在某种层次上,是一套潜藏假设的一部分,该假设支撑着组织和教师社会学的研究。也就是说,"事情"是功能性的,与社会事务中一些永久的和持续的观念有关。但是,传统有关社会中的变化、历史分类与区分,被视为理所当然,以及被承认为一种技术控制的分层变量,如性和种族。③

波克维茨强调研究权力关系,以及机构的实践与知识的不连续性。在他看来,变化的理论是构成我们现在的对象的历史,是有关我们日常活动或个体前提性思考的实践与话语

---

① Thomas S. Popkewitz (1991). *A Political Sociology of Educational Reform Power/Knowledge in Teaching, Teacher Education, and Research*. New York: Teachers College Press. 15.
② Thomas S. Popkewitz (1991). *A Political Sociology of Educational Reform Power/Knowledge in Teaching, Teacher Education, and Research*. New York: Teachers College Press. 16.
③ Thomas S. Popkewitz (1991). *A Political Sociology of Educational Reform Power/Knowledge in Teaching, Teacher Education, and Research*. New York: Teachers College Press. 20.

的历史。①

在课程史的研究中,他分析了社会的结构关系与课程的联系,并回到课程产生的原点。他认为,课程通过它所建基的交流样式,体现了一系列的结构关系。许多欧洲国家最初没有课程的概念,它在16、17世纪才出现,并建立起来以作为学校日常的一部分,与社会哲学和经济管理实践相关。科学、方法与学校班级得以发明,以强调理性的连贯性、内部的连续性,后来,还有加尔文教的科目,它们与社会形成和经济组织相关。隐含在社会形成之中,围绕课程一词发展了为了适当的选择与允许行动范围的科目。那么,当谈论课程时,其前提假设与社会价值,并非十分明显,但限制了可供选择的范围。②

福柯将传统的"知识即力量"的观点翻转过来,提出权力体现在个人获得知识的过程之中,以及使用知识干预社会生活的观点。认为权力运行于政府的宏观治理结构之中,以及个人的微观治理之中。福柯主张,权力植根于规则、文化借用、排斥的治理系统之中,通过主体性的建构与社会生活而形成。这发生在日常生活的多个层面,从机构组织到自我约束,再到个人感知与经验的行为的正常化。这需要考虑知识促进真相的方式,当它们产生于问题、难题与回应之中时,用以改善社会生活与福祉。波克维茨认为,其有关课程、教学与教师教育的兴趣在于其创造,不仅仅是在于其差异与类别;世界的组织机构,也关注构成身份的需求、意愿、身体行动与认知兴趣。尽管支配总是一个重要议题,权力概念不关注身体的强制,也不直接与某个群体统治他人相关。在这种意义上,权力是社会生产的,而非镇压、暴力和胁迫的案例。③

波克维茨探讨了美国课程史发展过程中的各种权力关系。随着认识论的转向,17世纪以来,知识逐渐演变为一种社会控制的技术,并使人学会自我控制。各门科学知识对人的建构,强化了对人的控制。学校教育不是为了促进人的发展本身,而是各种社会力量相互斗争的结果;学校的课程也是为了实现某种社会目的而开设。

自从启蒙运动以来,人类总是相信通过运用理性,能达到社会的进步。在波克维茨看

---

① Thomas S. Popkewitz (1991). *A Political Sociology of Educational Reform Power/Knowledge in Teaching, Teacher Education, and Research*. New York: Teachers College Press. 24.
② Thomas S. Popkewitz (1991). *A Political Sociology of Educational Reform Power/Knowledge in Teaching, Teacher Education, and Research*. New York: Teachers College Press. 22-23.
③ Thomas S. Popkewitz (1991). *A Political Sociology of Educational Reform Power/Knowledge in Teaching, Teacher Education, and Research*. New York: Teachers College Press. 30-31.

来,我们总是期望通过理性的行动来促进进步,我们忽视一个事实,进步的观念体现了有关知识和权力关系的一系列假设。17世纪以来,有关进步的观念体现了有关宗教、国家、文化与社会新建立的制度关系。早期的千年历史观涉及对当前的批判,与彻底远离现在去进行新世界的创造。但是在17世纪以前,这些乌托邦的观念受到挑战,千年的理想不再包括与过去清楚地决裂。进步被假定为,产生于现有机构内或机构之间的一系列运动。变革成为了对先前结构上的附属物予以改进与调整。进化,首先是一个社会概念,其次才成为了一个科学概念;它是人类的一个激进观念,它在于通过理性方式的控制,朝向更好的状况前进。自然的控制、工业发展与社会进步,将迎来新千年。个体不仅为自身的信仰负责,而且也为改善生活的物质和精神生活的发展负责。

这种变革的观念是教育学思想的基础。进化意味着教育学通过给个体更多的关注,以认识到差异,并培养这些差异。加尔文教在英国的影响被带到美国,凭借这样一个信念,应该有一个秩序井然的社会组织。这一信念表现在18、19世纪的教学制度之中。教育学知识被用来提供一个更有效的道德监督和劳动组织的制度。班级制度、年级、课程与教学方法的产生部分是为了学校秩序。它们提供了规范连续的、科层制的和进步制度的机制。在进步主义之前,进步的科学与古典的社区价值结合在一起。进步主义的观念表达了乐观的态度,认为通过理性和科学的合理性的结合,能产生社会进步。科学家和教育哲学家,如霍尔、桑代克和杜威,将社会世界作为一种理性的组织,通过人类的能动性能够达到进步。杜威最有力地表达了他的科学乐观主义,变革被界定为与存在方式有关——目的是功能性的和实用主义的,它来源于斯宾塞关于进化过程的观念。[①] 要达到现代性,个体更多地需要为他们负责。知识作为一种权力技术,逐渐沦为了对个体进行控制,并要求他们进行自我控制的技术。

现代性的承诺,是为了使人们在他们所处的社会条件中,更加负责和更多参与。大众学校教育的发明,是强调启蒙的工程,其中,个体和社会的知识会产生一个更加美好和更加公正的社会。启蒙运动的拥护者通过主张将知识普及化,而非局限于少数精英阶层,而使个体知识合法化。[②]

---

① Thomas S. Popkewitz (1991). *A Political Sociology of Educational Reform Power/Knowledge in Teaching, Teacher Education, and Research*. New York: Teachers College Press. 35 - 36.
② Thomas S. Popkewitz (1991). *A Political Sociology of Educational Reform Power/Knowledge in Teaching, Teacher Education, and Research*. New York: Teachers College Press. 37.

在美国课程史的研究过程之中,主要有三种不同的史观,一种是单线进步史观,将美国课程史描述成进步教育战胜传统教育,而不断走向胜利的单一战斗历程;第二种是二元循环史观,把美国课程看作老式闹钟的钟摆,课程改革主张不断地在传统派与进步派之间来回摆动,时而偏向传统派,时而偏向进步派;第三种是多元混重史观,认为四大利益集团,由冲突逐渐走向妥协,使得美国课程最终呈现出"混重"的发展态势。在克里巴德看来,四个利益集团分别是人文主义者(humanists)、发展论者(developmentalists)、社会效率论者(social efficiency educators)和社会改善论者(social meliorists),他们为了争夺实质性利益和象征性利益,彼此发生激烈冲突,或者达成无可奈何的妥协。① 波克维茨采用了一种新的观察视角,从而得出了不同的结论。其课程史观不同于传统的进步史观,更多强调知识和权力在课程发展过程中的相互作用,课程发展是多种力量的结合,而非仅仅是学校教育发展的结果。这是对课程史研究中进步史学和修正主义史学的一种反动,这要求课程研究者关注课程发展中的权力关系。

现代性的发展使得权力关系呈现出新的形式,它渗透在各种机构的日常实践之中。日常生活的固定仪式和社会政治机构的具体流程,都体现了权力关系。关于自身的知识被社会事务专业化监督和组织起来。心理学作为现代性的一种发明,被界定为监督个体新形式的核心学科。进步的知识自身也是一种社会实践,将权力与身份建构捆绑在一起。② 现代社会的管制技术在于治理出有用的个体。社会事务的个人化与布道技术提供了一个更复杂更详尽的管制形式。而教育学是其中一种社会管理形式,将公民与国家捆绑在一起。

### (四) 学校的课程是权力斗争的场域

在教育史研究中,须分析知识与权力的关系,以及学校教育在权力影响下的发展过程,因为在福柯看来,知识与权力存在着相互关系。波克维茨主张,在课程史的研究中,要分析知识与权力的影响,课程史不过是知识政治学在学科课程中的具体体现而已。在现代社会,不再通过暴力来实施权力的影响,而是通过知识和理性体系来规定和对学校对象进行

---

① 李倩雯. 美国课程史研究的史观问题[J]. 外国教育研究,2018(9):93—103.
② Thomas S. Popkewitz (1991). *A Political Sociology of Educational Reform Power/Knowledge in Teaching, Teacher Education, and Research*. New York: Teachers College Press. 37.

分类，决定他们的所看、所思和所行，使他们表现为一个孩子和学生的样子，也决定了学校教育的科目、教师的教学个性、教师教育、学习心理以及教育科学。18世纪晚期以来，政府的政治和社会原则在于制造公民，这种人是通过组织品行的规则和标准来进行管理的，这些品行与集体归属感与公民美德条目有关。现代社会是培养理性的个体积极参与，有行动的动力，并相信人的能动性能改变世界的一个空间。

1. 制造对象：作为话语实践的历史研究

传统的历史研究，不过是对相同的历史材料进行不同的理解；而当代的历史研究，是运用概念的视角来建构对象。通过对象建构，历史思维的区分和分类有了将现象制作为社会"材料"领域的效果。这并不意味着，历史中这件事情并没有发生；而是在研究中，"材料"和"事实"要通过语言实践来进行表达。学科研究的规则，重新将世界中的事情重塑为需要解读和阐释的"材料"——本来没有选举"行为"和学业成绩——直到有人假定存在着这些东西，并提出与此相关的问题。而且，我们关于这个世界的思考，从来不是一个"纯粹"的哲学问题，而部分是一个社会和权力关系问题。①

波克维茨列举了两个简单的例子，来说明历史叙述作为一个思维系统，用以建构起历史"材料"。

其一是埃及的金字塔。直到18世纪后期，金字塔才成为一个探究的对象。去探讨这些石头，需要一种自我意识，通过它，人们去探讨知识和机构如何进行社会建构而非属于神学的附庸。在18世纪早期，金字塔并未成为人们关注的对象，只不过是一堆路过它时，人们在上面信手涂鸦的石头而已。金字塔并没有成为历史学科的"事实"，直到欧洲人对它们进行发问，才首先是文明的标志，然后是那些富裕阶层的坟墓古迹。

只有通过一种特殊的"现代"视角，对古埃及金字塔的解读才成为可能。此处的"现代"是一种特殊的知识建构，它与过去几百年来的社会变革相关。这种"现代"的视角，需要将埃及文物想象成抽象系统关系的一部分。这段历史将金字塔定位为全球历史叙事的一部分。金字塔特殊的时空被置于一个更普遍的、如关于西方社会发展的进步观念之中。埃及史成为人类历史的一部分，墓的主人也处于一定的社会关系之中，如人们开始使用"阶级"等概念去分析墓主处于上流社会，就好似在古埃及就有了的概念一样。从波克维茨的分

---

① Thomas S. Popkewitz (1997) The Production of Reason and Power: Curriculum History and Intellectual Traditions, *Journal of Curriculum Studies*, 29(2):131-164.

析,我们不难看到,我们心中的"金字塔",原来是"现代"的,因为我们关于这些古建筑的一切解读、一切叙事,都是现代的。①

其二为"学习者"。波克维茨也解释了儿童在学校教育语境中为何被称为"学习者"。在20世纪末,儿童作为学习者也是制造出来的。这一过程,包含了与现代性相关的社会思维的一种转型。上世纪出现的"学习者"这个概念类别从属于一个新生的观念系统,这个系统对学校教育有特定的理解,并重新解读人的个体性。比如在19世纪谈论学校教育的时候就没"学生"(student)和"未成年人"(pupil)这样的类别概念。儿童原本被称为求学者(scholar),直到19世纪晚期才发明了"学生"这一教育学范畴,再后来,"学习者"的概念才把儿童变成了被教师监控的一个客体。把儿童变成"学习者",就是要引入童年的现代概念。关于学习的各种范畴,使得现代儿童是一个学习现世事务的人,而不再像以前一样是追寻(基督教的)超越信仰的人。现代儿童,在他人和自己的理解中,都成了理性的"问题解决者",成了处于"发展"过程中的人。②

"青年"(youth)被作为一个研究的对象,它是介于儿童(childhood)与成年人(adulthood)之间的一个类别。他是那种在某种程度上使自己的生活方式犯错,一直在性、个人或社会方面陷入麻烦的人。研究者和政策制定者将此作为自己的责任,以确定青年的"本性",找到将青年从他们不佳的生活空间解救出来的影响方法。青春期是思考社会问题的一个虚构。霍尔主张,科学心理学将确定干涉儿童成长、发展和道德的方式,仅仅只有科学心理学也是不够的。当然,青春期也不仅仅是研究者的想象,它有现实存在的理由。这类人是独立的存在和具有本体论特征。人们设置项目来监控青少年合适的发展,矫正道德不良如性滥交和青少年犯罪。该概念也规定了儿童是怎么生活的?应该如何生活?③ 波克维茨也指出了学生作为"终身学习者"(lifelong learner)概念是如何编制的,它的产生与知识经济和知识社会有关。

在他看来,理论、项目和其他行动,被用来生产以确保"健康的"、聪明的和有才能的人。科学来识别不同儿童的问题及影响因素的原因、理由与基础,它们能通过关于"有效教师"

---

① 王文智.美国课程史学的话语变迁[M].济南:山东教育出版社,2015:181.
② 王文智.美国课程史学的话语变迁[M].济南:山东教育出版社,2015:181.
③ Thomas S. Popkewitz (2013). The Sociology of Education as the History of the Present: Fabrication, Difference and Abjection. *Discourse: Studies in the Cultural Politics of Education*, 34(3):439-456.

关于"增值评价"诸如此类的研究,来给不同的人带来成功。①

波克维茨指出,历史化不是对起源和演变的研究,而是理解当前的对象是怎样被赋予合理性,来通过不同的历史实践作为一种讲述真相的方式。这些实践在它们的"起源"中并无联系,通过某种方式重新联系起来,它不仅仅是部分的总和,以给予各种可能性。②

波克维茨通过例子是为了说明,对过去的叙述不仅仅是对"材料"的解释。对学校知识进行分类和思考的原则中,体现了在有关时空中如何建构研究对象的理论前提假设。对历史"材料"的研究,包括对社会科学的研究,需要关注"事实"本身是如何建构的。这一建构体现了对组织问题与概念问题的接受策略。而概念无论是明确使用还是隐含的,型塑了对经验材料进行管理和排序,以作为调查对象的特定方式。研究所体现的特征,以指向需要观察的东西;而这种观察又是如何设想这个世界中的"事情"。③

2. 课程是现代性的一种发明

学校课程与美国社会密切相关,用来实现未来的民主理想。进步主义社会学和心理学指导着美国19世纪末的课程设置。

坎宁(Canning,1972)主张,历史主义与语言学转向的一个区别在于,研究黑人民族性而不是研究黑人、性别女权主义而不是妇女、同性恋关系而不是同性恋。④ 学校里学习到的知识,不仅仅是关于知道什么和做什么。学习拼写、科学、数学和地理也是在学习对世界的性情、意识和敏感性。课程知识与我们在学校中的谈话方式和推理方式——通过我们讲述有关我们和他人真相的形式——与权力问题和监管问题相关。⑤

波克维茨主张,课程是现代性的一种发明,它涉及知识的形式,其功能在管制和规训个

---

① Thomas S. Popkewitz (2013). The Sociology of Education as the History of the Present: Fabrication, Difference and Abjection. *Discourse: Studies in the Cultural Politics of Education*, 34(3):439 - 456.
② Thomas S. Popkewitz (2013). The Sociology of Education as the History of the Present: Fabrication, Difference and Abjection. *Discourse: Studies in the Cultural Politics of Education*, 34(3):439 - 456.
③ Thomas S. Popkewitz (1997). The Production of Reason and Power: Curriculum History and Intellectual Traditions, *Journal of Curriculum Studies*, 29(2):131 - 164.
④ Thomas S. Popkewitz (1997). The Production of Reason and Power: Curriculum History and Intellectual Traditions, *Journal of Curriculum Studies*, 29(2):131 - 164.
⑤ Thomas S. Popkewitz (1997). The Production of Reason and Power: Curriculum History and Intellectual Traditions, *Journal of Curriculum Studies*, 29(2):131 - 164.

体。① 至少从宗教改革以来,学校与国家、世俗权威和道德相关。马丁·路德将教育作为进行宗教改革的一种重要规训机制。16 世纪的德国,不仅教给大众人文规则,也向他们传授一些理性思考自身,并自我规训行为的知识。这种刻画,不是通过野蛮的暴力,而是通过精心安排的系统制度的原则,在世界上进行诠释、组织和行动。科学是启蒙运动的一种发明,因为人们相信,通过它社会可以进步。由于现代性的社会问题变得突出,社会科学则是 19 世纪的一种重要发明。正如物理科学针对的是自然界的问题,而社会科学则针对的描述、解释和指出社会问题解决的方向。如 19 世纪统计学的发明,便与国家治理有关。运用统计学对人口的统计,出台有关某类社会群体与利益群体的健康与财富政策,将人口划分为具体的类别,也有利于国家对流行病与犯罪行为的管控。理性思考也成为对学龄儿童、学校成绩、导致学业失败的社会心理特质的一种普遍的分类制度。那么,课程改革就是涉及对学生怎样去理解他们是谁,他们在社会上是什么地位,它涉及个体的责任、个人服务与信念。

　　在波克维茨看来,监管的概念,并不意味着在谈论学校教育时,对好坏、善恶进行区分,它是为了认识到所有社会条件所内在的约束与限制的社会学前提。课程作为一种监管,表现在课程作为一种社会规则,它决定了学生在学校里学习知识的边界。斯宾塞"什么知识最有价值"的观点,要求从一系列知识中选择学习的知识。课程的选择,对社会和个人的事件如何组织以进行反思和实践进行型塑。选择过程实施的视角,通过被官方批准的分类来界定问题。对于个体来说,学校实践是政治上被批准的作为他们来作为组织有关"自我"的方式。也就是说,学校是国家有关教养和劳动培训的主要机构。学校教育是指导学生如何理解整个实践和有关世界中自我的策略和技术。伴随着对社会科学、科学和数学的学习,探寻问题解决的方法。这些方法影响到学校知识,去确定学生如何去探究、组织和理解他们的世界和自我的标准。这样,学校教育的思想体系,就成为了一种社会技术。如心理学被作为一种技术引入大众教育中,以重构个体如何被看见、界定和评价的方式。心理学也提供了在课堂中有关儿童学习的如何去教学、教材的选择以及时间分配的技术。例如,在教学组织中包括课程计划,基础阅读中目标层次体系的建立,评价学校成功与失败的成绩测试结果管理等社会技术。

---

① Thomas S. Popkewitz (1997). The Production of Reason and Power: Curriculum History and Intellectual Traditions, *Journal of Curriculum Studies*, 29(2):131 - 164.

波克维茨关注,将课程史作为一种社会认识论的方法论后果。在他看来,语言学转向重塑了我们关于社会变革的假定。历史变革被视为在知识结构中一次断裂,而非一次普遍进步的演化过程。这一假定带来了非常重要的影响,超出了它如何建构历史叙事的影响。他从知识政治学和学术的视角,对此进行了分析。他认为,学术活动文本,从当前的研究到人们应该去做什么以产生什么跳跃得太快了。这是在理论知识的形成中,关于变革的先验哲学假设所带来的后果,该假设将知识分子置于先知和圣贤这两个位置上。相反,在知识系统中,将历史重建为断裂,有一个潜在的意味,即将进步从一个先验的哲学表述中移除。但是,这样做并没有必要使之丧失对社会变革的义务。历史研究的策略,也不是为了废除主体或有目的的行动,而是为了改变方式,将主体引入历史以促进变革。

为什么要从意识哲学转向一个认识论的历史呢?在波克维茨看来,有人会说,关注社会行动者的意图和目的,可能会提供一个社会的和科学的责任,它将人与其社会的世界带入了历史。将人移除历史可能会使世界看起来是决定性的,在干预的可能性之外。①

话语是历史上长期建构起来的,通过多重的历史交织,这种交织也是没有单一的、注定的方向性;而且当讨论人类的目的和行动者的中心时,可能看起来是一个适当的分析性论证,学术性立场的社会学后果并不总是具有说服力。毫无疑问的主体中心的实践后果,牵涉到隐藏在修辞之中的多种权力问题。集体和个体的能动性被视为自然的,这会有一种倾向,即忽视了界定对立面的议程与类别是怎样被历史建构的,制度的相关性被视为当然的。

3. 将主体去中心化

将主体去中心化,不是通过移除行动者,以及移除作为启蒙工程部分的种种使命来使社会行动噤声。波克维茨认为,将主体去中心化是启蒙运动所要求的自我反思性的产物。将主体去中心化,也有其反讽的意味:有一个需要接受知识建构的需求,能使人们有意识地行动,但是这一穿插进来的地点,又与意识哲学的主张不同。主体是置于一个可以质询的维度,而非作为一个不可怀疑的维度。建构有关我们主体性如何形成(使主体的议题和类别成为问题域)的历史,通过可获得的常识,能为未展现的可替代行动和可替代意图,提供一个潜在的空间。②

---

① Thomas S. Popkewitz (1997). The Production of Reason and Power: Curriculum History and Intellectual Traditions, *Journal of Curriculum Studies*, 29(2):131-164.
② Thomas S. Popkewitz (1997). The Production of Reason and Power: Curriculum History and Intellectual Traditions, *Journal of Curriculum Studies*, 29(2):131-164.

波克维茨社会知识论的研究,是作为一种思考理性的方式;思考理性,又是作为一种历史生产以及变化的原则。这些原则,有关在学校中应该做些什么、思考什么和期待什么,讨论学校教育中的理性和合乎理性的人,探索不同历史轨迹的交叉处,如何使所看、所思、所行成为可能。它主要是从历史的视角,去研究某类人是如何生产出来,成为学校教育的对象和作为他们自身的行为表现。通过这种方式,是可能去探讨权力是如何通过生活方式的生成原理来运行的。波克维茨认为,莱斯科(Lesko)的研究很好地说明了这个问题,他探讨了"青年"一词作为某一个特殊类别,去测量和计算假想存在的不同人群的差异。青年作为某种特殊的人群,生产于生物学、医学、心理学、神学和文化学等一系列的实践网格之中。青年作为某种人群的思考和行为方式,是对焦虑的一种反应。这种焦虑产生于心理学和社会学属性,被用来描述成年人需要监督青年人的危险之处。正如莱斯科主张,青年也意味着针对儿童的一系列价值和规则,让他们去思考自身的正常与不正常之处。但是,"青年"的对象并非一个稳定的和自然的特质,而是权力、监督与管理的对象随着时空变化的结果。①

探讨使所见、所想和所行成为可能的社会历史条件,是向其他可能性开放,使被认为是理所当然的反思和行动对象,作为社会事实适于被研究、批判和抵制。抵制的重要性在于它关注了变革问题。这些变革,强调了自从19世纪它们形成以来的社会和教育科学。波克维茨的社会认知论,是去历史化,去理解复杂的历史关系与知识思想变革,以及组织生产自身和周遭世界的理性。社会认识论是一个变革的策略,通过改变现在看似自然的因果关系,因此,有可能在现有框架之外开辟各种可能性。②

"理性"的历史化,在于判断如何形成,生活经验如何组织,问题如何被赋予存在并易于处理,尤其是,历史问题不是过去的问题,而是有关过去是如何错综复杂地交织在一起的问题。它去规定,我们是谁,我们应该是谁,谁不应该是哪类人。历史化首先引入的是,去主体的中心化。主体的去中心化不是要去除启蒙运动对理性和合理性的责任,或能动性和变革的可能性;相反,它承认发生了什么被承认是"逻辑的"和自然的事情,因为理性和社会变

---

① Thomas S. Popkewitz (2015). *Curriculum Studies, the Reason of "Reason," and Schooling*. Edited by Thomas S. Popkewitzt. *The "Reason" of Schooling: Historicizing Curriculum Studies, Pedagogy, and Teacher Education*. New York: Routledge. 4.
② Thomas S. Popkewitz (2015). *Curriculum Studies, the Reason of "Reason," and Schooling*. Edited by Thomas S. Popkewitzt. *The "Reason" of Schooling: Historicizing Curriculum Studies, Pedagogy, and Teacher Education*. New York: Routledge. 3.

革的核心本身,是一种历史逻辑、合理性和权力效应。这是一个持续的不同部分的主题,集中于青年、跨文化教育、土著居民等。作为一个非历史行动者的题写,是保存其同时期的框架,取代其作为变革的活动和动机。思考同时期的规则之外的可能性,是去理解内在于理性规则和标准的限度。

历史化是去理解多个不同的、不相关的事件和发展轨迹在特定的时间交汇,形成一个网格,赋予自我以及它反思和行动对象的可理解性。波克维茨举例说,网格的概念,好似一个烘焙蛋糕的食谱,蛋糕由不同的成分组成,但成果就是这个"蛋糕",一个对象或一个决定性的范畴,看起来有它自己的本体论存在。[1]

心理学被认为是心灵的合理化,在课程之中体现在心灵的科学化(特别是兴趣)过程之中。波克维茨在课程史研究中,关注课程展示权力的方法与条件,体现知识在学校中是如何选择、组织和评价的。做历史研究,是去发现社会中与权力关系相关的,变动着的正确与错误的差异,而非所规定的现实存在的直接结果。[2]

4. 对进步的去中心化

波克维茨也解释了他的历史研究是对进步的去中心化。他指出,变革不是发生在事件的演化进步中,也不是发生在人们为了影响那些事件的努力之中,而是发生在干扰之中;正如巴特勒主张的那样,发生在我们的推理和身份形式对权力关系的强化与隐藏的方式之中。[3] 历史不是面向一个总体史发展的进步的历程,而是在某一个时期,有着多种发展可能性方向的,有着不同的发展节律。他以汉密尔顿(Hamilton)的研究为例,指出课程史研究中进步的去中心化。在汉密尔顿探讨了一些特殊的词汇,如"班级""课程"是如何产生,以及它们随着时间如何变化,并与产生这些词汇的社会、经济、文化条件有何关联。[4] 学校知识的历史化能帮助理解先前的规则和标准,是通过什么条件,又是在何种条件中学校师生

---

[1] Thomas S. Popkewitz (2015). *Curriculum Studies, the Reason of "Reason," and Schooling*. Edited by Thomas S. Popkewitzt. *The "Reason" of Schooling: Historicizing Curriculum Studies, Pedagogy, and Teacher Education*. New York: Routledge. 14.

[2] Thomas S. Popkewitz (1997). The production of reason and power: Curriculum history and intellectual traditions, *Journal of Curriculum Studies*, 29(2):131-164.

[3] Thomas S. Popkewitz (1997). The production of reason and power: Curriculum history and intellectual traditions, *Journal of Curriculum Studies*, 29(2):131-164.

[4] Thomas S. Popkewitz (1997). The production of reason and power: Curriculum history and intellectual traditions, *Journal of Curriculum Studies*, 29(2):131-164.

的真相得以讲述的？这些规则又是如何随着时间而变化的？这种历史关注对特定行动者的去中心化，其目的是为了解读社会实践和主体性是如何构建起来的。

波克维茨还认为他的历史研究是一种领域史（regional history）。领域史不是学校教育的具体地理位置，而是关于学生和教师如何被认识，以及他们如何认识世界的话语场域。儿童作为"青少年"、"学习者"，一个具有或不具有自尊的人，一个社会阶级成员如处在危险中的儿童，或有关"生长发育"医学问题的载体，所有这一切，把儿童置于一个将儿童建构为主体或客体的领域中。① 领域不是确定儿童的空间，而是将儿童支配到不同的话语场域，在场域之中对儿童进行评判。在其中，发现有关主体的话语体系是如何随着时空的变化，权力与知识在其中是如何不断建构和生产主体的。

波克维茨也回应了他在社会知识论的历史化研究中，对主体的去中心化，可能导致虚无主义的观点。他建议，社会认识论是一种政治的，也是一种概念的实践。植根于意识哲学之中的是研究者一种特殊的社会立场。这种立场是一个预言，带来了社会的变革与进步。这种预言的作用，并非是其中一个个人的意图，而是规范和刻画规训知识文本的认识论。在社会科学和历史中社会改良主义传统，例如在学校教育识别普遍发展模式中实践这种"预言的"传统，是为了从历史中找到经验教训，因而未来的规划能从过去的得失中习得。

波克维茨主要从历史学、心理学和社会学的角度来探讨学校教育。在政策制定、改革报告和来自于其他制度上合法的权力位置上的文件之中，关于教育的话语建构，不仅仅是关于教育的语言，部分是社会生产性的过程，通过对问题的分类和实践的动员。

## 第三节 林恩·范德勒的课程史研究

林恩（Lynn Fendler）是美国密西根州立大学教师学院教授，她讲授教育哲学、人文研究和课程史相关课程。她的研究领域包括，后现代主义与批判教育理论、历史学、修辞学与食物哲学。她是美国教育研究会（AERA）福柯与教育特别兴趣小组（Foucault and Education Special Interest Group，SIG）发起人之一，她于1999年在威斯康星大学麦迪逊分校课程与

---

① Thomas S. Popkewitz (1997). The production of reason and power: Curriculum history and intellectual traditions, *Journal of Curriculum Studies*, 29(2):131-164.

教学系获得博士学位,2010—2011年卢森堡大学访问学者,2013年获得威斯康星大学杰出校友奖。她的教育思想,受到了波克维茨的影响。

## 一、林恩后现代课程史学思想的缘起

林恩的教育史学研究,受福柯和波克维茨的影响很深。她反对传统的教育史研究将档案、官方文件作为历史研究的唯一来源。主张在教育史研究中关注人的思想性和人类的精神。

林恩认为,福柯的历史论著的特征在于:挑战连续性和非连续性;不试图追寻客观,而是批判当下历史;受到尼采的"效果史"的强力影响;考虑到机会的各种可能性。① 她在《米歇尔·福柯》一书中,明确地表达了对波克维茨的谢意,称赞道:"他的学识和教导始终堪称思想生活的典范。"她参与了波克维茨主编的《文化史》一书。

当前,教育被作为一种解决社会问题的手段,如在减少贫困、改善公共健康、维护生态环境等方面,教育都起着重要的作用。林恩提出了"教育化"(educationlisation)的概念,即将社会问题转化为教育问题。她以美国流行的问题解决教学(PBL)特征为例,探讨了教育化的具体实施。② 当然,在她看来,问题解决教学只能适合于工程教学,不利于抽象学科知识的学习。教育史学研究的目的在于探索教育史研究的理论与方法。教育史研究主要有两个目的:一是促进教育的改革;一是在于探寻未知的知识。在教育史的研究中,二者必须紧密结合起来。现代教育理论具有普遍性、预测能力以及合理连贯性的特征,教育史研究的问题化,能够做到将二者结合。

林恩认为,历史总是被过去的人们缠绕,我们经常在阅读、写作、解释和想象中将历史带入生活。历史研究不可能脱离个人的情感,历史也经常被我们的希望、恐惧、抱负与记忆,以及什么构成高质量的直觉所缠绕。③ 这种缠绕,不仅对具体历史情境的理解和思考有效,而且对过去我们所不能接近的一些事情有效。这些过去的事情对我们的生活施加着影

---

① 林恩·范德勒(Lynn Fendler).米歇尔·福柯[M].邵文实,译.哈尔滨:黑龙江教育出版社,2016:46.
② Lynn Fendler (2008). New and improved educationalising: faster, more powerful and longer lasting. *Ethics and Education*, 3(1):15-26.
③ Lynn Fendler (2013). *There Are No Independent Variables in History*. Popkewitz, T. S. (ed). *Rethinking the History of Education Transnational Perspectives on Its Questions, Methods, and Knowledge*. New York: Palgrave Macmillan. 225.

响,但我们从未意识到它们。历史研究中,也不可能驱除前人的情感、未来的幽灵以及对当前的总体印象的理解。排除人类的或时代的精神的历史研究,强调对档案的忠实度和内部可靠性,就消除了历史研究的历史性。档案受到了现在的、过去的或未来策展人精神的影响,也不可避免地受到对历史档案界定规则变动的影响,即哪些算得上历史档案而哪些不能?

历史发展不是受单一因素的影响,历史研究应避免排除任何历史变量。历史从来不会停滞不前,我们也不可能从某一单一的角度来理解历史。从广义的叙事来看,我们的历史书写,也是历史的一部分。

后现代教育史学与传统教育史学研究存在着诸多不同之处。林恩以民族国家的关系、启蒙运动的精神、档案、年代学研究主题来分析了二者的差异。传统的教育史研究,将民族主义与国家主义作为比较或分析的范畴,即便全球化令人困惑,也暗含在国家的类别之中,即缺乏对具体国家个体影响的关注。后现代的研究,则并不将国家作为一个独立的变量;而且这些历史研究,将理论和国家的分类作为历史探究的对象。当民族国家被作为独立的变量、时间静止分析、免于批判的调查时,民族国家的幽灵就缠绕着教育史研究。民族国家的假定通常与"美国例外论"(American Exceptionalism)的意识相联,也就是美国传统文化的视角,像美国的度量衡都与世界上其他地方不同。刻板印象是永恒的抽象,因此非历史的思考方式也是。同样,民族国家的概念也是一种抽象,一种幽灵般的存在。①

对于启蒙运动的精神与现代性的关系,也存在着两种不同的看法:现代性是启蒙运动自然而然的产物,还是启蒙运动的一种突然的断裂?主流的历史学家认为现代性与启蒙运动是一种持续的关系,而福柯和结构主义者则强调是一种断裂。不管一个人对连续性的概念如何理解,启蒙运动本身并不是一个独立的变量。即使在18世纪的欧洲,也存在着不同种类的启蒙运动,如法国的启蒙运动和苏格兰的启蒙运动。不同学派的历史学家往往会诉诸于不同的传统。启蒙运动与现代性之间的关系是连续性还是非连续性,也影响到启蒙运动概念的变动。后现代主义研究者对启蒙运动的承诺历史化,同时对困扰历史学的启蒙精神进行承认和问题化。

人文主义是一种精神的存在,经常被援引来在叙事中解释变化。人文主义的代理人被

---

① Lynn Fendler (2013). *There Are No Independent Variables in History*. Popkewitz, T. S. (ed). *Rethinking the History of Education Transnational Perspectives on Its Questions, Methods, and Knowledge*. New York: Palgrave Macmillan. 227.

称为先验的主体,不仅通过自传和宗教传记出现在历史描述中,而且出现在分析的方法,如行动者网络理论(Actor-Network theory)和批判性教育学等方法之中。传统教育史学将社会发展归结为单一的因素,或视为人文主义的代理人。

历史也很难与史学分开,因为历史是人们对过去的书写。启蒙精神倾向于使教育史学优先描述科学、进步和历史代理人。而后现代教育史学并非对此进行拒绝,但不会将人文主义代理人作为教育史研究的独立变量。

实证主义史学传统中,将档案资料视为了历史的原始材料,将它们当作真实的过去。在19世纪史学科学化的努力中,档案被作为了数据资料。数据一般是经验性。但将档案转为独立的变量需要经过一系列的认识论跳跃,但没有一项的正当化是基于档案材料的吸引。当历史学家将档案视为数据材料,他们就陷入了同样的表象的矛盾,反对20世纪的逻辑实证主义:他们的中心前提——所有的主张必须基于经验的数据——它自己本身也不是基于经验的数据。各类历史学家有义务阐明有关档案材料作用的方法规范,无论他们是否赞成它们。在这些方面,历史学家被档案的幻象所缠绕。①

林恩认为,年代学不仅仅是错误推论或视角偏见的问题,而且年代学有更多基本的问题。其中一个问题就是需要足够长的时间才能停止书写历史。这个问题类似于投影制图的问题,不大可能将三维空间的投到二维空间而不发生扭曲。在历史研究中,将四维空间发生的事情进行二维的描述也不大可能不发生曲解。②

现代性的历史影响已经深入到传统的研究项目之中。它们期待着研究能以数据驱动、条理清楚与逻辑合理,并对管理者预言和管理未来有用。但历史化的研究则与此不同,当同时将所有的事情都进行历史化过于大胆或具有挑战性时,这一努力体现了对过去知识尊重毫不妥协的态度,不愿意让过去任何知识逃离它正确的位置。

林恩也研究了非表征理论(non-representational theories)对教育史研究的影响。她批评了传统的主流教育史研究。经验研究总是对什么是事实,什么是真实的、公正的感兴趣。

---

① Lynn Fendler (2013). *There Are No Independent Variables in History*. Popkewitz, T. S. (ed). *Rethinking the History of Education Transnational Perspectives on Its Questions, Methods, and Knowledge*. New York: Palgrave Macmillan. 234-235.
② Lynn Fendler (2013). *There Are No Independent Variables in History*. Popkewitz, T. S. (ed). *Rethinking the History of Education Transnational Perspectives on Its Questions, Methods, and Knowledge*. New York: Palgrave Macmillan. 238.

但这种观点,将教育研究视为一种自然研究,它会忽视一些关键的东西,而不是发现正确选择的方式。在伦理学、哲学等学科中争论的东西,不应该排除在理性讨论之外,也不应含糊不清地告诉人们如何去思考和(或)行动。① 她认为经验研究并非毫无价值,但如果作为唯一的一种研究方式,就会存在着限度。

非表征理论是文化地理学的一个分支,产生于20世纪90年代,它由奈格尔·思瑞夫特(Nigel Thrift)提出,是指寻求对文本之外的多重感官自明世界的解读。它关注,"生活如何在经验分享、日常生活、短暂的相遇、身体力行,预知行为的开启、实践技能、情绪紧张,持久的欲望,例外的互动和感性倾向中,型塑并获得表达"。② 以往这些日常行动并未得到关注,但它们仍然体现了我们空间和地理经验的巨大差异。林恩认为,在非表征理论中,不再有代表概念或现实的标记与符号;而且非表征理论也区分了可说的和不可言说的,它们消除了图片、模型、展示、描绘与现实之间的差别。③ 它意在处理空间关系,不是通过表征它们,而是通过呈现它们。

非表征理论让我们对物质性展开新的想象,思考物质性的伦理价值。在非表征性理论中,没有主体与客体的区别,也没有经验的与理性的区别。因而教育研究中,在传统的分析类别中理论关系——社会、机构、文化、个体与学校的关系是扁平的,以至于它们都出现在经验层面上。非表征理论认为,只有经验过的事情才是有意义的。任何经验都可能是有意义的,在直接经验、间接经验与替代经验之间并没有区别。因而在非表征理论中,没有先验的(非历史的和意识形态的)理由选择什么能被称为数据和什么不能被称为数据。纳入其中的标准是,经验的与评价的研究包括涉及人类经验在呈现中被带入生活程度的判断。④

在非表征理论中,客观现实只是存在于我们的想象之中,作为现代主义语言游戏的一

---

① Lynn Fendler, Paul Smeyers (2015). Focusing on Presentation Instead of Representation: Perspectives on Representational and Non-representational Language-games for Educational History and Theory. *Paedagogica Historica*, 51(6):691-701.

② Hayden Lorimer (2005). Cultural Geography: the Busyness of Being 'More-than-representational'. *Progress in Human Geography*, 29(1):83-94.

③ Lynn Fendler, Paul Smeyers (2015). Focusing on Presentation Instead of Representation: Perspectives on Representational and Non-representational Language-games for Educational History and Theory. *Paedagogica Historica*, 51(6):691-701.

④ Lynn Fendler, Paul Smeyers (2015). Focusing on Presentation Instead of Representation: Perspectives on Representational and Non-representational Language-games for Educational History and Theory. *Paedagogica Historica*, 51(6):691-701.

种产品。但是,现代主义语言游戏确实是我们经验的一部分,因为我们也在经验我们的想象。也许更为重要的是,关于客观现实性的假定,限制了我们作为研究者运用新的方式思考的能力。结构主义假定束缚我们的研究方法,使我们远离生活经验。林恩认为,传统主流的教育研究,对确定性的追求是一种幻象,只能导致某种形式的怀疑主义。它们并不能免除我们的责任和要求,为我们与所有涉及教育领域人的交往提供正当性,也不能摆脱作为研究人员的规范的立场。①

## 二、教育史中理论主义方法批判

林恩以约翰·普利亚姆和詹姆斯·范佩顿(John Pulliam and James Van Patten)主编的《美国教育史》②为例,来说明它采取的是理性主义的历史方法。该书是师资培训中常用的教材,已经出到了第7版。她指出,该书的文本具有引人注目的三个特质:客观性的表现、关键术语的本质化和教育未来趋势的具体化。这三种理论机制被用来建构一个对历史理性的描述。③

《美国教育史》体现的客观主义,明确将"解释"与"事实性的知识"区别开来。这种做法不仅铭刻出历史特别的思考方式,也对教育意义本身铭刻了独特的思考方式。首先,他们重复了对什么是历史过时的和还原论的理解。其次,他们假定知识在某种程度上是客观的,而非由历史上特定关系所生成的。第三,通过内在的涵义,他们建构了教育的过程,作为信息的获得,而非知识的生产。第四,事实与解释的脱离,缺少了反身性和认识上的严密性,因为不可能选择信息并将它组织成一本书,而不需要借助于一个理论和解释框架。通过宣称事实与解释的脱离,以拒绝当下主义的必然性,该历史文本削弱了自身的方法论框架。

该书也表现出本质主义的特征。它的目的论进步体现在:将课程描述为进步的,将科学描述为发展的,信息描述为扩大的。这些描述是理性的,是因为课程被理解为逐步演变

---

① Lynn Fendler, Paul Smeyers (2015). Focusing on Presentation Instead of Representation: Perspectives on Representational and Non-representational Language-games for Educational History and Theory. *Paedagogica Historica*, 51(6):691-701.
② John Pulliam, James Van Patten (1999). *History of Education in America*. NJ: Prentice-Hall.
③ Lynn Fendler (2008). The Upside of Presentism. *Paedagogica Historica*, 44(6):677-690.

的。只有叙述建构了一个基本的课程实体,课程才可能在各种社会建构中脱胎而存在。信息能被视为扩大的,只有它在某种方式上能被理解为量化的才有可能。

《美国教育史》宣称是过去已经尝试过的思想的记录,它推动了一个假设,即旧观念在某种方式上是不足或有缺点的。那么它暗含的意思是,通过对这些旧观念的事实的记录,教育者将不会浪费精力去"重新发明轮子",但是他们会去锻造新的——假定是更好的——教育改革观念。

教育史本质化的观念重申了假定,越新越好。该书基于理性主义假设的基础之上,如人们总是将教育视为一种社会改良的手段;人们渴求接受正规训练的教师;更多的教育意味着公民更多的进步。

约翰·普利亚姆和詹姆斯·范佩顿给我们教育史研究的启示在于:其关于今天学校教育与教育史研究的理性化假定,在教育的管理制度中我们支持今天的信念,无论它们是否传递某种政治信息。毕竟,如果教育史不以这样的方式书写,在公立学校的建立过程中承认权力关系的斗争,那么教育表现出具有超验的价值,公立学校看起来是不可避免的发展改进的结果。当公立学校的发展以那种形式来呈现,理解教育史对于今天的教师来说太容易,以至于不能将教育理解为进步主义的延伸,以体现一个长久和基本的价值观。如果学校教育假定要反映永恒的和基本的价值观,那么教育的成功就变成了一个在不断扩大的圈子中传播价值观的过程,为更多的人提供接受教育的机会,使人们在教育系统中呆更长的时间。可以从任人唯贤的观点看待学生的成功或失败。如果学校体现了基本的价值观,那么获得学校价值观,不仅意味着个体的成功,而且也意味着他获得了人类的价值观;如果未能获得学校的价值观,则意味着个体的失败,且未能获得人类的价值观。

但这种理性主义的教育史没有考虑到其他问题,如在特定的时空,公立学校的课程在某种方式下体现了不公正?在哪种程度上,一些有关长久价值的假定,事实上在社会文化上是具体的?公立学校的课程是如何生产自身关于正常与异常的界定?

理性主义教育史的假设提供了对未来教育的预测,将未来教育作为当前教育思想和价值的继续。通过客观化、本质化预测,教育史理性化历史,将知识建构为抽象的、中立的、外在的和非历史的。而且这种历史,通过将文化上的一些特定的学校教育价值具体化,来使现存的不公正的权力关系永久化。最后,它在现存的关系中,取消了有意义变化的可能性;它通过对当前走向的无缝对接,来塑造未来,来建构教育。

林恩进一步提出了教育理论可能发挥作用的三种方式:超限(Exceeding)、生成

(Generating)和舞动(Vibrating)。超限是指突破现有理论的边界,在其所知或想象之外,面向未知的世界,教育理论也可以是生成的。如在传统的社会学科教学中,信息文本都是教学文本。教学/信息的类型与提供者的教学方式接近。但是在教育中,我们不只对教学和提供者的信息感兴趣,也对交流感兴趣,即对我们教学实践的修辞效果感兴趣。① 生成性文本就如诗歌和艺术,是用来激发我们的经验、感觉和敏感性。生成性文本的类型,不是为了传递信息,而是一种唤起和激发认识的方式。舞动就是打破以往研究的隔阂,如教师的教的研究与学生的学的研究之间关系的研究应该加强。

在教育理论中"超限"的语言,给予我们对于困扰教育的再生产和再生产技术选择一种替代的方式。再生产囿于给定的范围之内,超限将我们的思考突破这一限制,思考针对再生产创造性的和想象性的斗争。"生成"的语言为我们提供了针对权威主义和权威知识的另外一种路径。生成向更多的发散性的、民主创造的知识开放了可能性,因为生成性文本并不旨在自上而下地权威地传递信息,而且生成性文本旨在以一种公开和发散的方式来唤起。舞动的语言旨在为我们提供一个针对本质主义的一种选择(如柏拉图的形式论,笛卡尔物质或物化概念)。舞动是动态的、变化的和相关的,它产生于事物之间的间隙之中。它依赖于吸收和联系,它不依赖于普遍化或可复制性。舞动重构了教育学问题,教学不再被设想为一个单向传递权威知识的过程,而是一种民主的、动态的和实验性的联系。②

### 三、当下主义方法的运用

林恩运用历史学和哲学的方法来反思教育中存在的问题,分析了教育理论中面临的诸多的两难,如理论的原创与生成、现代主义与后现代主义等。

林恩从新文化主义的视角区分了史学理论中理性主义描述(rationalistic accounts)与策略当下主义描述(strategically presentistic accounts),讨论了当下主义(presentism)好的一面。她认为,当下主义在历史学中被视为一种必要之恶。③ 林恩运用"策略当下主义"一词,

---

① Lynn Fendler (2012). Lurking, Distilling, Exceeding, Vibrating. *Stud Philos Educ*, 31:315-326.
② Lynn Fendler (2012). Lurking, Distilling, Exceeding, Vibrating. *Stud Philos Educ*, 31:315-326.
③ Lynn Fendler (2008). The Upside of Presentism. *Paedagogica Historica*, 44(6):677-690.

与社会学的"反身性"(reflexive)的某些涵义相同,也是为了强调一种自觉意识的伦理工程,类似于索尔·科恩的挑战正统的观念。在当下主义看来,过去和未来都不重要,只有现在发生的事情最为重要。它是一种对待过去的态度,而如何看待过去是由今天的态度和经验所决定的。

在她看来,理性主义史学为:在认识论上,对历史现象强加了一个先验的解释。要么认为现在和过去一样(当下主义模式,presentistic mode),要么认为现在与过去不一样(历史主义模式);在方法论上,为历史观念的本质化(频繁地以进步假设的形式显现)。从教育学的角度理解现在,好像它是由过去所导致或决定。

相反,策略论当下主义史学为:在认识论上考虑到这样一种可能性:即现在可能与过去相同或不同;在方法论上考虑历史的断裂与持续,对超越历史的机制,如因果关系、线性和循环论,允许批判的视角。教育学上,对过去和现在的事情承认多元的解释。①

在她看来,理性主义是指运用不受时间限制的、普遍的、永恒的或一般的法则去解释历史变化或历史动力。而使用"策略"一词,意味着去有意承认当下主义产生是不可避免的,将它作为一种机会,来促进对我们当下环境作出批判了解。批判的视角需要去寻求多元的以及不熟悉的视角来看待问题。

策略论当下主义(strategic presentism)意味着历史学方法论必须包含对历史书写的政治学作出仔细的考虑。历史书写的政治学影响着主体的选择、读者的建构、论证的修辞形式以及历史学家的权威。

对于激进修正主义史学家来说,当下主义不是理论问题,因为它更为重要的是历史讲述的方式有利于解决当前的问题。历史学理性主义的方法,在于寻求现象、陈述、故事情节和结论,它们能运用于不同的历史情境。在理性主义教育史中,当下主义的问题要么由于方法论上的严谨可以避免,要么为了政治上有用的目的可以被谅解。

历史可以是多元的,实际上也是对历史进步论的一种挑战。对进步的问题化可使教育的不同方面可见,它们并没有遵从以往的事件的逻辑关系或因果关系。例如,这种问题化可能使我们注意到今天的职业教育生产了一种具有灵活角色的、多重任务处理、自我激励(后福特主义)的工人。这与20世纪早期福特主义模式的工人形成鲜明的对比。在福特主义模式中,角色是固定的和按照流水线模式排序。有关福特主义转向后福特主义的变化,没有

---

① Lynn Fendler(2008). The Upside of Presentism. *Paedagogica Historica*. 44(6):677-690.

任何自然的、不可避免的或理性的预测。策略论当下主义,将历史去自然化(从而历史化)。

林恩也以《走近学校教育理论》①一书为例,来说明策略论当下主义方法的运用,该书讨论了班级和课程的起源。她指出,由于过度使用,"班级"一词的意义,在教育话语中已经完全被破坏了。② 汉密尔顿并没有假定我们今天一般理解班级的方式,与一个世纪以前的理解是一样的,也没有假定这一意义必须不同。他展示了班级的意义,经过了几次与思维方式和推理方式的变化相称的不同变化,也作为一种特定历史关系的产品。例如,班级只是最近才被用来描述由一个教师教一群学生。在其他时间,是指一个年龄组或一种熟练水平。班级意义的变化,是对变化的解释,在这种方式中,课程被理解和研究。班级的意义显示为特定事件权力关系的结果。

汉密尔顿认为,在 1815 年后的苏格兰,才开始采取班级教学。从个人化的教学转向集体教学存在着不少争论,而且在历史上是较为特殊的。安德鲁·贝尔(Andrew Bell)的马德拉制(导生制)以班级教学为基础,几乎同时在英国兰卡斯特采取集体教学制度,二者到 19 世纪 30 年代在英国流行起来,使得几十年未能成功的集体教学获得了支持。在 19 世纪中叶的教育话语之中,部分话语认为集体教学与导师制和个别教学相比,事实上更加有效。

集体教学已被教育理论家推广了几十年,但只是到了 19 世纪中叶,才在教育话语中流行;教学的中心,从个体转向集体。她指出,汉密尔顿根据当前的假定对班级一词意义的分析过程,就此而言是策略论当下主义的。历史化"班级"一词的意义,通过历史比较,汉密尔顿展示了我们当前对该词的常识性理解是多么的狭隘、有限和具有文化特殊性。当我们改变对"班级"一词的自然理解,就可能从新的视角看到,当前教育实践的其他方面。这使得对当前班级意义的生产质疑成为可能,包括班级管理可接受的界定、发展适宜性、作为社区的班级,甚至对毕业或证书的要求等。在其他历史条件下,对班级的不同定义,其他与发展适应性和证书要求的相关假定,将会发生改变。因此,汉密尔顿关于该词的策略论历史,在学术上是有价值的,对教育的批判研究做出了政治上的贡献。

汉密尔顿的研究对当前的教育问题并未提供解决建议。它也是策略论当下主义的一个案例,因为它认识到当下主义的不可避免,它表现了挑战当前假定或正统的历史

---

① David Hamilton(1989). *Towards a Theory of Schooling*. London: Falmer.
② Lynn Fendler(2008). The upside of presentism. *Paedagogica Historica*. 44(6):677-690.

倾向。汉密尔顿的文本，设法做到历史合理和对当前确实可用。因为他承认，对历史事件的当下主义视角的必然性，并利用这种必然性，对过去进行了令人大开眼界的分析。①

林恩在对理性主义教育史教材和当下主义策略论分别进行了理论上的分析后，又对二者在政治上的含义进行了比较。对教育史理性主义的描述，就它们强加给过去与现在之间是同构关系而言，倾向于是确定性的；而且理性主义描述通过对这些术语含义的本质化，来重申现有的特权等级。相反，策略论当下主义，通过更多的偶然性和不大确定对关系的解释，倾向于破坏现有的权力关系；而且关于教育的解释得到剖析，不再是理所当然，使它的组成部分易于被批判分析。

### 四、受教育主体的谱系学

林恩借助于福柯的谱系学方法，对教育的主体采取了谱系学研究。谱系学的典型目标是使常识问题化。而批判教育学的典型目标，是中断现有的权力关系。福柯的谱系学并未将主体视为理所当然，而是去分析主体的建构作为权力关系的结果。林恩探讨了六个假设以作为当前教育主体建构的例证：(1)当前教育话语的特征是可教育性。(2)知识构成教育的主体，在世界的或世俗意义上是科学的。(3)接受教育有一个普遍的过程，这个假定构成了学习方式和学习障碍主张的基础。(4)教育者具有客观地反思的能力。在福柯的谱系学中，这种知识方式的自我控制能力被理解为自我的技术。(5)受教育的主体，根据参照人群变得个性化以获得认同。这一假定在给个人以常规的方式贴标签时较为明显，如将个体标签为妇女、有才智的、在危险中、正常的，等等。(6)受教育的主体，是以受教育为乐、渴望自律的人。②

谱系学的方法，寻求去审查有关教育主体这些早期特征，即现在的假设的形成，受教育主体的这些特征被视为理所当然的，但在过去某个时期却是充满争议的。例如，今天一般假设"受过教育的人"是一种可教育知识的结果，而非上天授予或自然进化的结果。柏拉图

---

① Lynn Fendler (2008). The Upside of Presentism. *Paedagogica Historica*, 44(6): 677-690.
② Lynn Fendler (1998). *What Is It Impossible to Think? A Genealogy of the Educated Subject*. Thomas S. Popkewitz, Marie Brennan Edited. *Foucault's challenge Discourse, Knowledge, and Power in Education*. New York: Teacher College Press. 40.

曾讨论过这种说教的传统，但现在大体上被视为理所当然。她探讨了这六个假设争论的历史立场，以便提出对当前这六个假设的替代方案。

林恩分析了我们当前一些习以为常的概念，其意义在历史上经过了一些断裂。她探讨了这些概念是如何获得了今天的概念，她运用的是称为当下的历史研究方法。

林恩以"什么是可教育的人"为例，来说明这种方法的运用。"受过教育的"一词的意义，是过去由权力所界定的。权力的主体，又被称为社会建构的、受控制的和规范化的主体。在当前的教育话语中，教学被理所当然视为是教育的一部分。"什么知识最有价值？"在有关应该教什么的争论中可能是最著名的框架。辩论是当前教育话语的特征，而且通过分析当前什么能教的假设，受教育主体特征显露出来。但是，关于"什么是可教育的人"的假设已经完全不同于即便是一个世纪之前。

林恩以柏拉图的《普罗塔哥拉》(*Protagoras*，1956)为例，分析了有关"什么是可教的"争论的早期形成。对话的中心问题是"美德可教吗"。该辩论发生在苏格拉底和普罗塔哥拉之间。

在《普罗塔哥拉》之中，受教育的主体包括现在所表现出来的心灵/身体/灵魂的融合。教育所要工作的内容，以今天的标准来看，是无差别的整体主义，它促成了希腊教育的人文主义。历史学家和评论家对古希腊语"physis"有不同的翻译，包括自然、灵魂与精神。医学领域的发展，使"自然"的概念被广泛接受，取代了之前神定的概念。在任何情况下，我们可以把古希腊哲学家的立场理解为，在自然之中，有一个总体的可通约性，它们的美德包括一个和谐的心灵/身体/灵魂。

柏拉图的受教育的主体，有一个整体的特征，决定一个受教育的人的标准也是相对一致的。也就是说，柏拉图的对话表明了在神的法则、自然法则与理性之间，自然的和必要的可通约性的基础。这样一种整体概念的模式，通常指的是一种普遍法则，在其中所有的实体和事件，最终可以归结为一个单一的相同种类的因果观念。在这种意义上，柏拉图的权力观，可以被描述为君主权力，自此，权力被理解为有一个清晰的轮廓和可识别的形式。柏拉图的君主权力观，是作为一种观念或标准来表现，所有的细节都可以根据这种观念或标准来判断。

但柏拉图的君主权力，又不同于中世纪时期的君主权力。它表现在，柏拉图的"受过教育的人"并没有努力去将理性与上帝协调，或者努力去阐明上帝与人性的关系；而且，对于柏拉图来说，其任务在于培养人必须的善良本性。这意味着与理性、天赐、美丽和快乐相协调。

　　普罗塔哥拉(代表智者学派)和苏格拉底同意,建构受教育主体的生活法则,包括知识和自我关怀。但是,对于理解关怀和知识,智者学派和苏格拉底所采取的方法完全不同。智者学派的生活之道,在于运用道德说教的方法,由专家来教授,认为美德是可教的。普罗塔哥拉作为智者学派的模范教师,其修辞结构的论点提供了传授美德的知识。对于智者学派来说,知识和自我关怀,在说教意义上,对受教育的主体是可教的。

　　相反,苏格拉底的教育之道,则假设知识和美德是人的部分本性。这一假设支撑了苏格拉底的对话术,以及人性具有无差别整体的假设。也就是说,苏格拉底的美德是由受教育主体积极接受教育,但不是以智者学派的方式教导受教育的主体。一方面是,受教育者在对话、音乐表演、体育竞技中,美德得到培养的教育;另一方面是,美德通过说教来由师生之间的个别教学培养。

　　派地亚(paideia)与教授法不同的教育技术,植根于主体建构的不同假设。一方面,派地亚植根于整体的和全面的本性,没有必要干涉个体趋向美德的自然成长。出于同样的原因,成为受过教育的人的可能性是由出身所决定的,并不适合大多数人。另外一方面,教授法植根于人不完全不完善的本性,需要教师的参与以培养美德。同时,教授法技术是基于人成为受教育的人的可能性,不受出身的限制。

　　在古希腊,亲密关系的家庭教育传统逐渐被更为公开的教授法所取代。柏拉图在他晚年的著作《理想国》和《法律篇》中,不是运用派地亚,更多的是用教授法来建构受教育的主体。但是,苏格拉底和普罗塔哥拉之间辩论的词汇,在理解以下方面是有用的,教授法的可教性作为建构受教育的主体并非总是理所当然。

　　柏拉图受教育主体的话语,实际上并未被当前的标准所认可。20世纪90年代受教育的主体,被假设是可教的,但有个体的特质,如学习方式、发展阶段将可教的性质具体化。这种思考方式完全外在于苏格拉底和普罗塔哥拉。[①]

　　林恩接着分析了受教育主体的世俗化。她比较了古希腊、罗马与中世纪对受教育主体不同的理解。在古希腊和罗马时期,受教育主体或多或少有点神秘感。什么是真相,都受

---

[①] Lynn Fendler (1998). *What Is It Impossible to Think? A Genealogy of the Educated Subject*. Thomas S. Popkewitz, Marie Brennan Edited. *Foucaults challenge Discourse, Knowledge, and Power in Education*. New York: Teacher College Press. 42.

到了神的指示；而当今受教育的主体获得知识，其假设都是通过科学和理性的方法来进行。神圣的和神秘的知识转向世俗的和世界的知识的断裂，可以从托马斯·阿奎那的著作中发现踪迹。

她指出，基督教灵魂与柏拉图的灵魂概念的不同，在于两种突出方式：首先，基督教的灵魂是虔信的，但容易堕落。善良和美德不再是必然的，有罪的现在也是人类的状况。其次，基督教的灵魂能被脱离身体进行教育。早期基督教受教育的主体，是通过技术的建构形成。这种技术将肉体和灵魂分离成不同的实体：虔诚的奉献与服从，以涵养精神；禁欲、折磨、痛苦与独身，目的是为了贬低和削弱肉体。基督教的教育，通过赋予神秘的特权和贬低可见的技术，建构了两种不同的主体性。①

而这种受教育的主体到了 13 世纪发生了变化，它由科学和神学的关系所决定。一方面，受教育主体由基于教堂的技术、虔诚的祷告、对身体感觉的蔑视、对柏拉图语法和修辞的研究、预言与神启的调和等所决定；另一方面，受当时中东哲学家非宗教的哲学与科学的影响。因此，受教育也意味着，以大学为基础的科学，包括经验观察（即身体感觉）的归纳、实验、亚里士多德逻辑的分析、假设原则的质疑和合理的假设检验。一些科学知识无法与基督教教义通约。受教育者主体去澄清真相的方式要么是通过妥协，要么是将不能调和的知识称为"异端"，因而是错误的知识。

总之，中世纪受教育的自我，受制于神授与神启、亚里斯多德的逻辑学、经验现象和肉体的困境。中世纪受教育主体的特征就其虔诚和理智而言是超验的。了解自我是神圣的，因此也是无法测量的，主体性尚未在个体化的感知、经验或语言的基础上分化（或产生）。

这一受教育的主体认识，在近代又发生了变化，受教育主体更多强调理性化和客体化。如笛卡尔建构了一种新的受教育主体，更强调基于理性的原则来构建自我身份。受教育主体的培养技术，由以往强调身心的不同到强调真理与谬误的差别。启蒙运动时期，受教育主体根据理性原则来建构。理性的构成以自我身份、调查的方法论技术、制度化的生活规则为基础。

当前的教育话语假设，主体认识自我本身，就是一个研究的对象。关于自我的知识是

---

① Lynn Fendler（1998）. *What Is It Impossible to Think? A Genealogy of the Educated Subject*. Thomas S. Popkewitz, Marie Brennan Edited. *Foucaults challenge Discourse, Knowledge, and Power in Education*. New York：Teacher College Press. 43.

受教育身份的基础。但是,事实并非一直如此。事实上,主体自我的概念能有一个客体的身份,尤其是现代性的特征。早期自我作为客体的构成来加以审查,是来自康德的工作。而当代受教育的主体身份的识别,则根据心理能力、专业知识的条件,以及社会机构的控制。受教育者主体,通过自我治理以达到心理正常。主体被承认是受过教育的和文明的,是因为它能自治。

林恩也分析了自古希腊以来对接受教育需要的群体、可教性的历史变化,比较了古希腊与近代以及当代对待快乐的不同看法,及其在教育中的运用。不同时期,对受教育主体的不同看法,以及教育方法体现了历史的断裂。如美国当前建构主义学习理论,要求激励学生去参与问题解决,学习者不再依赖于权威。这与以往认为受教育主体是学习的人或已经学习的人不同,现在受教育主体是主动学习的人,而且必须承担社会公正的义务。对受教育主体的看法受到了权力关系的制约,从而也说明历史是不可预测的。

通过分析不同时代受教育主体概念发展的断裂,以发现当前受教育主体概念存在的多种可能性,进而加深对现实的教育问题的理解。她指出,在系谱学中,主体性并没有被认为是一种同质的、标准的或与理性一致的状态。但对它进行话语上分析时,主体性不可能以客观的标准来界定。在系谱学背景下,受教育的主体被作为历史的描述和生产提出(offered)。相应地,受教育主体当前的教育话语特征,是社会建构的欲望与通过权力效应而产生变化的治理模式的假设组合。从另一个视角来看,以往主体的类别通过教育学视角与教育心理学的技术,已经将主体生存的空间殖民化了。①

---

① Lynn Fendler (1998). *What Is It Impossible to Think? A Genealogy of the Educated Subject.* Thomas S. Popkewitz, Marie Brennan Edited. *Foucaults Challenge Discourse, Knowledge, and Power in Education.* New York: Teacher College Press. 59.

# 第三章

# 新 文 化
# 教 育 史 学

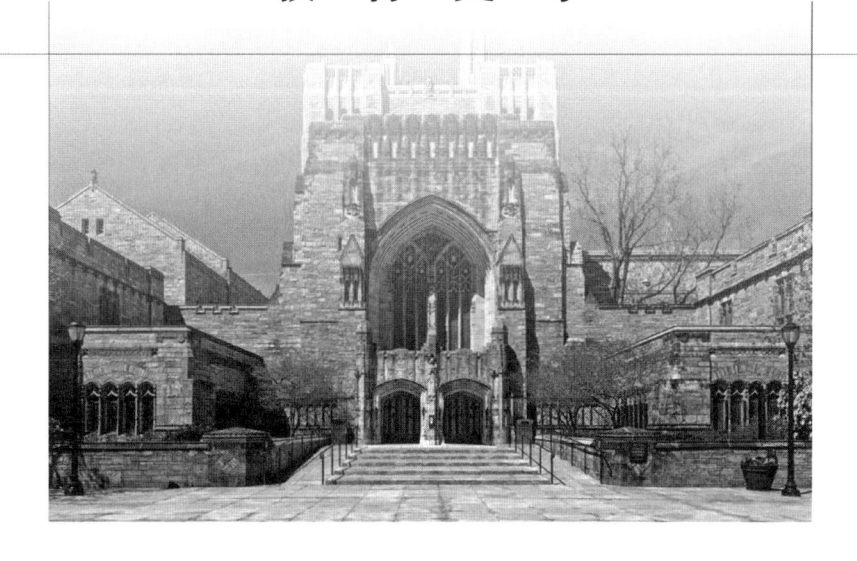

# 第三章 新文化教育史学

20世纪70年代以来,随着西方史学界"语言的转向"或"文化的转向",新文化教育史学兴起。文化史的复兴在于后现代思想带来的大众文化的兴起,历史学家们对历史作出了新的不同解释。20世纪80年代,历史学家将以往社会史的研究范式,转向了历史的文化阐释。后现代使得原来占统治地位的真理、客观性等概念得到了重新审视,它们不再被视为理所当然。社会史从政治、经济视角分析历史问题受到批判,传统的政治史、思想史、社会史领域变得冷清,对历史的解读开始被文化史所占据。正如社会史常用的概念是"阶级""社区",新文化史常用的概念是"符号"。新文化史不是要解读以往思想家的思想,而是要探讨风格、仪式、思想、知识等话语是如何产生的,是如何获得其地位的,并产生其功效的。新文化史学关注微观问题,这对教育史学的研究产生了影响。它促进了学校物质文化史研究的勃兴,拓展了教育史的研究范围。

## 第一节 新文化史学的兴起

20世纪80年代,西方历史学界出现了从社会史向文化史转向。新文化史的产生是对以往社会史、经济史的反动。新文化史的研究,是一个跨学科研究。它受到后现代主义、人类学、语言学、文化学的影响。它从后现代主义那里,获得了批判精神;从人类学那里,获得了解释的手段;从语言学和文化学那里,获得了分析的方法。新文化史在20世纪80年代,取代社会经济史成为了西方历史研究的主流。

### 一、大众文化的崛起

一直以来,大众文化在社会精英的眼中,是"下里巴人"的文化,并不受重视。随着后现代主义的兴起,大众文化也开始慢慢地被社会主流文化所接受。

在美国历史学家恩斯特·布赖萨赫(Ernst Breisach)看来:

> 新文化史主要是受后现代主义的影响,它的一个主要观点是认为世界总是处于不停的变动之中。变迁是永恒的,是世界的固有状态,而延续和稳定至多只是取消了变化的暂时性尝试。但这种尝试并不真切,因为它们假设变迁和延续具有实际的平等地

位。人们认为知识传承是以对现实世界的观察为基础的说法,实则是种幻象。叙述、或者一般而言,文本才是知识传承的唯一源泉。①

文化领域中后现代主义的产生,是对精英文化对大众文化鄙夷的反动。一直以来,精英文化对大众文化中的直率与真诚缺乏同情与理解。费瑟斯通认为,对后一点的强烈赞同是人们转向后现代主义的关键。②

在后现代文化的影响下,大众文化体现了更多的平等意识,人们把生活方式变成了自身的一种谋划,一种对生活的感知和个性的展示。费瑟斯通指出,消费文化的大众普及性还暗示着,无论是何种年龄、何种阶级出身,人们都有自我提高、自我表达的权利。这就是所有芸芸众生的世界,他们追求新的、最切近的联系和体验,他们有冒险精神,敢于探索生活的各种选择机会以追求完善,他们都意识到生命只有一次,因此必须努力去享受、体验并加以表达。③ 这种后现代的意识,在教育史研究中的体现,就在于使历史上每一个个体,尤其是小人物的受教育或成长的经历也受到重视,让普通人有关教育的声音也能被听见。

西班牙教育史研究者主张,存在着不同种类的学校文化,即管理者和官僚文化(政治文化)、实践者文化(经验主义实践)、专家和学者的文化(科学文化):"每种文化都有根据其自身的发展逻辑,并已让位于特定的传统。"④

蔡铮云从文化逻辑的角度探讨了后现代问题。从文化的观点,而非理论框架,进行道理的说明。在他看来,所谓的"后现代",简单地说,就是指这样一个通俗或大众文化的咸鱼翻身。在人类过去的历史中,通俗文化往往被正史所排斥。即使它偶然会被少许学者因其他正当的议题而加以考据引申,自被忽略的边缘地位中脱颖而出。⑤ 他认为,现代性强调精致文化(high culture),后现代性强调大众文化(popular culture)。精致文化与大众文化并非截然对立,现代化的普及正是对大众再教育的成功所致。⑥

---

① 恩斯特·布赖萨赫.西方史学史[M].黄艳红,等,译.北京:北京大学出版社,2019:561.
② 迈克·费瑟斯通.消费文化与后现代主义[M].刘精明,译.南京:译林出版社,2000:前言2.
③ 迈克·费瑟斯通.消费文化与后现代主义[M].刘精明,译.南京:译林出版社,2000:126.
④ Inés Dussel (2013). The Assembling of Schooling: Discussing Concepts and Models for Understanding the Historical Production of Modern Schooling. *European Educational Research Journal*, 12(2).
⑤ 蔡铮云.另类哲学:现代社会的后现代文化[M].上海:上海人民出版社,2006:15.
⑥ 蔡铮云.另类哲学:现代社会的后现代文化[M].上海:上海人民出版社,2006:17.

当然,也有历史学家如多斯,拒绝精英文化和大众文化的二元分法。他指出,把文化一分为二的做法,并不符合历史现实,因为人们所发掘的大众文化因素往往源于精英文化。把某种文化套在大众头上,显得过于勉强,因为这种文化并非源于民众,而是由统治阶级推出,并以某种特定的低档形式强加给民众阶层的。我们很难想象两种截然不同的文化是如何运作的;况且"大众"和"精英"这两个概念难以涵盖众多复杂的社会类别。① 文化都是由权力所打造的,大众文化只是属于主流文化的低档复制品和陪衬而已。

## 二、新马克思主义史学的影响

1989年,美国新文化史学家林·亨特出版了《新文化史》一书,标志着美国史学界从社会史转向新文化史学。2002年,林·亨特当选为美国历史学会主席,这代表着新文化史学的研究已经为美国历史学界所接受,并成为了主流。林·亨特推崇英国当代马克思主义教育史学家汤姆逊以及第四代年鉴学派的代表人物夏蒂埃(Roger Chartier)的研究。汤姆逊在《英国工人阶级的形成》一书中,揭示了英国工人阶级根据自己的日常生活经验,来创造自己的文化,并区别于当时上流社会的文化。而夏蒂埃则采用新的文化史分析路径,他关注微观群体的日常生活经验,考察微观主体的话语活动和文化表达实践,来建构自己日常活动、社会实践和意义。

据彼得·伯克所言,新文化史是在20世纪70年代产生的。他指出,文化史在昔日学科之林中,曾经是被那些更为成功的姐妹们瞧不起的"灰姑娘",却在20世纪70年代重新被发现。书末附录所提供的那一长串按出版时间排列的书单可以证明这一点。从此,至少在学术界,文化史尽享复兴之盛。② 但总体而言,文化史在世界范围内受到关注是在20世纪80年代。

尽管汤姆逊所属的马克思主义学派被归为社会史的类别,但英国马克思主义对下层阶级工人阶级文化的关注,体现了与以往社会史研究不同的气息,这预示着马克思主义史学向新文化史的转向。汤姆逊在《英国工人阶级的形成》中,探讨了英国工人阶级在19世纪

---

① 弗朗索瓦·多斯.碎片化的历史学:从《年鉴》到"新史学"[M].马胜利,译.北京:北京大学出版社,2008:162.
② 彼得·伯克.什么是文化史[M].蔡玉辉,译.北京:北京大学出版社,2009:1.

上半叶的教育生活。虽然当时英国政府不管教育,但工人阶级克服了诸多困难,来进行自我教育,表现出巨大的韧性。

在19世纪上半叶,当时欧洲大陆主要国家都纷纷开始实施义务教育,而美国兴起的公立学校运动开始普设小学。英国工人阶级进行的自修,被汤姆逊称为是一种"政治意识"。虽然大多数人的正规教育没有超出读写算的范围,但这绝非思想萎缩的时期。汤姆逊描述了工人阶级自修的情景,他分析了教育在工人阶级形成中的作用,工人阶级通过自学获得了他们的阶级意识,他们不受统治阶级的影响。他指出:

> 在城镇,甚至在村落,自修者的热情都是显而易见的。具有初步阅读能力的散工、工匠、零售商和职员以及小学教员以几个人或小组的形式一直在自己教育自己。他们的书籍和教员常常是宣传改革的。一个通过读旧约全书而学会识字的鞋匠,会苦读《理性时代》;一个小学教员所受的教育几乎全是宗教训诫的,现在则试着读伏尔泰、吉本、李嘉图的书。各地的激进派领袖、织工、书商和裁缝都有大量的激进主义刊物,而且还在学习使用议会蓝皮书。目不识丁的劳工则每周去酒馆听别人选读科贝特的编辑信件并且参加讨论。①

工人阶级也需要提高读写能力来找到更好的工作,并参与社会生活。通过自修,工人阶级超越了自身的经历,形成了有组织的社团。不识字的人可能会步行几公里去听激进主义的演讲,或请工友阅读期刊上的文章。当时的伦敦遍布阅报室,一些城镇和乡村的读书团体在这里读报,有时则在工场里讨论期刊,有时在职业介绍所里读新闻。通过这些方式,工人阶级提高了阅读能力。汤姆逊通过在内政部档案中所搜集的书信来说明工人阶级的识字能力水平;虽然一些书信中存在着不少错别字,但也说明工人阶级的读写能力得到提升。② 在工人阶级的自修过程中,他们学习的内容不少是激进派的内容,集中在反对腐败、表达对专制统治者和压制出版的愤怒等方面,进而促进了其工人阶级意识的形成。

一些报纸的出版,也迎合了激进派的需要,这就是在酒馆、书摊、工场和咖啡屋辩论的

---

① E.P.汤普森.英国工人阶级的形成(上)[M].钱乘旦,等,译.南京:译林出版社,2013:836.
② E.P.汤普森.英国工人阶级的形成(上)[M].钱乘旦,等,译.南京:译林出版社,2013:837—842.

文化。① 工匠文化,首先是自学者的文化,他们通过自学获得自身的阶级意识;而普通民众的出版物代表着工人阶级的利益,受到工人阶级的吹捧,常常被视为非法出版物受到封禁,这进一步激发了普通工人的阅读热忱与对言论自由的追求。在19世纪初,随着主日学校的广泛设立,英国国家的初等教育网开始发挥作用,工人阶级能够受到简单的读、写、算教育。但在中等教育方面,工匠、织工和纺纱工得靠自学。汤姆逊通过当时流行的科贝特的《英语语法》的销量,来说明工人阶级自学的盛况。他指出,《英语语法》出版于1818年,6个月中就销售了13000册,在此后的15年中又卖出了10万册;而且还必须记住,销量(或刊物的发行量)并不等于读者数量,因为同一本书或报纸会被人借阅、朗读和经过很多人的手。②

工人阶级接受教育的方式,还有通过剧院和漫画、激进主义版画等艺术方式,来获得工人阶级的意识。它们比激进的文学更为通俗,它们都是工人阶级形成时期的文化土壤。

### 三、人类学的研究实践

人类学的方法促进了新文化史的研究。在周兵看来,新文化史学与之前的历史研究取向相比,有两个方面的特点:一方面,它注重考察历史中的文化因素和文化层面,也就是说,历史学的研究对象和研究领域,从以往偏重于政治军事或经济社会等方面,转移到社会文化的范畴之内;另一方面,它提出用文化的观念来解释历史,新文化史在方法上借助了文化人类学、语言学、文化研究等学科的理论和方法,通过对语言、符号、仪式等文化象征的分析,解释其中的文化内涵和意义。③

美国人类学家格尔茨指出,作为由可以解释的记号构成的交叉作用的系统(如果忽略狭义的用法,我本可以称之为符号)制度,文化不是一种招致社会事件、行为、制度或过程的力量(power);它是一种风俗的情景,在其中社会事件、行为、制度或过程得到可被人理解的——也就是说,深的——描述。④

理解一个民族的文化,即是在不削弱其特殊性的情况下,昭示出其常态,把它们置于自己的日常系统中,就会使它们变得可以理解,它们的难于理解之处就会消释了。

---

① E. P. 汤普森.英国工人阶级的形成(上)[M].钱乘旦,等,译.南京:译林出版社,2013:845.
② E. P. 汤普森.英国工人阶级的形成(上)[M].钱乘旦,等,译.南京:译林出版社,2013:864.
③ 周兵.新文化史:历史学的"文化转向"[M].上海:复旦大学出版社,2013:2.
④ 克利福德·格尔茨.文化的解释[M].韩莉,译.南京:译林出版社,2014:17—18.

所谓文化分析是(或者应该是)对意义的推测,估价这些推测,而后从较好的推测之中得出解释性结论,而非发现意义的大陆,然后标画出没有实体的景观。① 文化是活生生的意义体系,它通过我们的活动来不断地再生自己;而意义是具有社会性和公开性的,是通过社会的方式建立起来的。

正如格尔茨所认为,经典的人类学是采用类型学的方法,尽力将一个人的形象作为原型、模型,造出标准的人的形象;其他所有的人无外乎是它的翻版、畸变和近似物。在格尔茨看来,这是在对科学问题进行类型化的探讨过程中得出的一般性结论:个体和群体间的差异是第二位的,是对真正科学家的正统研究目标——基础的、不变的、常规的类型——的偶然偏离。在这一类的研究中,无论怎样刻意地规范和有力地辩护,生动地细节被窒息在死板的框架中:我们在寻求一个形而上的实体,一个大写的"人",因此对此有兴趣,我们牺牲了实际遇到的经验实体,一个小写的"人"。② 人是文化的产物,但在文化研究过程中,很难找到那种共同的人性,更需要去研究各种文化的独特性,去理解文化,而非找到一个共同文化的东西。

人类学关注历史的细节,是进行微观史的研究。在格尔茨看来,我们必须深入细节,越过误导的标签,越过形而上的类型,越过空洞的相似性,去紧紧把握住各种文化以及每种文化中不同种的个人的基本特征,假如我们希望直面人性的话。③

文化史的研究提供了策略,去尝试理解一种文化是如何获得了其不言而喻的逻辑。文化史的生产也帮助我们敏感地驾驭人格的模糊性。在文化史中解构主体的明确的努力,将重点放在历史人物的生产上,通过社会规则来塑造它们的代理人身份和行动者身份。④ 如美国的"白人身份"(whiteness)在美国文化中自美国建国以来有较为稳定的法律地位。它在美国政府的法律、政策中与财产权利结合在一起。但到了20世纪70年代,由于多元文化的兴起,许多少数民族群体对人权表示失望,对政策法律中的白人特权提出质疑。人们反对文化融合的方法,而开始提倡黑人发展自身文化的权利,他们开始重视自身的文化身份,

---

① 克利福德·格尔茨.文化的解释[M].韩莉,译.南京:译林出版社,2014:26.
② 克利福德·格尔茨.文化的解释[M].韩莉,译.南京:译林出版社,2014:64—65.
③ 克利福德·格尔茨.文化的解释[M].韩莉,译.南京:译林出版社,2014:67.
④ Curtis A. Brewer (2014). Historicizing in Critical Policy Analysis: the Production of Cultural Histories and Microhistories, *International Journal of Qualitative Studies in Education*, 27(3): 273-288.

发展自身文化。如果白人身份的财产价值无法通过法律来撤销,那么就必须投资黑人身份、拉丁身份以及其他少数民族身份的财产价值。①

受后现代史学的影响,20 世纪 80 年代以来,文化史研究中出现了不少文化类别的社会文化的"发明",如法国革命、自我、饭馆、文艺复兴时期的妇女等的发明。这些研究实际是说明了不少我们看起来理所当然的持续的形象,它在发展过程中也存在着断裂,是由历史建构的。福柯强调文化的非连续性或者"断裂",例如在 17 世纪中叶前后,词与物之间的关系发生了变化,17 世纪"疯癫"一词的"发明",以及 19 世纪"性欲"(sexuality)一词的"发明"。在所有这些变化中,库恩所说的新"范式"以相当快的速度取代了过去的旧范式。② 在这里,福柯强调文化的建构。我们通过一系列的话语,来建构一种共同的文化意识。它们并非完全是一种文化观念的自然演化的结果。

与传统教育史学仅仅关注官方的文本或主流思想家的自传不同,新文化史学将一切都视为文本,使得历史研究史料范围得以拓展。与传统的学术史不一样的是,新文化史学将知识作为一种文化的实践和文化再生产的领地。对于文化史家来说,历史就是对理性方式的历史地建构的研究,理性用来框定、规训与规范我们在世界上的行动与参与。③ 文化史的历史叙事尤为关注知识的断裂与变化,以及这些变化又是如何规范、限制和容纳了社会、文化和政治行动。当涉及教育史时,关注点就在于,观念是如何通过个体关于参与和身份的理性,来建构、形成、整合以及构成社会实践。

文化史的研究变得越来越重要了。彼得·伯克的《文化史的多样性》(中译本名为《文化史的风景》)一书,在讨论文化史的统一性和多样性时指出:"我们有充分的理由认为,在今天这个史学碎化、专门化和相对主义盛行的时代,文化史变得比以前更为必要了。"文化史之所以变得必要,其原因之一就在于,它能在专史整合、避免碎化方面发挥作用。针对史学界的流弊,伯克一再强调,从文化史的特性出发去研究文化史:"可以肯定的是,文化史家的目的就是要揭示各种活动之间的联系。如果这个任务无法完成的话,那还不如把建筑留

---

① Curtis A. Brewer (2014). Historicizing in Critical Policy Analysis: the Production of Cultural Histories and Microhistories, *International Journal of Qualitative Studies in Education*, 27(3): 273-288.
② 彼得·伯克. 什么是新文化史[M]. 蔡玉辉, 译. 北京: 北京大学出版社, 2009: 63.
③ Thomas Popkewitz Barry M. Franklin, Miguel A. Pereyra (2001). *Cultural History and Education: Critical Essays on Knowledge and Schooling*. New York: Routledge Falmer. Preface IX.

给建筑史学家去研究,把精神分析留给心理分析史家去研究。"①

## 第二节　新文化史学对教育史研究的意义

　　新文化史的研究,使研究者更关注当下,使得历史与现实生活发生互动。新文化史更关注文化符号的产生与发展,促进了教育史研究方法的转变;教育发展中理性的形式成为了研究者反思的主题,同时也带来了学校物质文化史和教育图像史学的勃兴。

### 一、为教育史研究找到一种新的解释框架

　　以往的教育史研究更多地从社会政治经济的角度,去解释教育发展的过程。在新文化史学的影响下,研究者可以尝试进行文化的解释,进而将教育的文化解释与社会解释结合起来。

　　波克维茨指出,文化史不仅仅是关于"文化",而且是关于"文化"与"社会"的分野。在这种意义上的"文化",知识的研究不仅仅是关于过去,而且是关于现在。② 传统的历史主义史学缺少对具体个体行动者的关注,忽视知识是如何框定和组织行动,以及生产它的行动主体。历史不是指向获得某种形式的可靠表达的运动,而且历史思维是当下的一部分,它提供了当下记忆的叙事。

　　当下的历史研究,使对历史本身的悬而未决成为可能。在当下对过去的理解是一种悬置历史本身的反讽性实践。文化史作为一种当下的历史,将理性视为一种文化实践的领域,规范问题被界定的方式、可能性与对创新的寻求。③ 新文化史的研究消解了话语与现实、文本与世界之间以往被认为截然分开的界限。当今的历史学研究也就可能成为了文化

---

① 彼得·伯克.文化史的风景[M].丰华琴,刘艳,译.北京:北京大学出版社,2013:215,225.
② Thomas Popkewitz Barry M. Franklin, Miguel A. Pereyra (2001). *Cultural History and Education: Critical Essays on Knowledge and Schooling*. New York: Routledge Falmer. Preface IX.
③ Thomas Popkewitz Barry M. Franklin, Miguel A. Pereyra (2001). *Cultural History and Education: Critical Essays on Knowledge and Schooling*. New York: Routledge Falmer. 4.

的战争,因为这些讨论,涉及了美学、道德、阶级、性别价值观念之间的论争,它也是对以往一种将历史视为与现实生活无关思想的反动。

新文化史学研究,也对美国的后现代教育史学派——波克维茨学派产生了巨大影响。波克维茨学派认为,文化史研究有五个方面的特点值得关注和借鉴:(1)对文化史而言,语言不是单纯的信息传递的工具,其本身也值得关注;(2)文化史是一种关于现在的历史,它解释在怎样的条件下,才可以用当前的这种方式去言说所谓的"真理";(3)文化史研究是一种跨学科的研究,要打破传统的学科界限,促进系统持续地跨学科交流;(4)知识是研究的一个中心对象,对变革的考察,要关注知识的政治意蕴;(5)文化史消解了知识和实践的分立,打破了人们所言和所为之间的二元对立。① 波克维茨等人通过分析新文化史学的产生背景,然后指出新文化史学在教育研究之中的策略,分析了新文化史学在运用中可能遇到的问题。在波克维茨主编的《重新思考教育史》一书中,有五位作者的研究涉及教育史的艺术方面,如建筑、艺术形象、诗歌、审美和艺术教育史。

历史主义史学关注的是,随着时间变化而发生的事件和行动者,而对知识的框架、有组织的行动和主体的生产并无兴趣,后现代主义史学对这种按照时间顺序讲述历史行动者的故事的方式提出挑战。在波克维茨的文化教育史学研究中,文化史不是关于"文化",而是消弭现代理论中"文化"与"社会"的分歧。这种意义上的文化,知识的研究不仅仅是关于过去,而且是关注当下。应改变规定我们所思、所想、所见和所行的理性原则和观念体系,发现理性原则,与当前的社会政策和教育政策的关联,以便更好地理解现在。

波克维茨关注知识的建构,引入了一种思考知识政治学和教育中问题变化的方式,重点关注学校中理性的形式,是如何将历史代理人建构作为一种权力的结果。学校中有关学生个性、教师和社区的知识,被视为与特殊的政治、文化和社会条件相关,并是由它们生产出来的。因而,不能将社会规则和儿童作为一个问题解决者,视为理所当然的,而对将它们抱一种怀疑的态度,通过废除禁锢行动主体身份的原则,从而开启更多的可能性。当下的历史,能使每代人都通过一种新的方式,批判性地重新遇见历史的片段;历史书写,是重新思考历史作为一种对过去可信赖的表现的可能性。当下的历史,也是对美国传统史学的一种反动;传统史学认为,历史与现实毫无关联。

在波克维茨学派看来,所有的现代历史研究,通过对短时性(temporality)的兴趣,成为

---

① 王文智.美国课程史学的话语变迁[M].济南:山东教育出版社,2015:169.

了历史主义者。它不仅体现在法国年鉴学派、马克思主义史学、美国进步主义史学之中,而且也体现在显现着后现代思想的"新"新史学之中,历史主义也体现了对追求进步的理性的承诺。知识,据信是我们与世界联系的方式,也是我们确保我们生活在世界中的安全和稳定的方法,还是我们对追求更加美好世界的责任的保证。该责任在某一层面,是一种对现代性真理、现代性社会和历史研究,包括文化研究的总体合法化。①

20 世纪 60 年代社会史将历史探究与社会学联系起来,"新"社会史强调方法论革新,发展可验证和可量化的知识。历史研究遵循着一定的规则模式,如年鉴学派的生态人口研究,结构主义的马克思主义研究,人们对历史知识的理论、方法与本质,以及政治蕴含进行了激烈的争论。实际上,这涉及从上到下的政治社会精英的宏观视角与从下到上微观视角的看待历史之间的争论。

新社会史学和历史社会学关注的是社会规则。体现社会控制功能的学校知识,如隐性课程论,将知识作为一种文化实践和文化生产,带来了学校教育研究不同的问题意识。在美国,修正主义教育史学家们挑战上一代历史学家将学校作为民主和进步的力量,展示了一幅完全不同的教育事业发展的画面。在他们看来,美国公立教育自 19 世纪中叶产生直到现在,就是一种社会控制的力量,公立学校的历史,被视为一种管制、镇压与压制,它使国家的中上层阶级,针对那些少数民族、工人阶级以及城市穷人的权力和特权长期化。在修正主义讲述的历史中,公立学校的角色与课程教学实践密不可分地联系在一起,以服务于将富人和穷人的教育经验区别开来。这种区分的最大效果,就是引导穷人和富人走向不同的和不平等的命运;前者获得经济富足和领导岗位,后者处于经济的受支配地位。

20 世纪 80 年代,越来越多的教育史家们开始挑战这一叙述。他们认为学校组织与管理实践,与更广阔世界与工作之间不可能存在着简单的一一对应关系。然而,与其他社会机构一样,美国公立学校包含着太多的矛盾与冲突的目标,导致了不连续和不清晰的结果。利用冲突理论与黑格尔辩证法的起源和进化理论,这些历史学家将学校视为论争与冲突的场地,体现在对管理诸多的努力之中,如它更多的是隐含的,而非明确的;依靠更多的劝告,而非强制,很可能是拒绝,而非接受。也就是说,假设学校是简单地对现存文化的再生产,以及相信少数民族和穷人按照教育专业者的努力,去将他们塑造成国家政治和社会精英所

---

① Thomas Popkewitz Barry M. Franklin, Miguel A. Pereyra (2001). *Cultural History and Education: Critical Essays on Knowledge and Schooling*. New York: Routledge Falmer. 7.

规定的形象，他们主张这种假设是无知的。①

在教育史家看来，课程也可以作为社会的部分解释框架，知识作为一种社会框架，去解释社会利益，在学校中生产不平等与不公正。这些努力，包括明确社会控制解释，去探究课程选择、课程组织与课程传递，如何根据阶级与种族界限区别课程内容，将这些内容强加给儿童，以引导这些儿童接受不同的和不平等的职业和公民角色。管理与权力压制的概念相关，例如课程如何区分儿童，以符合一些先验的结构，或在社会上生产了优势与劣势结果的非历史的无意识。阶级是一个流行的概念，性别与种族概念也被用来分析不平等；抵抗和声音的概念也被引入来进行分析。

在文化史的研究中，波克维茨等人也对传统的理性主义教育史学进行了批判。他们指出，历史与社会科学的叙事策略，本来就与哲学无意识的从属关系有关。例如，美国的社会史与学术史假定，一个具有先验身份的稳定的行动者，在学校教育的历史的和社会的研究叙事中去确认了不断生产。该假设就是，行动者是历史中制造那段历史的代理人。例如，学校教育研究，将观念视为个体意图的表达（例如杜威的学术史），将机构发展视为在社会利益群体之中的多元化竞争，而且将统治集团视为统治和压迫他人的行动者。如果讨论权力，它居于统治与被统治者的行动者之中，变化是根据合理的、按照时间顺序来进行判断，其中行动者创造历史，在于建立或挑战特定行动者群体的特权地位。讲述变化，在于讲述事件流逝、组织的变化、行动系统的规则、行动者与行动之间的关系、行动者之间的联系或网络的发展等的故事。②

历史主义的传统体现在社会史和知识史中规定了一个普世的知识，在其中先验的主体获得解放。但这种解放的叙事只有理解殖民主义与后殖民主义之间的冲突，才能获得个体解放的技术。对历史主义先验主体的质疑，并非抛弃理性的运用与社会变革的行动，而是要使历史主义这一常识问题化。它也是建构一种历史方法，不再诉诸于行动者的先验结构来进行解释，而且去围绕人们的"精神""心灵"和"意识"，他们的文明（信仰、艺术、道德、法律、习俗）以及他们的"哲学生活"去书写文化。

作为文化史研究的历史化研究，不同于以往对国家权力的研究，而是关注日常生活中

---

① Thomas Popkewitz Barry M. Franklin, Miguel A. Pereyra (2001). *Cultural History and Education: Critical Essays on Knowledge and Schooling*. New York: Routledge Falmer. 11.
② Thomas Popkewitz Barry M. Franklin, Miguel A. Pereyra (2001). *Cultural History and Education: Critical Essays on Knowledge and Schooling*. New York: Routledge Falmer. 13.

的权力运行过程。知识作为一种社会管理和权力运行的手段,则应该是关注的焦点。社会史描述了统治与压迫过程的事件。对管理与治理进行历史地思考,可以当作是通过知识来强加一种秩序的手段。通过这种将知识作为管理和治理的手段,可以接近学校的文化史。

当我们主张文化史提供了不同的优先性、认识论和当前重要的知识政治学,我们对这一论点的展开表现出一定程度的犹豫。这一犹豫是承认,知识自身具有双重性。这一学科知识解释方式的转变,不仅是对知识问题的学科之争的反映;而且通过进行学科建设并成为可能的方式,来达到权力关系的转变。当我们探讨文化史时,需要将知识的双重性牢记在心,社会和历史的重构是植根于实践与关系领域,从不外在于其中一个。[①]

## 二、扩展了教育史的研究范围

"文化史对于拓宽20世纪史学思想和史学实践的范围依然功不可没,主要是通过以下几个方面来得以实现:深入挖掘文化的概念、重新赋予意义以一定的自主性,并同时凸显事物的独特性和多样性。"[②]这拓展了历史的研究范围。新文化史关注大众文化和微观的历史,这使得师生的日常生活与物质文化进入研究者的视野。学校的文化产品包括师生使用或制造的社会物质和精神产品,学校的桌椅板凳、教科书、墙画、规章制度、教室的组织形式与考试测验等,都属于文化产品。随着社会的变化,它们也在不断变迁,这也属于文化变迁的一种表现形式。教室的物质文化,反映了学校的环境和风气,它体现了在一定社会空间内,教学物质中介与儿童的社会关系。它鼓励孩子的学习,为孩子们留下丰富的记忆。学校物质文化史的研究,能体现一定时代教育政策与教育实践的变迁,它也反映在师生个体的记忆之中。

### (一) 学校物质文化史受到广泛重视

新文化史提倡微观视角来开展研究。对教室实践的研究可以在一种大的社会变动下,

---

[①] Thomas Popkewitz, Barry M. Franklin, Miguel A. Pereyra (2001). *Cultural History and Education: Critical Essays on Knowledge and Schooling*. New York: Routledge Falmer, 33.
[②] 恩斯特·布赖萨赫.西方史学史[M].黄艳红,等,译.北京:北京大学出版社,2019:562.

发现教育的变迁过程,学校和教室的实践成为了一种微观视角。在文化史的影响下,利用日记、自传、小说、照片、期刊、练习本、考试、视导检查报告、校报等,来对教室内桌椅板凳摆放、教室墙壁上图片的变化,学生作业本、教材等学校各种文件的历史研究,在欧美各国开始得到风行。

澳大利亚学者研究了博物馆教育的情况,探讨了在19世纪70、80年代在工业革命后教育资源缺乏的时期,工业和技术博物馆承担了成人学院的职能,填补了教育机构缺乏的空白,使妇女能获得科学知识与技术。① 西班牙学者运用微观史学和自下而上的研究方法,通过对20世纪40、50年代西班牙学生的练习本,以及其他证书、信件、教材等进行分析,来理解学校教育教学长达20年的历史变迁,与在此期间打上了天主教印记的教室生活、活动和工作,通过这些练习册来研究教室文化史的不同层面。首先,它们展示了教室内的教学实践,如书写实践与绘画实践;教室内人与人交往方式、礼仪与习俗;教室内宗教与政治节日、庆祝纪念日的实践;教室内甚至学校的大事件。其次,在一些情况下,这些文件提供了有关社会风气,在参与者即师生之间发生的集体的与情感的关系的信息,以及师生的个性与能力的部分图景。②

伊内斯·杜塞尔(Ines Dussel)通过对校服的研究,指出校服制作了针对师生的法规记忆和文化方式,这产生于规范校服的道德与政治分类体系。校服实际上是道德经济的体现,而且也是体现了身份与差异的生产。她研究了服饰所体现的符号学研究及其表演性功能,从17世纪的基督教教育学,到18世纪的新技术,再到19世纪法律和文化方式。这些与资产阶级革命及变化有关,具体体现在军事课程对儿童身体与学校人数的影响。儿童服饰的普遍化体现了他们之间关系的普遍化。

约翰娜·米勒·刘易斯(Johanna Miller Lewis)通过日记、档案、图片研究了北卡一所女子寄宿学校校舍两个世纪的变迁。校舍南大厅的使用和改造准确地描述了妇女教育的变化。在女子寄宿学校成立之初,整个学校的教室、病房、餐厅、储藏室、寝室和督导室都被安置在一栋建筑内。这些房间的早期使用反映了学校的课程设置:阅读、写作、算术、语法、

---

① Kathleen M. Fennessy (2005). "'Making Difficult Things Plain': Learning at the Industrial and Technological Museum, Melbourne, 1870 – 1880". *History of Education Review*, 34(2): 59 – 77.
② Sjaak Braster, Ian Grosvenory, Maria del Mar del Pozo (eds.)(2011). *The Black Box of Schooling. A culture history of classroom*. Bruselas: P. I. E-Peter Lang. 81 – 82.

历史、地理、德语、普通刺绣、精细刺绣、音乐和绘画；后来南大厅功能的变化反映了塞勒姆女子学院(Salem Female Academy)的发展，包括图书馆、阅览室和小教堂。在目前作为现代大学宿舍的功能中，南大厅展示了塞勒姆学院和整个学院如何发展成可容纳大学预备课程和四年制文科学院。近两个世纪以来，女童寄宿学校的建筑，在塞勒姆的社会和建筑史以及妇女教育发展中，占据了必要的地位。女童学校建筑的各种用途、作用和新增设施表明，一个社区如何通过其教育机构应对社会对妇女不断变化要求的挑战；通过不同的课程和活动，使妇女成为有用的和富有成效的社会成员。这座建筑是摩拉维亚人(Moravian)对女性教育信仰的产物，它仍然清晰地提醒人们，欧洲文化是如何在不完全丧失其独特性的情况下，吸收美洲文化和南方的价值观的。①

卡茨研究了美国20世纪30年代的历史教科书与社会变革的关系，他比较了当时的历史教科书对社会经济危机的三种不同解释；而每种不同的解释暗含着不同的解决问题的思路。最常见的解释是，强化了政府在不同程度上紧急干预的观点；也有无政府的观点，即美国人必须自己来解决自己面临的问题；第三种观点认为，这是美国道德失败的后果，为了拯救美国人，道德的复兴是必要的。卡茨通过对这17本不同的教科书进行分析，他最后得出结论，每本教科书都充满着偏见。不言而喻，历史书写必然涉及偏见。也许诚实地承认和坦率地介绍偏见，总比许多现代书籍单调乏味地试图冒犯任何人要好得多。②

在新教育文化史中，学校的物质结构是重构教育过去的记录，也是一种经验档案，去追溯某一特定时期注册了的教育文化，因此成为了最普遍教学机构运作的构想与实践的一种最可见的支持方式。如西班牙巴亚多利德大学阿古斯丁·埃斯科拉诺·贝尼托(Agustín Escolano Benito)从新文化史学的视角，将学校建筑视为话语和文本，探讨了西班牙19世纪到20世纪初学校建筑法典化的历史过程。在这个时期，国家致力于教学，学校空间的配置特别重要；他也展示了如何将学校的物质结构作为教育话语和实践的记录进行分析，同时

---

① Johanna Miller Lewis (1989). A Social and Architectural History of the Girls' Boarding School Building at Salem, North Carolina. *The North Carolina Historical Review*, 66(2):125-148.
② Michael B. Katz (1966). American History of Textbooks and Social Reform in the 1930'S, *Paedagogica Historica*, 6(1):143-160.

展示了作为讨论为公用建筑的方案行动者的社会规则。①

**（二）教室史的研究得到关注**

普通教师作为课堂上教育教学活动的亲历者，他们留下来的历史资料对于研究具体教育活动的历史具有重要的史料价值。美国教育史学家于尔根·赫伯斯特（Jurgen Herbst）曾批评欧洲教育史学缺少对教室史的系统探索。② 研究者忽视了历史中具体的课堂教育教学实践。与以往从宏观的角度来研究教育史不同，在新文化史的影响下，教师留下的史料得到研究者的重视。

1958年，荷兰历史学家雅克·普雷塞尔（Jacques Presser）用"自我文件"（Egodocuments）一词，来描述许多自传材料，包括日记、回忆录和遗嘱等。无论它们是何种类型、形式或长度，我们一直称之为"生活写作"——以表明它与构成自传的早期观念之间的距离。西班牙福尔西亚大学安东尼奥·维诺（Antonio Vinao）的《作为课堂史的教师自我文件：以自传、回忆录和日记为例》（*Teachers' Egodocuments as a Source of Classroom History：the Case of Autobiographies，Memoirs and Diaries*），研究了19世纪中期以来小学教师以印刷和手稿形式保持的自传、回忆录与日记，也探讨了它们作为教师自我文件与教室史资源的限度。③ 这些自我文件还包括个人画像、自传访谈、议程、家庭记录、证书、信件、法庭记录等。由于生活叙事不等同于生活本身，生活叙事需有叙事结构，而生活的记述则是零碎的，故在研究过程中，应由研究者来决定这些文件是否服务于研究的问题。东尼奥·维诺选择了西班牙19世纪中期以来的37份自我文件，其中包括25份出版的自传或回忆录，3份手写或打印的材料，9份出版的日记来进行研究。

东尼奥·维诺指出，将自我文件作为研究对象，反映了历史研究将个人作为研究的中心。他以彼得·伯克的新文化史学思想为指导，探讨了教师自我文件使用的策略及其限度。这种变化体现了兴趣集中在日常的、私人的、私密的与个人方面。他引用彼得·伯克

---

① Agustín Escolano Benito（2003）The School in the City：School Architecture as Discourse and as Text. *Paedagogica Historica*，39(1)：53 - 64.
② Jurgen Herbst(1999). The History of Education：State of Art at the Turn of the Century in Europe and North America. *Paedagogica Historica*，35(3)：737 - 747.
③ Sjaak Braster，Ian Grosvenory，Maria del Mar del Pozo（eds.）(2011). *The Black Box of Schooling. A Culture History of Classroom*. Bruselas：P. I. E-Peter Lang. 141.

的观点：

> 使用不同种类的自我文件作为工具来重构自我，以及作为关于作者所访问城市和居住地点的信息资源等，这将看来是可行的。同样地，我们能够使用文本，在特定的地点、时间和社会团体中作为重建身份的工具。①

东尼奥·维诺认为，彼得·伯克的观点勾画了自我文件作为历史资源所涉及三个基本方面，即作为教师的特殊个体、教师所生活的地点与时代和教师在教学生活中所属的社会团体。②

教师的自传和回忆录等都是经历了较长时间的一种记述，它可能因为记忆的模糊，而失去真实性和可信性。当然，这也依赖于文本的生产与形式以及研究目的。

教师自我文件的主题广泛，涉及政治、战争、个人问题以及与社会背景相关的问题。在教室的历史方面，多样性影响到教师和学校的种类。由于学校和教师类型众多，东尼奥·维诺将研究的重点，放在教室的空间与设施，即从单一的教室到分级学校两个方面的内容。在教室史中的研究包括出勤、旷课、儿童劳动、学校设施与建筑物、教室的设备与效果、测验、展览、郊游；与教学有关的方法层面、尤其是读和写、作业本、教学材料、艺术与课外活动、班级日记、日志、为授课和大纲准备的笔记本、教室的装饰、宗教行为与庆典、学校时间的分配、上学日、纪律与惩罚、男女同校与教科书等。③

但其研究发现，随着时间的变化，学校桌椅板凳摆放方式存在的连续性和断裂，也让人们能发现，教育理论、教育政策与实际的教育场景与教育实践存在着差别。他将教师的自我文件视为一种文本，利用这些自我文献去展示学校组织方式的演变，从单一班级的学校到分级学校的变化过程。该研究利用有关空间的分布与使用，单一班级学校到分级学校变化的各种类型的文本，来表明了它们是如何为总体发展趋向提供证明、反例、细节的补充。

---

① Sjaak Braster, Ian Grosvenory, Maria del Mar del Pozo (eds.) (2011). *The Black Box of Schooling. A Culture History of Classroom*. Bruselas: P. I. E-Peter Lang. 142.
② Sjaak Braster, Ian Grosvenory, Maria del Mar del Pozo (eds.) (2011). *The Black Box of Schooling. A Culture History of Classroom*. Bruselas: P. I. E-Peter Lang. 142.
③ Sjaak Braster, Ian Grosvenory, Maria del Mar del Pozo (eds.) (2011). *The Black Box of Schooling. A Culture History of Classroom*. Bruselas: P. I. E-Peter Lang. 145.

同样,它们也表明哪些发生变化了,哪些仍然保持着。这也体现了教师从相对独立、自治、自由的单一教室,向统一的、标准化的和科层制工作的分级学校模式的转变;从管理教室向管理学校组织转变;从一种准机械的和军事化教学模式,向详细的分布和组织空间的转变;从学生的活动与任务,向更少受正式规则束缚的其他更灵活的教育学转变。事实上,这些转变是一种单一教室的学校文化向分级学校文化的转变。此处的文化,是指行动和思考的方式、实践与心态、常规与积淀。① 东尼奥·维诺通过自我文件,提供了活生生的学校文化的文本,反映了学校文化变迁的过程,从中寻找相应的例证,并发现其与教育理论、政策之间的不一致之处。

### (三) 教育史料的拓展

新文化史学也对情感史研究产生了影响。传统认为,情感总是与缺少控制、非理性、女性气质、缺少规训联系在一起,而学校又与这些相关的特点相联系。恐惧、彷徨、愤怒与失望等情感也进入了历史学家的研究视野。

20世纪是文化史流行的时代。90年代以来,文化史在澳大利亚国内外,成为了一个主要的事业,它得到了澳大利亚一些杂志的持续关注。例如,《澳大利亚文化史杂志》(*Australian Cultural History*),跨学科组织如以悉尼为基础的澳大利亚文化小组(Sydney-based Australian Culture Workshop),大量的会议、出版物和论文。一些已有固定的学术领域,如劳工史也开始将文化作为一种历史探究的合法焦点。其他杂志如《澳大利亚历史研究》(*Australian Historical Studies*)与《澳大利亚研究杂志》(*Journal of Australian Studies*),也对一些主题如公民身份、民族认同与主体性等从文化的角度来进行分析。② 在后现代的影响下,表象、叙事、神话、文本策略、文化实践,权力、知识、性、男性气质、女性气质、空间等更多问题成为新文化史研究的主题。新文化史对文化的界定已经超出了文学、电影、大众媒体、戏剧和娱乐的范围;更多的主题,开始关注包括丛林漫步、旅游、饮食、犯罪、老龄化、童年、工作和战争等在内的问题。

---

① Sjaak Braster, Ian Grosvenory, Maria del Mar del Pozo (eds.)(2011). *The Black Box of Schooling*. *A culture history of classroom*. Bruselas: P. I. E-Peter Lang. 156.
② Hsu-Ming Teo, Richard White (2003). *Cultural History in Australia*. Sydney: UNSW Press. 54.

澳大利亚教育史是由于师资培训的需要而产生的。其教育史学的发展受到了英美教育史学发展的影响。1644年,在荷兰人发现澳大利亚后,英国人、爱尔兰人和德国人先后来到这片土地殖民。澳大利亚殖民政府在经历对土著居民长期的屠杀、掠夺和同化政策后,1974年开始采用多元文化教育政策,澳大利亚土著的声音得到倾听。受后现代主义的影响,在20世纪80、90年代,澳大利亚史学界开始注重与下层民众相关的日常生活史、大众文化史、婚姻家庭史等历史研究。后殖民主义思想则影响到非殖民化与帝国主义问题。女性主义思想,带来了性别史研究的兴起。土著居民以及其他边缘群体教育的历史,成为了教育史研究的主题,澳大利亚教育史学开始了后现代的转向。

澳大利亚学者研究了博物馆教育的情况,探讨了在19世纪70、80年代在工业革命后教育资源缺乏的时期,工业和技术博物馆承担了成人学院的职能,填补了教育机构的空白,使妇女能获得科学和技术。①

总之,新文化史主张"大教育观",研究者不囿于传统的学校教育视角,从下层人士的视角,把凡是与教育有关的内容都纳入研究的主题中。

## 第三节 图像教育史学

当今,随着信息技术的广泛应用,现代社会已进入图像时代。图像在教育中,也开始发挥重要的作用。新文化史学的兴起,对图像教育史学研究产生了积极影响。荷兰、英国等欧洲国家,有着较为发达的图像艺术史,从而为图像教育史学研究提供了便利。为了更好地对历史进行深层次的诠释,需要重视对图像意义的探究。但总体而言,图像在教育史中的运用并未受到重视。有研究表明,从2000年到2004年,四大英语教育史杂志共发表322篇英文文章;在这些人中,只有45人做出了选择使用图片或插图。② 教育史研究更多的使

---

① Kathleen M. Fennessy(2005). "Making Difficult Things Plain": Learning at the Industrial and Technological Museum, Melbourne, 1870–1880. *History of Education Review*, 34(2):59–77.
② Fay Gasparini, Malcolm Vick (2006). Picturing the History of Teacher Education: Photographs and Methodology. *History of Education Review*, 35(2):16–31. 这四种教育史杂志分别是:《教育史研究》(Historical Studies in Education/Revue d'Histoire de l'Éducation),法国的《教育史研究》以法语和英语进行出版,但大多数出版物都是英语。《教育史研究》(History of Education),《教育史研究季刊》(History of Education Quarterly),《教育史评论》(History of Education Review)。

用的是文本史料,即便是近年来强调口述证据,也很少使用图片。

## 一、图像史学兴起的缘由及其价值

要了解图像教育史学的研究成果,首先有必要审视图像史学兴起的缘由及其相关价值。因为图像教育史学是嫁接于图像史学"砧木"之上的。无源之水不可能流长,无本之木亦难繁茂。

### (一) 新文化史学的影响

图像史学是在文化史的整体史观背景下产生的。新史学产生以来,历史研究不再局限于官方的文献;非官方文献和艺术作品,同样可以映照历史。在研究中世纪直至近代的历史时,由于资料的缺乏,图像便能起到重要的作用。如在16世纪,荷兰、法国、意大利、德国已出现了大量的各种形式的绘画,如刻板画、年历画、风俗画、细密画(一种精细刻画的波斯艺术)、肖像画等。

瑞士历史学家雅各布·布克哈特(Jacob Burckhardt)在《意大利文艺复兴时期的文化》《君士坦丁大帝时代》《希腊文化史》等著作中,将图像和历史遗迹,作为"人类精神过去各个发展阶段的见证";通过这些对象,"才有可能解读特定时代思想的结构及其表象"。[1]

荷兰文化史学家赫伊津哈(Johan Huizinga)对14、15世纪的绘画进行了解读,在他看来,绘画除了具有艺术价值之外,还具有实用功能。如肖像画保留了家庭珍藏的道德价值,法庭装饰画属于社会生活的形式。与其相比,家庭肖像画表达的,是对生活的感情、对父母的爱以及家庭的荣耀,其价值远远没有耗尽。[2] 赫伊津哈在《中世纪的秋天》(*The Autumn of the Middle Ages*)中,通过分析中世纪时期意大利和荷兰的画作,对人的信仰以及生活的表现进行了解读。他分析了15世纪绘画所采用的细腻的描述手法,对画家所用的颜色和线条进行了研讨,还将画作与诗歌、文学进行了比较。他指出,在写实方面,绘画的表现手

---

[1] 彼得·伯克.什么是文化史[M].蔡玉辉,译.北京:北京大学出版社,2009:5.
[2] 约翰·赫伊津哈.中世纪的秋天:14世纪和15世纪法国和荷兰的生活、思想和艺术[M].何道宽,译.桂林:广西师范大学出版社,2008:271.

段,远远走在文学前面;在表现光线的效果时,绘画已经具备令人惊叹的艺术鉴赏力。① 因此,绘画与诗歌、文学一样,具备表现现实的能力。

法国著名文化史学家菲利普·阿利埃斯(Philippe Aries),在《儿童的世纪:旧制度下的儿童和家庭生活》中,考察了四个世纪的绘画和日记、学校和课程的演变等,来追溯儿童的历史。他利用中世纪时期有关儿童形象的插图,来说明当时儿童地位的缺失;利用绘画中儿童形象的变化,来说明儿童地位的演变。利用15世纪以来的年历画,来描绘儿童角色出现的过程;利用16、17世纪的肖像画,来表现家庭的观念。

在后现代思想的影响下,精英文化与大众文化界限模糊,也使得文学和艺术、专业的与大众的,档案与想象之间的界限被打破。索尔·科恩指出:"我拥抱后现代主义带来的自由。后现代主义提供了激发新的观念,玩各种语言游戏,挑战已有的'看待问题的方式'(way of seeing)。"②后现代主义拓展了文本的概念,将一切都看成文本。文本的意义并非是书面的东西,而是包括了所有的文化现象。所有的文本都参与了现实的建构,并提供了通向现实的通道。对于后现代主义者来说,不存在着一个基本"真实"的世界,也不存在着世界的"真正的"表象。我们称为真实的,无外乎是传统形成的。"真实性"是一个建构的真实性。与此相关的,后现代主义的核心是对现实的彻底文本化,将现实分散到文本之中。这与我们以往对文本的理解不同。对于后现代主义者来说,文本包括了所有的文化现象。所有的文本都指向现实的建构,这并非说所有的文本都是平等的,而是说文本并非先验的,卡通、戏剧、广告、流行音乐、电影等都成为了文本。

图像史的研究,也影响了教育史的研究。英国学者克里斯汀·沃尔(Christine Wall),利用英国教师工会1940—2000年出版物上的教师图像,来描绘教师职业形象的变迁,进而揭示了教师专业的物质文化发展过程,以及它们对教师职业身份的影响。③ 这些研究,均力图反映历史中教育的真相与全貌。澳大利亚学者约瑟芬·梅在《卷轴学校:澳大利亚电影中的学校教育与国家》(*Reel Schools*:*Schooling and the Nation in Australian*

---

① 约翰·赫伊津哈.中世纪的秋天:14世纪和15世纪法国和荷兰的生活、思想和艺术[M].何道宽,译.桂林:广西师范大学出版社,2008:314.
② Sol Cohen (1996). Postmodernism, The New Cultural History, Film: Resisting Images of Education. *Paedagogica Historica*, 32(2):395 - 420.
③ Christine Wall (2008). Picturing an Occupational Identity: Images of Teachers in Careers and Trade Union Publications 1940 - 2000. *History of Education*, 37(2):317 - 340.

*Cinema*)中,描述了荧幕上澳大利亚本土学校教育发展中以往沉默的历史。她通过揭示屏幕表现和教育史之间的关系,提出屏幕上的学校教育是澳大利亚国家普遍的隐喻,即随着国家政治文化的变迁,屏幕上的学校形象也在不断发生变化。该研究探讨了师生与学校教育在澳大利亚银屏上的总体表现方式,以及这些表象的意义。① 她分析了电影《心碎度蜜月》(*The Heartbreak Kid*)中的师生关系,通过电影遭遇的方式,挑战了人们将学生作为女教师性虐待受害者角色的理解。② 有学者认为,图片通常被认为是研究历史的可能来源,但它们也被广泛忽视或使用不足。研究者探索了绘画材料特别是照片在历史分析中的运用,描述了照片在历史写作中的一些常见或标准的用法,并对其进行了批判性的讨论。它确定并检查了将照片作为证据使用过程中的方法论和伦理问题,他以一个项目为例,来说明该方法的运用。该项目使用了大量的照片作为其分析的一个组成部分,对一所教育机构的历史问题进行探讨。③ 照片作为历史证据需要历史研究者对该照片的合理性作出自己的判断。

**(二)图像在历史研究中具有的特殊价值**

20世纪70年代以来,文化史研究在西方学术界复兴,关于文化史的定义众说纷纭。彼得·伯克指出,可以将其定义的注意力,从研究对象转移到研究方法上去。文化史学的共同基础,也许可以这样来表述:他们关注符号(the symbolic)以及对符号内涵的解释。④ 图像作为一种表象和空间的物质文化符号,也成为研究者关注的重点。海登·怀特在《书写史学与影视史学》中,提出了影视史学(historiophoty)的概念。他认为,影视史学是指,以视觉形象和影视文本,来表达历史以及我们对历史的见解;书写史学则是指,以言语形象以及书写文本来传达历史。⑤

---

① Josephine May (2013). *Reel Schools: Schooling and the Nation in Australian Cinema*. Bern: Peter Lang. 2.
② Josephine May (2009). A Challenging Vision: the Teacher-student Relationship in The Heartbreak Kid. *Journal of Australian Studies*, 33(4):405-415.
③ Fay Gasparin, Malcolm Vick (2006). Picturing the History of Teacher Education: Photographs and Methodology. *History of Education Review*, 35(2):16-31.
④ 彼得·伯克.什么是文化史[M].蔡玉辉,译.北京:北京大学出版社,2009:3.
⑤ Hayden White (1988). Historiography and Historiophoty. *The American Historical Review*, 93(5):1193-1199.

图像包含的内容非常广泛,如各种画像、雕像、摄影照片、电影和电视画面等。人类最初的历史记忆,就是从图像开始的。即先有图像,后有文字。与语言文字相比,图像更具直观性,使得历史人物或事件的特征更为清晰,使我们更容易理解过去。图像是另外一种叙事方式,可视为人类生活的体现。它是人们精神生活寻求的形象表达,活生生的思想便蕴含在图像之中,需要我们去认真地解读。

在日常生活中,图像对儿童和民众的影响要超过文字。无论是从抚慰人心的角度,还是展示威权的角度,以及审视历史时代性的需要去考量,图像的影响力都不容小觑。在印刷术普及之前,图像能为不识字的人理解事物带来便利。例如,中世纪是一切都向宗教信仰服务的时代,教会对信徒的要求体现在圣像之中。赫伊津哈指出,中世纪基督教生活的各个方面,都布满了宗教图像;没有任何事物和行为,不是放进其与基督和信仰的关系里去对待的。① 因此,形象记忆的研究,不能仅仅局限于艺术的层面或技术传承的层面;而应从人类文明史演进的视野,来发掘这些比文字记忆数量多千万倍的形象材料的价值和意义。缺少了这部分视角性形象材料,我们的历史观便不可能通览全局。当然,强调史学研究的视角性,并非是过分凸显或夸大图像的作用,而是意在提醒研究者关注一直受冷落的文化制作领域。②

在新文化史学对物质文化史的研究之中,图像作为过去物质文化的体现,也有着特殊的价值。图像能给读者提供更深的感染力,特别在图像与文字材料一起呈现时,使读者更能体会到历史的真实。彼得·伯克评价说:

> 图像所提供的有关过去的证词有真正的价值,可以与文字档案提供的证词相互补充和印证。事实确实如此,特别是有关事件史的图像。……在文字史料缺乏或比较薄弱的研究领域中,图像提供的证词特别有价值,尤其是在研究非正式的经济活动的时候,在自下而上看历史的时候,在研究感受如何发生变化的时候。③

---

① 约翰·赫伊津哈.中世纪的秋天:14世纪和15世纪法国和荷兰的生活、思想和艺术[M].何道宽,译.桂林:广西师范大学出版社,2008:161.
② 刘中玉.从"碎片化"到"形象化"——简论全球化视野下的文化史观[J].形象史学研究,2014:3—8.
③ 彼得·伯克.什么是文化史[M].蔡玉辉,译.北京:北京大学出版社,2009:293—294.

他指出，图像如同文本和口述证词一样，也是历史证据的一种重要形式。它们记载了目击者所看到的行动。① 图像是过去的心态特别有价值的证据，或者某种被称为集体想象的东西，作为对现实世界和未来世界、过去和现在、邻近文化和异国文化态度的体现。② 即使是一种偏见和刻板化的印象，它们也值得研究。在某种情况下，它们可能是唯一遗留下来的证据。即便是17世纪早期的一些不是真实情景的绘画，也为天主教保存了对一些特定教堂的历史思乡之情的文本。

## 二、图像史学研究方法的教育史学借用

随着教育史学研究的各种转向，如文化的转向、视觉的转向、图像的转向等，教育史学家必须学会处理文化、图像与教育相关的各种物质材料等。因为有大量的材料可能与图书馆、博物馆等提供的大众教育相关，图像史学的特殊价值，还可由其独到的研究方法来体现。这种研究方法，与以文字为载体的历史，固然有着本质上的相通之处；但在呈现方式、视角选取、解读方法等方面，也有着不小的差异。

### （一）回到历史场景

图像在历史研究中，起着重要作用。理解图像是复杂的，需要回到图像产生的背景之中，并了解图像制作者的初衷，进而清楚图像产生的意图。卡尔曾经指出，如果历史学家必须在自己的思想中重构其主人公所曾想过的东西，读者也必须重构历史学家所曾想过的东西。开始研究事实之前，你必须先研究历史学家。③ 对于图像制作者来说，他就是图像所表达的历史书写者；其所处的身份、地位，以及所持的价值观念、绘画技法派别等，必定体现在图像的制作之中。因而，研究者必须对图像制作者进行研究，了解他所处的社会历史背景，以及制作的目的。因为其受制于所处的时代，此时代背景的烙印，必定体现在其作品之中。彼得·伯克要求，准备运用图像作为证据的每个人，应当以研究它们制作者的不同目的为起点。④

---

① 彼得·伯克.什么是文化史[M].蔡玉辉,译.北京:北京大学出版社,2009:11.
② Peter Burke (2001). Picturing History. *History Today*, 51(4):22-23.
③ E.H.卡尔.历史是什么[M].陈恒,译.北京:商务印书馆,2007:107—108.
④ 彼得·伯克.什么是文化史[M].蔡玉辉,译.北京:北京大学出版社,2009:17—18.

对图像历史背景文化知识的掌握,有利于理解历史图像所表达的主题。如在法国第戎的马尼安博物馆(Musée Magnin),存有一幅献给雅辛黛·里戈(Hyacinthe Rigaud)的画。画中有一个男孩和一个女孩,他们呈现出活泼可爱的生动形象,而在这一组人物旁边,是一位画入画框中的中年妇女,一身丧服,形态如同死人。然而事实上,这位妇女当时还活着,用画框将她表现为值得纪念的形象,故意让人把她认作死者,而真正去世的孩子,她让人画成活着的模样。① 这体现了,生者对与死者之间亲密关系的怀念。只有掌握这段历史文化知识,才能理解该图像。

菲利普·阿利埃斯分析了15世纪一幅细密画中表现的课堂教育形式,他根据当时的历史背景,分析了当时流行的学徒制。它脱离了经验特性,开始采取更多课堂教育的形式。他指出,这样的例子一直很稀少。通常说来,一代向下一代的传授,是通过儿童对家庭生活,进而对成年日常生活的参与而得到保障的。这就解释了,我们多次指出过的那种儿童和成人的混合。② 不少绘画表明,中世纪以来,儿童的学习,更多的是通过参与成人生活来进行的;但在15世纪开始,则发生了一些变化,即儿童与成人混杂在一起,是从日常接触中来学习如何生活的。

### (二) 给予图像和文本同等地位

图像与文本一样,能直观地表现师生在受教育过程中的生活场景,对教育过程进行叙事,获得一种微观的视角。社会史学家拉斐尔·萨缪尔(Raphael Samuel)要求,给予图像以文本同等地位。他指出,获得同意的学术程序的基本原理,将会允许照片被极其严肃地对待,即便是那些有细微问题的资源。③ 安德鲁·杜德尼(Andrew Dewdney)主张,对照片的叙事化,这需要探讨照片背后的缺失或隐藏了什么。在教育史的情景下讲述照片的故事,不仅仅是历史行为,而且也是情感行为:这与个体的经验相关。因为大多数成人,在他们童

---

① 菲利普·阿利埃斯.儿童的世纪:旧制度下的儿童与家庭生活[M].沈坚,朱晓罕,译.北京:北京大学出版社,2013:16.
② 菲利普·阿利埃斯.儿童的世纪:旧制度下的儿童与家庭生活[M].沈坚,朱晓罕,译.北京:北京大学出版社,2013:278.
③ Catherine Burke (2001). Hands-on History: Towards a Critique of the 'Everyday'. *History of Education*, 30(2):191-201.

年某个阶段,都曾上过学,也与参与基本的公共的对学校故事的普遍叙事相关。① 对照片的观看,可能让我们回想起,儿时上学时的故事,这可让人获得一种情感的回忆。

在艺术家罗斯金(John Ruskin)看来,在声音、思想和图画中,绘画的"看",实处于沟通的中心位置。他没有特别提到书写,因为他通常把诗人的写和画家的看归为一类。他在《历史的光亮》中,直接论及"书写的历史和绘画的历史",吁请历史写作者向画家看齐。于是,书写被认为应当具有绘画的力量,应在"可见的美学"领域向绘画靠近。② 而且,图像提供的证据是最重要的。罗斯金指出,伟大民族用三种语言写作其自传。这三种语言,分别是行为之书、言语之书和艺术之书。在这三种语言中,"任何一种,都只有在阅读其他两种之后才能得到理解"③。行为、语言和艺术在理解过去中,具有积极的作用,图像理应包括其中。

**(三) 关注图像表达的内在意蕴**

艺术史图像学研究的开创者潘诺夫斯基,将图像研究方法分为三个层次,依次为前图像志描述阶段、图像志分析阶段、图像学解释阶段。其中的图像学解释阶段,要求研究者关注象征世界的内在意义。其解释的基础,是综合直觉(对人类基本倾向的熟悉);修正解释的依据,是一般意义的文化征象或象征的历史。即洞察人类心灵的基本倾向,在不同历史条件下被特定的主题和概念所表现的方式。④ 彼得·伯克把这种图像解释,称为视觉诠释学,把"图像研究"区别于广义的"图像学"。这种诠释学发现,某种文化或社会群体的世界观,被"浓缩进了一件作品之中"⑤。

图像符号起着向大众传达某种意义的作用。在安克斯密特看来,图像的表现与历史的表现,有相通之处;其本质是,对不在场某物的替代或更替。显然,正是由于后者的缺席,我

---

① Catherine Burke (2001). Hands-on History: Towards a Critique of the 'Everyday'. *History of Education*,30(2):191-201.
② 陈书焕."看"的历史理解:罗斯金与"批评"的文化史.陈恒,王刘纯.文化史与史学史[C].郑州:大象出版社,2017:28.
③ 陈书焕."看"的历史理解:罗斯金与"批评"的文化史[C].陈恒,王刘纯.文化史与史学史.郑州:大象出版社,2017:32.
④ 欧文·潘诺夫斯基.图像学研究:文艺复兴时期艺术的人文主题[M].戚印平,范景中,译.上海:上海三联书店,2011:13.
⑤ 彼得·伯克.什么是文化史[M].蔡玉辉,译.北京:北京大学出版社,2009:13.

们需要一个替代物将它"再一呈现"出来(re-presenting it)。① 而图像,正是这一替代物。研究者应该识别出,图像所表达的意蕴,也应区别不同的图像。如照片与绘画,对人物的表现不同。即使是不同的画家对同一模特,也有着不同的表现。它并非以准确性作为评价画的唯一标准;一幅好的肖像画,应该展现人物的内在性格和思想。安克斯密特指出,画家也许有特殊的风格,他可能表现出与艺术史上特定时期的亲缘性……由于绘画不仅在于是否画得像,而更在于表现人物的性格;而摄影,是单纯机械过程的产物。人们倾向于,把绘画看作世界的"主观"表现,把摄影看作世界的"客观"再现。② 这样,"看"就成为了历史叙述和历史表现。

在儿童史的研究中,图像提供了丰富的教育信息。在新史学的影响下,诸多研究者通过绘画和文学作品,来探寻当时的教育情形;这在中世纪和近代历史资料缺失的时段,则更为可行。这一时期,出现了大量的油画和版画等图像作品,并有不少图像保存下来。如多米尼克·朱利亚在《专制制度与启蒙运动时期的儿童》中,利用绘画来说明启蒙运动时期儿童受教育的情形。他分析了1749年的《良好的教育》(La Bonne Education,美术博物馆,休斯顿)所展现的场景,他描述了该画的母题,解释了图画所表现的主题,"赞扬照顾自己子女的母亲的标准形象",作为"母亲的欢乐",以及她对儿童良好的示范作用。该画的母题是,一位坐着的母亲,手中拿着一本打开的厚厚的书,看着十几岁的女儿,站立的小女孩,两眼低垂、双手交叉、神色谦恭,或许正在背诵教理课。③ 这些图像,为我们解读它们所蕴含的时代教育信息提供了可贵的资料。

在新文化史学的影响下,西方各国出现了图像史学。教育片是近年来兴起的电影学科研究的一个理想的主题。在美国,教育电影中所体现的历史文化与教育特色也受到研究者的关注。教育电影提供了了解过去时代的窗口,呈现了当时社会或家庭的教育观念,乃至教育实践场景。

美国历史学家梅西·兰蒂(Marcia Landy)对历史电影做了诸多研究,包括主编了《历史电影:媒体中的历史与记忆》(*The Historical Film: History and Memory in Media*)

---

① F.R. 安克斯密特.历史表现[M].周建漳,译.北京:北京大学出版社,2011:83.
② F.R. 安克斯密特.历史表现[M].周建漳,译.北京:北京大学出版社,2011:87.
③ 艾格勒·贝奇,多米尼克·朱利亚.西方儿童史(下卷)[M].卞晓平,申华明,译.北京:商务印书馆,2016:51.

等。① 我们需要重置对主流历史电影的评价标准,而非将历史电影视为是无用的。这样我们可能更全面将它理解为,电子传媒时代与前文字时代处理过去的方式等同,更靠近口语传统而非科学论证的书面形式。②

教育研究者也将图像运用到教育史研究之中。如西班牙学者安东尼奥·诺沃阿(António Nóvoa)采用新的理论和方法,探讨了教师公众形象的塑造。他通过分析19世纪后半叶以来世界各国教师,尤其是小学教师的公共图像,揭示了该材料在历史上处理教育问题的启发潜力。在历史研究中,图像也能够重构历史想象与教育史领域的时空关系。③ 19世纪的历史学家将图像视为现实的反映,但今天的历史学家不再接受一元的、总体化的解释。后现代主义者对这种单一的解释持怀疑态度。历史学家是不断生产意义的过程,以弥补过去的经验与未来期待之间的鸿沟;也就是说,向着历史无限解读的可能性开放。

在新文化史影响下,澳大利亚教育史研究者,将电视图像作为一种历史文本,将流行电视也作为一种教育历史实践或对当时教育的反思。研究者研究了电视对后世界末日社会教育活动的描绘,将电视节目视为历史文物。它们是在人们对核战争和细菌战争高度焦虑的时期制作的,通过考察电视上学校教育的表现、教师的话语结构以及其实践来解读教育史。研究挑选了两个文本,将其作为20世纪后期英国教育的文献证据,以及该时期在现实世界英国找到特定类型学校的代表,即小型的公立学校和教育电视。研究发现,电视剧在世界灾难事件期间和之后播放教育节目,是对官方保证在大规模灾难后生命将继续的反应和批评。学校教育的表现,反映了作家的忧心忡忡,描绘了在全球战争和大规模灾难时期,大众意识中的突出恐惧,学校教育、教师和学生与时代焦虑的交叉点。学校教育的表现使人们对教育进行了双重批判。一个是,对已存在正规学校教育的工业社会和民间社会的批评,质疑20世纪70年代和80年代学校教育的价值观念;第二是,颠覆了"灾难"教育中所包含的保证,该教育承诺灾难将是暂时的挫折,基本的社会结构和机构将得以幸存

---

① Marcia Landy (2001). *The Historical Film: History and Memory in Media*. New Brunswick: Rutgers University Press.
② Marcia Landy (2001). *The Historical Film: History and Memory in Media*. New Brunswick: Rutgers University Press. 65.
③ António Nóvoa (2000). Ways of Saying, Ways of Seeingx Public Images of Teachers (19th – 20th Centuries). *Paedagogica Historica*, 36(1):20 – 52.

下来。①

有研究者利用图像,探讨20世纪20年代末发生在爱尔兰一所主要女性培训学院内的特殊经历。通过分析当时的社会条件,考察女教师是如何表现的,揭示了当时女性教师职业的精髓——担当着双重角色,即公众的和私人的、被动和主动、主体和代理人。②

### 三、荷兰图像教育史学

在20世纪60年代以前,荷兰教育史研究,主要是政治史、国家史和精英的视角。③ 此后,在新文化史学的影响下,荷兰教育史学走向多元化。近年来,开始关注妇女教育史、特殊教育史、成人教育史、儿童教育史、家庭教育史,史料的范围得以拓展,图像教育史进入了研究者的视野。早在17、18世纪,荷兰共和国非常流行家庭绘画。不少绘画,表明了家庭教育对儿童成长的重要性;家庭美德、父母、儿童和青少年的美德,主导着荷兰共和国的教育风俗画。当图像教育史兴起后,这类绘画中所涵蕴着的教育信息,便受到研究者的关注。荷兰教育史家对它们重新进行了体认,对其中的寓意进行了全新解读,并将这些图像置于更为广阔的社会文化背景之中,来发掘其教育精蕴。

在欧洲绘画史中,荷兰画家伦勃朗、梵高、勃鲁盖尔等,均占有极其重要的地位;加之他们的画作题材广泛,肖像画、风俗画、宗教画、历史画占有较大比重,因而在图像教育史的研究中,该国研究者得天独厚,并为此新兴学科的成形作出了特有的贡献。

#### (一) 通过图像发掘历史真实

著名的荷兰教育史学家、曾任国际教育史常设委员会主席(1997—2000)、格罗宁根大学教授的杰若恩·J. H. 德克(Jeroen J. H. Dekker),运用家庭绘画,说明了绘画在17世纪

---

① Marcus Harmes (2020). Education in the Apocalypse: Disaster and Teaching on British Television. *History of Education Review*, 49(2):165-179.
② Una Ni Bhroimeil(2008). "Images and Icons: Female Teachers' Representations of Self and Self-control in 1920s Ireland". *History of Education Review*, 37(1):4-15.
③ Arie Wilschut (2010). History at the Mercy of Politicians and Ideologies: Germany, England and the Netherlands in the 19th and 20th Centuries. *Journal of Curriculum Studies*, 42(5):693-723.

荷兰教育中的作用。① 他同时使用传记法,说明了 17 世纪著名荷兰诗人、幽默作家、法官、政治家和教育家雅各布·凯茨(Jacob Cats,1577 年 11 月 10 日—1660 年 9 月 12 日)的道德寓言书在社会教化中的作用。② 他认为,绘画可以弥补过去的儿童文本资源的不足,尤其是在近代时期。这不仅是因为,绝大多数有关教育和儿童的资料,都是由成人所生产出来的;而且它们只关注教育、教育者和教育机构,而忽视儿童和青少年。他还认为,图像可以激发研究者的历史感,通过一种几乎直接观看他们的肖像方式,在方法论上,为研究者提供面对过去人们的重要幻象;观看图片,能看到那些图片所代表的历史真实。③

在图像教育史的研究中,图像与现实的关系,历来为研究者所重视。德克对家庭和儿童的肖像进行了分析。他认为,当运用人像来作为教育史和儿童史的研究资源时,能够使研究者当面观看历史上的儿童、家庭和教育者,从而获得一种历史感。与其他表象相比,人像更能使研究者靠近真实。④ 图像是物质文化的一部分,它有利于使读者感受真实的历史场景,以更好地理解当时的教育情形。

杰若恩·J. H. 德克还利用图像,来说明 17 世纪教育的理想。他指出,绘画具有很强的教育意蕴,它传递着荷兰社会对教育的信念与追求。除了将儿童期视为人生的一个特殊阶段外,绘画更多地尝试去表现,父母如何通过一系列的教育过程,去塑造和影响子女。荷兰的绘画,主要通过三个方面来传递教育的信息:一为家庭生活的氛围,尤其是表现妈妈与孩子的关系;二为公共领域的街道,孩子们在那里玩耍的情形;三为作为公共领域的学校,描绘学生学习的场景。⑤ 教育的信息包括:对儿童生活中不成熟行为的认识,试图将它们理解为,不同儿童发展时期的结果;努力去引导儿童,在成长过程中避免太多风险。

---

① Jeroen J. H. Dekker (2009). Beauty and Simplicity: the Power of Fine Art in Moral Teaching on Education in Seventeenth-Century Holland. *Journal of Family History*, 34(2):166 - 188.
② Jeroen J. H. Dekker (2008). Moral literacy: the Pleasure of Learning How to Become Decent Adults and Good Parents in the Dutch Republic in the Seventeenth Century. *Paedagogica Historica*.,44(1 - 2):137 - 151.
③ Jeroen J. H. Dekker (2015). Images as Representations: Visual Sources on Education and Childhood in the Past. *Paedagogica Historica*, 51(6):702 - 715.
④ Jeroen J. H. Dekker (2015). Images as Representations: Visual Sources on Education and Childhood in the Past. *Paedagogica Historica*, 51(6):702 - 715.
⑤ Jeroen J. H. Dekker (1996). A Republic of Educators. Educational Messages in Seventeenth-Century Dutch Genre Painting. *History of Education Quarterly*, 36(2):155 - 182.

荷兰儿童史研究专家内勒克·贝克(Nelleke Bakker),也常常运用儿童的绘画来作为论据,研究儿童的生活状况。如他在《阳光是药品》一文中,描述了两幅画的场景:一幅为儿童前往健康营地(Health Colony);一幅为学校医生为儿童检查身体,护士记录检查结果的情景。① 该研究有利于帮助理解20世纪两次世界大战中儿童的卫生状态。在另一项研究中,他利用费多尔·德·比尔(Fedor de Beer)1920年的两幅绘画,展示了校医和护士定期为儿童检查身体的情景。② 图像生动地再现了,当时简陋的检查条件。真实的场景再现,有利于读者明确地理解,1920年代儿童的医疗服务不佳的状况。这是文字描述所难以达到的效果。

**(二) 通过图像展示教育内容**

在17世纪的荷兰油画中,儿童的形象随处可见。油画常见的亚主题之一,是良好教育的重要性。它反映了艺术家、资助者以及所处时代的思想。③ 杰若恩·J. H. 德克利用《财富的尴尬》《育儿》《一个幸福家庭》《母与子》《儿童与狗》《儿童游戏》《玩耍的儿童》《不守纪律的课堂》《学校老师》等诸多绘画,来分析绘画所具有的教育意图。④ 他据此表明,17世纪中产阶级对家庭教育的重视。中世纪以来,人们不能追求罗曼蒂克的爱情。直到文艺复兴以后,人们才认识到,以爱为基础的婚姻,是幸福家庭生活、良好亲子关系、良好儿童养育所必须的。这体现在当时不少绘画作品之中。如在著名画家林布兰(Rembrandt van Rijn,1606—1669)于1668年创作的一幅美丽的家庭画像中,画着父亲、母亲与三个子女,父母代表着该家庭成功的建立者;其中一个女孩,手臂上挽着篮子,篮子里的鲜花或果实,则代表幸福婚姻或良好养育的成果。水果和鲜花,以及驯服的狗,是16、17世纪最流行的教育隐

---

① Nelleke Bakker (2007). Sunshine as Medicine: Health Colonies and the Medicalization of Childhood in the Netherlands c. 1900 - 1960. *History of Education*, 36(6):659 - 679.
② Nelleke Bakker, Fedor de Beer (2009). The Dangers of Schooling: the Introduction of School Medical Inspection in the Netherlands (c. 1900). *History of Education*, 38(4):505 - 524.
③ 艾格勒·贝奇,多米尼克·朱利亚.西方儿童史(上卷)[M].卞晓平,申华明,译.北京:商务印书馆,2016:411.
④ 艾格勒·贝奇,多米尼克·朱利亚.西方儿童史(上卷)[M].卞晓平,申华明,译.北京:商务印书馆,2016:411—442.

喻。① 这些绘画,表明良好的教育有着重要价值。

17世纪的绘画,突出了对家庭的关注。这些绘画,旨在教育人们如何做到举止得体。绘画通过对比行为举止的良否,来引导人们去追寻美德。德克通过绘画,来帮助理解17世纪的道德教育。他认为,荷兰画家哈布里尔·梅曲(Gabriel Metsu,1629—1667)在《阿姆斯特丹市长吉利斯·瓦尔切尼尔的一家》(*The Family of the Amsterdam Burgomaster Gillis Valckenier*)一画中,描述了精英家庭的自豪。该画有一个性别布局,左手边是父亲和他六岁的儿子,被描绘为王子的沃特(Wouter);右边是两位妇女与三个小女孩——4岁的丽贝卡(Rebecca)坐在地上,她前面是一只受过良好训练的狗,这蕴含着良好的教育寓意。② 通常,一个男人和他妻儿紧密地出现在桌子旁边,就是一个虔诚家庭的表现;一个好的家庭、好的父母,就会产生好的教育效果。

德克列举了诸多绘画,来说明它们所蕴含的道德教育意蕴;他在文中附有插图,并加以分析。如他通过凯茨在1665年创作的《激情与爱的形象》(*Images of Passions and Love*)中的人物画——《一个人渴望得不到的东西》(*One desires what has been lost*),来说明作为称职父母的良好婚姻基础。在这幅画中,有一位老男人和年轻美女坠入爱河。但另外一边,为一条被切开的鳗鱼,象征着男人和女人相互渴望结合。整体来看,它是为了说明,年纪大的男人和年轻女子的恋爱是不合适的,甚至是具有破坏性的。在另一幅画中,谨慎的安娜警告菲利斯(Phyllis,菲利斯是年轻人的代表,容易行为失检),不要在婚礼上试图去勾引新娘。③ 德克通过这两幅画,让读者更容易理解17世纪的社会教化观念。

德克还通过对一些绘画的解读,展示了父母的家庭教育职责。16、17世纪的荷兰绘画,开始表现出对儿童和儿童期的重视。对儿童的重视,离不开现代家庭的构建。这种家庭,是以父母与子女之间的亲密关系和情感为标志的。将重心放在孩子身上,是17世纪现代家庭的标准镜像。孩子被认为是值得教育的,他们没有做好生活的准备,应该在家里,尤其

---

① Jeroen J. H. Dekker (2009). Beauty and Simplicity: The Power of Fine Art in Moral Teaching on Education in Seventeenth-Century Holland. *Journal of Family History*,34(2):166-188.
② Jeroen J. H. Dekker (2010). *Educational Ambitions in History: Childhood and Education in an Expanding Educational Space from the Seventeenth to the Twentieth Century*. Frankfurt am Main: Peter Lang GmbH. 51.
③ Jeroen J. H. Dekker (2008). Moral literacy: the Pleasure of Learning How to Become Decent Adults and Good Parents in the Dutch Republic in the Seventeenth Century. *Paedagogica Historica*,44(1-2):140-141.

是在学校中,受到特殊的对待。荷兰的家庭绘画,表现了诸多母亲陪伴孩子的情景。在不少绘画中,女性表现的是一个妈妈的形象,说明了在其文化中,母亲是女性的理想角色。绘画通过比较尽责母亲与不良母亲的形象,来引导人们去模仿或加以摒弃。这表明,家庭美德的绘画较为流行。

德克运用了小说和非小说的内容为资源,来描述了17世纪到20世纪的教育理想,包括绘画、书信、自传等。非小说的资源,包括家庭与儿童肖像绘画、素描、家庭建议书(family advice book)、关于教育的官方文件、教育机构资源,以及科学史资料。在小说资源中包括独具荷兰特色的风俗画、风俗素描和文学作品。① 17、18世纪荷兰的诸多绘画反映了当时的一些教育场景,包括家庭生活、儿童养育等内容。尤其18世纪,这些资料呈现了荷兰启蒙运动中,去改变现实,表明新时代思想的一些教育教学方法的具体实践。

教育是荷兰绘画表达的一个主题。加尔文教将自己的教育理想表现在绘画之中,以引导社会风尚,它们体现在对孩子的日常养育、父母教育以及学校教育之中。当然,不同时期的教育理想的中心,并不一样。在16世纪,荷兰绘画就开始采取一种新的样式,开始反映真实的现实生活,强调日常生活的对象和主题。黄金时代的荷兰绘画被认为具有现实主义的、描述性的、关注日常生活的特征,并一直持续到19世纪。当然,不同于黄金时代,18世纪教育探讨的是,更具体的教育主题;通过清晰和道德说教的信息,来集中关注培养举止端庄的儿童。在19世纪末,哈格斯学派(Haagse school)兴起,将家庭生活、成人世界与儿童世界结合起来,更关注家庭和儿童养育的主题。道德蕴意消失了,儿童首先必须举止端庄的要求也不见了,取而代之的重点,放在儿童与家庭生活的纯粹的幸福之上。② 在19世纪后半叶,现代儿童的概念是占主导地位的,甚至将其提高到一个较为神圣的地位,哈格斯学派经常描绘出这种儿童的形象,因而对"儿童的世纪"的概念的形成作出了贡献。③

---

① Jeroen J. H. Dekker (2010). *Educational Ambitions in History: Childhood and Education in an Expanding Educational Space from the Seventeenth to the Twentieth Century*. Frankfurt am Main: Peter Lang GmbH. 29.

② Jeroen J. H. Dekker (2010). *Educational Ambitions in History: Childhood and Education in an Expanding Educational Space from the Seventeenth to the Twentieth Century*. Frankfurt am Main: Peter Lang GmbH. 30.

③ Jeroen J. H. Dekker (2010). *Educational Ambitions in History: Childhood and Education in an Expanding Educational Space from the Seventeenth to the Twentieth Century*. Frankfurt am Main: Peter Lang GmbH. 30.

17世纪,父母集中关注,将他们及其子女视为敬畏上帝的获得基督教救赎的理想。在1800年前后,救赎作为教育的中心减弱了,部分被世俗的道德以及为公民教育的目标所取代。这些目标是受荷兰启蒙运动,以及中央集权政府产生后对荷兰公民意识培养需求的影响。17世纪对宗教的关注转为20世纪对培养公民的关注。

在18世纪后半叶,受启蒙运动的影响,荷兰社会强调公民教育。德克通过诗歌中所蕴含的教育意味,来说明当时的教育情形。他列举了荷兰著名诗人、教育家希罗希姆斯·范阿尔芬(Hieronijimus van Alphen,1746—1803)的作品,来说明爱国主义教育。在其三卷本的儿童诗歌中,其中有一首诗名为《爱国主义》(1778),引入他认为的新的爱国主义:"我虽儿童/祖国我的最爱/等我长大/我期待,尽力成为祖国的栋梁之才。"(Although I am only a child, /My Fatherland is the one most loved by me;... When coming of age, /I hope to be as useful as possible to my country.)在这首诗的旁边,有一幅画,一个荷兰儿童站在一个台柱子前面,柱子上刻着荷兰狮子的像。这表明他的爱国主义精神和誓言,以及在国家的教育下,他将会成为国家的有用之才。

通过绘画来表达教育的涵义,在18世纪的荷兰教育中仍然常见。荷兰弗里斯兰著名风俗画家威廉·巴特尔·范·德库伊(Willem Bartel van der Kooi,1768—1836),作为荷兰启蒙运动的继承者,也较为关注教育。如他1826年的作品《喂奶的母亲》,在于号召荷兰上流社会的母亲亲自喂养自己的子女。这主要是受凯茨思想的影响,一个好的母亲在于母乳喂养。这表明了他乐观的心态,即通过教育儿童来促进社会的发展。①

风俗画家彼得·霍赫(Pieter de Hooch)的两张绘画,也表现了这一主题。如《在地下室房间里的母女》《与开着门的母亲与孩子》②,它们都表现了家庭的亲密关系。荷兰的绘画仍然表明,受基督教传统思想的影响,人们认为儿童由于受外界的诱惑而远离美德,因而家长,尤其是母亲,应为孩子提供教育。一些绘画,对儿童玩耍持一种否定的态度;同时,一些绘画也表明了,人们对儿童玩耍持相对宽容的态度,承认玩耍在促进儿童发展中的作用。不少绘画,显示了儿童在街头玩耍的情景。这源于人们相信,通过激励儿童游戏,也能促进

---

① Jeroen J. H. Dekker (2010). *Educational Ambitions in History:Childhood and Education in an Expanding Educational Space from the Seventeenth to the Twentieth Century*. Frankfurt am Main:Peter Lang GmbH. 80 - 81.
② Jeroen J. H. Dekker (1996). A Republic of Educators. Educational Messages in Seventeenth-Century Dutch Genre Painting. *History of Education Quarterly*,36(2):155 - 182.

儿童的发展,这实际也属教育内容的范畴。

### (三) 形成了图像教育史的研究方法

图像教育史学的研究方法,当然是渊源于图像史学的研究方法;但若严格说来,这两者又不尽相同。或许可以这样说,正因为图像教育史具备了特有的方法,才标志了这门新兴分支学科的成形。这种研究方法,似可归纳为以下两点:

第一,必须分析图像制作的教育历史背景。

德克通过分析绘画产生的教育历史背景,来解释它们在荷兰历史上的教化作用。17世纪荷兰的艺术教育比较发达,风俗画在淳化家庭美德和社会美德方面,起着重要的作用。[1] 由于社会开放和经济发达,17世纪的荷兰,涌入了大量的外来移民。为了让他们认同荷兰文化,以维护社会的稳定和法治,加强对他们的道德教化,便显得特别重要。要培养新教美德,通过绘画之美来予以陶冶,实属有效。这种道德教化,若不结合其宗教背景来解读,便很难推导出合理的结论。

荷兰将道德教育与艺术教育结合在一起,以不同的表达方式,对荷兰人产生了潜移默化的影响。通过美术实施道德教育,主要有两种方式:一是与幸福生活结合;一是与美结合。前者,在于通过展示具备良好道德品质所带来的快乐,并实施愉快教学,它表现在一些有关婚姻和育儿的畅销书之中;而后者,则体现在许多关于婚姻、家庭、育儿的诸多画作之中。画作的目的,在于引导公众的观念和行为,并教会他们如何养育儿童。在1650年,荷兰有700位画家为公众服务,每年画作数量多达7万余件。据估计,在荷兰共和国期间,大约创作了五百万到一千万件艺术品。[2] 大部分作品价格不高,普通民众也能购买。这使得针对公众道德教育的艺术品,能够影响到中产阶级甚至下层民众。这种艺术市场的背景,实可视为施行社会教化的基础。

德克在分析19世纪的荷兰绘画时指出,当时存在着上流社会的家庭妇女,不愿意亲自哺乳子女的不良社会风气。荷兰弗里斯兰画家威廉·巴特尔·范德库伊(Willem Bartel

---

[1] Jeroen J. H. Dekker (2009). Beauty and Simplicity: the Power of Fine Art in Moral Teaching on Education in Seventeenth-Century Holland. *Journal of Family History*,34(2):166 - 188.

[2] Jeroen J. H. Dekker (1996). A Republic of Educators. Educational Messages in Seventeenth-Century Dutch Genre Painting. *History of Education Quarterly*,36(2):155 - 182.

van der Kooi，1768—1836），作为荷兰启蒙运动的继承者，也较为关注这个问题。他1826年的作品《喂奶的母亲》，便是以正面形象予以引导。据称，他主要是受雅各布·凯茨的影响——"一个好的母亲，在于母乳喂养"。这表明了，艺术也可能改变养育方式，进而通过教育儿童，能促进社会的发展。①

第二，结合教育观念对图像进行详细的解读。

德克认为，对荷兰油画的解读有两种方法：从描述性内容出发或从隐藏的信息出发。他还指出了两种方法的优缺点：第一种方法，能够让我们了解儿童世界及其教育、儿童与成人的教学关系、游戏与玩具、孤儿院的日常生活。所有这些方面，都可以衡量教育在实践中的意义。第二种方法，揭示的是那些隐藏信息的含义，无论其是积极、消极，还是模糊不清。这种方法，需要研究被强调的道德主义和隐藏的含义；这些内容，与画面描述的表面信息非常不符。在许多方面，我们能够发现的内容，可以将道德信息与文学或讲道进行对比，这些都可以使教育目标以及儿童要培养的成人性格种类变得明确。②

德克首先对绘画的内容进行描述，然后指出绘画所表达的教育思想，并根据不同的绘画所表达的思想加以分类。新旧教育思想的斗争，体现在部分绘画之中，信奉传统宗教天主教的势力仍然强大。如《校长》（阿德里安·范·奥斯塔德，1662；*The Schoolmaster*，Adriaen van Ostade）与《难以管理的学校》（斯蒂恩，*Unruly School*，Steen）。《校长》展现了乡村学校教师对学生进行体罚的教学情景。这也表明了，在当时学校中体罚还是较为盛行。

德克将绘画所表现的教育思想与当时教育家的思想，结合来进行分析。如在17世纪的荷兰，教导儿童敬畏上帝，以获得救赎，是父母的主要教育理想。③ 德克结合雅各布·凯茨的思想，来加以描述和说明。德克据此探讨了家庭教育的目的、父母教育的职责，以及家

---

① Jeroen J. H. Dekker（2010）. *Educational Ambitions in History：Childhood and Education in an Expanding Educational Space from the Seventeenth to the Twentieth Century*. Frankfurt am Main：Peter Lang GmbH. 80-81.

② 艾格勒·贝奇，多米尼克·朱利亚.西方儿童史（上卷）[M].卞晓平，申华明，译.北京：商务印书馆，2016：413.

③ Jeroen J. H. Dekker（2010）. *Educational Ambitions in History：Childhood and Education in an Expanding Educational Space from the Seventeenth to the Twentieth Century*. Frankfurt am Main：Peter Lang GmbH. 31.

庭教育的方法。雅各布·凯茨要求,父母承担起教育的责任与义务。年轻人道德品质不良时,不要责怪他;应该责怪的是,他的父亲没有把他教育好,他的父亲应该为此得到惩罚。① 父亲的责任在于,树立权威、进行教育和成为良好的榜样;尤其在于,指导女儿谨慎地选择结婚对象。在荷兰绘画中,父亲总是与全家人在一起出现;而对于母亲来说,她可能与其中的一个孩子共同出现。

德克指出,荷兰的绘画表明,荷兰人异常关爱孩子,这与欧洲其他国家的文化不同,荷兰人对儿童有一种特殊的同情。换句话说,从这些绘画中可以发现,"共和国的儿童",首先产生于荷兰共和国。② 德克的目的,在于说明荷兰社会对教育的关注。通过对荷兰风俗画的分析,他得出结论:由于对教育的重视,荷兰共和国因此也被称为教育者的共和国。③ 这样看来,德克教育图像史研究的目的在于,再现17世纪荷兰教育的辉煌,缅怀荷兰共和国曾经的荣耀。

### 四、运用图像史学研究需注意的问题

荷兰图像教育史学的成形,丰富了欧洲乃至世界教育史学的研究途径和方法。中国的教育史学起步较晚,又经历了较长时期的思想禁锢,因而从观念到方法,均与全球顶尖学者有着不小的差距。尽管近20年来这种差距已快速拉近;但若专就图像教育史学研究而言,仍有诸多值得借镜之处。笔者认为,可能获得启示者,约略有以下三个方面。

#### (一)须从整体教育文化史观的视角下来解读

图像史学,是在整体的文化观影响下发展起来的。刘中玉认为,在形象史学的研究中,需建立整体史的视野、文本平等的视野,以及想象的视野……历史研究,应包括人类以往所

---

① Jeroen J. H. Dekker (2010). *Educational Ambitions in History: Childhood and Education in an Expanding Educational Space from the Seventeenth to the Twentieth Century*. Frankfurt am Main: Peter Lang GmbH. 42.
② Jeroen J. H. Dekker (1996). A Republic of Educators. Educational Messages in Seventeenth-Century Dutch Genre Painting. *History of Education Quarterly*, 36(2):155-182.
③ Jeroen J. H. Dekker (1996). A Republic of Educators. Educational Messages in Seventeenth-Century Dutch Genre Painting. *History of Education Quarterly*, 36(2):155-182.

有的活动在内。即包括"一切我们所知道的,人类曾经做过、想过、希望过或感觉过的事情",尽可能地涵盖物质层面、制度层面和精神层面。① 年鉴学派提倡,对历史进行总体的综合研究。其先驱米细勒(Jules Michelet)指出,历史学作为一门综合性的学问,其任务在于,揭示人类社会演进过程中各个方面的情况。他主张,史料的范围,应扩大到民歌民谣、诗歌、剧本、说唱、绘画、碑铭、服装、工艺品、建筑物及其他各种遗物。② 彼得·伯克强调,应跨越时空和学科界限,将文化史作为一个整体来考虑。他借用潘诺夫斯基的话说,图像是整体文化中的一个组成部分,对那一文化缺乏了解,便无法理解图像。因此,彼得·伯克认为,为了解释图像中的信息,就必须熟悉文化密码。同样,如果我们缺乏古典文化的必要知识,就无法解读西方的许多绘画,无法识别出它是源自希腊神话还是古罗马史的典故。③

传统的视觉形象,往往受精英意识的影响较深;但随着视觉时代的到来,精英对文化的垄断性正在消解。研究者应将属于不同阶层、官方的与非官方的图像,都纳入研究的视野。在对历史形象的解读过程中,应对文本材料与图像史料采取平等的视角。因此,研究者必须熟悉,研究对象的整个文化史,关注图像表现的整体文化涵义,从整体的文化史观背景下,承认历史演进过程中的文化差别,及其教育实践上的不同表现,来进入历史的空间,揭示图像所表达的教育意蕴。

### (二) 须结合图像所产生的教育历史背景来解读

历史图像,必定反映了一定历史时期的社会心态和教育观念。对图像的教育解读,必定关涉艺术表现和教育思想之间的关系。对图像的深刻理解,需要植根于具体的历史背景之中。文化史研究者,关注不同文化符号与时代精神之间的联系。在荷兰图像教育史的研究中,德克等人结合荷兰当时的社会、经济、文化背景,考察图像的生产、接受和流通方式,来理解荷兰人对教育的追求。图像的制作者,必定会考虑到观者的接受程度,迎合市场的需要;而图像生产之后,其流通过程,也反映了社会文化的共识程度。无论图像的产生是否与其传统相关,它必定是基于当时的视觉模式。这还需要,研究者更多地掌握当时的背景

---

① 刘中玉.从"碎片化"到"形象化"——简论全球化视野下的文化史观[J].形象史学研究,2014:3-8.
② Jeroen J. H. Dekker (1996). A Republic of Educators. Educational Messages in Seventeenth-Century Dutch Genre Painting. *History of Education Quarterly*, 36(2):155-182.
③ 彼得·伯克.图像证史[M].杨豫,译.北京:北京大学出版社,2018:48.

知识。欧文·潘诺夫斯基认为,图像志分析,涉及图像、故事和寓意,而不是母题(自然意义载体的纯粹形式)。因此,除了根据实际经验获得对事件与物体的熟悉之外,当然还需要更多知识作为前提。①

图像是图像制作者呈现自身的一种方式。图像研究者必须利用历史学的想象力,回到图像制作的历史场景。这是因为,图像制作者的教育观念,以及图像制作时代的总体教育价值取向,会影响图像的制作,都会体现在图像中反映出的教育观念之中。在荷兰图像教育史研究中,研究者将图像结合当时流行的教育观念进行了解读。因此,为了更好地解读图像,研究者应结合当时教育文本反映的教育观念,理解图像制作者生活的时代及其个人生活的境遇,进而理解其教育观念。研究者还必须具备解释的直觉,将图像与所关注的文献相互印证,修正从文献中获得的知识。这需要研究者结合其他史料,如文字材料等来进行甄别,同时考察图像所反映的社会心态和集体感受,进而更好地理解过去教育的真实情境。

### (三) 须结合艺术表现来进行批判性解读

林·亨特指出,文化史的重点,是仔细检视文本、图画和行为,并对检视的结果持开放的态度。② 兰道夫·斯达恩要求,批判地观看图像,观察权力体系与象征体系是如何对应的;更准确地说,不同的艺术风格和绘画模式,是如何将特别的政治信息和意识形态编译成密码的。③ 因而,在图像教育史的研究过程中,应对图像进行批判性解读。

研究者要了解图像的目的。米歇尔认为,画的欲望,就是要与观者交换位置,使观者惊呆或瘫痪,把他或她变成供画凝视的形象。④ 图像就是要获得,谋求某种控制观者的权力,通过吸引观者而迷住观者。在对图像进行解读的过程中,研究者应对史料进行考证,需要

---

① 欧文·潘诺夫斯基.图像学研究:文艺复兴时期艺术的人文主题[M].戚印平,范景中,译.上海:上海三联书店,2011:9.
② 林·亨特.导论:历史、文化与文本.林·亨特.新文化史[C].姜进,译.上海:华东师范大学出版社,2011:20.
③ 林·亨特.导论:历史、文化与文本.林·亨特.新文化史[C].姜进,译.上海:华东师范大学出版社,2011:193.
④ W.J.T.米歇尔.图像何求:形象的生命与爱[M].陈永国,高焓,译.北京:北京大学出版社,2018:36.

思考图像产生的原因是什么,试图说服观众去采取何种行动。不同的作品,描绘了不同的时代图景。因此,历史学家如果不考虑画家或摄影师的各种动机(更不用说他们的赞助者和客户的动机),就有可能被严重误导。①

　　文化史家不应屈从于这样一种诱惑,亦即把某个时代的文本和画像,当作时代的一面镜子,认为它们毫无问题地反映了作品产生的时代。② 图像也涉及虚假,历史中不乏摆画、摆拍出的图像;画家绘画的主题,很可能由赞助人指定;也可能只是表达了创作者个人的艺术追求,不一定反映的是社会现实;即使是写实的艺术作品,也可能是对现实的曲解。当然,图像教育史学也涉及图像的考证问题。不少绘画是由于特殊的要求而加以临时绘制的,这在历史上并不可信;而描述早前教育场景的图像也不大可能是真实的。布里克曼就认为,在没有得到证实的情况下,不能把印刷品和图画当作是某个时代的真品或代表。③ 他并且列举了一个典型的例子来加以说明。在卡伯莱的《美国公共教育》中有一幅画,标题是"老妪学校"(A Dame School)。该画理应是一所美国学校,但在其《教育史》一书中,这幅画又伴随着一段对英格兰学校的描述之后,为《英国老妪学校》。下面的说明是"来自于巴克利(Barclay)关于伦敦中心一所学校的绘画"。相同的绘画和标题又出现在孟禄的《美国公立学校制度的建立》(Founding of the American Public School System)中,不过增加了绘画来源:"来自于巴特利(Bartley)(人民的工业学校)(Industrial Schools for the People)第404页中的一幅绘画。"支持这幅画是美国殖民地时期老妪学校的证据明显增强了。一个审慎负责的研究者决定继续查对,参考了奈特(Knight)的《美国教育》(Education in the United States),结果发现同一幅画的标题为《一所英国老妪学校》,注释为"来自巴克利的一幅绘画",他继续查对,在依比和阿罗伍德的《现代教育的发展》中,再次发现了这幅画,这次它出现在对英格兰教育的讨论中,这里的题注为"1834—1870年间伦敦的一所老妪学校"。很明显,肯定是有些地方是错误的,但又一时无法断定。在学生灰心丧气地放弃之前,他抓住了孟禄提供的关于这幅素描来源的线索,查阅大型图书馆的卡片目录,就发现有这样一本书:乔治·C. T. 巴特利(George C. T. Bartley)的《人民的学校》(The Schools for the People)(伦敦:贝尔和多尔蒂,1871年版)。在该书405页,巴特利写道:"该绘画是经过一

---

① 彼得·伯克.图像证史[M].杨豫,译.北京:北京大学出版社,2018:36.
② 彼得·伯克.什么是文化史[M].蔡玉辉,译.北京:北京大学出版社,2009:22.
③ 威廉·W.布里克曼.教育史学:传统、理论和方法[M].许建美,译.济南:山东教育出版社,2013:159.

番小小的交涉后立即创作的,尽管看上去过于唯美,但却是当前伦敦开办的几千所老妪学校的忠实反映。"很明显,这就是著名的"美国"老妪学校这幅绘画的真正出处。① 总括一句话,那便是图像中也隐藏着诸多陷阱,稍不清醒和理智,同样会步入误区,因此警惕性批判必不可少。

此外,研究者还要熟悉文献传递的特殊主题与概念,通过分析图像内在的涵义和内容,去理解人类的心灵和基本倾向。尤其是应重点关注图像中人物性格、人物关系,以及教育环境所体现的教育意蕴。多斯认为,当今的历史编纂学面临的危险是:人们仅满足于描述种种表象,而不屑于指明这些表象与历史事实有何联系。因此,雅克·勒高夫认为,这已经脱离了历史学的研究方式,"谁若仅满足于表象,他就不该声称自己在搞历史研究"。② 历史研究应追求历史中深层次的东西,表象之下的历史发展逻辑。这一点,同样需要批判意识的全程参与。

卡尔指出,历史学家研究的过去,不是死气沉沉的过去,而是在一定程度上仍旧活跃于现实生活中的过去。③ 在对图像进行解读的过程中,还应根据我国当前的教育关切,来探究其历史根源,分析图像对教育观念的阐释,以及教育观念对图像制作的影响。后现代主义认为,图像所包含的意义具有多重性,即图像具有多重象征,这让历史的重构成为可能。这就需要研究者,通过反省自身在研究过程中所潜藏的前提假设,激发研究者的主体意识,不被历史材料所蒙蔽,更加明确研究的意义与价值。④ 高明的教育史研究者,是通过发现"可见不见中"的教育符码,将图像中所隐藏的教育历史挖掘出来,进而理解当时的教育情境及其教育意蕴。

---

① 威廉·W. 布里克曼. 教育史学:传统、理论和方法[M]. 许建美,译. 济南:山东教育出版社,2013:159—160.
② 弗朗索瓦·多斯. 碎片化的历史学:从《年鉴》到"新史学"[M]. 马胜利,译. 北京大学出版社,2008:194.
③ E. H. 卡尔. 历史是什么[M]. 陈恒,译. 北京:商务印书馆,2007:105.
④ 李先军. 论新叙事史学与教育史学研究[J]. 教育研究,2019(10):52—61.

# 第四章

# 新 叙 事

# 教 育 史 学

由于受微观史学、心态史学、人类学等影响,20世纪70、80年代新叙事史学产生。新叙事史学有着与传统叙事史学、科学化史学以及新史学不同的特点,强调历史解释还是历史叙事,是分析的历史哲学和叙事主义历史哲学的分野。故事模拟生活,人类乐于讲故事,憧憬着故事化的生活。叙事是研究人类体验的一种方式,因而叙事是研究人成长的一种重要手段。由于受到实证主义史学和年鉴学派的批评,叙事的方法在历史研究中一度被忽视。20世纪70、80年代,随着海登·怀特的《元史学:19世纪欧洲的历史想象》等一系列著作的发表,西方历史学界发生了重大的历史转型,即所谓"叙事的转向"或称为"语言的转向"。由于教育史学具有双重学科属性,教育史叙事也不同于教育叙事。其叙事研究,兼有教育叙事和历史叙事的特点,即"真实性"与"教育性"二者结合。①

后现代叙事产生之后,对教育史学研究也产生了广泛的影响。后现代历史叙事带来虚构与真实之间的界限模糊,因而受到批评。但伊格尔斯认为,历史学家的写作要受到可信赖性的检验。历史学家总是要检查造假和作伪,因而是满怀着求真的意念在操作,不管通向真相的道路可能是何等地复杂而又不完整。② 后现代历史叙事无疑也在根据历史的遗迹来进行叙述。但在后现代叙事运用到教育史研究之中时,更需要关注人的生存意义,进行差异叙事,并进行批判性的反思。

## 第一节 后现代历史叙事的缘起

后现代主义产生之后,历史叙事又获得了新的生机。在罗兰·巴特和海登·怀特等人的大力提倡下,叙事在历史研究中重新得到重视。在海登·怀特看来,历史叙事无外乎是一种通过情节编排,如传奇、悲剧、喜剧和讽刺来加以解释的过程。后现代叙事对传统叙事的超越在于,它更关注具体个人的生存意义,注重微观的叙事以及研究者个人主体性的发挥;它也有利于人的身份建构,维护知识的合法性,更好地解释历史。

---

① 张晓阳.论"教育"历史的"真实"叙事[J].湖南师范大学教育科学学报,2014(11):80—83.
② 伊格尔斯.二十世纪的历史学:从科学的客观性到后现代的挑战[M].何兆武,译.沈阳:辽宁教育出版社,2003.160.

## 一、后现代历史叙事的产生

### (一) 年鉴学派和科学化史学对传统叙事史学的批判

人类最早的历史书写方式,就是进行叙事。叙事在日常语境中,等同于"讲故事"。历史学不同于自然科学和社会科学,它没有自己专门的技术性术语,于是,叙事便成为历史学著作的主要写作方式。无论是中国古代的经典《左传》《史记》,还是西方历史经典《荷马史诗》《希腊波斯战争史》《伯罗奔尼撒战争史》中,叙事都是历史学话语的主要方式。

第二次世界大战以后,社会学科得到迅猛发展,从而对历史研究产生了巨大的影响。社会学、经济学、人类学、统计学和心理学的研究成果,被引入历史学的研究之中。叙事作为传统史学,遭到了实证主义的质疑和批评,于是历史学开始了科学化的努力。在此背景下产生的实证主义史学认为,叙事不能提供客观与准确的历史知识,一些历史学家如弗雷(Furet, F.)提倡,从叙事史学转向问题史学。①

出于对专注于外交、政治、军事史的传统史学方法的不满,法国年鉴学派倡导"总体史"的社会史研究,研究长时段的历史,包括长时段的社会史、经济史和人口变迁史。该学派主张,历史研究应关注现实问题,强调历史学与现实的联系。它反对传统的叙事方法,不再重视人物和事件的研究;认为它除了能提供消遣、解闷之外,不能提供真正的历史知识。年鉴学派第二代宗师布罗代尔,曾毫不掩饰地表达了他对传统叙事史学的轻蔑。他指出,在叙事的历史学家们看来,人们的生活是被戏剧性的偶然事变所支配,是被那些偶然出现、作为他们自身命运,而尤其是我们命运的主人的出类拔萃的人们所主宰着的……这不过是欺骗人的伎俩。② 历史想象在历史意识中,起着重要作用。它是对过去的回顾和对未来的规划,即记忆与希望。而实证主义史学家,如卡尔·亨佩尔(Hempel, C.)否认,叙事想象在重新讲述或重建过去的历史中具有任何作用。其论据,在于叙事危及了科学史学的主张,即客观法则的普遍化。③

---

① Furet, F. (1975). From Narrative History to History as a Problem. Translated by Susanna Contini. *Diogenes*, 23(3):106-123.
② 彭刚. 叙事的转向:当代西方史学理论的考察[M]. 北京:北京大学出版社,2017:3.
③ Kearney, R. (1997). The Crisis of Narrative in Contemporary Culture. *Metaphilosophy*, 28(3): 183-195.

### （二）微观史学和心态史学的影响

虽然受到了实证主义史学和年鉴学派的批判，但传统的叙事史学并未因此消失，而是在新的历史条件下，以新的形式予以呈现。1979 年，英裔美国人劳伦斯·斯通（Stone, L.）发表了《历史叙事的复兴：对一种新的老历史的反省》（*The Revive of Narrative: Reflections on a New Old History*）。他所说的旧史学，是指修昔底德至麦考莱（Macaulay, T. B.）一脉相传的叙事历史。他批评了自兰克以来的科学化史学，包括实证主义史学和年鉴学派。他指出，它们都是分析，而非叙述的。① 在他看来，"科学"的历史只是一种神话。由于它们的失败，历史学家开始探讨一连串的新问题。而这些问题，之前由于太关注某种特殊的结构性的、统计的方法而被忽略了。目前，愈来愈多的"新史家们"，致力于探寻先人们思维中所想的究竟是些什么、以及他们是如何生活的。这些问题，不可避免地使我们重新使用历史的叙述。② 斯通的宣言，意味着后现代叙事史学的诞生。

以斯金纳（Skinner, Q.）为首的新政治思想史、法国年鉴学派的心态史，意大利的微观史学，受人类学家吉尔茨（Geertz, C.）启发的"深描"或"厚描"（thick description），其基本特色即恢复史学的叙述功能，抛弃往日宏观或结构性的解释模式。③ 此类主张，对新叙事史学的产生起到了推动作用。

20 世纪 70、80 年代，微观史学和心态史学兴起，这体现在《蒙塔尤》《马丁·盖尔的归来》等历史著作中，均注重从小历史导向深刻的大历史。勒华拉杜里（Le Roy Ladurie, E.）在《蒙塔尤》中，以叙事的方式，描述了 1294—1324 年法国一个小山村的社会、经济和宗教生活。在作品中，历史叙事的解释功能受到人们重视。当特定的历史事件被纳入某个叙事性的话语结构之中时，便意味着它可以在某种程度上，以某种特定的方式与其他事件，并且与某个更大的体系相联系，这意味着，它可以得到人们的理解和解释。历史分析和历史叙事（至少在优秀的历史作品中），原本是不可分割地结合在一起的。

怀特就此引用文化史名家盖伊（Gay P.）的话说："没有分析的历史叙事，是琐碎的；没

---

① 劳伦斯·斯通.历史叙述的复兴[C].古伟瀛,译.陈恒,耿相新,主编.新史学(第 4 辑).郑州：大象出版社,2005:8—27.
② 劳伦斯·斯通.历史叙述的复兴[C].古伟瀛,译.陈恒,耿相新,主编.新史学(第 4 辑).郑州：大象出版社,2005:8—27.
③ 黄进兴.后现代主义与史学研究[M].北京：生活·读书·新知三联书店,2008:59.

有叙事的历史分析,则是欠缺的。"①然而,历史知识都是通过文本,而非个体的陈述或解释来呈现。历史写作与纯粹的讲故事不能混为一谈,历史需要我们去建构意义,重构历史人物的个性与精神状态。今天发生着的事情,更能使我们理解历史某一事件发生的意义。因而,人们需要不断地进行历史研究,重构我们对过去的认识。叙事就是这样一种话语模式,它将特定的事件序列,纳入一个能为人理解和把握的语言结构,从而赋予其意义。②

## 二、新叙事史学对传统史学的超越

### (一) 关注具体个人的生存意义

与传统叙事史学不一样的是,新叙事史学关注人类普通个体的生存状况。传统叙事史学,更多关注政治史、军事史、经济史,即人类作为一个种群的生存状况。实证主义影响下的科学化史学,不再像兰克史学那样,将研究的精力集中在传统的事件和个别领袖人物身上;而更多聚焦于研究事件或领袖人物存在于其中的社会条件,研究内容的范围变得极为广泛。

"经济、政治、宗教、思想、人口、日常生活方式等领域都进入了专业历史学家的视野",它不再像以往的历史叙述那样,以描述人物形象、战争过程、国家演变、民族精神为主;分析替代了描述,经济的涨落、社会的变动不居、集体心理的运作、物质生活方式和精神状态的关联等等问题,成了历史研究关注的核心。③ 这些研究,集中关注社会运行的普遍法则,个人只是伟大历史进程中的一环。个人的生存意义,并未受到应有的关注;历史研究的价值未能得到真正的显现。

马克·布洛赫(Bloch, M.)指出,历史学家所要掌握的正是人类,做不到这一点,历史学充其量只是博学的把戏而已。④ 在斯通看来,叙事意味着对素材按照时间顺序排列,集中考虑单一相关的故事,尽管也有子情节。叙事史学与结构史学的不同,主要反映在两个方

---

① 彭刚.叙事的转向:当代西方史学理论的考察[M].北京:北京大学出版社,2017:5.
② 彭刚.叙事的转向:当代西方史学理论的考察[M].北京:北京大学出版社,2017:2.
③ 陈新.西方历史叙述学[M].北京:社会科学文献出版社,2005:41.
④ 马克·布洛赫.历史学家的技艺[M].张和声,程郁,译.上海:上海社会科学院出版社,1992:23.

面:首先它的安排是叙事的,而不是分析的;其次研究的中心在人,而不是环境。因而它探讨的是特殊和具体的,而非集体的和可统计意义上的问题。①

**(二) 注重微观的历史叙事**

传统叙事史学关注的是,精英人物和重大事件的历史;科学化的历史学关注的是,宏大叙事,以"进步的""阶级冲突"等为主线的历史叙述;新叙事史学关注的是,在传统叙事史学看来无足轻重、名不经传的小人物,通过历史上的小人物和小事件,来探索整个社会变动的法则,"小心翼翼地探寻人们潜意识的领域",探讨特定行为背后的文化心理因素,"描述人、考验事件的目的,是要对于一种过去的文化或社会有所启示"。②

如勒华拉杜里通过搜集各种零星的心理和心态的记录,摸清他们如何看待生活的意义。在他看来,即使是看起来雷同的一滴水,放在显微镜下观察,只要不是纯净水,也会发现它的引人入胜之处。"蒙塔尤"是一滩臭气刺鼻的污水中一滴水珠,借助日益增多的资料,对于历史来说,这滴水珠渐渐变成了一个小小的世界;在显微镜下,我们可以看到许许多多微生物在这滴水珠中游动。③ 多米尼克·拉卡普兰(LaCapra, D.)评价道,《蒙塔尤》是将重新恢复叙事体(retaliation of narrative)扎实的资料研究(well-documental research)和传统的故事形式(traditional story)相结合的范例。④

新叙事史学反对新史学的长时段理论,注重微观的历史分析。海登·怀特提出历史叙事中文学修辞手段之一——提喻法,实际上就是一种微观叙事,它通过部分代替整体,特殊代表一般。通过提喻的修辞法……有可能以在一个整体中的整合的形式建构起两个部分:它在质上,不等于部分之和;在其中的各个部分,只是微观化的复制。⑤

---

① 劳伦斯·斯通.历史叙述的复兴[A].古伟瀛,译.陈恒,耿相新,主编.新史学(第4辑).郑州:大象出版社,2005:8—27.
② 劳伦斯·斯通.历史叙述的复兴[A].古伟瀛,译.陈恒,耿相新,主编.新史学(第4辑).郑州:大象出版社,2005:8—27.
③ 埃马纽埃尔·勒华拉杜里.蒙塔尤:1294—1324年奥克西坦尼的一个山村[M].许明龙,马胜利,译.北京:商务印书馆,2012:128.
④ 邵东方.文化史学、微观史学和《蒙泰卢谬误的乐土》[J].读书,1993(1):104—108.
⑤ 海登·怀特.元史学:19世纪欧洲的历史想象[M].陈新,译.南京:译林出版社,2004:46.

### (三) 重视研究者主体性的发挥

梅达沃(Medawar. P.)说:"对于一个学者而言,有思想是最大的成功。""科学方法"是不存在的,学者首先是某个"讲故事"的人,只是他有义务证实这些故事。① 科学化史学更多强调历史研究的目的,在于追求历史的客观性;否认个体在研究中的主观能动性,要求研究者完全处于一种中立、客观的态度来叙述历史。传统的叙事史学无法满足科学化史学对规律、结构、模式等的要求,因而走向衰落。但在新叙事史学看来:"人们已经认识到,排除一切主观因素只是'客观主义的幻想';对规律的片面追求,也带来了繁琐化、破碎化和脱离读者等流弊。新叙事史正是在对新史学批判继承的基础上发展而来的。"②

与传统叙事史学不同的是,新叙事史学强调分析,提倡将叙事与分析有机地结合在一起。福柯对微观权力的批判分析,提醒我们在分析历史文本时,应考虑到"何种视角,谁的声音"。斯通曾指出,文本都是由那些易犯错误的人写出来的,他们会犯错,会提出谬误的观点,会以他们自己的意识形态主张引导他们的写作。所以,我们就需要慎重地考察他们,仔细考虑诸如写作的意图、文献的特性、写作所处的语境等问题。③

对文本的解读有两种具有影响力的方式:一种是趋向文本主义。要求回到文本本身,趋向内容的,要求排除文本所处的时代等社会背景。一种是非文本主义的。要求挖掘文本的社会政治文化背景,跳出文本之外来解读文本。在新叙事史学中,应将二者结合起来,去对文本进行解读。除了对回到文本本身、对文本进行细读之外,还应考察作者的写作背景以及社会背景。语言文本不可避免地带有主观性,追求历史文本的客观性解读的效果值得怀疑。

因而,研究者对文本解读的能动性特别重要。斯通认为,叙述是一种历史写作的模式,但是这种模式,不但影响其内容及方法,而且反过来也受到内容及方法的影响。④ 教育研究者,本身就是历史文本的参与者、阐释者和对话者。任何对文本的解释,也是历史性的。文本的解读者也受制于具体的历史条件。因而,研究者发挥自身的主观能动性,运用历史学家的技艺,来书写和重构历史,是历史研究者必须具备的基本素养。

---

① 让-弗朗索瓦·利奥塔.后现代状况.车槿山,译.南京:南京大学出版社,2011:205.
② 侯方峰.历史叙事的兴衰及理论论争[J].求索,2013(9):87—89.
③ 彭刚.对叙事主义史学理论的几点辨析[J].史学理论研究,2010(1):6—12.
④ 劳伦斯·斯通.历史叙述的复兴[A].古伟瀛,译.陈恒,耿相新,主编.新史学(第4辑).郑州:大象出版社,2005:8—27.

## 三、叙事合法性的后现代辩护

### （一）叙事有利于人的身份建构

历史研究,应有利于我们自身的身份建构。我们的身份存在于我们的过去之中。了解自己的身份很重要,因为一切负责任的行为都源于这里。哲学家(自洛克以来)和心理学家(自弗洛伊德以来)几乎一致同意,对于"我们是谁"这个问题,通过有关我们生活历史(作为实际事件的历史)的记述,能够最好地予以解答,尤其是通过我们对历史(作为事件本身)的记忆。① 马克·柯里(Currie, M.)指出,叙事有利于制造身份,个人身份不在我们本身之内。身份存在于叙事之中。他认为：

> 一是我们解释自身的惟一方法,就是讲述我们自己的故事,选择能表现我们特性的事件,并按叙事的形式原则将它们组织起来,以仿佛在跟他人说话的方式将我们自己外化,从而达到自我表现的目的。二是我们要学会从外部,从别的故事,尤其是通过与别的人物融为一体的过程进行自我叙述。这就赋予了一般叙述一种潜能,以告诉我们怎样看待自己,怎样利用自己的内在生活,怎样组织这种内在生活。②

我们通过讲故事,展示他人的生活,进而发现我们自身。

当然,我们的身份也进一步影响到我们对历史的理解。如有研究表明,儿童、青少年和成人的种族身份,影响到他们对美国历史的理解和建构,因而为了解读历史的历史叙事,应该采取一种平衡的方法和民主的观点去对待"他者"。③

人的身份建构过程,也是人不断发现自身意义的过程。尼采认为,认识所能做的只是"陈述",并赋予其意义,且意义是"无数的";尼采还认为意义是植入的。这成为后现代多元真理观的一个来源。在他看来,没有所谓事实本身的说法;它不仅不可能,而且也毫无意

---

① 弗兰克·安克斯密特.崇高的历史经验[M].杨军,译.上海:东方出版社,2011:253.
② 马克·柯里.后现代叙事理论[M].宁一中,译.北京:北京大学出版社,2003:1.
③ Epstein, T. (2016). The Relationship between Narrative Construction and Identity in History Education: Implications for Teaching and Learning. *Educar em Revista*, (6)1:161-170.

义。世界的意义,需要人来植入,需要根据自我创造的目标,来设置一个目的,形成一个自我的世界。世界的价值,在于我们出自自己不同视角的解释。① 因而,在叙事过程中,我们不可避免地会根据我们的需要、价值,来选择历史事实,重构对过去的理解,进而强化我们的身份认同。

### (二) 知识的合法化来自叙事

在后现代哲学家利奥塔看来,"元话语"已经过时,人们不再相信伟大推动者、伟大主题这样一些宏大叙事,而应关注一些小叙事;在普遍的宏大叙事失去效用后,小叙事将会迎来繁荣。他认为,从知识"合法性"的角度上审视,现代性与后现代性表现出它们在状态上的区别。前者依赖于元叙事(普遍性的目的理念),后者则来自于自身的游戏活动,来自人们自己的语言实践与交流活动。游戏规则不同,造成了它们的合法化规则的变化,进而造成了它们从思维方式到规范系统等状态的变化。②

叙事知识的合法性在于,叙事来自于历史上语言游戏的传承,叙述者由听者的角色转换过来。这样的角色代代相传,使得叙事无须论证与证明,即在其传播的语用学中得到证明。叙事以这种方式,"界定了有权在文化中自我言说、自我成形的东西,而且因为叙事也是这种文化的一部分,所以就通过这种方式使自己合法化了"。③ 在合法化问题上,利奥塔论证了这样一个悖论:虽然科学贬抑叙事,但它又不得不求助于叙事来获得合法性。科学的证明需要依赖于自身之外的经验事实的检验,否则它只能被迫自我假设。因此,科学知识也必须通过叙事,才能获得合法化,这意味着,叙事成为了包括历史知识在内的所有知识获得合法性的手段。

### (三) 历史需要叙事来表现

叙事是人类记载文化的一种方式。它简单地决定了叙事的方式,即听者与讲述者各表演什么角色。叙事决定,在所讨论的文化中,什么有权力被说或被做;由于它本身是文化的

---

① 陈嘉明.现代性与后现代性十五讲[M].北京:北京大学出版社,2006:151.
② 陈嘉明.现代性与后现代性十五讲[M].北京:北京大学出版社,2006:214.
③ 陈嘉明.现代性与后现代性十五讲[M].北京:北京大学出版社,2006:214.

组成部分,叙事因为做了它们应作之事而被合法化。① 怀特将叙事和故事进行了区分,认为叙事与编年史也具有差异性。他阐述道,欧洲历史学家编写历史的方法,是随着时间而改变的。年鉴仅仅是记录了一些零碎的日期和事件,并没有将它们串联起来;编年史描述了某些偶然的关联,但是缺乏情节和有意义的结构。只有按现代方式编写历史的作品,才可以被冠以"故事"的头衔。因为这些作品,不仅仅是按年代先后顺序对事件进行编辑。②

后现代史学家克罗齐认为,没有叙事,就没有历史。③ 怀特则认为,为了表述历史的真实,史学家必须运用语言;并且是运用散文性话语,而非诗性的表达。重要之处在于,历史学并不寻求规律、形成概念、建构普遍或抽象之物。它使用日常语言的概念,来描绘其材料,讲述其故事,抑或构成其戏剧。④ 在怀特看来,"叙事"系人类与生俱来的本领。它代表组织世界与切身经验的模式,就如"(自然)语言"般浑然天成。人固然必须学习语言,却不必知晓言说理论;同理,史家懂得叙事,却不必依赖后天理论的指引。⑤

法国史学家弗朗索瓦·弗雷(Furet, F.)也认为,传统历史学研究的目标是解释历史事实,探寻历史规律;而历史事实,只是按照时间的纬度来安排。现在,当历史学不再被看作仅是事件的排列,而是知识的创造时,要求出现新的叙事模式,要从客体变成为主体……历史是叙述的产儿,它并不是由研究的客体,而是由所使用的话语类所定义……历史研究,是把所有的研究客体编排在既存的框架中;撰写历史,就是讲述一个故事。⑥

档案的证词很难提供客观性。W. B. 加利指出,读者对史家叙事的解读是无法脱离因果逻辑的。首先,每个故事都描述了一系列真实或者虚构的人的行为、经历以及面对困境时的思考和应对,这种叙事本身,就让故事的结论具有一定因果性;其次,人们阅读故事的目的在于理解事件从起因到高潮、结束背后的因果关系;再次,故事的结论仍然是要探索某种真理或近似真理。总体来看,故事的结构、发展、场景、停顿、文字,或许是美学的、艺术

---

① 弗朗索瓦·利奥塔.后现代状况——关于知识的报告[M].岛子,译.长沙:湖南美术出版社,1996:23.
② 芭芭拉·查尔尼娅维斯卡.社会科学研究中的叙事[M].鞠玉翠,等,译.北京:北京师范大学出版社,2010:22.
③ 黄进兴.后现代主义与史学研究[M].北京:生活·读书·新知三联书店,2008:76.
④ 海登·怀特.元史学:19世纪欧洲的历史想象[M].陈新,译.南京:译林出版社,2004:484.
⑤ 黄进兴.后现代主义与史学研究[M].北京:生活·读书·新知三联书店,2008:75.
⑥ 李宏图.当代西方新社会文化史述论[J].世界历史,2004(1):25—39.

的,但读者真正理解这个故事时却是理性的、逻辑的。①

历史叙事更多的是探讨人类活动的意义。加拿大学者蒂莫西·斯坦利(Timothy Stanley)指出,"历史"是一个模糊的术语,从最基本、最绝对的意义上讲,历史就是过去人类活动和经验的总和;这些活动和经验塑造了现在和定义其可能性。然而,历史或者更恰当的"历史",也指人们为了表达过去的意义而构建的叙事。②

## 第二节 新叙事史学与教育史学研究

后现代叙事史学甫一产生,便成为了历史学领域的显学,它对西方教育史研究,也产生了较为积极的影响。如运用叙事的方法,研究教育历史中的普通群体,如对1920—60年代的普通女教师的真实生活状况进行分析,为教师教育改革服务;③对已有教育历史文本的撰写方法进行批判地分析,以促进书写方式的创新。④ 叙事方法的运用,改变了教育史的书写方式,同时也得出了与以往教育史研究不同的结论。不同于传统的叙事方法,后现代叙事强调微观视角,关注历史中普通人的生活,它在对人的生存意义的植入、叙事的视角多元化方面的研究,取得了较大成功。

### 一、叙事在教育史研究中的意义

#### (一) 有助于理解历史中的教育生活状态

人文社会科学的重要价值之一,在于它对人的生存境遇的关照,帮助人理解自身身份,以及存在的意义。从观念形态上说,历史是人们对过去发生事实的理解;历史事实已经成

---

① 李友东.西方后现代"历史叙事"论争及其启示[J].天津社会科学,2020(2):135—147.
② Timothy Stanley (1998). The Struggle for History: Historical Narratives and Anti-racist Pedagogy, *Discourse: Studies in the Cultural Politics of Education*, 19(1):41-52.
③ Theobald, M. (1998). *Teachers, Memory and Oral History*. Weiler, K. & Middleton, S. (eds). *Telling Women's Lives: Narrative Inquiries in the History of Women's Education*. Buckingham: Open University Press. 9-24.
④ 周愚文.教育史学研究[M].台北:台湾师范大学出版社,2014:160.

为过去,但是不同时代的人却可能对其意义作出不同的解释。历史意义就在我们的理解中生成,我们理解的变化造成历史观念有生命的流动。①

历史叙事与历史解释不可避免地结合在一起。历史著作最显明的特征,就在于它是一种"以叙事性散文话语为形式的言辞结构",乃是一种文学制品。因而,任何有关历史著作的理论(从而任何的史学理论),都应将叙事作为自己的核心议题来加以讨论。② 叙事方式在增加教育史著作可读性的同时,也增进了历史理解。叙事帮助读者身临其境地感受叙述对象,如师生的喜怒哀乐。伟大的教育史著作如《爱弥儿》《林哈德与葛笃德》,也反映出理想的受教育情形,以及作者的教育情结与教育追求,加深了读者对作者教育观念的理解,进而提升对作者教育思想的认识。它们都运用了多种修辞手段,具有一定的文学色彩。

当然,与传统叙事不同的是,后现代教育叙事,要求更多倾听普通人的声音、"被压迫者"的声音。如有研究者通过对曾任教师的女性撰写的小说、文学作品、自传、其他人对女教师的访谈,以及学者建立在对教师访谈基础上的作品等,进行口述史、记忆史和叙事研究,来反映女教师的生活状况。③

**(二) 为解决现实教育问题提供新的视角**

新叙事史学,不再以历史接受的模式作为关注的重心,而是转向作为研究成果的体现即叙事文本上。它要求,对故事的叙述方式进行变革,叙述的客体发生变化。周愚文认为,新叙事史家与传统相比,有五点不同:(1)新史家几乎都是关切穷人与默默无闻者的生活、感情与行为,而非大人物与有权势者;(2)他们在方法上,实行分析与叙事并重的方式,两种模式互换;(3)他们挖掘和采用新史料,如刑庭记录;(4)他们常以不同于荷马等人的方式讲故事,他们受到现代小说、弗洛伊德观念及人类学家的影响;(5)他们描述一人、一次审判或一次插曲,目的是要说明过去的文化或社会的内部运作。④

历史知识是为了满足人的现实生活而存在的。海登·怀特指出,与黑格尔、马克思一

---

① 韩震,孟鸣歧.历史·理解·意义——历史诠释学[M].上海:上海译文出版社,2002:1.
② 彭刚.叙事的转向:当代西方史学理论的考察[M].北京:北京大学出版社,2017:6.
③ Theobald, M. (1998). *Teachers, Memory and Oral History*. Weiler, K. & Middleton, S. (eds). *Telling Women's Lives: Narrative Inquiries in the History of Women's Education*. Buckingham: Open University Press. 9-24.
④ 周愚文.教育史学研究[M].台北:台湾师范大学出版社,2014:137.

样,尼采的最终目标,也是把历史知识拉回到人类需要的范围之内,使它成为人类需要的仆人而不是主人。海登·怀特认为,生活确实需要历史的服务;只有过量的历史,才会损害生活。① 教育叙事能为现实教育问题的解决提供新思路,如能为当前的课程改革和教育改革提供一个新的视角。

新叙事史学的提倡者斯通,将叙事史学的方法用在了英国教育史的研究之中。他在《英格兰文化与教育(1640—1900)》一文中,呼吁英国教育史学者,重新思考英国教育史学,推动英国教育史学者对叙事史研究的回归。② 新叙事史学,推动了英国教育史呈现心理和生活的教育叙述史研究。它主要体现在,心理学取向的教育史研究盛行,教育史研究从社会环境转向环境中的个体;人类学取向的教育史研究出现,即日常生活史视野下的教育史研究兴盛。③ 英国学者运用日常生活史的方法,通过讲故事的方式叙述了《1988年教育改革法》对接受兼职硕士学位课程的14位教师的生活和职业的影响,进而分析了教师职业生涯及其改革的原因。他认定:"教师的声音,是评价英格兰和威尔士教育改革的关键因素。"④通过关注教师的个体体验,获得了与以往完全不同教育改革经验的总结。

同时,教育史采用叙事的书写体例,对解决师范生教育信念不足的问题,也能起到一定作用。教育史作为各师范学校的师资培训课程,采用编年体式的书写方式,完全进行理性的分析,难以吸引读者对教育史的兴趣。在涉及教育人物、事件和活动的研究中,叙事也有利于培养师范生的"师爱"精神。

### (三) 提升研究者的反省意识

德里达提出的"延异"概念认为,文本产生之后,由于延异,意义得到延缓,逐渐从中心扩散。"延异没有本质,不仅它自身不考虑接受以它名义或它显现的本质,而且它还对因此而在场的总体上的权威,以及事情在场的本质造成损害。延异没有本质,这一观点蕴含着,

---

① 海登·怀特.元史学:19世纪欧洲的历史想象[M].陈新,译.南京:译林出版社,2004:435.
② Stone, L. (1969). Literacy and Education in England 1640-1900. *Past and Present*, 42(1):69-139.
③ 武翠红.英国教育史学:创立与变革[M].北京:中国社会科学出版社,2015:135—138.
④ 武翠红.英国教育史学:创立与变革[M].北京:中国社会科学出版社,2015:139.

只要文本的写作涉及延异时,它既没有在场也没有真理。"① 由此,研究者在研究过程中获得了更多对文本的解读权力。

但文本必须与人的世界相联系,才可能产生意义。我们看见的历史文本如档案,并不意味着真实的生活。人们在制作档案的过程中,迫不及待地将事件进行录制、叙述,作为纪念物,而不是去经历它们。当用现在时态去构筑它们的时候,与档案热和叙事意识相关的理论问题就不可控制地孳生出来了。它意味着一种反向模仿:人们的生活在模仿故事,而不是故事模仿生活。②

研究者的叙述过程,也是一个对文本重新解读的过程。我们对世界的认识和解释,只是根据我们的需要来进行的。任何知识肯定和某些利益相关,知识仅仅意味着是权力的工具。美国后现代教育史学家科恩认为,教育史研究者,既是书写者,也是阅读者。阅读者,需要为文本的解读承担责任。但历史的实在具有多面性,而且没有任何教育史知识的人,会相信任何教育史。阅读历史文本,没有单一正确的取向,只有不同的阅读方法。不同的阅读策略,将以不同的方式构成历史文本。③

因而,教育史研究者在叙事研究过程中,必定被迫在不同的叙事策略中作出选择,进行历史文本的阅读和书写。教育史研究还必须依赖研究者的直觉、想象。克罗齐强调,要重新复活历史当事人的心灵,也需要研究者应具备一定的共情能力。他提出的"一切真的历史都是当代史",就是需要研究者在解决现实问题的过程中,增加历史想象和历史理解。在这一过程中,研究者的反思意识得到提升。

## 二、新叙事史学在教育史研究中的运用

### (一) 关注人的生存意义

历史为人的生活服务,为人的生活植入意义。历史上发生的事情,需要人赋予其意义,才能构成一个完整的故事。我们不仅仅关心在此时此地经历的生活,而且关心在一个连续

---

① Derrida, J. (2012). *Difference*. Chang, B. G., Butchart, G. C. (eds). *Philosophy of Communication*. London: the MIT Press. 482.
② 马克·柯里.后现代叙事理论[M].宁一中,译.北京:北京大学出版社,2003:108—109.
③ 周愚文.教育史学研究[M].台北:台湾师范大学出版社,2014:161.

体中经历的生活——人的生活、机构的生活、事物的生活。叙述是人类的意义互动,而不是简单地由连续的符号构成的目标过程。①

我们的身份都是由历史建构的。为避免现代人出现"无家可归"的心灵,我们更应关注人存在的意义。就成功的标准而言,科学技术进步对教育带来的影响,其本身不能说明什么样的教育是成功的,或者什么成功是好的、公正的和真实的。这是一个意义赋予的过程,因而在叙事的过程中,应加入人的意义再造,以提升教育的意义与价值。一个人,一件事情,是在更大的背景中被赋予意义的;而且这个意义,随着时间的流逝而改变,因而对教育生活的建构也是常新的。

新叙事史学的主要派别日常生活史,在教师生活史和学生生活史的叙事研究中,通过讲故事的形式,将读者带入历史的场景之中,关注教师和学生的生存境遇,探讨人们所处时代普遍的心理状态,及其对个人受教育过程的影响。研究者需要发挥创造性的想象力,设身处地去了解当时人们的所思所想,对其行动作出合理的解释,进而更好地理解当前人们在教育过程中所面临的困境,提出有针对性的解决思路。

有研究者探讨了教师的叙事,研究表明,这些叙述揭示了共同的主题。采访对象被塑造成天生的英雄,在这项任务中经受住考验,并通过他们的宽容和平衡得到加强。这项研究,为以学生为中心的小组口述历史的方法,以及教师的叙述性描述提供了一个模式。该研究介绍了几个范例,这些范例可能在教师叙事中,解释了其中一些主题的一致性;特别是内部学习、叙事框架和教师的专业精神被用作批判性的视角。通过分析有关教学生活的故事呈现,该研究探讨了叙事如何用于了解教师,并通过教师的自我理解来促进教育变革。首先,通过对产生于其中的模式的综合,来分析老师们的故事;然后,对故事的内容和风格进行分析,使用来自其他关于叙事写作的一些框架,如叙事作为一种定性研究体裁,将叙事作为历史书写,叙事作为自传等。②

英国研究者,对维多利亚时代的建筑师罗布森的生平进行了历史想象的叙事。研究者利用他留下的著作作为主线,通过历史想象,建构其人生历程,理解其教育观念和学校建筑思想。他们认为,这种历史叙事,必须是历史的和叙事的。历史的,意味着有已经证实了历

---

① 保罗·科布利.叙述[M].方小莉,译.成都:四川大学出版社,2017:15.
② James R. King (1991). Collaborative Life History Narratives: Heroes in Reading Teachers' Tales. *International Journal of Qualitative Studies in Education*,4(1):45-60.

史事实,它们不同于神话、寓言、浪漫小说、文学创作。在这种意义上,历史的魔法术需要我们创造中介,生产故事般品质的文本,便于读者理解。①

### (二) 进行差异叙事

教育史研究中的差异叙事,有利于我们全面了解人类教育发展的过程,而不仅仅是少数人在教育体系内成功的历史。在利奥塔看来,歧异是话语的特质,我们必须注意倾听那些代表着歧异的各方面的声音,允许作为弱势群体的少数话语来表达,从而达到保留不同观点的目的;而不是以"人类整体"为借口,用普遍性的话语来压制个别的话语。因此,利奥塔把歧异作为公正的首要原则,它保证所有的声音,都能在竞争的社会中拥有自己的发言权。② 其目的在于为一种多元、平等的社会提供新的哲学基础。他认为,知识的合法性,只能来自人们自己的"语言实践与交流活动"。③

怀特认为,史学的叙事机制,并非基于逻辑的推理,而是基于修辞的运用。他指出了诗性语言的四种基本比喻类型,即隐喻、转喻、提喻、反讽。历史叙事的概念化,具备三个基本的层面:情节化模式、论证模式和意识形态意蕴模式。叙事(述)一词与"故事"、情节,有着明显的区别。故事,是指过去发生的事情;而叙事,则是对情节的再现方式。故事包含了所有要描述的事件;而"情节"是因果链,决定了这些事件如何相互连接。"叙事"是对这些事件的展示或讲述,以及展示或讲述所采用的模式。④

进入21世纪后,新叙事史学在西方教育史研究中得到了较为广泛的关注。如科恩运用怀特的历史叙事方法,对美国教育史文本进行了分析。在他看来,克雷明(Cremin, L.)的《学校的变革:美国教育中的进步主义(1876—1957)》(*The Transformation of the School: Progressivism in American Education, 1876 - 1957*)一书的叙事路线,属于传奇式;尼尔森(Nelson, B. E.)的《好学校:西雅图公立学校制度(1901—1930)》(*Good Schools:*

---

① Burke, C. & Grosvenor I. (2013). *An Exploration of the Writing and Reading of a Life: The "Body Parts" of the Victorian School Architect E. R. Robson*. Popkewitz, T. S. (ed). *Rethinking the History of Education Transnational Perspectives on Its Questions, Methods, and Knowledge*. New York: Palgrave Macmillan. 217.
② 陈嘉明.现代性与后现代性十五讲[M].北京:北京大学出版社,2006:231.
③ 陈嘉明.现代性与后现代性十五讲[M].北京:北京大学出版社,2006:224.
④ 保罗·科布利.叙述[M].方小莉,译.成都:四川大学出版社,2017:4.

*The Seattle Public School System*，1901 – 1930），情节编织是传奇式，但意识形态含义则是进步的；拉巴理（Labaree，D. F.）的《美国高中的形成：文凭市场与费城中心高中（1838—1939）》（*The Making of an American High School：The Credentials Market and the Central High School of Philadelphia*，1838 – 1939），情节编织的方式是讽刺文学式的，而意识形态含义仍是自由——进步式而非无政府或激进式。①

　　研究者选择了三位不同时期的叙事对象进行了叙事访谈，采用微观史学的方法，通过叙事访谈进入历史，关注研究对象的日常生活经历，而非政治的和学术的历史。研究表明，他们运用的不同时期的教育话语由他们所处的时期和社会环境所决定。过去的话语，对于他们生活中的认同和意义来说，似乎是一个重要的因素。这表明，当前的教育话语在很大程度上决定了哪些选择需要解释，哪些选择看起来显而易见。正是过去的论述决定了，个体选择将他们的选择合法化的方式。因此，过去的经历和话语，会产生影响今天的话语生产。② 该研究说明了惯习和世代，不仅影响了教育选择，而且还包括如何将这些选择合法化。

　　因此，教育历史叙事应采取多重视角，包括文化的视角和地方的视角，揭示普通人在历史进程中对教育的诉求、期望与苦闷；展现普通人的教育场景和成长故事，以及在大变动时代教育成长的过程，理解他们的生存境遇；揭露底层人在教育之路上的追寻，权力在教育资源获得的支配作用，底层人对教育的反抗与接纳。应"倾听"弱者、普通民众、下层人物等边缘群体的声音，而非仅仅是官方或精英人士的叙述；并在逻辑上，清晰地分析教育事件的前因后果。

　　在运用叙事的过程中，首先应思考"何种视角，谁的声音"这样一些前提假设。叙述的视角不一样，所得出的结论可能大相径庭。传统的历史叙事，往往只重视教育中的成功人士，忽视了普通民众对教育的反抗。如中国普通民众对科举制度的反抗，或其在科举制度中未获得成功的历史，进而使人们更全面理解科举制度或当代招生考试制度可能付出的代价。而西方教育历史中对制度化教育的拒绝，以及制度化教育实施过程中，对普通人排斥而又接纳的历史，从中我们可以发现制度化教育的历史发展不再总是进步的；而是在产生之初，就可能带有某种原罪，如对学生天性的压制，导致学生对学校的拒绝。在查阅官方材

---

① 周愚文. 教育史学研究[M]. 台北：台湾师范大学出版社，2014：160.
② Ida Juul（2008）. Educational Narratives：Educational History Seen from a Micro-perspective，*Paedagogica Historica*，44(6)：707 – 720.

料的同时,亦借助于信件、小说、日记、回忆录、传记、法庭文件等,充分挖掘历史暗角中的人在受教育过程中的成长故事,对文献进行详尽的描述,以重新发现当时真实的教育场景。

澳大利亚学者探讨了视觉和声音装置的建构,将当代材料与历史材料并置,在当代大学中视为学术工作,提供一种断裂的审美模式,以探讨大学历史和当代大学中专业的声音。借鉴福柯主义当下的历史(特别是谱系学),这个装置将文本、图像和声音结合起来,吸引观看大学的情感旅程。随着历史研究越来越受到美学和感官的转向的影响,超越内容和情境,转向考虑其他形式的表象,通过借鉴关于艺术和符号学功能的理论,他们利用艺术,探索学术活动的情感维度。故事中的艺术和艺术中的故事方法,被用来定位尝试以听觉和视觉的方式了解时空,以重新思考学术界沉默的历史和当代叙述。① 以往大学史的研究,更多是关注学校管理者的生活、工作和决策过程;而专业工作者的声音,很少能被听见。在美学转向和情感转向的影响下,该研究开始转向学术界隐藏的小叙事,更多地将研究对象转向高校中普通师生的日常生活史和学术史的研究。该研究将视觉材料、听觉材料与文本材料并置,展现了对不同时空更有力、更富有情感的理解方式。

### (三) 进行批判性地反思

叙述者在叙事过程中,应进行批判性地反思:谁的话语？谁来书写？为了何种目的来书写？历史著作的目的和形式,由历史学家对他所处时代生活需要的理解所决定,唯一应避免的就是,不要为了神化过去而牺牲现在,也不要为了神化现在而牺牲未来。即不要编写无批判性的纪念的历史,或者无批判性的好古的历史;或反过来,就是那种没有英雄又轻慢不恭的批判性历史。历史学家应运用历史想象去探索人物的生平,追踪其足迹,成为死者和生者之间的摆渡人。② 由于受时间和空间的制约,受自身背景中所关注的重点、运用的

---

① Catherine Manathunga, Mark Selkrig & Alison Baker (2018). Enlivening the Senses: Engaging Sight and Sound to (re)Consider the Hidden Narratives of Academics in the Histories of University Education. *History of Education*, 47(2):169-189.
② Burke, C. & Grosvenor I. (2013). *An Exploration of the Writing and Reading of a Life: The "Body Parts" of the Victorian School Architect E. R. Robson*. Popkewitz, T. S. (ed). *Rethinking the History of Education Transnational Perspectives on Its Questions, Methods, and Knowledge*. New York: Palgrave Macmillan. 203.

方法、偏见等的限制,历史学家不可能做到中立。① 如有学者提倡采取口述史的方法来进行叙事。口述史是一种通过专业的历史研究者来对普通人口述的历史进行研究。它为我们在传统的"文本"之外,提供了一种去建构和"想象"历史的方式。它强调对主体性的解构和分析,主体性决定了口述史及其有关的叙事建构。②

在尼采看来,叙述传统而对其不做任何批评,作者已经为"真正的历史精神所背弃。他们都无一例外地非历史性地思考。"③叙述并不表现普遍性,而是选择性地保持某些记忆而排除其他的,帮助某些人凝聚到某个特定的社群而不是其他的。欧洲历史学家在编辑历史时,系统地将非白人因素从西方的过去中删除,强调西方文化的摇篮是古希腊,让西方历史学家擦去西方历史中的埃及、犹太和非洲根源。这个过程的遗留结果,在当代依然具有影响。④

在叙事过程中,应明确叙述的立场。不同的立场,可导致叙述的故事截然不同。例如,美国激进主义史学家斯普林(Spring J.)在《美国学校》一书中,描述了四大少数族群,即土著美国人、非洲裔美国人、拉美裔美国人、亚裔美国人,为了争取教育机会平等而斗争的故事。在他眼中,少数族群的历史,充满了血与泪。卡柏莱(Cubberley, E.)的赞美与克雷明的温情,到了斯普林这里,基本成了冷冰冰的面孔。⑤ 对于白人来说,美国公立学校的建立是进步的历史;而对被排除在外的黑人来说,是对他们排斥进一步加深的历史。体制化教育制度的建立,使得与国家信仰不一致的人成为了他者。因而,我们应反思叙事方式对某种社会合理性的实现过程中,哪些声音被听见,又付出了哪些代价?

一些研究者,一方面在叙事转向的背景下,利用后叙事理论进行教育史的研究;另一方面,也发展了叙事理论。近年来,在这一"转向"中,有一种强烈的感觉,即在研究实践内叙事的使用,为数据提供了一个非常需要和实质性的定性维度。在教育领域,可以说叙事探究方法,提供了可能更好理解和更详细参与生活故事和生活史的途径。英国布莱顿大学教

---

① Burke, C. & Grosvenor I. (2013). *An Exploration of the Writing and Reading of a Life: The "Body Parts" of the Victorian School Architect E. R. Robson.* Popkewitz, T. S. (ed). *Rethinking the History of Education Transnational Perspectives on Its Questions, Methods, and Knowledge.* New York: Palgrave Macmillan. 217.
② Beard, M. R. (2017). Re-thinking Oral History — A Study of Narrative Performance. *Rethinking History*, 21(4):529 - 548.
③ 彭刚.叙事的转向:当代西方史学理论的考察[M].北京:北京大学出版社,2017:6.
④ 保罗·科布利.叙述[M].方小莉,译.成都:四川大学出版社,2017:26.
⑤ 周采等.当代西方教育史学流派研究[M].上海:上海交通大学出版社,2018:120.

授艾沃·古德森(Ivor Goodson)运用这种方法,旨在促进和建立内部教育实践,他通过对生活史和个人表象史的研究,讨论了"身份""强度""资本"以及似乎与"叙述性"的概念有关的其他重要术语,进一步发展了叙事理论。①

受女性主义思想的影响,一些研究者将女性教师作为历史行动者,即女性教师也将自己的政治观点运用于自己的教育实践,运用生活叙事的方法,探讨了女性主义对中小学女教师研究的影响。它们发出了妇女的声音,并记录了女性主义教学的丰富可能性。② 英国学者还强调教育历史的"自我批判",认为这是保证教育传记叙事科学性的前提。正如马丁所说:"对于传记研究者来说,在研究过程中是需要自我批判的,要承认传记叙述受讲故事的文化习俗影响。"③

以往的中等教育历史学科主要通过基于"显而易见的"资源类型的研究来解决(课程、委员会或期刊上的讨论等)问题。博特·范胡勒(Bert Vanhulle)提出了一种新的解决方案,历史教科书分析的叙事方法,以研究历史教育的历史哲学的重点内容。他分析了从1945年至2004年的历史教科书中的历史叙事,运用后现代叙事理论对教科书的叙事风格进行了解读;将教科书作为一个整体,分析了不同时期教科书叙事风格的变化。④

加拿大学者安尼特·辛纳(Anita Sinner)叙述了三位艺术教师成长的故事,探讨她们如何在过去的彷徨中坚守教师身份。在这些故事中,教师成长、教师身份和教师探究,所有这些都随着经验的叙述而扩展和转化;在教室里,在想象中,在教师艺术家们的心中,被艺术激发为教与学创造新的可能性。教师们在故事中解释了自己获得教师身份认同的过程。故事资料来源于多个方面,主要来源于对话、电子邮件、反思、数百页的50多次访谈记录,以及她们在参与教师教育项目期间创作艺术品的一份重要档案。她认为,非小说类创作,是一种反应热烈的、流畅的文学体裁。在这里,日常故事的产生环境并不是单一事件,而是关系互动的形式,从而确认故事讲述,在传达对教师亲身经历的深刻理解方面扮演着批判

---

① Ivor Goodson (2013). *Developing Narrative Theory: Life Histories and Personal Representation*. London: Routledge.
② Kathleen Casey (1993). *I Answer With My Life: Life Histories of Women Teachers Working for Social Change*. New York: Routledge Press. Sue Middleton (1993). *Educating Feminists: Life Histories and Pedagogy*. New York: Teachers College Press. 224.
③ 武翠红. 英国教育史研究的传记叙事模式述评[J]. 大学教育科学,2020(6):102—110.
④ Bert Vanhulle (2009). The Path of History: Narrative Analysis of History Textbooks — a Case Study of Belgian History Textbooks (1945 - 2004). *History of Education*,38(2):263 - 282.

角色,同时它也是学习成为一名教师的论坛。本研究框架延伸到,非小说性创作如何作为一种媒介呈现故事,容纳和激发关于经历的不同思维方式。① 非小说类创作为教师教育提供了一个中介和方法,以揭示教师教育的实践,并拓展了其专业界限。

在后现代主义看来,既然知识都是生产出来的,中立、客观的历史,实际上难以追寻,那么教育史研究者对历史的诠释或解读,便显得尤为重要。② 叙述者通过反省自身在研究过程中所潜藏的前提假设,激发研究者的主体意识,不至于被历史材料所淹没,更加明确研究的意义与价值,有利于对现实教育问题的解决。当然,叙事过程中,也不能完全脱离史料进行虚构。正如卡尔(Carr, E. H.)所说,历史并非像实证主义者所说的,仅是事实的搜集与编排;也不是忽视和抛弃历史事实,完全听任历史学家主体观念的解释与创造。真正的历史,应该是历史学家跟他的事实之间相互作用的连续不断的过程,是现在和过去之间的永无止境的问答交谈。③

---

① Anita Sinner (2013). Unfolding the Unexpectedness of Uncertainty Creative: Nonfiction and the Lives of Becoming Teachers. Rotterdam: Sense Publishers. 5.
② 李先军.论波克维茨的"历史化"教育史学[J].华东师范大学学报(教育科学版),2017(4):99—106+138.
③ E. H. 卡尔.历史是什么[M].吴驻存,译.上海:商务印书馆,1981:28.

# 第五章

# 后殖民主义教育史学

# 第五章
# 后殖民主义教育史学

20世纪以来,随着亚非拉殖民地纷纷宣布独立,欧美各国在军事政治上的殖民主义土崩瓦解。殖民主义的核心理念是制造他者,采取各种方式构建话语霸权。在后现代主义的影响下,后殖民主义思想产生。在全球化日益加剧的今天,后殖民理论在反对西方话语霸权、主流叙事与身份建构,提倡不同民族文化的差异整合方面发挥着巨大影响力。在民权运动、女权运动、反战思潮的影响下,西方学者开始反思西方在殖民地教育中存在的问题。后现代主义与后殖民主义问题,有着不可剥离的内在关联性。如果说,后现代理论批判了绝对真理、理性、体系、本质、确定性、中心一致性,质疑了启蒙主体、文本意义和因果关系等现代理论的核心概念的话,后殖民主义则将这种现代性的话语,从话语范畴的纯理论结构模式中解放出来。将一种发生在西方内部的边缘对中心的颠覆的后现代主义思潮,引入到世界范围内的东西方边缘对中心挑战的权力网络中,揭示宗主国与殖民地之间的文化话语权力关系,以及有关种族主义、文化帝国主义霸权问题。[①] 后殖民主义史学在于对西方殖民史中宗主国与殖民地之间的关系进行解构,对帝国主义的文化霸权进行了批判。而教育是帝国主义形成文化霸权的一种工具,进而也成为了研究者关注的重点。

## 第一节 殖民地教育史研究的兴起

西方殖民教育史的研究产生于20世纪60年代。受后现代主义思想的影响,欧美各国学者对其前殖民地的教育史成为了研究的重点。以往在西方中心主义思想的指导下,研究者强调西方殖民统治,促进了殖民地人民思想的启蒙和国家的现代化建构。与此不同的是,一些研究者开始分析殖民地时期教育中种族歧视的历史,以及殖民地人民对教育的反抗;同时,也有一些具有殖民地少数民族血统的教育史学家分析自己民族身份的形成。

在关于不发达国家学校教育的描述中最常见的断言之一,非洲国家目前的教育系统被殖民地历史遗留下来的遗产所束缚,并使其发展过程中受到抑制。土著作家和西方评论员通常都认为这是理所当然的。而且他们还认为,这些遗产直接源于西方各种形式的强制与殖民地政权,对学校学术教育的强制。斯蒂芬·J.鲍尔(Stephen J. Ball)挑战了后有一种论调,他指出,殖民教育并非直接对殖民地人民产生影响。首先,由于殖民地人民的反抗,使

---

[①] 王岳川.后现代后殖民主义在中国[M].北京:首都师范大学出版社,2002:16.

得殖民政府的愿望与所提供的教育机会之间不一致。第二,整个殖民地学校教育的历史,都以这种竞争为标志,在对立的社会和政治团体,如教会、殖民当局、土著团体相互之间,既有独立又有相互冲突的既得利益。第三,以往的分析,更多地从经济的视角来对殖民地学校进行分析,而对殖民教育政策的政治功能分析不足。① 无论是学术课程,还是适应性课程,无一例外地遭到了殖民地人民的反抗。教育的本质是要促进自由与解放,但这与殖民地教育目的存在着内在的矛盾,这必然会导致殖民教育的失败。

1993 年,国际教育史协会常设会议在葡萄牙里斯本召开了以"教育遭遇民族和文化:16—20 世纪殖民地的经验"(Education Encounters Peoples and Cultures: The Colonial Experience, 16th - 20th Centuries)为主题的会议。此后,1999 年、2005 年、2009 年在悉尼,教育史学界先后以"教育与族群"(Education and Ethnicity)、"教育史中的边缘与边界"(Borders and Boundaries in the History of Education)、"帝国的海外与国内"(Empires Overseas and Empires at Home)等主题召开研究会,②这些研究是在后现代主义思想的影响下,对传统的中心与边缘关系的重新审视,将殖民地教育史研究推向主流。

在美国,20 世纪末到 21 世纪初,殖民地教育史并未成为研究的主流,只是作为批判、反压迫、种族和多元文化教育的一部分。只有一些土著学者关注这个领域。但最近十年来,土著研究在全世界已取得进展,后殖民和反殖民的讨论在教育研究、社会科学和人文学科领域中变得更加突出。③

2016 年开普敦大学发起了一场"比较视角中的殖民教育"工作坊,这也是殖民教育研究"跨国转向"之后的一次会议。本次研讨会,有来自欧洲各国和南非的学者,提交的论文涵盖了一系列主题和话题,包括审视种族、阶级、性别和殖民地教育之间的关系,以及政府和传教士在提供教育机会方面的作用。殖民地教育史的写作,既考虑到教育供给的微观层面的日常政治,也考虑到帝国主义作为政治和经济项目的更广泛现实。一些论文采取了明确的比较方法,但另一些论文阐明了当地的具体情况。从比较的角度来看,这表明"殖民地教

---

① Stephen J. Ball (1983). Imperialism, Social Control and the Colonial Curriculum in Africa. *Journal of Curriculum Studies*, 15(3):237 - 263.
② António Nóvoa (2009). Endnote: Empires overseas and empires at home. *Paedagogica Historica*, 45(6):817 - 821.
③ Stephanie L. Daza & Eve Tuck (2014). De/colonizing, (Post)(Anti)Colonial, and Indigenous Education, Studies, and Theories. *Educational Studies: A Journal of the American Educational Studies Association*, 50(4):307 - 312.

育"在任何历史时刻,都有多种含义。这些含义也作为更广泛的帝国趋势,根据当地情况被塑造出来。① 会议的一个主要主题是,考察殖民地教育中不同规模分析之间的紧张关系或对话,将比较法与地方经验等因素结合在一起,就产生了一个问题:这些形成的地方经验如何在更广泛的帝国背景来进行言说。

殖民教育史在一些前殖民地国家比较流行。如澳大利亚学者谢灵顿(Sherrington)和杰弗里(Jeffery)研究大英帝国内的儿童移徙,是该领域其他项目的一个模式。怀特·黑德对英国殖民地教育政策的分析,虽然有争议,但为新马克思主义立场提供了有用的替代方案。最近,阿蓝德(Allender)在该子领域再次开创了替代方法,强调殖民国家和被殖民国家之间的相互作用。在他最近的工作中,考察了殖民地女性气质,是如何以在1800年到1930年之间,根据种族和阶级选区的不同而有所不同,欧洲课程模式主要支持拉吉"文明化"的修辞。他为未来的研究开辟了更多的途径。② 波多黎各学者也探讨了美国殖民政府在波多黎各的殖民教育。③

白色澳大利亚政策(WAP)的相关学术研究,突出了亚洲移民的历史、早期解读和决策倡议。著名学者也指出了大英帝国和白色澳大利亚政策,对澳大利亚—印度关系和早期印度移民的影响。有研究者根据有关在澳大利亚留学生的辩论,恢复了印度学生在澳印关系故事中的角色,这旨在强调澳大利亚政府在WAP实施期间,向澳大利亚大学的印度学生和研究人员提供奖学金和研究金的原因。为了达到这个目的,研究者利用当时澳大利亚报纸的报道,来探索1901年至1950年在澳大利亚受资助的印度学生和研究人员的一般表现。这种种族歧视性移民政策的盛行在印度人中造成了不满,一些澳大利亚人也开始了骚动,

---

① Rebecca Swartz & Peter Kallaway (2018). Editorial: Imperial, global and local in histories of colonial education, *History of Education*, 47(3):362-367.
② G. Sherington and C. Jeffery (1998). *Fairbridge: Empire and Child Migration*. Perth: University of Western Australia Press. C. Whitehead (2003). *Colonial Educators: The British Indian and Colonial Education Service 1858 – 1953*. London: I. B. Tauris. T. Allender (2007). *Ruling Through Education: The Politics of Schooling in the Colonial Punjab*. Delhi: New Dawn Press. T. Allender (2014). *Brown Ladies: Learning Femininity in Colonial India, 1800-1932*. Manchester: Manchester University Press.
③ Solsiree del Moral (2013). *Negotiating Empire: The Cultural Politics of Schools in Puerto Rico, 1898-1952*. Madison: The University of Wisconsin Press.

这有助于削弱澳大利亚政府的移民政策和 WAP 的逐渐消亡。① 该研究有利于探讨以白人为中心的殖民主义对澳印关系的影响。

在澳大利亚实行多元文化政策后,政府需要建立一种共同的民族认同和公民身份,享有共同的本地生活方式,以使土著人的文化传统受到尊重。有研究者运用萨义德的对位阅读法(contrapuntal reading),提出了用对位史学方法,来解读澳大利亚学校史的三个概念,即激进主义、宗教和移民。对位史学的方法,赞扬重新审视被视为理所当然的概念和重新阅读澳大利亚学校教育文化档案的做法,特别注意概念的沉默、断裂和迁移(movement)。历史政治中存在着不可磨灭的痕迹——即构成了排斥和压制的记录——这些痕迹"萦绕"着澳大利亚教育史上被视为理所当然的概念,如移民、世俗化和激进。这些概念的背后体现与澳大利亚教育史主流不一样的叙事。② 而这种压制、断裂体现了福柯后现代思想的影响。

拉加雷特·J.金(LaGarrett J. King)对美国传统的历史教科书进行了研究,他指出,许多研究调查了 19 世纪中期和 20 世纪初传统历史教科书中的种族主义色彩。然而,很少有研究能够彻底和全面地进行理论上的探讨,非裔美国人的历史教科书和非裔美国人的教育者是如何回应这些种族主义教科书的。他利用修正主义本体论的理论,试图通过研究莱利亚·阿莫斯·彭德尔顿(Lelia Amos Pendleton)出版的历史教科书——《黑人叙事》(*A Narrative of the Negro*,1971),来填补这一空白。他阐述了彭德尔顿的历史写作方法,并认为她的方法是超越典型的实用主义叙事方法(contributionist approaches to narration),它提供了一个重塑非洲裔美国人身份的历史的案例。③ 该书采用文本分析的方法,并利用了种族主义叙事产生的环境,挑战了传统的种族主义者将黑人身份视为下等人的身份叙事。

在 19 世纪末、20 世纪初,在美国的历史教科书中,充满着将黑人视为下等人的描述;无论是黑人还是白人学生都使用这样的教材。黑人教师认识到,这些教材贬低黑人的传统文化,因而他们尝试运用本民族的哲学观点和政治议程,去编写属于非洲裔美国人的历史教

---

① Amit Sarwal, David Lowe (2021). "Behind the White Curtain": Indian Students and Researchers in Australia, 1901-1950. *History of Education Review*, 50(2):212-225.
② Remy Low, Eve Mayes, Helen Proctor (2019). Tracing the Radical, the Migrant, and the Secular in the History of Australian Schooling: Contrapuntal Historiographies. *History of Education Review*, 48(2):137-141.
③ LaGarrett J. King (2015). "A Narrative to the Colored Children in America": Lelia Amos Pendleton, African American History Textbooks, and Challenging Personhood. *The Journal of Negro Education*, 84(4):519-533.

科书。这一目的是要顽强地挑战普遍流行的有关非洲裔美国人的本体概念。换言之,历史叙事有助于构建美国社会中非洲裔美国人的物质条件。教科书成了争取人格地位的重要战场,因为非洲裔美国教育家认为隐喻的和真实的暴力(身体的、法律的和象征性的),始于学校知识。[1] 因此,非洲裔美国教师试图构建一种社会研究课程,其目的在于提供一种与正统相反的,对美国社会起着深刻和积极影响的历史记忆。而彭德尔顿的《黑人叙事》,便是其中的典范。传统教科书中忽视黑人文化传统,使其变得不可见。在学校中,白人的主导叙事成为了官方的声音,非白人叙事呈现出一种不连贯的、支离破碎的画面。

西方马克思主义批判殖民主义是一种强者对弱者的统治,教育是一种殖民统治的工具。与西方马克思主义对殖民统治的批判不同的是,斯坦福大学教授马丁·卡诺依(Martin Carnoy)提出,殖民主义作为一种心理社会因素现象概念,这是一个必然的结果。因为学校教育是这个过程中的主要工具,教师自身在心理上被殖民化了。[2] 殖民教育者必然要将驯服土著居民服从殖民统治,并接受外来殖民者的文化作为主要任务。

## 第二节 后殖民教育史学的理论基础

第二次世界大战以来,第三世界国家在政治经济上的独立,并不意味着文化上的独立。受后现代主义思潮的影响,后殖民批判理论对西方所践行的文化帝国主义进行了猛烈批判,对殖民主义的运行方式进行了解构,指出了其作用的机制及其可能的后果。

### 一、东方学理论

帝国主义的殖民统治,表现为对殖民地人民施予政治、经济和军事上的压迫,以及对殖民地人民进行文化精神上的控制。其中以后者更为隐蔽。这种精神上的控制方式在于,通过话语的建构,将殖民地人民和文化构建为"他者";而"他者"是一种否定的形象,它是通过

---

[1] LaGarrett J. King (2015). "A Narrative to the Colored Children in America": Lelia Amos Pendleton, African American History Textbooks, and Challenging Personhood. *The Journal of Negro Education*, 84(4):519-533.
[2] Martin Carnoy (1974). *Education as Cultural Imperialism*. New York: David McKay Co..

对他者的定型化、污名化来实现的。他们通过宣传自身的一种例外意识、优先意识,认为白人是上帝的选民,是高贵的;而其他人种作为异教徒,是下贱的、落后的,应该接受白人的统治,并通过各种手段,使这种说法合法化,成为主导的叙述。帝国主义对土著居民的贬低,体现了浓浓的种族主义色彩,成为了殖民当局的官方意识形态。如英国殖民地印度孟买领导人在一次讲话中明确指出,土著居民要么服从我们的权力,要么愿意屈从这样一种信念:我们比他们更聪明、更公正、更有人性,比他们可能拥有的统治者更迫切地去改善他们的条件。① 殖民者毫不掩饰他们的优越感,炫耀自身力量,并利用权力将其合理化。正如萨义德描述的那样,殖民统治者自矜,"我们处于统治地位是因为我们有力量(工业的、技术的、军事的、道德的),而他们没有,因此他们不是处在统治地位。他们低劣,我们优越……等等。"② 这种内心深处对东方人的蔑视与傲慢,是帝国主义进行武装干涉和文化价值观念输出的强大动员力量,并把持了国际舆论。帝国主义在文化输出的过程中,将其文化作为标准,宣扬其西方文化的优越感,贬低东方文化,来塑造其优越的等级身份,以巩固其统治地位。

欧美学者在18、19世纪对东方的研究过程中,形成的东方学,即将东方视为一种他者的存在。东方学的基本主张是,西方是发达的、理性的、自治的,而东方是落后的、非理性的、缺失自治能力的。如东方学学者福赫认为,除非东方人学会理性,发展知识和实证的技巧,否则东西方之间不可能进行沟通。③ 西方文化中探讨的普遍意义上的人,并不包括东方人。萨义德认为,东方学可以被视为一种规范化(或东方化)的写作方式、想象方式和研究方式,受表面上适用于东方的各种要求、视角和意识形态偏见的支配,东方通过一些具体的方式被教学、被研究、被管理、被评判。④

这种西方人眼中的东方世界,满足了西方对东方的一种浪漫的田园牧歌式的想象,也代表了一种对西方无害的乌托邦。当真实的东方呈现在其面前时,则可能遭到其批评,甚至唾弃。萨义德指出,当人们使用东方人和西方人这样的范畴作为学术分析、研究和制定公共政策的出发点和最终目的时,其结果通常是将这一区分极端化——东方变得更东方,

---

① Gauri Viswanathan (1989). *Mask of Conquest: Literary Study and British Rule in India*. New York: Columbia University Press. 2.
② 爱德华·W. 萨义德. 文化与帝国主义[M]. 李琨,译. 北京:生活·读书·新知三联书店,2016:147.
③ 爱德华·W. 萨义德. 东方学[M]. 王宇根,译. 北京:生活·读书·新知三联书店,2019:337.
④ 爱德华·W. 萨义德. 东方学[M]. 王宇根,译. 北京:生活·读书·新知三联书店,2019:267.

西方变得更西方——并且限制了不同文化、传统和社会之间相互接触。①

殖民主义者要求一切应以西方权威和"白色"为中心，以特定时间、特定地点生产的知识为标准，通过压制他者，以维护自身霸权。这不过是一种循环论证而已，因为西方凭借其先进的技术和坚船利炮获得了成功，控制了话语权，并非具有道义上的正当性。与此同时，19世纪以来，西方统治者精心进行了大量的正面形象建构，从而助其以一种道义上的公正面貌出现在被殖民者面前，而漠视和隐瞒了其近代以来，对殖民地所进行的赤裸裸的欺骗、偷窃、杀戮等不道德行为的历史。当代西方通过技术上的成功，控制传媒与文化扩张，形成了新的文化霸权。这种依附于新兴技术内的价值观念，影响着第三世界人民的思想意识形态，则是新殖民主义的一种表现形式。

## 二、自我技术的生产理论

殖民统治并非完全依赖于外在强制，它也离不开被殖民者的合作。在福柯看来，研究西方文明的主体谱系学，不仅要考虑到统治的技术，还要考虑到自我的技术。对自我进行建构有两种方式：第一种是支配技术；第二种是自我技术。② 福柯在《主体性与真相》的演讲中也指出，在所有社会中，都存在着一种技术；这些技术使个人得以通过他们自己，对他们自己的为人实施某些操作；而这样做是为了改造他们自己，改变他们自己，并达到某种完美、幸福、纯洁、超自然能力等状态。③ 西方殖民统治者深谙此道，支配技术对人的影响较为明显，它依赖于外在的强制，如西方发达国家在军事、政治、经济上的霸权。而自我的技术则是潜在地对人施加影响。在这里，权力不仅是对人的身体限制，更为重要的是表现为对人的心灵的规训。个人在外在权力的规训中会不断地去调整自己的行为，形成自我治理。殖民地人民自我的技术表现为，被殖民者将殖民统治的法律内在化的图景。

这种自我技术受到了后殖民理论家的批判。萨义德在《文化与帝国主义》中，分析了欧美殖民时期小说中含有的殖民意识。他指出，帝国主义一方面以武力来掠夺领土；另一方面，它通过在帝国主义的受害者和维护者之间确立一个自发的、自我肯定的正当的权威体

---

① 爱德华·W.萨义德.东方学[M].王宇根，译.北京：生活·读书·新知三联书店，2019：59.
② 马歇尔·米歇尔·福柯：个人自主与教育[M].于伟，李珊珊，等，译.北京：北京师范大学出版社，2008：84.
③ 米歇尔·福柯.自我解释学的起源[M].潘培庆，译.重庆：西南师范大学出版社，2018：10.

系,来推行一种模糊或掩盖这种思想的实践。① 帝国主义者通过掌握的话语权,输出自身文化。而受害者则接受和向往欧美文化的普遍化思想,并依此来进行自我规训,形成了文化依附,自觉维护这种意识形态上的统治秩序。殖民地人民与统治者的合作,还表现在殖民教育培养了一批具有殖民者文化品味、参与统治的代理人,使殖民统治看上去变得更加隐蔽。

我们在走向现代化的过程中,身份的构建与重塑,应该关注自身的文化传统与现实的需要。每一种文化的发展,都需要有一种相异且竞争的另一个自我的存在。自我身份的建构,牵涉到与我们自己相反的"他者"身份的建构,并且总是牵涉到对与"我们"不同的特质的不断阐释与再阐释。每一时代和社会都重新创造自己的"他者"。因此,自我身份或"他者"身份,绝非静止的东西;而在很大程度上是一种人为建构的历史、社会、学术和政治过程,就像是一场牵涉到各个社会的不同个体和机构的竞赛。②

### 三、第三空间理论

霍米巴巴的第三空间理论认为,殖民地与被殖民者之间的权力关系并非截然对立的,而是复杂的。他指出,殖民地话语的一个重要特征在于,它依赖于在他者意识形态建构中的"固定性"(fixity)概念。固定性,作为殖民主义话语中文化/历史/种族差异的标志,在表象模式上存在着矛盾;它意味着严格的、不可变化的秩序,同时也意味着无序、堕落与着魔般的重复。③ 前者意味着,殖民者对被殖民者的征服是不确定的、不可改变的;后者意味着,对被殖民者的描述需要不断地去重复。他者形象被殖民话语进行定位,其落后性被固定,成为其本质。在殖民统治之中,被殖民者采取一种模仿(mimicry)策略,来应对殖民统治,它代表了一种讽刺性的妥协。殖民地模仿,是一种对他者改良的和可辨别(reformed and recognizable)的欲望。他者作为一个差异的主体,几乎是相同的,但又不完全是。也就是说,模仿的话语在矛盾中建构,目的在于取得预期的效果,以继续生产滑移(slippage)、夸张或差异。④ 这使得殖民话语失去了其纯正性和稳定性,也成为了反抗殖民统治的一种方式,

---

① 爱德华·W. 萨义德. 文化与帝国主义[M]. 李琨,译. 北京:生活·读书·新知三联书店,2016:94.
② 爱德华·W. 萨义德. 东方学[M]. 王宇根,译. 北京:生活·读书·新知三联书店,2019:444.
③ Bhabha. H. K. (1994). *The Location of Culture*. London and New York: Routledge. 66.
④ Bhabha. H. K. (1994). *The Location of Culture*. London and New York: Routledge. 86.

形成了一种新的文化的杂糅。

我国学者评价道:"霍米巴巴将第三空间,作为一个东西方的桥梁地带,交流与冲突的缓冲地带。他的文化之根在于东方,但他已融入或试图融入西方文化之中,并以东方文化的角度为西方献计献策,以修正西方文化的偏差。"①他的理论,旨在促进东西方文化的交流、模仿,也表达了对殖民地话语权威性的一种否定;被殖民者虽然也部分纳入了自己的本地文化,但在这种混杂中,仍以殖民地话语为主导。他只是对西方文化的部分借用,并未真正地融入其中;这只是弱化了西方话语霸权的消极影响,并不涉及如何主动去摆脱西方所构建的话语霸权的牢笼。

后殖民主义理论,也受到了弗朗兹·法农(Frantz Fanon,1925—1961)的影响。法农对欧洲文明持一种激烈的批判态度,被认为是第三世界的代言人。② 福柯的话语理论认为,世界上一切知识,都是"话语/权力"的较量。当代世界上的主流话语,都是西方中心主义的。列维纳斯在《总体与无限》中批判了西方哲学将他者还原为同一的传统。他认为,西方哲学在大多数情况下是存在论,存在论与他者的关系,是把他者还原为同一……不可分割的主题化与概念化并不是与他者的和平相处,而是对他者的消灭和占有。确实,占有虽然肯定了他者,却是对其独立性的否定中进行肯定。③ 在殖民地,帝国主义将现代性作为评价其他文化先进与落后的标准,消灭了殖民地的独立性。帝国主义灌输的这种等级制度,剥夺了世界各地的殖民地人民从事智力劳动的资格。从这个角度,殖民地表现为未开发的、破败的、未完成的领地;它们的历史成为了一系列阻碍人性发展的历史。西方的知识则被认定为科学的、普遍的、真理的地位,创造了现代的人文与自然科学知识;而科学产生于西方的启蒙运动与现代性,这作为殖民暴力的认知维度,长期存在于教育之中。④ 因此,在研究西方教育时,应警惕其中的西方中心主义、文化的一元化主义,强调文化的交流与沟通,反对文化的封闭与民粹主义,以积极的心态来应对全球化带来的挑战。

西方教育理论也有其产生的具体时间与地点,脱胎于西方具体的教育实践。因而,研究者在对西方文献的鉴别中,应批判地理解西方教育问题的缘起。西方中心论的集体无意

---

① 石海军.后殖民:英印文学之间[M].北京:北京大学出版社,2008:218.
② 刘象愚.法农与后殖民主义[J].外国文学,1999(1):55—60.
③ 伊曼纽尔·列维纳斯.总体与无限[M].朱刚,译.北京:北京大学出版社,2016:17.
④ Robert Aman (2018). *Decolonising Intercultural Education: Colonial Differences, the Geopolitics of Knowledge, and Inter-epistemic Dialogue*. New York: Routledge. 16.

识贯穿于西方的历史发展过程之中。但西方教育也不是像它们自我标榜的那样公平、公正、正确。西方历史中充满着对东方的偏见。如德里达认为,在17世纪的欧洲,文字书写的历史中存在着三个"偏见":"神学偏见""汉字偏见"和"象形文字偏见"……第二个是:汉字是哲学书写的完美蓝图,但只是蓝图。真正的哲学书写,"与历史无关",而且会扬弃汉字,使之成为一种容易学习的书写,替代实际的汉字。① 德里达认为,这其中存在着种族中心主义,是欧洲意识普遍危机的一个症候。这种文化的偏见,已深入西方历史文化的骨髓。这表现在,我们今天不少迎合西方对东方文化落后想象的作品深受欢迎。当今美国对第三世界的研究,体现了西方中心论的色彩。斯皮瓦克指出,第一世界对作为他者第三世界的貌似仁慈的挪用和重写,是当今美国人文学科中大部分有关第三世界作品的根本特色。②

## 第三节 后殖民批判理论对殖民教育的解构

西方教育并非像他们标榜的那样,是一部充满不断进步的历史。西方教育发展过程中存在着对少数民族压迫或殖民的历史,并不像他们所标榜的那样自由、民主和充满人性。教育是西方形成文化霸权的一个重要工具,但西方文化霸权的建立离不开殖民地人民的合作;其建构过程,也需部分考虑到殖民地人民的意愿与接受方式。同时教育的影响并非单向的,殖民地教育也会对宗主国教育产生积极影响。西方各国政府总是想将这些不光彩的历史进行洗白,来维护自身光荣的形象。西方教育在白色神话的建构过程中,往往忽视在教育发展过程中弱势一方付出的巨大代价。如美国的教育发展,是以印第安人、非洲裔美国人等少数族群的教育失败为代价的。西方教育发展进程中,也充满着对少数民族教育不公正的历史。如,美国对印第安人、非洲裔、拉美裔等少数民族,英国人对来自于其前殖民地的移民,澳大利亚对土著人毛利人等,在教育中不公正对待的历史。以此为基础建构的西方教育理论,渗透着无意识的种族中心主义。

---

① 佳亚特里·斯皮瓦克.后殖民理性批判:正在消失的当下的历史[M].严蓓雯,译.南京:译林出版社,2014:290.
② 佳亚特里·斯皮瓦克.后殖民理性批判:正在消失的当下的历史[M].严蓓雯,译.南京:译林出版社,2014:288.

## 一、殖民地当局对教育霸权有意识地建构

殖民主义者在统治的过程中,通过所谓客观知识的建构,在学校中对殖民地人民进行传递,来奠定其文化知识霸权。这些殖民学校的教学,宣传的是西方的教育和历史,土著人的历史处于压抑状态。他们在压制反对声音的同时,也会根据当地的文化、传统习俗、生活方式来改变统治策略;但殖民地人民能享受的教育机会是非常有限的,其教育本质是为殖民统治服务,而非殖民地的发展。如美国人将英语教学作为安抚殖民地的工具,在 1899 年占领菲律宾之后,1901 年 1 月成立了公共教学署(Bureau of Public Instruction),迅速从国内招募了 1000 名美国人来担任英语教师。① 由于教师待遇丰厚,以及一些美国人充满着对东方异国情调的向往,这项工作得到了积极响应。当然,其中也有少数教师对殖民地的帝国主义统治不满,挑战了殖民地教育的官方叙述,制造了美国与菲律宾的政治危机。在殖民地的课堂中,英语被强制为唯一的教学语言,菲律宾人的母语受到排斥,因而在菲律宾民族主义者看来,英语教学并非是一种安抚的工具,而是一种语言的战争或者翻译的战争。②

又如,在比利时的刚果(金)殖民地,殖民者的统治地位,依赖于其强力控制,其教育体系也体现了浓厚的殖民色彩。刚果(金)的殖民教育制度,仿照比利时教育来建立,体现了一种父权主义色彩。有研究者认为,在刚果(金)的比利时教会,可以清晰地注意到,政府办公地点、教会传教地点与工业中心三者距离处于最佳位置,避免了殖民统治三驾马车——政府、教会与工业的相互过度干扰。小学的建筑模仿中世纪的修道院,包括哥特式建筑,目的在于提供一个与世隔绝的、封闭的庇护所,以远离城市的危险。教学空间,这个词在地理意义上,是体现殖民地家长制教育学的一个绝佳案例。③

直到 20 世纪,比利时传教士仍然力图通过教育来使土著人,尽可能成为殖民制度温顺

---

① Steinbock-Pratt, Sarah (2019). *Educating the Empire: American Teachers and Contested Colonization in the Philippines*. New York: Cambridge University Press. 29.
② Vicentel Rafael (2015). The War of Translation: Colonial Education, American English, and Tagalog Slang in the Philippines. *The Journal of Asian Studies*, 74(2):283-302.
③ Marc Depaepe (2014). *Writing Histories of Congolese Colonial and Post-Colonial Education: A Historiographical View from Belgium*. Barnita Bagchi, Eckhardt Fuchs and Kate Rousmaniere edited. *Connecting Histories of Education: Transnational and Cross-cultural Exchanges in (Post) Colonial Education*. New York & Oxford: Berghahn Books. 48.

的支持者。培养他们服从的习惯，则不可避免地成为了教育的首要任务。它依靠近乎于盲目的训练和严格的规训。教育目的，不是为了增强学生的自我意识；明显地，教室中的教学关系，完全不是为了获得解放、自治、自由表达，或在20世纪60年代后期"解放教育学"所倡导的先进教育理念。学生不过是获得了一点点批判性思维，这却是他们不想看见的副产品。其目标是，不想制造一个半知识分子、半文明的具有怨恨态度的阶层，避免可能成为一个不满的、革命的、民族主义思想的温床。[1] 这种教育学的种族主义理论基础在于，非洲人缺少自治，过于迷信权威和服从，他们只需要接受初等教育就能满足其基本生活需要。这与殖民主义所标榜的为了殖民地人民的幸福相反。实际上，这体现了殖民教育的困境。优质的教育，可能激发殖民地人民的民族意识，进而反对种族主义的压迫统治。因而在刚果（金）独立后，种族主义教育制度土崩瓦解便不可避免。直至今天，它对刚果（金）的教育发展都产生着消极的影响。

殖民统治者还通过所谓客观知识的建构，对殖民地人民进行洗脑，为其殖民统治进行辩护。如在探讨英国与印度殖民地之间的权力关系时，印度殖民地官员沃伦·黑斯廷斯（Warren Hastings）承认，英国不仅仅是对那些被统治者，有着重要的知识生产的兴趣；更为重要的是，它还扮演一个积极处理的角色，假借"客观知识"的名义去有选择地传递那些知识给人类。[2] 这些所谓的"客观知识"，伪装成为普世的人文知识，对统治起着重要的支持作用，为殖民当局统治的合法性披上了一件伪装的外衣。它通过对东方专制主义的批判，来帮助说明征服的正当性。帝国主义通过对标准进行控制，影响着学校课程的设置与评价标准。积极鼓吹将主流文化作为标准、道德、宗教价值观念的仲裁者，其首要的立场在于，在努力将一个个个体同化为单一身份的过程中，将那些主要属于自身文化的一套作品加以普遍化。

另外一种立场，在目的上更为相对主义。它宣称扩充了课程内容，包含了其他文化的文学作品。但后者相对宽容的立场，并没有否定这样一种可能性，即使是最具有包容性的

---

[1] Marc Depaepe (2014). *Writing Histories of Congolese Colonial and Post-Colonial Education: A Historiographical View from Belgium*. Barnita Bagchi, Eckhardt Fuchs and Kate Rousmaniere edited. *Connecting Histories of Education: Transnational and Cross-cultural Exchanges in (Post) Colonial Education*. New York & Oxford: Berghahn Books. 49.

[2] Gauri Viswanathan (1989). *Masks of Conquest: Literary Study and British Rule in India*. New York: Columbia University Press. 29.

课程,其本身也可能是课程控制的一部分。正如东方主义者教育史所展示的那样,一门课程可以将处于从属地位的人口的学习制度纳入其中,但它依然是霸权活动的一种工具……19世纪英国殖民地印度的英语课程,不能仅仅简化为一种权力的表达,更是为了传递权力,也是为了强化英国的统治,以应对真实的或来自于潜在反抗的臣民群体假想的威胁。① 因为课程内容是一种展示和维护权力的工具,它所表达的共同价值,无外乎是英国价值观的体现,通过单一身份的塑造,以维护其殖民统治。英语文学中所渗透的宗教观念、传统、社会责任等观念,都蕴含了某种种族优越感,潜移默化地传递给殖民地人民。

殖民统治者还利用宗教作为武器,通过开办宗教学校,传递官方的意识形态。如瑞典政府对萨米族教育的排斥,是萨米族一部辛酸的历史。在18世纪,瑞典政府对萨米人的宗教萨满教持一种排斥和敌视的态度,为迫使他们改信基督教,为萨米人开办了寄宿的宗教学校。这种学校创造了一种有利于灌输和文化移入的条件。学校的目标是培养未来教师和基督教传教士,将勤奋、遵守规则和服从作为他们的基本美德。它们与刚果殖民地的学校类似,即将与外界隔绝作为一种基本的策略,并时刻监督学生,让它们远离政府不希望看见的外界影响。当然,这种将萨米人基督教化的制度遭到了萨米族学生的反抗,也影响到萨米族的身份认同。直至今天,身份认同对于萨米年轻一代来说,仍然是一个令人痛苦的主题。②

殖民地官员将殖民地人民他者化,甚至对殖民地人民的教育效果进行妖魔化。如在英国殖民地,教育机构威胁殖民者,声称花在纳塔尔的非洲人和澳大利亚土著人身上的教育开支,纯属浪费,这突出了诸多殖民地共同的焦虑。③ 乌干达学者谴责英国殖民者有目的去追求思想和文化的统治样式,破坏或摧毁了乌干达人民的文化。在这一实践中,教育起着重要的作用。被学校洗脑的乌干达人抛弃了他们的文化,去拥抱据称为高级的西方文化。

---

① Gauri Viswanathan (1989). *Masks of Conques: Literary Study and British Rule in India*. New York: Columbia University Press. 167.
② Daniel Lindmark (2014). *Colonial Education and Saami Resistance in Early Modern Sweden*. Barnita Bagchi, Eckhardt Fuchs and Kate Rousmaniere edited. *Connecting Histories of Education: Transnational and Cross-cultural Exchanges in (Post)Colonial Education*. New York & Oxford: Berghahn Books. 142–144.
③ Rebecca Swartz (2019). *Education and Empire: Children, Race and Humanitarianism in the British Settler Colonies, 1833–1880*. Cham: Springer Nature Switzerland AG. 241.

这带来了文化的依赖、精神奴役与自卑感。① 殖民地统治者需要当地人接受一定的教育,以获得合格的劳动者;同时认为,他们难以接受教育,为提供的少得可怜的受教育机会进行辩护。统治者所做的一切,都是为了使殖民统治持续下去,而非为了殖民地的教育发展,这也反映了殖民地教育的内部困境。

## 二、殖民地人民与殖民教育的合作

霸权的建立不是天生的,它依赖于合作与互动。萨义德认为,帝国主义毕竟是一种合作的过程,其现代形式的一个突出特点是,它是(或者声称是)一种教育运动。它十分有意识地表明,要实行现代化、发展教育和文明,亚洲、非洲、拉丁美洲、欧洲和美洲的学校,教会、大学、学会、医院的记录中充满了这种历史。经过了一定的时间,就出现了所谓的现代化倾向,同时它缓和了帝国主义统治残酷的一面。然而,在它的中心,仍然保留了19世纪的土著与西方人之间的差别。② 殖民地的教育是将人民变为西方权威的依附者,完成对西方文化霸权的建构。萨义德还认为,殖民地教育的目的之一,是宣传法国或英国的历史,同一种教育也同时压抑了土著的历史。③ 斯蒂芬·鲍尔(Stephen J. Ball)为帝国主义的教育政策作了辩护。他指出,殖民地教育并非完全是殖民地当局外在强加给殖民地;而且相反,由于殖民当局的统治地位,殖民地的非洲人民甚至还产生了对西方文化教育的需求。这通常与个体社会流动的抱负相关,也必须对抗殖民政府和地方市政当局尝试实施的不同形式的适应性教育(adapt education)。④ 即非洲人不满足于接受简单的生产生活技术的教育,希望享受更高层次的宗主国提供的正规教育,教育促进了殖民地自发的、自我肯定的正当的权威体系的建立。

在福柯看来,权力是由复杂的关系构成的:这些关系包含着一整套理性的技术,而这些

---

① Clive Whitehead (2005). The historiography of British Imperial Education Policy, Part II: Africa and the Rest of the Colonial Empire. *History of Education*, 34(4):441-454.
② 爱德华·W. 萨义德. 文化与帝国主义[M]. 李琨,译. 北京:生活·读书·新知三联书店,2016:318.
③ 爱德华·W. 萨义德. 文化与帝国主义[M]. 李琨,译. 北京:生活·读书·新知三联书店,2016:318.
④ Stephen J. Ball (1983). Imperialism, Social Control and the Colonial Curriculum in Africa. *Journal of Curriculum Studies*, 15(3):237-263.

技术的有效性则来自强制工艺和自我工艺的精致结合。① 通过自我将外在法律内在化,达到治理的实现。自我的规训与外在制度霸权规训的合谋,构成了西方文化的霸权。即殖民地或不发达国家的人民,面对西方强大的政治经济军事力量,缺乏一种文化的自信,进而对西方的文化教育产生了一种不理智的盲从现象。具体表现在第二次世界大战后,不少新独立的发展中国家都学习西方,将是否符合西方教育制度与理论,作为衡量本国教育成功与否的唯一标准,并由此建立起了本国的教育制度,却忽视了本国的传统。发展中国家这种自我技术的运用,与西方教育自身的强力宣传,奠基了西方教育的话语霸权。尤其是20世纪80年代以来,教育市场化思想在英美等国流行,该思想受到了一些发展中国家的追捧,导致教育经费投入不足,教育质量严重下滑。

### 三、殖民地教育对西方教育的反哺

殖民教育并非像西方学者所认为的,是一种单向输出的过程;殖民地教育对宗主国的教育也产生了积极的影响。如英语走上世界,成为普遍性语言,应归功于其在印度殖民地的成功。为了维护西方文化的霸权地位,宗主国将英语课程纳入了印度殖民地的教育体系,并根据统治的需要,对教学内容进行修改。具有讽刺意味的是,年轻的英国文学史(不超过150年)作为殖民地课程主体的出现,要早于它在母国教育中的制度化。19世纪20年代,尽管一些批评家艰苦地努力去减轻古典课程的控制地位,但它在英国仍然居于高高的统治地位。英语不仅是作为一种语言的学习,而作为一种文化研究,在英国殖民地印度的学校课程中,已经具有牢固的地位。② 由于当时英国政府不管教育,教育受教会控制,英国上流社会子弟在家庭和贵族学校中接受的是传统的人文教育,世俗教育的发展受到一定的限制。那些在英国不能实施的教育理念,在印度都获得了实践的机会。

导生制产生的历史说明,西方教育也受惠于东方的传统。导生制的首创者贝尔(Andrew Bell),在1789年担任过东印度公司的随军牧师,负责管理一所欧洲军人孤儿学校。该制度起源于印度马德拉斯(Madras),受马拉巴(Malabar)一所普通乡村学校中沙盘

---

① 米歇尔·福柯.自我解释学的起源[M].潘培庆,译.重庆:西南师范大学出版社,2018:11.
② Gauri Viswanathan (1989). *Masks of Conques: Literary Study and British Rule in India*. New York: Columbia University Press. 3.

教学法的启发,他创立了导生制,利用学生的相互教学,来弥补师资的不足。后来,逐渐转变为任命成绩优秀的学生,来教低年级的儿童。贝尔回国后,1797 年,出版了《一个教育实验》(An Experiment in Education)一书对导生制进行宣传。在当时师资缺乏的时代,该制对英国穷人的教育制度产生了积极的影响,后来影响到欧美各国。在印度革命时期,社会学家贝诺伊·库马尔·萨卡尔(Benoy Kumar Sarkar)与他同时代主张欧洲中心主义史学的学者进行辩论时,重点强调基于所谓的兰卡斯特—贝尔教学法,英国亏欠印度,强调即便是马德拉斯古代或中世纪时期的文明,事实上都已经成为西方文明的哺育者之一。① 这表明,印度殖民地教育不是一块白板,殖民当局只是对印度初等教育进行了细微的改革。该制度,与 19 世纪初英国教会建立一个由其领导的国民教育制度的需求不谋而合,体现了印度教育对西方教育的反哺。

  现代教育研究强调对档案等官方话语的描述,这可能进一步使西方中心主义得到证明。教育史书写的西方中心主义视角,依赖于殖民地中教科书、视察报告和其他反映教育现实的资料,它们从宏观和中观的视角描述教育经历。② 而对曾受过殖民统治的刚果(金)人教育经历进行的田野调查,则可能得出不同的结论:殖民地教育也受到了殖民地人民的反抗。有研究者对刚果(金)独立后,一些在殖民地时期求学人士的调查结果表明,有的产生了感激和怀旧之情,有的则因为本地和天主教文化的冲突产生了愤怒和怨恨。这也充分说明,文化对人的影响是多元的、复杂的。

  日常的教学实践,可能更多地指向文化挪用,而非疏远或完全祛除,在任何情况下都会为地方留下调整和丰富的余地。文明从来不是只有一个单一的中心,而是来自于多方面的影响和实践,无论是在它们所蕴含的总体趋势,还是时不时产生的短期或长期的差异化结果之中。因此,没有本地化就没有国际化,在刚果(金)的情境下,自然不能排除某种形式的

---

① Jana Tschurenev (2014). *A Colonial Experiment in Education Madras, 1789 - 1796*. Barnita Bagchi, Eckhardt Fuchs and Kate Rousmaniere edited. *Connecting Histories of Education: Transnational and Cross-cultural Exchanges in (post)Colonial Education*. New York & Oxford: Berghahn Books. 106.
② Marc Depaepe (2014). *Writing Histories of Congolese Colonial and Post-Colonial Education: A Historiographical View from Belgium*. Barnita Bagchi, Eckhardt Fuchs and Kate Rousmaniere edited. *Connecting Histories of Education: Transnational and Cross-cultural Exchanges in (Post) Colonial Education*. New York & Oxford: Berghahn Books. 47.

文化杂交,而且事实上刚好相反。① 但总体而言,殖民地教育对于殖民地人民来说,并未产生良好的效果。殖民地教育是一个中立的(或者甚至是有益的)教育制度的观点,忽视了教育项目被用来满足殖民者需要,以及维护社会等级秩序的现实。对于精英阶层来说,无疑获得了一些西方教育的利益;但是,大多数殖民地人民很少或没有机会获得一点正规教育,即便有,也是倾向于训练忠诚的臣民。② 既然殖民教育从来没有取得太大的成功,这就需要去思考殖民地教育的本地特色,破除殖民教育在本地的优先地位。

## 第四节 后殖民理论在教育史研究中的运用

后殖民主义者强调从解构传统白人的特权地位中找回过去的伦理问题。后殖民则涉及谁的声音的问题。研究者利用档案资料、口述史以及回忆录来发现殖民教育的历史,其中包括殖民地本土教育的历史、殖民教育的历史,以及人民反抗殖民教育压迫的历史。

### 一、发掘殖民地本土教育的历史

以往的殖民地教育史研究,都是来源于殖民地当局的档案,解读殖民教育政策和法律。随着后殖民主义理论对殖民教育的反思,当代本土教育的不平等带来的后果,也受到研究者的关注,如澳大利亚学者研究了西威尔士土著居民 1903—1965 年间的教育状况。研究发现,土著学校的教育任务的目的是对基督教信仰进行再教育,并摧毁传统的土著信仰和文化。一些学生,被排除在国家教育系统的学校之外,隔离在保留地的临时学校上学。由于长期的种族隔离和保护主义政策,导致土著教育质量低下。其原因在于,教师态度消极,

---

① Marc Depaepe (2014). *Writing Histories of Congolese Colonial and Post-Colonial Education*: A *Historiographical View from Belgium*. Barnita Bagchi, Eckhardt Fuchs and Kate Rousmaniere edited. *Connecting Histories of Education*: *Transnational and Cross-cultural Exchanges in (Post) Colonial Education*. New York & Oxford: Berghahn Books. 51.
② Rebecca Swartz (2019). *Education and Empire*: *Children, Race and Humanitarianism in the British Settler Colonies, 1833-1880*. Cham: Springer Nature Switzerland AG. 238.

而且学校操场上的种族主义和校园欺凌,使许多土著儿童更加脆弱。满足基本生活对于他们来说很困难。乡村城镇的失业现象长期存在,是因为对土著青年的工作也有条件限制。政府的政策在当地并不奏效。①

有研究者主张,以土著人的声音为中心,并承认土著人的观点和立场,为土著人的经历创造了空间共享殖民地。研究者通过口述史等定性研究方法,重点探讨了 1910 年至 1955 年间,西澳大利亚 Moola Bulla(Moola Bulla Native Cattle Station)土著人的生活经验,及其对西方教育观念的理解;调查政府立法和政策如何影响了这些经验和看法;通过促进强有力的叙事,承认对土著人的不公正和尊重土著人的能动性。研究方法远离殖民主义对历史的家长式和种族主义的解释,它旨在使澳大利亚西部偏远地区土著人的教育叙述去殖民化。这些叙事是对殖民地官方主导叙事的反抗。②

以往的菲律宾教育史,根据殖民主义的视角来划分教育发展的历史阶段。关注的是西班牙王室和天主教会的教育政策或措施,以及西班牙人如何教育菲律宾人。这种研究方法无疑会得出这样一个结论:殖民主义在教育发展中起主要作用。而菲律宾人对殖民教育的反应,以及他们建立一种独立教育制度的努力,均被忽视。但从菲律宾人自主的视角就会发现,西班牙殖民主义者的教育政策和实践,创造了一个二元教育制度:菲律宾人建立一种教义问答学校,为西班牙人提供与半岛类似的学术学校。多年来,殖民政府主要是为了回应西班牙种族主义的要求,菲律宾人建立的教义问答学校不足;尤其是在 19 世纪,他们创造了一个独立的教育体系,复制了学术教育的最初几年。对此,西班牙的政策试图加以拒绝。但菲律宾人在建立这一制度方面取得的成功表明,殖民主义不是通过政府政策来决定教育的发展和实践,只是对殖民地的人民的教育活动设定了最外部的限制。反过来,他们也可以对感受到的各种压力做出反应,自由地塑造一个国家的教育体系。③

---

① John Ramsland (2006). The Aboriginal School a Purfleet, 1903 – 1965: A Case Study of the Segregation of Aboriginal Children in New South Wales, Australia. *History of Education Review*, 35(1):47 – 57.
② Rhonda Povey, Michelle Trudgett (2019). There was Movement at the Station: Western Education at Moola Bulla, 1910 – 1955. *History of Education Review*, 48(1):75 – 90.
③ Karl Schwartz (1971). Filipino Education and Spanish Colonialism: Toward an Autonomous Perspective. *Comparative Education Review*, 15(2):202 – 218.

## 二、揭露殖民教育压迫殖民地人民的教育历史

殖民主义教育的研究,在东西方都受到关注。前殖民地国家的研究,一般都表达了对殖民教育的痛恨,叙述殖民教育所带来的危害,①因为殖民教育只是培养服务殖民统治的工具。由于殖民地官方语言的学习,能为接受学习者提供有限的工作机会。殖民地人民在接受殖民教育的同时,也在接受对他们文化模式和思考方式进行蔑视的教育,如被认为是下等的、迷信的、落后的,甚至是不人道的,需要被更高级的西方文化所取代。它们对殖民地的压迫实际上是一种文化的压迫。殖民主义者视前殖民教育是有缺陷的。因而西方殖民者摧毁了殖民地人民的传统教育。

1898年美国占领夏威夷之后,进行了政治、经济和文化上全面统治。在第一次世界大战前后,夏威夷的白人至上主义达到一个高峰。在种植园中,大量日本劳工的涌入,使得统治当局担心岛屿的日本化,美国政府便将学校作为一个熔炉,来将他们进行美国化。由于这段时间夏威夷的学校教育史缺乏官方的档案记载,只知教师作为官方的代表,参与了对殖民地教育美国化的过程,故研究者利用曾在20世纪20、30年代公立学校中任职的教师的访谈,来研究这段教育史。与美国本土教育制度不一样的是,夏威夷教育管理体制是集权制。教师主要来源于美国本土或本地师范学校,无论他们是来源于哪个族群,但要求必须是拥有美国的价值观念,了解美国机构和历史方面知识的真正的美国人。美国政府对夏威夷的文化殖民中,语言帝国主义也起着一个重要的角色。随着越来越多的种植主移民后代加入教师队伍,他们带着同样特点的口音,这为教育当局带来了一个复杂的问题。殖民地教育的帝国主义体现在两个方面:一是必须采用英语进行教学,二是教育中对农村和种植劳动的优先性推崇。但公立学校也并非反对殖民教育的堡垒,本地教师也并非狂热的反对者,更多的是谨慎地对待殖民地的教学。②

澳大利亚学者,研究了澳大利亚政府在其殖民地巴布亚新几内亚的教育政策,揭示了殖民教育对巴布亚新几内亚造成的危害。研究指出,在1945—1975年间,澳大利亚行政当

---

① Kilemi Mwiria (1991). Education for Subordination: African Education in colonial Kenya. *History of Education*, 20(3):261-273.
② Bernard Hyams (1995). United States Colonialism in Hawaiian Education: The Teacher's Role. *Paedagogica Historica*, 31(sup1):279-292.

局在殖民地时期忽视巴布亚新几内亚事务,对土著人民狭隘的职业成果的压倒性重视。这意味着对于成功独立来说,至关重要的教育成果——如公民意识和坚实的专业工作者队伍——被忽视了,对巴布亚新几内亚作为一个国家的未来付出了巨大的代价。① 也有学者探讨了在19世纪40年代,殖民地当局对南澳大利亚土著进行"文明化"的项目,学习欧式生活方式,以使他们融入殖民地社会。该研究通过当时对文明化的争论,来探讨文明的本质。即教会学校主张的先进行基督教化,再文明化;而殖民政府设立的公立学校主张先进行"文明的习惯"的培养,教给他们学会清洁和着装探讨了文明化的本质,重塑儿童的身体,以及他们的心灵和思想。② 也有学者比较了大英帝国殖民地澳大利亚、巴布亚新几内亚和爱尔兰等国中,殖民主义、学校教育和社会变革之间的关系。它表明,对学校教育的不同反应,如从接收和容忍,到修正和拒绝,取决于国家、问题和历史时期的不同。③ 殖民教育不仅带来了社会变革,也为英国和殖民地培养了忠诚的人员,同时也生产了他们的社会特权。

澳大利亚学者批判了西方研究者对殖民教育的美化,认为关于殖民地教育的历史记载,往往从对西方有利的视角来看待教育方面的作用,侧重于它在将殖民地人民纳入殖民秩序的作用。他们基本上忽视了殖民地背景,这对学校教育的实践和成效产生了明显的影响。研究结果表明,从档案数据以及殖民地托雷斯海峡群岛岛民的描述中获得的信息表明,托雷斯海峡群岛的学校教育,不仅仅是殖民主义的产物。相反,这是一个动态的过程,岛民的文化和习俗塑造着他们的反应方式,以允许他们有选择地适应甚至抵制,他们认为在白人统治下的新生活中需要学校教育。主要参与者如传教士、政府官员、教师、有兴趣的观察家以及岛民的观点,以及当地环境中的关键要素,在解释学校教育过程中起着核心作用。学校教育对岛民生活的影响与教育政策目标的实现,总是一种协商互动的产物,这意味着它们从未取得确定性的实践和成果。④ 殖民地人民对教育的热情,并不能给他们带来命运的转变,大多数人会因为殖民地当局的种族隔离政策,以及提供给他们的工作机会太

---

① Lydon Megarrity (2005). Indigenous Education in Colonial Papua New Guinea: Australian Government Policy 1945 – 1975. *History of Education Review*, 34(2):41 – 58.
② Anne Scrimgeour (2006). Notions of Civilisation and the Project to 'Civilise' Aborigines in South Australia in the 1840S. *History of Education Review*, 35(1):35 – 46.
③ Tom O'Donoghue (2009). Colonialism, education and social change in the British Empire: the cases of Australia, Papua New Guinea and Ireland. *Paedagogica Historica*, 45(6):787 – 800.
④ Alan Williamson (1997). Decolonizing historiography of colonial education: processes of interaction in the schooling of Torres Strait Islanders. *Qualitative Studies in Education*, 10(4):407 – 423.

少,而难以从中获益。

## 三、殖民地人民反抗殖民教育的历史

在殖民统治中,民族主义者出于对殖民统治的拒绝,也认识到了西方科学技术的强大。他们一般都会建立民族学校,开设部分西方的课程,同时给学生灌输传统的文化价值观,以达到"师夷长技以制夷"的目的。

种族问题和原住民教育历来是美国教育史的热门研究领域,两者的底层性和公共性使得其易于和公众史学产生关联。由有色人种和原住民直接参与的相关研究,与学院内研究者的学术研究共同建构了教育史学。以夏威夷为例,按照传统的进步主义观点,原住民的历史通常是庆祝各岛屿的美国化进程,宣扬以美国为中心的进步叙事,并吹捧美国对个人自由、社会平等的独特承诺,将其作为夏威夷政治发展的关键因素。① 但近些年来,一些学者通过对夏威夷原住民的著作加以分析,还原出了与主流观点不一致的"美国化"进程。

土著作家和教育家查尔斯·W. 肯恩(Charles W. Kenn)在他的散文《我是夏威夷人》(*I am a Hawaiian*)中质疑白人教育者的仁慈,他以原住民身份批判了美国的教育及其同化政策,并向全国宣称他至今"仍然是夏威夷人"。② 查尔斯在这篇散文中将自己还原为夏威夷原住民中的一员,并与其他原住民一同构建进步的"美国化"教育之外的夏威夷教育史。从夏威夷公立学校的学生档案中,我们可以获知查尔斯的身份认同在夏威夷并非孤例。原住民学生书写的生活史证明,虽然夏威夷公立学校的白人教育者热衷于推行美国化运动,但原住民学生并不是被动的同化运动受害者,他们在作品中叙述了其是如何选择性地利用公立学校教育来参与美国化过程,同时仍旧保持作为夏威夷人的文化身份。③

这些生活史作品也表明,夏威夷于1898年为美国吞并后,原住民学生通过一些策略来抵制同化运动。这些策略,使得他们在不会产生实质性改变的体系中保持自己的尊严、一

---

① Derek Taira (2018). Embracing Education and Contesting Americanization: A Reexamination of Native Hawaiian Student Engagement in Territorial Hawaii's Public Schools, 1920-1940. *History of Education Quarterly*, 58(3):361-391.
② Charles W. Kenn (1936). I Am a Hawaiian. *Paradise of the Pacific*, 48:21.
③ Derek Taira (2018). Embracing Education and Contesting Americanization: A Reexamination of Native Hawaiian Student Engagement in Territorial Hawaii's Public Schools, 1920-1940. *History of Education Quarterly*, 58(3):361-391.

定程度的自由和积极的自我感觉。① 而在保持文化身份的无声抗争中，学生的家庭成为了关键的支持网络，家长们将学校视为培养孩子夏威夷原住民身份最佳场所，并鼓励孩子追求知识、熟练掌握英语。本土学生的作品叙述了一种集体意识和使命感——即个人成功可帮助他们改善家庭和社区的生活质量，揭示了夏威夷学生如何使学校系统在殖民社会得以幸存，以及抵制完全同化的许多方式。②

原住民学生的作品，挑战了历史学家对"抵抗"的看法。教育史学研究者通过展示学生如何有选择地接受、参与和拒绝他们所受教育的各个方面，填补了土著教育史中的空白。有学者发放了20份针对夏威夷原住民学生的调查问卷，其中有几名学生宣称对自己的原住民身份感到自豪，他们强调其"抵抗身份"，并拒绝成为"统治的对象"，反对将白色与文明、将黑色与"野蛮的他者"简单对应，③这在学校记录、公共教育部门出版物和学校官员的信件中，是不曾出现的。

事实上，不珍视自身的文化身份，也会给教育改革带来一定的问题。它不能让我们认识到自己是谁，我们也许能成为谁。有研究从殖民主义的视角，分析了东欧剧变后其教育改革遭受挫折的原因。包括经济合作与发展组织（OECD）在内的各种西方国际组织发布的报告认为，后社会主义教育政策制定者和教育者在有意义的思想和行动上，是消极的、无知的和无能的。对其研究，也无外乎是对西方已有的理论框架的解释增加一个案例而已，而非对理论的挑战。在一个科层制的一系列的观念和知识，基于以下一个信念：西方理论在另外一个国家是有效的，除非另有证明；而其他理论是有限的、区域的，仅限于地方性的。加上对当地众多声音的压制，这些导致了在后社会主义经验进入教育融合的普遍化解释之中时，出现了持续的（不间断的）差异与分歧消失的过程。④ 这种将西方之外的国家他者化的做法，是西方的历史传统，如果殖民地人民盲目照搬其做法，可能会带来教育传统的丧

---

① Myriam Vucčkovicć(2008). Voices from Haskell: Indian Students between Two Worlds, 1884-1928. Lawrence: University Press of Kansas. 127,223.
② Derek Taira (2018). Embracing Education and Contesting Americanization: A Reexamination of Native Hawaiian Student Engagement in Territorial Hawaii's Public Schools, 1920-1940. History of Education Quarterly, 58(3):361-391.
③ K. Tsianina Lomawaima (1995). They Called It Prairie Light: The Story of Chilocco Indian School. Lincoln: University of Nebraska Press. 158.
④ Leoncio Vega Ed. Empires (2014). *Post-Coloniality and Interculturality: New Challenges for Comparative Education*. Rotterdam: Sense Publishers. 192.

失,并导致教育改革的失败。

正如福柯所指出的那样:

> 如果我们继续对自我/规则进行分类,那么我们会发现在每种情况下,自我总是要受到属性或特性,又或者属于规则种类的一般性行为的侵犯……将人类进行分类使之作为某种类别的人而存在,这导致了对人们进行特殊的个别性地规划,以至于把他们规范化了。①

这说明,去殖民化不能简单地视为权力的转移,而应该被视为一个个体身份或集体身份去本地化/再本地化的复杂过程。解放是一个长期的实践,包括对知识与权力问题的阐释,以及理解语言如何成为具体文化的历史构建的一部分。②

---

① 詹姆斯·D.马歇尔.米歇尔·福柯:个人自主与教育[M].于伟,李珊珊,等,译.北京:北京师范大学出版社,2008:94.
② António Nóvoa(1995). On History, History of Education, and History of Colonial Education. *Paedagogica Historica*, 31(sup1):23-64.

# 第六章

# 教育记忆史学

当前新史学以及教育口述史学的兴起,为教育记忆史的研究打下了基础。教育记忆史的研究在于构建对教育历史的认同,理解当前教育的困境与源头。近年来,教育记忆史成为了教育史研究的新领域①,也开始积极关照现实。因此,在改革开放四十周年、新中国成立七十年之际,有关教育发展的历史回顾,掀动了教育历史记忆研究的高潮。这些历史回顾,对中国教育改革与发展的历史,进行了重构和历史化,有利于把握教育发展的总体线索。但绝大部分研究属于宏大叙事,忽视了教育发展过程中的挫折或断裂,以及个体为此付出代价的记忆,缺少对普通个体成长经历与学校教育在个人命运中影响的回忆,这影响了人们对教育历史的认同。记忆史的研究,应有利于重构历史经验,重新阐释教育文化传统,以促进历史认同;否则,就只能沦为资料整理的工具。历史是对过去的叙述,过去的记忆影响着我们今天看待自身以及世界的方式。但如何使教育的历史记忆能关照个人的内心体验,以帮助理解个人的成长经历,并融入共同的集体记忆,促进身份认同,则是一个值得研究的问题;尤其值得注意的是,群体记忆对于个体记忆制造或塑形的两面性,这正是记忆"生产"的教育性之所在。

# 第一节　历史记忆的兴起

20 世纪 70 年代末,西方史学研究的文化转向,将社会记忆史纳入文化史的研究范畴。同时,针对记忆的断裂、记忆娱乐化等记忆的危机,西方出现了"记忆潮"。为反对记忆的断裂,以合理地构建集体或个体的身份认同,记忆史研究在欧洲开始盛行起来。

## 一、记忆史的产生

### (一) 新文化史学的影响

20 世纪 70 年代末,受新文化史学的影响,记忆史研究在欧洲产生。记忆史研究,是和大屠杀的研究紧密联系在一起的。随着经历过大屠杀的人们逐渐离世,如何保留他们的个

---

① 刘大伟,周洪宇.教育记忆史:教育史研究的新领域[J].现代大学教育,2018(1):8—12.

体记忆,避免受害者的历史被遗忘,并使之成为集体的记忆,便成为了历史记忆研究的主题。20 世纪 80 年代,法国社会学家、集体记忆的开创者哈布瓦赫(Maurice Halbwachs)的《集体记忆》出版,记忆史更是受到研究者的重视。哈布瓦赫认为,"历史"不是全部的过去,在书写的历史之外,还有存在着随着时间变化,一个不断延续与更新(renew)的活的历史(living history)。这种活的历史,与回忆紧密相联,即哈布瓦赫所主张的集体记忆。他所谓记忆的集体框架,就成了同一社会中许多成员的个体记忆的结果、总和或某种组合。①

在后现代主义思想的影响下,历史学对历史客观性的追求受到质疑。以往各种被压制的群体和边缘群体,如女性、被殖民者、下层普通人士等的历史研究开始涌现;对他们身份认同的研究,则必然会涉及记忆史的研究。人们开始关注古今之间的联系,过去也属于现在和将来。记忆史研究甚至一度成为热潮,有人将之称为"记忆的转向"。② 20 世纪 80 年代中叶,法国学者皮埃尔·诺拉(Pierre Nora)主编的 3 卷 7 本巨著《记忆之场》,探索了型塑法国国民记忆的场所,即博物馆、历史建筑物、文化遗址、公共节日、各种仪式等,构成了法国的记忆之场。英国新文化史家彼得·伯克,将新社会文化史分为七大类,其中便包括有社会记忆史研究;③他将图像、服饰等文化符号,纳入了文化记忆的内容。

与此同时,一些新的文化产品也进入了历史研究的视野,如纪念碑、自传、档案馆、博物馆等,都成为了历史记忆的媒介;个人的经历,也成为集体记忆的一部分。欧美一些历史研究,开始采用收集个体故事来丰富和充实集体记忆,如为了丰富欧洲的文化遗产,帮助人们出于运用、工作、学习和兴趣的目的,有专业机构对 1914—1918 年第一次世界中普通人的故事进行收集,在该机构的网站上,讲述人可以上传自己的故事;④英国发起了"分享你的移民故事"项目,呼吁新老移民在网上分享他们的移民故事;⑤美国爱尔兰人发起了对"爱尔兰大饥荒"的历史记忆的采集,以起到教育和纪念的作用。⑥ 这些记忆研究,开始汇集普通个

---

① 莫里斯·哈布瓦赫.论集体记忆[M].毕然,郭金华,译.上海:上海人民出版社,2002:70.
② 彭刚.历史记忆与历史书写——史学理论视野下的"记忆的转向"[J].史学史研究,2014(2):1—12.
③ 彼得·伯克.西方新社会文化史[J].刘华,译,历史教学问题,2000(4):25—29.
④ Europeana Collections 1914 - 1918[EB/OL]. [2020 - 01 - 30]. https://www. europeana. eu/portal/en/collections/world-war-I/.
⑤ Share Your Immigration Stories & Experiences & complaints [EB/OL]. [2020 - 02 - 10]. https://www. immigrationboards. com/general-uk-immigration-forum/share-your-immigration-stories-experiences-compl-t10456. html.
⑥ The Irish Memorial. Share Your Story [EB/OL]. [2020 - 02 - 10]. https://www. irishmemorial. org/stories/share-your-story/.

体的记忆,以充实国家或民族记忆的宝库。

**(二) 记忆史价值的发现**

记忆,最早被心理学中的精神分析学用在个体层面。记忆史的研究,在于传承文化,以获得身份认同。它使我们从需要什么样的历史真实,让位于我们需要什么样的历史记忆。阿斯曼认为,承认个体记忆和集体记忆的新身份和权利,就要承认过去,尤其是有创伤的过去,它会给民众带来复杂和多样的影响。"记忆潮"反映了一个普遍的愿望,那就是将过去改造为现在的一个重要组成部分,并对其进行重新思考和评价,将其视作个人传记和自我定位的一部分。① 记忆的目的,是为了避免忘记或使历史沉寂。如少数民族和边缘群体的记忆研究,可以使其在官方的历史教科书之外,保存自身鲜活的文化传统。

记忆史研究,通过构建过去与现实之间的联系来促进认同。德国文化学者阿莱达·阿斯曼(Aleida Assmann)认为,我们获得不同的与过去相联系的三个动因,在于:第一个动因是好奇。对于这一好奇的解答,我们可以在历史书籍、博物馆、电影以及建筑纪念碑和历史景观中寻找。第二个动因,与确认认同的需求相符。这一点涉及的,并不仅仅是一般的好奇心,以及获得更高信息及娱乐价值的愿望,而是自身的历史。第三个动因,来自于一种命令强迫,这是对过去的某些事件作为道德义务的认同。② 第二动因,即我们想回忆什么,它与第三个动因,即我们应该回忆什么,不能相互对立;否则便可能走向肤浅和扭曲,形成自我膨胀式的认同维护。

受后现代主义的影响,历史记忆更多地关注社会现实,并采取叙述的方式。按照历史意义的形成模式来看,吕森将历史记忆分成传统叙事、典范叙事、批判叙事和遗传叙事四类,是有意义的。因为每一类,都以截然不同的方式,建构起了过去、现在和未来之间的跨越式联系,规范着人类交际,给实践以时间指向,并建立历史认同。③ 这种取向,也体现在哈布瓦赫和阿莱达·阿斯曼等人的研究之中。哈布瓦赫在群体意识阐发的基础上,批判了生理主义和个体主义的记忆,提出了集体记忆对过去的现实建构。他指出,"现实感"构成了

---

① 阿莱达·阿斯曼.历史与记忆之间的转换[J].教佳怡,译.学术交流,2017(1):16—25.
② 阿莱达·阿斯曼.记忆中的历史:从个人经历到公共演示[M].袁斯乔,译.南京大学出版社,2017:11.
③ 约恩·吕森.历史思考的新途径[M].綦甲福,来炯,译.上海:上海人民出版社,2005:74.

我们所有记忆活动的起点。对于那些发生在过去、我们感兴趣的事件,只有从集体记忆的框架中,我们才能重新找到它们的适当位置,这时我们才能够记忆。这些内容庞大的框架,实际上彼此交错、部分重叠;当回忆在框架的结合点上再现时,回忆就会变得更加丰富多彩……由于每一个社会成员都接受了这些习俗,所以他们会在与集体记忆演变相同的方向上,使他们的回忆发生曲折变化。①

阿莱达·阿斯曼对德国历史记忆的研究的目的,是为了获得德国人的国家记忆和身份认同。② 她认为,不仅回忆的个体和集体是多样的,回忆的形式也不尽相同。历史不再是一种封闭的鸿篇巨制形象,而是分裂成包含了生动鲜明的历史事件和极具回忆力画面的、所谓的"记忆之场"。这些全体的记忆画面的特殊之处,就在于它基本上是开放式的、谁都可以进入的,而且能够被不断调整。③ 诗歌、戏剧、小说、回忆录、信件、日记、自传等文学作品,还有电影、电视、档案等,都会对人的记忆产生影响;除了专业的历史研究之外,博物馆、艺术馆也参与到大众对历史的记忆之中。

## 二、历史与记忆的互动关系

历史与记忆之间的关系经历了一个长期的发展过程。记忆是历史的材料,历史反过来滋养记忆。历史通过对记忆进行塑造或修正,以保存历史传统;记忆则通过对历史进行选择和建构,融入个体自身的理解或制造出群体的共同记忆,以获得身份认同。

### (一) 历史对记忆的塑造与纠正

历史与记忆的关系,经历了长期的分化。阿莱达·阿斯曼将历史与记忆的关系,分为三个阶段:(1)历史与记忆的同一;(2)历史与记忆的分化;(3)历史与记忆的相互作用。在第一个阶段,历史与记忆之间的同一性,建立在记忆、历史、认同与权力之间的相互作用的基础之上。在第二个阶段,历史编纂学成为了一门独立的学科,通过建构起一种不偏不倚

---

① 莫里斯·哈布瓦赫.论集体记忆[M].毕然,郭金华,译.上海:上海人民出版社,2002:289.
② 阿莱达·阿斯曼.记忆中的历史:从个人经历到公共演示[M].袁斯乔,译.南京:南京大学出版社,2017:10.
③ 阿莱达·阿斯曼.记忆中的历史:从个人经历到公共演示[M].袁斯乔,译.南京:南京大学出版社,2017:15.

的客观性的价值目标,历史与身份认同之间的纽带被剪断。第三阶段(我们可称其为后现代阶段)的特点表现为,对记忆与历史之间的相互作用产生新的兴趣。在二者关系的长期分化之后,人们现在意识到二者互为补充,可以弥补对方的不足。① 记忆补充历史,历史纠正记忆。历史研究之所以依赖于记忆,不仅仅在于历史研究需要口口相传的见证和经验,也源于记忆可以提供意义和相关性方面的标准;而记忆依赖于历史研究,则是为了实现证明和实体化。② 历史规训着我们的记忆,而我们的记忆又尝试去重构历史。在学校中,当外在于学生的历史成为其历史记忆之后,可进而形成集体记忆,最终达到历史普及。

历史塑造着记忆的建构过程。历史记忆,尤其是文化记忆和社会记忆,都会直接对人产生影响。人总是受制于传统和个人生活史的建构,不能脱离自己的社会和历史角色,脱离自己的社会和历史地位。麦金泰尔认为,我的根本部分,就是我所继承的那些东西,即一种特定的过去,它在一定范围内,存在于我的历史之中。我把自己视为历史的一部分,从完全一般的意义上说,这就意味着,我是一种传统的一个载体,不管我是否喜欢这种传统,也不管我是否认识到了这个事实。③

我们的个体记忆,深受文化传统的影响。传统有一些无意识方面,它们一直渗透到我们的待人接物之中。马克·弗里曼指出,这种无意识,是一种叙事无意识;当我们考虑自己的历史和文化定位时,恰恰就能感知它。④ 历史传统内化在个体的记忆之中,对人的行为方式和价值观念,产生着潜移默化的影响。

## (二) 记忆对历史的选择与建构

我们的记忆,是由文化和传统塑造的。每一代人所经历的历史与面临的挑战不同,他们对过去拥有不同的回忆,他们对历史事件的体验也不一样。新的当下所决定和判断的过去,绝不可能与曾经的当下相一致。只要过去还存在于当下,它就交织着对未来的期望。但那已经成为过去的当下,所期待的未来却是最先逝去的。那些曾经期盼的未来,就这样

---

① 阿莱达·阿斯曼.历史与记忆之间的转换[J].教佳怡,译.学术交流,2017(1):16—25.
② 阿莱达·阿斯曼.历史与记忆之间的转换[J].教佳怡,译.学术交流,2017(1):16—25.
③ 马克·弗里曼.传统与对自我和文化的回忆.哈拉尔德·韦尔策.社会记忆:历史、回忆、传承[M].季斌,等,译.北京:北京大学出版社,2007:10—11.
④ 马克·弗里曼.传统与对自我和文化的回忆.哈拉尔德·韦尔策.社会记忆:历史、回忆、传承[M].季斌,等,译.北京:北京大学出版社,2007:10—11.

变成了现在:我们本人此刻成为判决它的贡献与成果,以及它是否是幻想、假象或者可怕的乌托邦的审判者。① 我们经常从当下的视角去判断过去的历史,将其纳入我们的记忆之中,虽然其可能与真正的历史事实存在着较大出入。

出于某种政治和文化的原因,我们选择其中部分的历史成为我们记忆的一部分,并将其保存下来。但让哪一段历史成为个人的历史记忆,又每每与权力相联。权力对历史回忆的掌控,往往是为了赢得历史;哪些历史值得被铭记,哪些需要被遗忘,也往往是由权力决定的。然而,这种选择可能会存在着一定的问题,每个国家的历史发展都会经历一段挫折,在历史的回顾之中,对某段历史的回忆,总是与当前鲜活的生活密不可分。历史难免转型或断裂,选择哪一段历史作为国家认同来建构自己的国家身份,是由当下的社会政治现实所决定的。如美国对印第安人、非洲裔美国人奴役的历史,欧洲国家曾有过的殖民他国的历史。而这部分历史,长期为殖民者所回避。简言之,官方历史必定充满荣光,曲折或受挫则会遭到遮蔽。

在记忆研究中,霸权的建立是根据特定社会的权力网络,它会使某些记忆优于其他记忆。而真实的历史,不宜纯由优势记忆来书写。因为每一历史事件都有不能被忽视的,或完全从不同的角度来解读的不同意义。记忆的霸权理论,使我们警惕这样一个事实:大多数占主导地位的叙述,从来不仅仅是唯一的,甚至可能没有描绘最密切相关的经历。② 但忘却历史中所付出的巨大代价,可能会使我们重复历史的劫难。

记忆的选择,与个体当前的处境有关。我们对现在的体验,在很大程度上取决于我们有关过去的知识。③ 我们的文化背景,决定了我们个体记忆选择的内容。记忆是久远过去的一种理解力和构建力,个体通过私人化和社会化的行为来认知自我,并介入到集体生活和集体记忆中,通过创造一个想象的、共享的过去,来确证和重构自身作为一个独立个体及社会成员的文化身份。④

记忆不可能是编年体系的历史,更多承载着的是生活的内容。记忆贴近日常生活内

---

① 阿莱达·阿斯曼.记忆中的历史:从个人经历到公共演示[M].袁斯乔,译.南京:南京大学出版社,2017:前言1.
② Berthold Molden (2016). Resistant Pasts Versus Mnemonic Hegemony: On the Power Relations of Collective Memory. *Memory Studies*, 9(2):125-142.
③ 保罗·康纳顿.社会如何记忆[M].纳日碧力戈,译.上海:上海人民出版社,2000:导论2.
④ 赵静蓉.文化记忆与身份认同[M].北京:生活·读书·新知三联书店.2015:240.

容,生活过的建筑物、生活场景、生活中的小事件,构成了记忆的主要内容;建筑物、照片和日记等,体现了记忆的物质化,它们都具有鲜明的文化特征和符号性。哈布瓦赫认为,社会思想本质上必然是一种记忆,它的全部内容,仅由集体回忆或记忆构成。但是,其中只有那些在每个时期的社会中都存在,并仍然在其现在的框架当中运作的回忆,才能够得以重构,这也是必然的。①

集体记忆和公共记忆记载下来之后,便成为了历史的一部分,这也是各社会群体争夺历史书写话语权的原因之一。同时,国家的历史进入个人身份之中,进而完成身份的认同。在彼得·伯克等人的新文化史思想的影响下,记忆史的兴起,更多趋向于对普通人记忆的珍视,强调个体回忆的责任和义务。因而,国家的历史要成为个人记忆中的历史,只有在个人理解中才能发现历史的意义,并与个人的生活产生联系。

### 三、集体记忆的建构与个体记忆的彰显

记忆研究首先涉及"谁的记忆"的问题。"谁的记忆"涉及集体记忆与个体记忆之间的斗争。集体记忆与个体记忆各有其存在的价值。集体记忆,产生于群体与种系传承的重大现实性需求。但个体记忆的沉寂,会蒙蔽真实的历史;而其彰显,则体现了对个人价值的重视。

#### (一) 集体记忆产生在于现实性需求

集体记忆在形成共同的价值观念、民族意识,构建文化传统方面起着重要作用。当缺少共同记忆时,群体可能瓦解。它本身是一种社会政治和文化的建构,来帮助保存文化传统,赋予人过去行为的意义。但当记忆异化为维持身份或权力合法性的手段之后,它会制造和规训个体记忆的途径;反过来,民族意识和文化传统,也会影响到个体记忆。所以说:

记忆还是忘却,保守秘密还是把它向大众公开,是一个对某种态度是提倡鼓励还

---

① 莫里斯·哈布瓦赫.论集体记忆[M].毕然,郭金华,译.上海:上海人民出版社,2002:313.

是反对拒绝的问题，它既是一种科学的、学术的决定，也是一种政治的决定，同时还是一种道德的决定。① 有时我们也可能宁愿忘记我们曾经认为应该记住的过去某些事情。

社会现实造成的利益环境，是激起某些集体记忆的主要动因。这些集体记忆，由社会精英提供，并藉由种种媒体（如报纸书刊、历史文物馆、纪念碑、历史教育等）传播，以强化人群间的根本感情。但对个人而言，被社会现实压抑的过去，并不会被完全遗忘；它会以各种形式存在着，无意或刻意地被保存着。②

当然，集体记忆也与现实性密切相关。哈布瓦赫指出，集体记忆在本质上，是立足于现在而对过去的一种重构……尽管现在的一代人可以重写历史，但不可能是在一张白纸上来写的，尤其是在那些较之于这里所提及的事件具有更齐备的文献记录的历史时期，则更是如此。③ 他强调记忆的当下性，即"现时中心主义"作为集体记忆的起源。这也是表明，过去并不是一种被保留下来的，而是在现在的基础上被重新建构的。同样，记忆的集体框架，也不是依循个体记忆的简单相加的总原则而建构起来的；它们不是一个空洞的形式，由来自别处的记忆填充进去。相反，集体框架恰恰就是一些工具，集体记忆用以重建关于过去的意象，这个意象都是与这个社会的主导思想相一致的。④

集体记忆并非个人记忆与个人自传的集合，它通过仪式，如"政府或民间组织的常规、非常规的庆典、节日以及纪念碑表现出来"。个体的记忆，则通过口述史、自传和回忆录体现出来。对于个体来说，"记忆不仅充满了个体对自己经历过的事情的回忆，而且也包括他人对他们自己经历过的事情的回忆"。⑤ 哈布瓦赫认为，个体记忆只有诉诸于集体记忆，才能获得记忆的再现。他指出，对于个体来说，仅仅凭借他自身的力量，是不可能重新再现他以前经历过的东西的，除非他诉之于所在群体的思想。⑥ 所以说，个体总是通过把自己置于群体的位置来进行回忆；但也可以确信，群体的记忆是通过个体记忆来实现的，并且在个体

---

① 陈启能,倪为国.书写历史[M].上海:上海三联书店,2003:41.
② 王明珂.华夏边缘:历史记忆与族群认同[M].杭州:浙江人民出版社,2013:30.
③ 莫里斯·哈布瓦赫.论集体记忆[M].毕然,郭金华,译.上海:上海人民出版社,2002:60.
④ 莫里斯·哈布瓦赫.论集体记忆[M].毕然,郭金华,译.上海:上海人民出版社,2002:71.
⑤ 爱德华·希尔斯.论传统[M].付铿,吕乐,译.上海:上海人民出版社,2014:54.
⑥ 莫里斯·哈布瓦赫.论集体记忆[M].毕然,郭金华,译.上海:上海人民出版社,2002:284.

记忆中体现自身。①

共同的集体记忆,是集体联结的基础,没有完全不受社会影响的个体,人都是受其社会框架、社会意识所限制的。个体记忆在传递过程中,获得了修饰、组装和补充,并最终得以传承。但无论个体的记忆有多大的差别,在历史学家重构后,未能亲历者也能都获得同样的集体记忆。

**(二) 个体记忆的沉寂蒙蔽了真实的历史**

在历史书写的过程中,由于个体倾向或权力的影响,一些重要的历史事件的记载被扭曲,或者被选择性遗忘,这使我们人类忘却自身,历史也缺少了它的纵深度。个人的回忆,总是由于社会的影响而发生遗忘或产生扭曲。因为我们对现在的体验,主要取决于我们如何看待过去;我们有关过去的印象,通常服务于现存社会秩序的合法化。如我们总是沉迷于成功经验的探索,而忽视与此同时部分个体所付出的代价,这种忽视,可能就会使人类付出类似的更大的代价。而一个正常的社会,不能为了宏大叙事而不正视真实的过去。

传统的历史,往往是由胜利者书写的,是胜利者的凯歌;每个集团都试图从自己的角度,去建构光荣的历史,对历史作出自己的解读。集体记忆对个体记忆的制造与生产,可能会导致真实的历史被掩盖。它们会使具体的、真实的个人回忆日渐淡漠,而个体出于对权力的尊崇,在对历史的回忆过程中,只叙述伟大进程中个人的努力,甚至杜撰某种回忆,同样使得真实的历史被掩盖,当历史成为了维护某种对现在或未来期待的工具时,那它就并非真实的历史。这些杜撰出来的集体回忆,通过进入历史教学、大众传媒的方式,往往会对国家的历史建构产生影响,进而被用来塑造国家或民族认同。

**(三) 个体记忆的彰显,体现了对个人价值的重视**

对于个体记忆来说,容易被记住的,可能是苦难。正因为煎熬的痛苦,才会在大脑中留下深深的印迹;个体过去所受的屈辱、伤痛,以及所付出的巨大代价,都不会轻易忘怀。当个体记忆与集体记忆产生反差时,无声的"战争"便可能发生。这种战争,属于文化的角力、权力的斗争,反映出对利益的追求;这种战争,亦可视为迫使忘记与不愿忘记的抗争。

---

① 莫里斯·哈布瓦赫.论集体记忆[M].毕然,郭金华,译.上海:上海人民出版社,2002:71.

个体记忆，必然涉及各种记忆的场所。记忆的场所，也是权力斗争的场所。历史是一个永远存有争议的对象，必须不断寻求新的解读和结论。这种集体的记忆是谁在接受它？谁的记忆更有价值？而哪些东西又应该被遗忘？这些通常都是由权力所决定的。随着时代的变化，有些被压制、被隐瞒、被遗忘的记忆，会被重新唤醒。哈布瓦赫认为，记忆是一项集体的功能，社会往往需要消除可能导致个体彼此分离和群体相互疏远的记忆。这也是为什么为了调整记忆使之适应社会均衡条件的变化，社会在每一个时期，都要以这一种方式重整记忆的原因。① 只有与个人现实或未来生活产生密切联系的，才可能成为个体所珍视的记忆。

记忆本质上是一种符号化的建构过程，它通过语言叙事，成为可供认知、交流和建构的文化现象。为避免记忆的文本化所带来的记忆的失真问题，各种方式、各种立场的记忆言说，都应当被允许。我们能做到的，就是以现在为立足点，通过个体的记忆表述，将众多的历史细节筛选、过滤，通过反复的"叙述"来修复历史和文化所受到的伤害。这也是记忆伦理的真义。②

记忆史研究除了构建群体身份外，也应珍视每个人的价值，发展人之为人的个体尊严。个人记忆虽然不能改变世界，但能够使我们成为一个真实的人。诺拉呼吁，"寻求身份的时代"理当终结，而赋予个体进行回忆的责任，把私人化的记忆作为一种义务——记忆的义务，是不能忘却的义务。只有当统一叙述的历史不再侵占或驱赶个体的记忆，我们才有可能置身于一个"均匀曝光的世界"之中，回归日常经验的历史。

福柯对"大写的历史"作出过批判，他认为，那些历史是更"说明性的"，更关注于普遍法则和确实不变物的历史了……这些都是对大写的历史的阐释。这些阐释，基于被视作生物物种的人之上，或是基于经济学法则之上，或是基于文化整体之上。③ 如果没有唤醒个体回忆，忽略个体身份的建构，个体就会因生活的快速变化而产生失落感。这些个体记忆，也就难以变成集体记忆的一部分，从而不利于构建对教育历史的集体认同。对过去事件的抽象，是记忆的敌人，它会导致记忆的冷漠；只有理解某一时代变革背景下诸多个体的命运，才可能了解这个时代变革的真正意义。

---

① 莫里斯·哈布瓦赫.论集体记忆[M].毕然,郭金华,译.上海：上海人民出版社,2002:304.
② 赵静蓉.文化记忆与符号叙事——从符号学的视角看记忆的真实性[J].暨南学报(哲学社会科学版),2013(5):85—90+163.
③ 米歇尔·福柯.词与物——人文科学考古学[M].莫伟民,译.上海：上海三联书店,2001::483.

## 第二节 记忆史学与教育史学研究

记忆史学产生之后,它既被用来研究某个群体的记忆,也用在个体的记忆之中。记忆史在教育史研究中也有着较为独特的价值,如促进师生的身份建构。以往的记忆史更多地关注精英个体和上层群体的研究。在后现代主义思想的影响下,教育记忆史学越来越关注边缘群体如普通教师和学生的学校记忆。它通过教育中的学校操场,个体的日记、回忆录、书信等多元化的记忆场所,结合当时的社会背景,对历史记忆批判性研究,来进行新的知识生产。

### 一、记忆史在教育史研究中的价值

在人类的记忆之中,教育占据了较大的比重,教育记忆的材料丰富,这为教育记忆史的研究提供了可能性。记忆史的研究有利于塑造共同的价值观念,促进身份的建构,获得一种新的研究视角,增加历史解释的力度;通过研究具体个体或群体的成长经历,再现丰富的教育历史场景。

#### (一)促进身份的建构

记忆涉及对过去经历的重构,有利于塑造身份认同;我们的记忆,也决定了我们的身份认同。我们对于自身的理解,以及我们会成为什么人,决定于我们那些随着时间的流逝会发生消退、变化或不断增强的记忆。我们的自传,亦即我们对生命历程的回顾,正产生于时间和记忆之间相互作用的动力过程。① 记忆帮助我们理解我们自身以及与社会的关系。

现代社会需要人们拥有共同的集体记忆,以获得一种身份的认同。勒高夫指出,记忆是构成所谓的个体或集体身份的一个基本因素,寻求身份也是当今社会以及个体们的一项基本活动,人们或为之狂热,或为之焦虑。但是,集体记忆不仅是一种征服,它也是权力的一个工具和目标。对记忆和传统进行支配的争斗,即操纵记忆的争斗。在社会记忆为口述

---

① 丹尼尔·夏克特.找寻逝去的自我:大脑、心灵和往事的记忆[M].高申春,译.长春:吉林人民出版社,1998:348.

记忆的社会里,或在书面的集体记忆正在形成的社会里,最容易被人所掌控。① 记忆是一种文化建构,哪些值得被记忆,也是由权力决定的。对过去的记忆,也是一种文化论争。只有追寻真实的历史,才能让教育获得良性的发展,进而有利于个体身份建构。

记忆史研究,旨在展现一种共同的对过去的记忆,塑造一种共同的价值观,以增强凝聚力。记忆史能帮助我们了解个人成长过程中某些重要事件,以及朋友、家庭和教师在他们成长中的作用。如在教师口述史的研究过程中,教师叙述身份的维持,在于通过将一些经历整合起来,构成一个完整的个人生活记忆。教师在口述史中叙述的重复,在于说明随着时间的变化身份的保持;而回忆,则涉及某一特定时刻的见证。②

记忆有一个不断重塑自身的过程。记忆告诉人们的,不仅是有关过去发生了什么,还有关于人们是如何体验那一过去,并赋予其意义的。③ 每个人成长的记忆,实际上都是社会精神在个人身上的映照。教育记忆史通过关注与个人或群体身份建构相关的受教育经历,能重构其成长的过程,帮助个体或群体获得身份认同。如个人根据自己现在的生活状态,有选择地去回忆自己学生时代的生活经历,就能帮助个人获得并不断强化自身的身份认同。

**(二)获得一种新的研究视角,增加历史解释的力度**

记忆史的研究,可以为教育史研究提供多重的视角,并提供多种解读方式。学校记忆史,能获得对学校的新的解释,能从现在的视角来看待过去。克里斯蒂娜·雅内斯·卡布雷拉(Cristina Yanes-Cabrera)等人主编的《学校记忆》,利用日记、图画、自传、卡片、教科书、电影和电视、明信片等,来探讨学校记忆;采用多个视角,来重构教育记忆。其中有研究者认为,采用解释学的研究视角,去看待受教育人群的记忆,是为了促进主体性的阅读,针对学校文化、所受训练以及语言的传递,形成人类群体成员的人类学规则。④

---

① 勒高夫.历史与记忆[M].方仁杰,倪复生,译.北京:中国人民大学出版社,2010:111.
② Gardner Philip(2003). Oral History in Education: Teacher's Memory and Teachers' History [J]. *History of Education*, 32(2):175-188.
③ 彭刚.历史记忆与历史书写——史学理论视野下的"记忆的转向"[J].史学史研究,2014(2):1—12.
④ Cristina Yanes-Cabrera, Agustín Escolano Benito(2017). *Archaeology of Memory and School Culture: Materialities and "Immaterialities" of School*. Cristina Yanes-Cabrera, Juri Meda, Antonio Vinao(ed). *School Memory: New Trend in the History of Education*. Switzerland: Springer International Publishing. 265.

教育记忆史与文化史密切相关,学校记忆史与学校文化相联系。传统、文字和记忆,是学校文化的一部分,它决定了学生的社会能力、社区凝聚力,以及使交流成为可能的规则。① 学校记忆史的研究,可以使我们对学校过去所使用的物质、语言、符号等,进行历史溯源,以增加对学校文化的理解,从而有利于学校文化的重建。通过个体的记忆,可以理解塑造个体经历的物质文化以及无形资产,从而对个体及其所代表群体的过去产生新的多元理解。

### (三) 再现丰富的教育历史场景

记忆史的研究,通过关注具体个体或群体的生活经历,能在更加真实的历史中探寻生命的意义。记忆是一种中介,也是一种资源,使我们去见证塑造我们生活的历史的力量。② 记忆史的研究,还能获得一个更为广阔的思考空间。因为学校记忆研究,不是根据教育法律和教育理论,去寻找其模范实践者;而是去寻找,学校中教室、仪式、教师学科教学等的具体实践。学校记忆的研究,是去破解学校教育的"黑匣子"的有效资源,因为它是基于学校经验和物质本质的视角,而非学校的理论视角。它解释教室中发生的一切,包括官方文件不允许发生的一切,如体罚、禁止的实践以及其他教学禁忌。③

记忆史还可以研究,图像史、文化史、影视史、诗歌等中蕴含的教育思想。影视作品中对教师、学生的记忆,能帮助理解教育记忆的演变过程,展现丰富的教育历史场景。如有研究者运用现存的各种来源的历史影像资料,循序渐进地牵引读者用影像回望历史年轮,去复原一幅幅记忆里的教育图景,将中国教育中重要的、有意味的教育现场和事件,以"影像记忆"的方式叙述,利用影片来推动对过去的思考。④

---

① Cristina Yanes-Cabrera, Agustín Escolano Benito (2017). *Archaeology of Memory and School Culture: Materialities and "Immaterialities" of School*. Cristina Yanes-Cabrera, Juri Meda. Antonio Vinao(ed). *School Memory: New Trend in the History of Education*. Switzerland: Springer International Publishing. 265.

② Gardner Philip (2003). Oral History in Education: Teacher's Memory and Teachers' History [J]. *History of Education*, 32(2):175-188.

③ Juri Meda and Antonio Vinao (2017). *School Memory: Historiographical Balance and Heuristics Perspectives*. Cristina Yanes-Cabrera, Juri Meda. Antonio Vinao(ed). *School Memory: New Trend in the History of Education*. Switzerland: Springer International Publishing. 4.

④ 毛毅静,丁钢. 别样的历史叙事——作为一个研究领域的教育影像[J]. 教育研究,2013(1):10—15+43.

记忆史通过叙事和口述等方式，可增加记忆的可读性与生动性。叙事，反映了记忆的社会性、文化场景和历史事实。教育口述史，将过去零碎的亲历与体验，进行历史化，建构它们在历史中的价值，赋予它意义。如在高考口述史中，人物个体记忆中成长的经历，总是与个人的现实生活密切相关。如今通过高考改变命运的人，会对高考的记忆异常深刻；而如今生活窘迫者，即使参加过高考，对高考的记忆也相对模糊。口述史总是植根于个人记忆，反映了地方性的和特殊的情境，必须将其与官方的文件区别开来。官方文件强调的是广度和权威性，与其相比，口述记忆更强调的是深度和真实性。① 有研究者认为，口述史避开了历史与记忆的冲突，在教育研究中开辟了一个非常有趣的新的研究领地。② 它将历史小事件，结合个体体验进行历史化，阐明了它们在教育史上的意义。

## 二、记忆史学在教育史研究中的应用

记忆与人的生存意义相关。因此，在记忆史的研究中，为更好地彰显教育史研究的价值，研究者应关注学生个体和群体身份的重构历程；运用不偏不倚的研究视角，让教育的个体记忆与群体记忆获得均衡的曝光，拓宽记忆的各种媒介来源，实现学生成长记忆场所研究的多元化。

### （一）关注学生个体和群体身份的重构历程

历史强调真实，记忆直面意义；记忆制造着过去，也制造着意义。教育的意义，在于促进个体身份的建构，以及对族群身份的认同。教育必须使学生认识到，我是谁？我从何处来？又将往何处去？我们的身份，就是由记忆所建构的；对个体成长的记忆，实际上是对一种个体身份的重构。

历史是一个国家构建自我形象，以及获得身份认同的关键因素。历史研究，应有利于我们自身的身份建构。我们的身份，存在于我们的过去之中。了解自己的身份很重要，因

---

① Gardner Philip（2003）. Oral History in Education：Teacher's Memory and Teachers' History [J]. *History of Education*，32(2)：175 - 188.
② Gianfrano Bandini（2017）. *Education Memories and Public History：A Necessary Meeting*. Cristina Yanes-Cabrera，Juri Meda. Antonio Vinao(ed). *School Memory：New Trend in the History of Education*. Switzerland：Springer International Publishing. 144.

为一切负责任的行为都源于这里。① 美国学者的一项生活史研究,探讨了一位美国华裔教师的求学经历对其身份建构的影响。研究者认为,童年时期经历的记忆,产生于对统一的自我叙事建构的差异性挑战,即倾向于建构单一版本的过去。② 在后现代主义者看来,我们的身份并非单一的,而是多重的。只有那些对在人的成长过程中单一身份构成挑战的事件,才能存在于自己的记忆之中,才能对我们的身份建构产生重要的影响。

记忆史应回溯记忆产生的源头,探讨影响记忆变化的历程。过去的印象,会使现在的社会秩序合法化。它依循着暗示的规则:任何社会秩序的参与者,必须具有一个共同的记忆;对于任何社会的记忆在何种程度上有分歧,其成员就在何种程度上不能共享经验或者设想。③ 教育记忆史,有利于塑造共同的历史认同和社会认同;当有着共同求学经历的人们在回忆的时候,就可以重建过去的学习记忆。

记忆史的研究,需要弄清个体在历史中的具体生存境遇,重视从个体经验的视角对事件进行诠释。学生阅读和思考过的书籍、活动的场所、身边的重要人物,都参与了人的身份建构过程。个体成长的记忆,可以通过自传、日记等来叙述个体成长的历程。记忆史的研究,就是要理解人的这种身份建构过程,并加以重构。过去不是静止的,它处于永远的变动之中。不同的时代,一直在对过去进行重构;而重构的过去,又会对未来产生影响。在此过程中,需要研究者根据现实的需要,发挥想象力,合理地建构教育的过去,用以指导未来。

### (二) 运用不偏不倚的研究视角

在记忆史研究中,为保持客观性,必须遵守历史的伦理,保持历史学的客观性。与其说客观性,还不如说保持距离和不偏不倚。④ 世界各国在每次政府更迭后,都会进行教育改革。这不仅体现了对当时教育问题的回应,同时也体现了一种权力的偏好。记忆史应关注这些教育改革及其对个人成长的影响,研究教育改革的成败。如能正视其中的

---

① 李先军.论新叙事史学与教育史学研究[J].教育研究,2019(10):52—61.
② Naomi Norquay (1990). Life History Research: memory, schooling and social difference. *Cambridge Journal of Education*, 20:(3):291-300.
③ 保罗·康纳顿.社会如何记忆[M].纳日碧力戈,译.上海:上海人民出版社,2000:导论3.
④ 安托万·普罗斯特.历史学十二讲[M].王春华,译.北京:北京大学出版社,2012:257.

惨痛教训,把过去的灾难变成教材,辨明教育改革发展的正确逻辑。研究者通过探讨在面临共同困难时,人们携手合作、共同讨论、共同交流的历史,可了解人在挫折中对教育的追索,进而帮助理解人类在教育发展过程中的艰难探索,以及所付出的巨大代价。

由于个体记忆总是受到集体记忆的影响,在对个人成长经历的记忆史研究中,应关注个体成长过程中的遭遇、创伤、苦难与挫折,以理解历史复杂性,增加对教育改革困难性的认识。历史回顾,不能陶醉于往日的荣光,而须直面苦难的经历,体味永恒的乡愁。例如,在高考记忆史的研究中,假如不了解中国高校推荐入学的历史,就不能理解真正教育公平的高考作为今天每个普通人上升渠道的意义。宏观层面高考改革的历史研究,体现的是我国高考制度不断完善,教育不断走向成功的历史。但从个体记忆的视角来探讨高考记忆,老三届的高考回忆,更多体现的是"苦与难";而90后关于高考的主流记忆,是"高考不能改变命运"和"青春无悔"。① 这必然增加了人们对历史复杂性的认识,可获得视角的转换和对历史阐释的拓展。

记忆更多是一种活生生的历史体验。时代影响着人们的精神状态,也影响了人们的成长经历,以及受教育的过程。只有尊重各群体的记忆,才能建构一个完整的历史记忆。有研究者回顾了美国各主流少数民族,如非洲裔、亚裔和拉美裔的课程记忆史,对主流的官方叙事进行批判地研究,要求开拓学术空间,研究那些被遗忘的以及被压迫群体的课程。以往的课程记忆研究,忽视了少数民族社区,课程记忆是以欧洲白人男性为中心的主流叙事;即便提到非白人社区的课程基础,也只强调少数作出贡献的人物。课程的历史,忘却了关于少数民族的课程研究,将它们排除在课程基础之外。重要会议、争论、作者、文件和文化战争,在很大程度上发生在白人的环境之中,其他公共空间,如教堂、书店、大学,政治组织和社会运动产生的大量课程知识档案,被课程领域忽略了。在持续关注的情况下,课程研究应该为这些忘却的课程领域提供理论分析。② 斯普林的教育史研究,体现了美国少数族裔对教育历史的记忆,不同于美国传统主流的教育历史记忆。

个人并非自身身份建构者,而是来自于环境、传统长期深刻的印迹和无意识的影响。

---

① 陈旭光.互联网与当代青年集体记忆的建构——基于90后"高考记忆"的经验研究[J].当代传播, 2007(1):66—70.
② Anthony L. Brown & Wayne Au Race (2014). Memory, and Master Narratives: A Critical Essay on U.S. Curriculum History. *Curriculum Inquiry*, 44(3):358-389.

这需要研究边缘群体，以及少数民族教育记忆所产生的社会环境与文化传统，对其成长无意识的影响。只有在统一的历史叙述不再侵占个体的记忆时，他们才可能获得均衡地曝光，展示个体日常经验的历史。

### （三）学生成长记忆场所研究的多元化

记忆场所体现了一定的历史文化符号，以及历史的地方性知识。王明珂指出："记忆是一种集体社会行为。集体记忆依赖某种媒介，如实质文物及图像、文献，或各种集体活动来保存、强化或重温。"[①]与学生成长密切相关的场所，如科技馆、博物馆、美术馆等社会教育机构，图书馆、教室、艺术馆、操场等学校建筑，以及校歌、校训、传记、照片、学校杂志、日志、个体的日记、传记，尤其是照片、图像、影像等，都是记忆的媒介或载体。这些明显的文化符号，代表了教育历史文化的传承。学生个体的民族、种族、语言、政治、文化、宗教背景与共同的经验等，都应在记忆研究中得到关注。学校举办的各类集体活动，尤其是仪式，不仅可促进身份认同，而且可在学生成长过程中留下了深刻的记忆。这些活动，包括入学仪式、学校纪念仪式、毕业仪式、运动会、社团组织等，都会唤起记忆，促进集体团结。

记忆史研究从当下的情境出发去谈论过去，有利于回应当下的教育困境。如学校历史照片的记忆，有利于塑造集体的团结，构建个人身份认同。学校建筑物的历史老照片，涉及学生的经历和学校文化。有研究者通过对各种视频分享平台中，学校历史老照片的研究，来获得对学校历史的视觉记忆。网络正变成拥有众多读者或观众的公开档案，通过社交媒体对事物的数字化，分享发展为新的社会实践，这有助于个人和多元的形象、故事和记忆，源源不断地涌入网络，来滋养学校的集体记忆。[②] 如个人自传，以及在网络平台上获得分享的学校历史照片，伴随着照片的评论等信息，通过他们的记忆、会面以及讲述故事的方式，成为了有同样生活经历的人认识他们自己的镜子。不少学校历史记忆网站，呼吁会员提供更多的自传、照片、文本等来保持、交流和唤起更多的记忆。如"儿童之家"群组中，网络变

---

① 王明珂.华夏边缘：历史记忆与族群认同[M].杭州：浙江人民出版社，2013：25.
② Marta Brunelli (2017). *Snapshots from the Past*: *School Image on the Web and Construction Memories of the Schools*. Cristina Yanes-Cabrera, Juri Meda. Antonio Vinao (ed). *School Memory*: *New Trend in the History of Education*. Switzerland: Springer International Publishing. 60.

成了一个视频会议地址,群组成员分享照片、记忆和信息。他们在慈善团体组织的会议上,与老同学一起组织聚会,寻求帮助如何寻找到他们的根,或重建可爱的人生故事与记忆;也就是说,集体记忆团结了一代又一代的英国人。①

网络上不少群组,收集来自世界各地的学校照片,包括新学校、旧学校、在使用的学校、年久失修的学校、在建造的学校等。他们展示一所学校不同时期历史照片的目的,在于突出表现,随着时间流逝中的变与不变。无论是已关闭的学校,还是整修过的学校,已作为博物馆用途的学校,在其他地方重建或完全成为废墟的学校,即便它们最终被关闭或放弃,校舍总是社区的中心,这是学校似乎不会失去的角色。② 学校建筑物照片,保存了个人或集体的记忆,引发了物理场所与集体记忆的双向关系。它代表了观看者对学校的集体经验,尤其是学校作为农村或小社区中的中心建筑物。

这些照片与个人或其家人的记忆相关。这些照片帮助我们,重新审视每天生活的地点、风景或建筑物,塑造我们作为个体或社区成员的身份。在网上创造性地重新制作和共享学校数字化照片的社会实践表明,新的生活可以融入学校照片的遗产之中。这些照片,经常被我们遗忘在档案馆、图书馆、博物馆、学校和家庭之中。这种新的广泛传播的学习和个人成长的过程,振奋了年轻人和老年人、家庭、团体和更广泛的社区成员。所有人都围绕着一个目标,去追溯和建构一个共同的和集体的记忆,即学校记忆。③

学校一些无形资产,如历史仪式、学校假期等历史,都体现了一定的文化背景与学习者的集体记忆。学校仪式,是文化记忆的重要组织形式。它在存储文化传统、强化集体成员

---

① Marta Brunelli (2017). *Snapshots from the Past: School Image on the Web and Construction Memories of the Schools*. Cristina Yanes-Cabrera, Juri Meda. Antonio Vinao (ed). *School Memory: New Trend in the History of Education*. Switzerland: Springer International Publishing. 52.

② Marta Brunelli (2017). *Snapshots from the Past: School Image on the Web and Construction Memories of the Schools*. Cristina Yanes-Cabrera, Juri Meda. Antonio Vinao (ed). *School Memory: New Trend in the History of Education*. Switzerland: Springer International Publishing. 53.

③ Marta Brunelli (2017). *Snapshots from the Past: School Image on the Web and Construction Memories of the Schools*. Cristina Yanes-Cabrera, Juri Meda. Antonio Vinao (ed). *School Memory: New Trend in the History of Education*. Switzerland: Springer International Publishing. 60.

的身份认同,以及引导正确的文化行动方面,发挥着独特的功能。① 一些热门小说、电影、电视和录像媒体等,作为记忆的场所,可全面生动地展现真实的历史场景。有研究者通过对小说《库尔》(Cuore)改编的四部电影的分析,指出科门齐尼电视连续剧中(Comencini's TV serial)所蕴含的意大利人的身份认同,及其对学校的集体记忆。意大利人关于学校的集体记忆在于:学校是一个进行公民教育的场所。在这里,学生学会相互尊重、友善、善良情感、责任心与牺牲精神。学校不仅是进行教学和课程学习的场所,课程和方法也可能发生变化,变得毫无关联,但道德更重要。②

总之,对学校记忆进行批判性研究的后果,本质上可能有两个反响:新的历史知识的生产,以及文化视角教育史的重新界定。③ 研究者通过关注记忆场所的多元化,拓展史料与研究主题,理解教育历史记忆的发端;根据社会现实环境的变迁,在个人与他人的互动中,共同去追寻过去,完成对教育传统的重构。

---

① 缪学超.学校仪式的文化记忆功能及实现路径[J].教育学报,2020(2):39—46.
② Simonetta Polenghi (2017). *Remember School Through Movies*: *The Films of the Book Cuore (1886) in the Republican Italy*. Cristina Yanes-Cabrera, Juri Meda. Antonio Vinao(ed). *School Memory*: *New Trend in the History of Education*. Switzerland: Springer International Publishing. 214.
③ Juri Meda and Antonio Vinao (2017). *School Memory*: *Historiographical Balance and Heuristics Perspectives*. Cristina Yanes-Cabrera, Juri Meda. Antonio Vinao(ed). *School Memory*: *New Trend in the History of Education*. Switzerland: Springer International Publishing. 6.

# 第七章

# 美国后现代

# 教育史学

# 第七章 美国后现代教育史学

文化和种族问题是美国社会的中心问题。美国教育史学家斯普林指出,去文化化(deculturalization),是有意识地将一种文化和语言被认为是一种高级的文化和语言所取代。自从欧洲殖民者登陆美洲大陆后,去文化化在美国学校中成为了一种普遍的实践。① 20世纪60年代以后,美国社会开始对这种以盎格鲁—撒克逊文化,将土著人、非洲裔美国人、拉美裔美国人、亚裔美国人去文化化的做法进行了批判,美国教育史学也发生了转向。美国后现代教育史学对传统教育史学的反叛,主要是反对"白色神话",以盎格鲁—撒克逊为中心的教育史。在多元文化思想影响下,后现代教育史学对传统教育史学进行了猛烈抨击,揭露了美国少数民族在美国教育发展过程中不平等的历史。美国后现代教育史学除了前文提及的历史化教育史学、新文化教育史学外,还包括美国激进修正主义教育史学,以及后现代女性主义教育史学等。

## 第一节 美国后现代教育史学的缘起

美国教育史学在20世纪经历了两次大的转向:首先是20世纪60年代反对卡柏莱以学校教育为中心的传统教育史学,出现了修正派史学。修正派史学将教育不仅限于学校教育,而且扩展到其他所有具有教育意义的机构。其次是20世纪70年代,修正派史学中分离出来激进修正派史学,反对温和修正派的调和观,探讨教育中所体现的文化战争与文化冲突。而激进派所表达的思想与后现代主义的旨趣有诸多相通之处。美国后现代教育史学的产生,一方面是受法国后现代主义思想的影响,另一方面是20世纪六七十年代美国民权运动、女性主义思想、多元文化思想的流行,在教育史学研究中的反映。美国后现代教育史学除了前文提及的波克维茨等人的历史化教育史学、索尔·科恩的新文化教育史学外,还有斯普林和卡茨的激进主义教育史学等,此即为第二次转向。

### 一、后现代主义思想的影响

在美国,后现代主义的潮流既是负面的,也是正面的,不仅是非道德唯信仰主义的,或

---

① Joel Spring(2016). *Deculturalization and The Struggle for Equality: A Brief History of The Education of Dominated Cultures in The United States*. New York: Routledge, 16.

如法国批评家们最近所说的那样,是反合法化的,也是乌托邦的。确实,后现代主义思潮从马歇尔·麦克卢汉、巴克明斯特·富勒、约翰·凯奇、诺曼·布朗、卡洛斯·康斯坦尼达、赫伯特·马尔库塞等人的预见中汲取了营养,也从未来主义者、生态主义者、女权主义者和民权主义者的运动,以及消费者运动和名目繁多的各种行动主义者的活动中获得了力量。①

20世纪60年代末,整个美国社会动荡不安。美苏争霸、越南战争等社会政治危机导致历史学家对进步主义史学产生怀疑。新左派历史学家对进步主义史家的社会调和论失去信心,提出了一种激进的历史学来推动社会变革。美国后现代主义者与新左派既有区别,又有联系。他们的共同之处在于,都缺少一个明确的目标与实施路径,在教育上他们谴责教育的不公正,并提出了一些激进的教育改革政策,更多地强调对少数民族、弱势群体和个体受教育机会的关注。

受后现代思想的影响,多元文化史学研究在美国教育史学界得到重视,关于印第安人、亚裔美国人、非洲裔美国人、拉美裔美国人的教育史研究成为热点。许多历史学家运用小说、口述史、第一手或二手资料来描述这些边缘群体受教育的历史。如唐纳德·沃伦(Donald Warren)主张依赖于小说、一手或二手材料、图像来研究美国印第安人的教育史。② 在他们看来,美国教育史不是起源于殖民地时期,而是从土著居民印第安人的教育习俗开始。印第安人的历史被主流史学忽视,他们的文化传统和价值观念遭到摒弃。在主流教科书中,印第安人没有自己的历史。印第安人在历史上被迫在部落传统与白人价值观中作出选择。在白人为印第安人开办的学校里,不允许说本民族语言,否则会受到惩罚。学校成为了对印第安人殖民统治和文化灭绝的工具。而今天对印度安人的教育史进行研究,必须从他们自身的视角去看待其文化,这有利于在课程设置方面纳入印第安人的语言、精神、部落传统、本地医药、歌舞、打鼓以及其他艺术,扩展欧美人文学科框架,使学校真正成为一种文化机构。

---

① 伊哈布·哈桑.后现代转向:后现代理论与文化论文集[M].刘象愚,译.上海:上海人民出版社,2015:355.
② Donald Warren (2014). American Indian Histories as Education History. *History of Education Quarterly*, 54(3):255-285.

## 二、对传统教育史学的反叛

随着美国民权运动的发展,边缘群体在美国历史上的地位得到重视,这也体现在教育史研究之中。它要求,打破以往盎格鲁-撒克逊文化的中心地位,忽视边缘群体的传统教育史学受到批判。美国传统教育史以"一致论"作为教育研究的标准,它是从美国公立学校之父霍拉斯·曼时代开始确立起来。教育史研究的目的就是论证美国公立学校的胜利。美国教育发展的历史,就是美国公立学校成功的历史;公立学校的发展也促进了美国社会的发展与民主制度的确立。20世纪初卡伯莱出版的《美国公立教育》是这一思想的代表。直到20世纪上半叶,美国进步主义教育观,也对"一致论"深信不疑。这种传统教育史学的主要特点,可以归纳为以下几点:

第一,关注于教育思想家和教育作家传记材料的研究和评价,突出他们在智力方面的贡献。第二,偏重教育立法的程序方面的问题,相对忽略对立法本身重要问题、法律颁布实施后的效果,以及法律的意识形态倾向性等方面的研究。第三,强调机构和精英,对非正规教育和社会弱势群体很少关注。例如关于普及义务教育,史学家一般愿意强调改革者的动机,而非改革的结果。很少有人知道和他们龃龉不断的底层民众的想法。第四,缺乏真正的教育背景的研究。不重视教育与经济、政治、文化等方面的联系和相互作用。第五,对教育变革的研究考虑内因多于外因。第六,思想僵化,批判意识淡漠。历史研究只强调事实,忽略分析,对史料采取自然主义立场,低估了教育现象的复杂性并对其作简单化处理。①

第二次世界大战之后,美国进步主义史学家开始受到批评。进步主义史学家强调经济动因和社会冲突在思想文化史发展中的作用。随着人们认识到社会发展的复杂性,人们的理想往往与现实背道而驰。美国部分批评自由主义史学家宣称:促使进步史学发展的"美国式的纯真"(American innocence)已不复存在,尤其是不再相信通过合乎理性的活动便可

---

① 杜成宪,邓明言.教育史学[M].北京:人民教育出版社,2004:352.

最终实现一种能不断进行自我完善的民主。①

美国教育史学家批评传统教育史学的直线史观,仅仅将教育局限于学校教育的做法。1960年,哈佛大学历史学教授贝林(Bernard Bailyn)出版了《美国社会形成中的教育》(*Education in the Forming American Society*),这标志着美国教育史学进入了修正主义时代。修正主义分为两个具体派别:文化修正派和激进修正派;前者以贝林和克雷明为代表,后者以卡茨和斯普林为代表。

文化修正派又被称为"调和派",它强调教育与社会的相互作用或相互关系,主张多维史观。传统的教育史只包括学校教育,而克雷明则强调教育机构和教学人员构成的多样性,甚至包括"任何形式的学习",直接的或间接的,随意的和不随意的学习。卡茨则对此作出了批评,他指出,"粗看起来,克雷明将教育的定义拓宽似乎解放了人们的思想",但是"一旦将这个定义付诸实施,其漫无边际的内涵将使历史学家变得不受约束。因为教育差不多就是文化和社会的同义词,几乎所有的一切——从宗教的复兴到学校,从报纸到家庭——都将被当作教育来重新界说,那么历史学家将怎么作出选择呢?选择的重点和原则又是什么呢?在这个问题上,克雷明的著作所给出的答案却相当有限"。②

在周采看来:

> 克雷明模式是他那个时代的一种时尚——对学校教育的不信任——的反映。在克雷明出版《美国教育:殖民地时期的历程》的1971年,正是学校教育对于社会的作用问题受到激烈争论的时期……的确,从自由主义传统出发,克雷明对于政府干预很多的学校教育是不信任的。他强调个体对正规教育的反抗。③

克雷明《美国教育:建国时期的历程》出版时间是1980年④,此时后现代思想在欧美各国已经得到迅速传播。克雷明无疑受到这一影响,如他受新文化史学的影响,重视边缘史料的挖掘,他采用个体传记、家庭日记、布道词,以及教会书籍、小册子、传单、电影、论文等

---

① 恩斯特・布赖萨赫.西方史学史[M].黄艳红,等,译.北京:北京大学出版社,2019:473.
② 杜成宪,邓明言.教育史学[M].北京:人民教育出版社,2004:355.
③ 周洪宇.教育史学通论[M].北京:人民教育出版社,2018:687.
④ Lawrence A. Cremin (1980). *American Education: The National Experience, 1783-1876*. New York: Harper and Row.

史料作为证据。在《美国教育：建国时期的历程》中,克雷明把诗、圣灵歌和传说等文学性的资料也纳入到他的史料范围内。克雷明认为像耶鲁导师提摩西·德怀特在"万福啊,光明和欢乐之邦"这首诗词中歌唱的那样:"你的权力将增长/如无瀛的海洋,围绕着你荡漾/你的荣耀传遍天之涯/野蛮民族都将臣服于你的权杖。"克雷明认为,这样的诗词最能体现18世纪的美国人把自己的国家看作是一个帝国——甚至是一个自由帝国。通过流传下来的歌曲和传说故事,就能够了解那个时代的教育情况。① 周采认为,克雷明是从教育史领域来研究文化史的重要代表;②她指出,克雷明重视文化阐释。他循着新文化史学的路线,试图综合地再现美国教育史。他不满足于表面的思想、行为和印象,例如线性的历史,而是将文化纳入了方法论的视角,力图挖掘研究对象的深层次内涵,同时更加强调历史进程中的偶然因素,如情感、个性的作用。③ 克雷明关注精神的力量,关注美国普遍的价值观与社会发展的相互作用的过程。他的文化阐释模式聚焦于一个术语——派地亚(Paideia),他在"社会的、政治的或民族的热望"的意义上使用这个词语。在周采看来,克雷明所说的派地亚实际上就是一种"理想"或价值观。重视价值观与教育的互动关系,不仅关注精英的思想,更留意这些价值观念与公众教育以至于整个美国教育特性的关联,这正是克雷明与卡柏莱不同之所在。④

克雷明对著名教育家和边缘群体的教育同等重视,但他并没有花太多的篇幅来讨论著名教育家如杜威等人的教育思想。他叙述了印第安人、黑人、女性以及来自世界各地移民的教育,并利用人口统计数据,分析了在19世纪以后教育大众化时代的识字率。在克雷明的指导下,芭芭拉·芬克尔斯坦(Barbara Finkelstein)对19世纪美国公立小学教师的教室生活进行了研究,她利用自传、教科书、期刊、地方学校委员会和州教育委员会的年度报告,国内外的相关书籍研究了教师的读、写、算和地理教学;她收集了一些档案资料和二手文本对教室中的教师生活进行了解读。⑤

克雷明探讨了美国文化传统,如福音派教徒的虔敬、民主的希望,功利主义的奋斗精神

---

① 武翠红.劳伦斯·克雷明教育史学方法论述评[J].河北师范大学学报(教育科学版),2011(1):51—56.
② 周采.美国教育史学:嬗变与超越[M].北京:人民教育出版社,2006:203.
③ 周采.美国教育史学:嬗变与超越[M].北京:人民教育出版社,2006:206.
④ 周采.美国教育史学:嬗变与超越[M].北京:人民教育出版社,2006:207.
⑤ Barbara Finkelstein (1989). *Governing the Young: Teacher Behavior in Popular Primary Schools in 19th-Century United States*. Philadelphia: Falmer Press.

与教育的关系；他还研究了通俗读物、传记、报纸、杂志、印刷业、小说、各种教科书、电影电视、传媒、社团、公众艺术作品工程的教育影响，还探讨了图书馆、博物馆、展览会和其他文化机构的教育意义。他运用的传记既有精英人物，也有普通下层人士的教育成长经历。通过来自于不同社会阶层的个体传记法，描述其成长经历，更好地体现美国社会的剧烈变动中，不同形式的教育对个人成长的影响，以及个人利用它们所取得的成功。

克雷明的这种微观研究，与当时西方微观史学常用的方法是比较一致的。他在《美国教育史》第二卷中提出，大众化与多样共存性，共同成为19世纪美国教育的显著特征。它们首先表现为教会、学校、高等院校与报刊的普遍盛行；其次表现为，新教育形式前所未有的发展和多元化；再次表现为，显而易见的所有教育机构的课程转变；最后表现为，新生教育机构根基于社区的特征。① 他揭示了美国教育的大众化、多元化和政治化教育特征。如他所指出，到了20世纪70年代末，美国的三万所图书馆和五千所博物馆，在教育事业上都比以前更具影响力和自我意识。它们的教育项目最突出的特点，是具有异乎寻常的多样性。美国文化在实质内容及文化对象方面，均表现出大众化特征，这对美国教育的巨大作用也是显而易见的。② 克雷明对大众文化教育的关注，与新文化史学的研究旨趣是一致的。

但总体而言，"克雷明故事"最终仍然是一个立足美国主流族群与文化的教育史书写。克雷明认为美国少数族群的文化仍属边缘，并不足以构成美国教育的主要旋律与线索。③

激进修正派更多地关注边缘群体的受教育情况。如土著美国人（印第安人）、非裔美国人、拉美裔美国人、亚裔美国人和乡村穷人的教育情况，深刻揭露了美国教育的不平等。

此外，在新文化史影响下，美国女性教育史学也发生了转向，呈现出新文化史的特征：第一，质疑历史客观性，使用意识形态的文化工具来指征文化实践，展现其新文化史的转向。第二，反对宏大叙事和元叙事，运用词典编纂学的史学方法来研究微观史学，展现了其语言学的转向。第三，强调公民身份和培养女性公民，反映了女性主义的教育史观。第四，在全球史观的影响下，以"后女性主义"理论为指导，强调人类社会是一个整体，男女两性教

---

① 劳伦斯·A. 克雷明. 美国教育史 2：建国初期的历程 1783—1876[M]. 北京：北京师范大学，2002：519—520.
② 劳伦斯·A. 克雷明. 美国教育史 3：城市化时期的历程 1876—1980[M]. 北京：北京师范大学，2002：518.
③ 冯强. 多元文化：美国教育史学的族群课题[J]. 外国教育研究，2019(3)：14—27.

育呈现性别融合的趋势。① 美国后现代女性教育史学的代表人物琳达·艾森曼(Linda Eisenmann),运用"历史词典"编纂的方法来研究女性教育发展的历史。她批判了以往研究中的西方中心主义,忽视普通女性和多元文化背景中女性生活经历的倾向。

我国学者诸园运用海登·怀特的历史编纂模式,如情节编织模式、论证模式和意识形态蕴含模式,对艾森曼编著的《美国女性教育历史大词典》进行了分析。她认为,艾森曼的《美国女性教育历史大词典》准确地说是一本历史词典,也是美国女性教育史学向新文化史学转向的最好例证。她通过梳理,总结出新文化史学背景下美国女性教育史学的特点,即走向微观史学、走向文化分析、走向文学叙事和走向定性研究。②

## 第二节 斯普林的激进主义教育史学

美国教育史学,从卡柏莱的白色神话,再到体现温和修正派克雷明主张的《美国教育》,仍然宣传的是美国主流价值观。虽然克雷明对多元文化予以一定程度的承认,但其中心与边缘的位置,在其教育史学中得到维持。而斯普林在其《美国学校》中提出美国教育史的发展过程,是主流族群与边缘群体之间"文化战争"的持续过程,体现了一种对盎格鲁—撒克逊文化(White Anglo-Saxon Protestant,WASP)去中心化的倾向。

### 一、文化战争的缘起

当代美国教育史学界一般认为,20世纪60年代以来,对美国"老"的教育史学的"修正"是沿着两条路线进行的:一是以贝林和克雷明为代表的温和路线;二是以卡茨、拉泽逊(M. Lazerson)、斯普林、格里尔(C. Karier)、W.范伯格(W. Feinberg)、维拉斯(P. Vilas)、鲍尔斯(S. Bowles)与金蒂斯(H. Gintis)等为代表的激进路线。③ 而激进路线成员的来源比较复杂,主要来自于新马克思主义批判史学理论,即以鲍尔斯和金蒂斯为代表。而一些

---

① 诸园.美国女性教育史学史[M].北京:中国社会科学出版社,2017:150.
② 诸园.美国女性教育史学史[M].北京:中国社会科学出版社,2017:172—175.
③ 周采.美国教育史学:嬗变与超越[M].北京:人民教育出版社,2006:236.

激进主义史学则受到了后现代主义的影响,如斯普林、卡茨等人。

美国传统教育史学的代表人物卡柏莱,高度赞扬了美国公立学校的成功。这种成功是美国主流文化的成功,是将外来移民与土著居民融入美国主体文化的成功。美国主体文化是新教盎格鲁—美国文化(Protestant Anglo-American Culture,PAAC)。在卡柏莱编写的教科书《美国公立教育》中,对边缘群体的反抗与声音视而不见。后来修正主义史学代表人物克雷明在《美国教育》中虽然关注到黑人和印第安人的教育,但他更多是从文化交流的视角来加以讨论。他也认同对少数民族文化的同化,主流文化的地位仍然被视为理所当然的。

斯普林是美国纽约城市大学女王学院的教授,本科毕业于罗斯福大学,获得历史学学士学位,硕士和博士都毕业于威斯康星大学。他先后在威斯康星大学、辛辛那提大学、哥伦比亚大学、纽约州立大学等学校任教。他具有纯正的印第安人血统,代表作有《教育和公司国家的兴起》(*Education and the Rise of the Corporate State*,1972)和《美国学校》(*The American Schools*,该书1986年首次出版后,多次再版),还有《非文化化与追求平等的斗争:美国被统治文化的教育简史》(*Deculturalization and the Struggle for Equality: A Brief History of Education of Dominated Cultures in the United States*,1994)《脑中之轮:教育哲学导论》(*Wheels in the Head: Educational Philosophies of Authority,Freedom and Cultural from Socrates to Human Rights*,1999)等有影响力的著作。

斯普林常以作为一名印第安人为荣。作为一名少数族裔,他批判主流文化对边缘文化的压迫。斯普林的《美国教育》,主要介绍了美国少数族裔教育的历史,而不像以往的美国教育史以叙述美国公立学校的历史,以盎格鲁—撒克逊为主体的白人教育。土著人、爱尔兰天主教移民以及非洲裔美国人,成为了叙事的主角。美国公立学校运动确实为教育的发展起到了积极的作用;但主体民族拒绝了其他民族在教育上文化多元化的努力。周采指出,"美国学校史的一个主要部分就是在文化统治方面的冲突",在斯普林看来,确保PAAC文化霸权构成美国公立学校史的主要内容。[①] 文化战争贯穿其研究的过程,如学校与媒体(电影、广播)、大众文化控制儿童心灵的斗争。

斯普林的《美国学校》在2000年版以后,开始强调"文化战争"的主题,这体现了美国多元文化的影响。他研究的主题,包括全球化、冲突、意识形态操纵、移民、经济目标、消费主

---

① 周采.评斯普林的《美国学校》[J].教育史研究辑刊,2004(2):87—90.

义与环境教育，主要探讨了文化、宗教、种族与民族之间的冲突。① 其中文化冲突、消费主义与环境教育是受到了后现代主义的影响。他指出，多元文化是美国社会的典型特征；他认为美国教育是欧洲帝国主义发展的一个部分。在帝国主义控制外国土地时，帝国主义尝试将其学校、文化和语言强加给当地人民。教育作为文化帝国主义的一种形式，在基督教传教士的帮助下，传播欧洲的教育和文化理念。② 这反映了后殖民主义思想对斯普林的影响。

## 二、文化战争的目的

自16世纪以来，英国入侵北美后，文化统治的斗争就开始了，这也是被斯普林所称的"文化战争"，这正是美国教育史上一个明显的特征。斯普林认为，"文化战争"一词源于艾拉·肖尔(Ira Shor)，是美国历史的一个典型特征。英国殖民者声称，他们高于土著文化，并将其文化强加给土著美国人。当发现英国文化具有剥削和压迫性质时，土著美洲人对英国人转变他们文化的尝试进行了抵抗。美国新政府的领导人，希望围绕新教盎格鲁—撒克逊建立一种统一的美国文化，这是19世纪美国公立学校发展的原因。公立学校的建立是为了确保盎格鲁美国文化的统治地位，当时它正受到爱尔兰移民、土著美国人和非洲裔美国人的挑战。在每一波新移民到来之时，公立学校便成为盎格鲁美国价值的守卫者。在20世纪，文化战争的特征，即在公立学校中体现代表性的美国化项目、民权运动，以及多元文化辩论。③

文化视角的概念，对于理解文化战争很重要。例如18世纪末19世纪初，一些土著美国人认为，他们的读写能力，可能是保护其部落土地和文化的重要工具。相反，许多白人将对土著美国人的教育，视为获得他们的土地和变革他们文化的手段。这一不同视角，既导致

---

① Joel Spring（2014）. *The American School：A Global Context from Puritans to the Obama Administration*. New York：McGraw-Hill Education. 4.
② Joel Spring（2014）. *The American School：A Global Context from Puritans to the Obama Administration*. New York：McGraw-Hill Education. 4.
③ Joel Spring（2014）. *The American School：A Global Context from Puritans to the Obama Administration*. New York：McGraw-Hill Education. 5.

了对于"文化"的主要误解,又导致持续到今天的文化战争。①

斯普林将文化战争,作为意识形态操纵的一个方面。意识形态操纵涉及社会中知识的创造与传播,而学校在其中起着中心作用。公立学校的建立,就在于向青少年传授知识。斯普林认为,知识并非中立的,关于学校教育的政治、社会和经济内容的争论一直存在。在公立学校中,多元文化教育的内容和目的存在着激烈的争论。② 知识并非中立的,是后现代主义的一个主要观点,如福柯讨论了知识与权力之间相互纠葛的复杂关系。

斯普林将大众媒体与学校一样,视为意识形态操纵的一个手段。在 21 世纪,它们是家庭、学校之外,影响学生成长的第三股势力;他也探讨了电影、电视和广播的发展,及其在教育中的作用。

斯普林在《美国学校:教育传统与变革》中,将美国教育史发展过程中的"文化统治的冲突"描写得入木三分。他批判美国公立学校的目的在于保证新教的盎格鲁美国文化,对于土著美国人、爱尔兰裔美国人、非洲裔美国人文化的支配地位。美国人口的多元文化本质导致公立学校讲授文化和宗教时就会激起争论。在殖民地时期,美国主体民族主张使用新教盎格鲁—美国文化对其他民族进行同化。但随着外来移民的增多,他们努力使自己的文化获得承认,那么,学校就成为了多元文化的战场。

斯普林在书中,对美国教育史作出了批判性的思考。他提出,对于历史的解释正确与否,没有公正的答案,只有不同的观点。根据自己的社会和政治价值观,"你必须作出判定"③。这体现了他对历史抱有一种相对主义观点。他将学校视为一种"企图操纵社会中观念传播"的机构;这一过程,被他称为"意识形态操纵"(ideological management)。在他看来,种族主义是美国教育历史和教育史中的一个核心问题。④

## 三、文化战争的过程

斯普林认为,文化战争始于英国殖民者来到美洲大陆,直到今天仍在继续。在殖民地

---

① Joel Spring (2014). *The American School: A Global Context from Puritans to the Obama Administration*. New York: McGraw-Hill Education. 5.
② Joel Spring (2014). *The American School: A Global Context from Puritans to the Obama Administration*. New York: McGraw-Hill Education. 6.
③ 乔尔·斯普林. 美国学校:教育传统与变革[M]. 史静寰,等,译. 北京:人民教育出版社,2010:2.
④ 乔尔·斯普林. 美国学校:教育传统与变革[M]. 史静寰,等,译. 北京:人民教育出版社,2010:3.

时期,印第安人为欧洲殖民者的生存提供了帮助,使其得以生存和发展起来,但他们却经历着欧洲人带来的疾病的侵扰。他们对欧洲人文化的反抗,遭到了镇压。斯普林指出,受虔诚宗教信念和英国文化优越感信仰的驱动,欧洲美国人参与了教育的十字军,力图把"异教徒"和"尚未开化"的印第安人,纳入新教和英国文化的模式之中。① 英国统治者为了强化殖民统治,宣称他们文化高于殖民地土著文化,于是将其文化强加给了北美土著;而土著发现了统治者文化的欺骗性和剥削性,从而加以拒绝。但后来建立的美国政府希望运用盎格鲁—撒克逊美国文化来建立一种统一的价值观,这也是19世纪美国公立学校建立的原因之一。

英国殖民者也试图对来自其他各国移民进行同化,以维护统治的需要。如宾夕法尼亚在1727年要求,所有的德国移民宣誓效忠英国国王,取缔德国人的出版社,禁止德文的政府文献印刷,以及禁止德文书籍的进口;倡议设立英语语言学校,以反抗和阻止德国文化的传播。这也遭到了德国移民的反抗,他们在整个殖民地时期仍然保留着自己的学校和教会。斯普林指出,宾夕法尼亚努力使德国人英国化的简短历史在英国教育史上说明了一个永恒的主题:使用学校作为扩大某种特定文化的工具,导致了组织化的学校体系与移民团体、土著美国人、墨西哥裔美国人、波多黎各裔美国人和非洲裔美国人自己关系紧张。在19世纪,由于天主教认为公立学校系统是新教的学校而造成了宗教紧张局势,人们认为这也是文化差异的结果。②

斯普林指出,文化和种族优越感的态度,支撑着对土著美国人的宗教和文化归化计划。殖民者赋予土著印第安人的标志是"异族野蛮人"③。这一思想与后现代殖民主义思想家萨义德的观点一致。西方殖民者通过对东方文化落后的描述,对其进行妖魔化,从而来为其殖民统治进行辩护。斯普林认为,在大英殖民帝国,英国人的文化优越感和种族主义常被用来为经济剥削和土地掠夺辩护。对于许多欧洲裔美国人来说,印第安人是欧洲白人在北美发展的一个障碍。为了给白人的发展腾出空间,其他人种的选择是种族灭绝或者圈居在小的农庄和保留地内。④ 殖民教育,就涉及让印第安人认识到其文化的落后,接受新教的价值观,心甘情愿地接受殖民统治。然而,当印第安人并不接受这种殖民教育时,殖民地法庭

---

① 乔尔·斯普林.美国学校:教育传统与变革[M].史静寰,等,译.北京:人民教育出版社,2010:11.
② 乔尔·斯普林.美国学校:教育传统与变革[M].史静寰,等,译.北京:人民教育出版社,2010:29.
③ 乔尔·斯普林.美国学校:教育传统与变革[M].史静寰,等,译.北京:人民教育出版社,2010:31.
④ 乔尔·斯普林.美国学校:教育传统与变革[M].史静寰,等,译.北京:人民教育出版社,2010:32.

甚至规定,不信仰上帝的人违法,并有可能被处死。为使印第安人"文明化",殖民地当局开始借助于寄宿学校来对印第安人子弟进行归化,以避免他们受到家庭部落和传统的影响。

斯普林指出,19世纪下半叶,美国政府对印地安人的主要教育政策是用英语取代土著语,摧毁印第安人的风俗,让他们拥护美国政府。寄宿学校使孩子在很小的时候就离开家庭,这使他们脱离父母和部落的语言和风俗。① 美国白人这样做的目的是为了摧毁印第安人的风俗和语言,接受"文明"的价值观;通过节假日教育,来灌输新教的伦理价值观念,以培养他们敬畏上帝的观念,强迫所有的印第安人子女上学,并利用英语进行教学。这些寄宿学校的要求,可能各不相同;但他们都强调,在学校中只许讲英语。斯普林甚至认为,保留地和寄宿学校,是试图通过隔离和教育,彻底改变一个族群文化的主要历史例证。这些是文化和语言的种族灭绝。然而,部落成员的反抗,使这种文化帝国主义最终失败。②

斯普林也描述了,美国公立学校除了针对土著美国人外,对其他少数族裔教育进行排斥的历史。斯普林讲述了每一个少数民族为教育奋斗的故事。美国历史上公立教育的对象,主要是针对的是欧洲白人移民,而亚裔、墨西哥裔、黑人、土著美国人,都难以享受到同等教育机会。1790年颁布的《归化法案》只将白人视为公民;甚至在当时,西班牙人也不能被视为公民。如亚裔在很长一段时间,被剥夺了上公立学校的机会,直到19世纪末,才开始建立起专门针对中国人的种族隔离学校。即便在废除奴隶制以后,黑人接受教育的目的,是为了让他们掌握一技之长,同时接受他们在社会中的从属地位。为此,对他们的教育也是非常有限的。男人的培养目标,是最好成为木场工人,女人的培养目标,是会洗衣服,主要是为了培养廉价的劳动力。南部的种植园主需要童工,因而反对义务教育法案,这导致大量的黑人儿童失学,在田间劳动。

在20世纪上半叶,智力测量在美国较为流行。其流行的原因之一,在于部分人发现它特别认可英国人和美国人的种族优越。这一结果,被用来反对非白人移民,乃至南欧和东欧的移民。这种智力测量的结果,带来了种族主义的偏见。斯普林讽刺了它在教育上的实践。他指出,那些热衷测量的人们一方面赋予学校分配人力资源的中心作用;另一方

---

① 乔尔·斯普林.美国学校:教育传统与变革[M].史静寰,等,译.北京:人民教育出版社,2010:254.
② 乔尔·斯普林.美国学校:教育传统与变革[M].史静寰,等,译.北京:人民教育出版社,2010:254.

面传播有关天赋智力的学说,它减少了将学校作为改善者的作用。① 智力测验者的观点,使得学校进行智育的努力大打折扣。教育的目的,主要是进行道德教育,以教育人们服从权威的领导。

斯普林也描写了土著美国人和其他少数民族在美国教育发展过程中的抗争,以及他们如何维护自身民族文化传统的故事。土著美国人与美国白人的抗争,主要是为了掌握他们孩子的受教育权,恢复他们的传统文化,进行双语教育和多元文化教育;而美国统治阶级则希望通过寄宿学校或将他们转移到城市,割断他们与部落的联系,实则是为了阻断他们与传统的联系,便于接受联邦政府的监管与控制。

在他看来,21世纪初颁布的《不让一个孩子掉队法》是"测试和文化战争的继续"。因为该法案使美国土著、墨西哥裔美国人以及波多黎各人,在公立学校实施双语教育方面所取得的成果化为乌有;为创建多元文化的学校系统所作的努力,也因为新法律批准运用标准化测试和州的标准来调控课程,以确保一种单一的文化主导学校而遭受挫折。② 该法要求,将教育的主要目标,放在英语教学上;反对多元文化教育,双语教育受到忽视;提出进行统一的品行教育以促进整个民族道德观的统一。

总之,斯普林不同于传统的教育史学家,他指出了美国教育历史发展中的断裂,即少数族裔在教育中受到歧视的历史。这与传统史家认为美国教育发展的直线进步性,有着明显的区别。

## 第三节　激进主义的城市教育史学

随着美国城市教育的发展,城市教育的问题在20世纪60年代以后开始显现。在后现代主义思想的影响下,美国一些教育史学家从批判的视角,对20世纪美国城市教育中种族、阶级、文化、性别、管理与课程等变迁进行了研究。一些研究者如卡茨、泰亚克等人,不同于传统教育史学家卡柏莱、贝林等人对城市教育的歌功颂德,批判了城市教育在历史发展过程中存在的问题,揭示了美国当代城市教育问题的历史根源。

---

① 乔尔·斯普林.美国学校:教育传统与变革[M].史静寰,等,译.北京:人民教育出版社,2010:409.
② 乔尔·斯普林.美国学校:教育传统与变革[M].史静寰,等,译.北京:人民教育出版社,2010:638.

## 一、卡茨的激进主义教育史学

### （一）卡茨简介

迈克尔·卡茨（Michael B. Katz，1939—2014），是美国著名的教育史学家、历史学家，早年毕业于哈佛大学。他在年轻的时候因为贫穷当过《百科全书》的推销员。还曾为了养家糊口，参与贫困家庭学生暑期夏令营的工作，认识到与贫困相关的问题是教育难以解决的，如糟糕的住宿条件、教育质量低下的学校、缺少培训以找到合适的工作、负担不起医疗费用。他此后开始研究教育与工人阶级的关系，重点关注城市、贫穷与儿童之间的联系。就这样，出于对贫困的了解与同情，他将贫困有关的问题选择，作为以后毕生从事的研究工作。1977 年因在人文社会科学研究中取得巨大成就，而获得古根海姆基金奖（Guggenheim Fellowship for Humanities，US & Canada，1977）。

他的研究领域，主要集中在教育史、城市史，以及社会贫困和福利史三个领域。他对美国社会体制，持一种批判态度，从而也改变了人们对贫困的理解。他出版了众多的著作，其中教育史方面的著作包括：《早期学校改革的嘲讽：19 世纪中期马塞诸塞州的教育革新》（*The Irony of Early School Reform: Educational Innovation in Mid-Nineteenth Century Massachusetts*，1968）、《学校改革的历史与现实》（*School Reform: Past and Present*，1971）、《阶级、官僚政治和学校：美国教育变革中的幻影》（*Class, Bureaucracy and Schools: The Illusion of Education Change in America*，1971）、《美国教育的重建》（*Reconstructing American Education*）等。城市史方面的著作主要有：《加拿大西部汉密尔顿的人们：19 世纪中期城市中的家庭与阶级》（*The People of Hamilton, Canada West: Family and Class in a Mid-Nineteen Century City*，1975）、《早期工业资本主义的社会组织》（*The Social Organization of Early Industrial Capitalism*，1981）。社会贫困和福利史方面的主要著作有：《美国历史上的贫困与政策》（*Poverty and Policy in American History*，1983）、《在贫民窟的阴影下：美国社会福利史》（*In the Shadow of Poorhouse: A Social History of Welfare in the United States*，1986）、《饥寒交迫的人们：从贫困的战争到福利的战争》、《受压迫阶级的抗辩：历史的观点》（*The Underclass Debate: Views from History*，1993）、《改善穷人的处境：福利状况、下层阶级和城市学校史》（*Improving Poor People: The Welfare State, the*

"*Underclass*", *and Urban School as History*，1995)、《城市居民的价值：重新界定美国的福利状况》(*The Price of Citizenship*：*Redefining the American Welfare State*，2001)等。

卡茨激进主义史学的主要观点在于：美国教育发展并非民主政治的胜利，公立学校是美国政府实施控制的工具。它具体体现在公立学校产生的目的、起源以及发展过程。

卡茨1968年出版的《对早期学校改革的嘲讽》，是最有影响的新教育社会史学著作。① 他努力用历史去解释当代美国的教育改革。卡茨在书中，对美国教育史传统的攻击是基于这样一种假设：学校为少数人服务，将穷人排除在外；教育改革是社会上层分子为保住既得利益对下实施的社会控制。他们为转移民众视线，将社会不公正的责任归罪于教育的失败；以虚伪的教育改革取代真正的社会改革，实际上是以教育改革阻碍社会发展；教育家动机可疑，他们编造出关于教育的神话，散布对教育改革的幻想，表现为一种道德的堕落。他认为，传统教育史在此问题上难辞其咎，应负道义上的责任。② 卡茨的研究表明，美国教育改革中对边缘群体的忽视，伴随着城镇化的进程向全国扩展，它使得种族主义进一步制度化；美国教育改革中这些不光彩的历史记录，在传统教育史著作中缺少描述，应推倒重写。

《早期学校改革的嘲讽》描述了19世纪30年代到美国南北战争时期，马萨诸塞州公立学校的改革。他采取了修正主义史学的方法，批判了卡柏莱、孟禄等人的观点；他在研究中关注微观的情境，并进行仔细的考察。卡柏莱等人将教育的发展视为出于是人道主义的、平等主义和理想主义的关怀；卡茨则主张，教育改革是通过保守的领导人将中上层阶级的价值观念强加给社会，他们担心快速发展的工业革命和城市化进程会带来社会危险。由于这是一种狭隘的教育改革方法，保守的社会领导人将工人阶级事实上排斥在外，未能建立更紧密的社会团结。卡茨也引用了19世纪中期的教育改革家霍拉斯·曼不现实的和混乱的意识形态，霍拉斯·曼将教育视为解决社会问题的灵丹妙药。由于缺乏对社会问题全面而深刻的理解，并尝试在学校中去建立一种实用主义和高度说教的教育学，这些改革家表现出支持城市工业文明的发展，而没有检查它们可能带来的严重后果。在马塞诸塞州城市公立学校改革过程中，尽管去努力灌输一种理想农村环境的意识，但贫穷和犯罪仍然在增长；而且由于改革者们未能理解其改革主张中的模糊及不足之处，马塞诸塞州的改革必定

---

① 杜成宪，邓明言.教育史学[M].北京：人民教育出版社，2004：423.
② 杜成宪，邓明言.教育史学[M].北京：人民教育出版社，2004：423—424.

会产生一些狭隘的、无能的教育官僚,导致教育改革的失败。卡茨描述了19世纪教育官僚阶层的装模作样、骄傲自大与狭隘,他也描述了教育与社会、经济、人口特征的相互关系。①

**(二) 公立学校的起源**

在20世纪60年代,美国少数族裔反抗白人种族隔离政策的斗争如火如荼,历史学家开始重写教育史。当时社会,存在着持续的种族隔离、不平等、僵化的官僚体系,以及城市学校教育的失败,使得对作为民主引擎的公立学校胜利的描述,显得毫无意义。对美国白色神话的反思,反映在美国社会的各个方面;美国社会的不平等现实,也促使人们反思美国教育的不公正的现实与历史。卡茨对传统史学认为的美国公立学校进步现实进行了批判地反思。他指出在美国教育发展过程中,充满着不公正的历史。

卡茨利用教育史知识,来回应当前的教育问题。如他从芝加哥教育改革的问题入手,回顾了公立学校产生的历史。在1989年11月,芝加哥开始了教育分权化的改革,卡茨怀疑这种将教育管理权交给社区和家长的做法,可能会导致教育的失败。②

公立学校最初的产生,是为了所有的公民都接受共同的教育。在一些城市,建造了较为先进的教育设施,主要为富裕阶层服务,也向工人阶级子弟提供。但由于当时各阶层之间的差别没有那么明显,公立学校虽然不是那么完美,但也向不同阶层的儿童开放。公立学校产生之后的第一次主要断裂在于19世纪一些城市特殊学校的产生,吸纳不同阶级背景儿童入学的学校,但不成比例。在20世纪初,尤其是在高中的分流,使得差距变大。高中分流是以个人的抱负和成绩为基础,通常与阶级和民族密切相关。③ 第二次世界大战后,随着城市的发展和郊区各种设施的完善,美国富人移居郊区,郊区的教育得到了很快发展;而黑人主要居住在市区,导致产生了新的隔离,这加剧了贫困和教育不平等。1974年的米尔肯起诉布拉得雷案(Milliken v. Bradley),要求郊区与城市分享优质教育资源,因此20世

---

① Sheldon S. Cohen (1969). Book Review. *The New England Quarterly*, 42(2):291-292.
② Michael B. Katz (1995). *Improving Poor People: The Welfare State, the "Underclass", and Urban School as History*. Princeton, New Jersey: Princeton University Press. 99-101.
③ Michael B. Katz (1995). *Improving Poor People: The Welfare State, the "Underclass", and Urban School as History*. Princeton, New Jersey: Princeton University Press. 103.

纪后期的公立教育的社会生态,是对支撑19世纪公立教育起源理想的一种嘲笑。①

与泰亚克一样,卡茨也分析了19世纪中期,本土主义者对爱尔兰人的态度。通过分析,他证明了当时政府对爱尔兰人的歧视,以及对多元文化的恐惧和不信任态度。当时,许多为躲避饥荒的爱尔兰人涌入美国,由于他们的天主教信仰,他们被美国人视为是不道德之人;贫穷的爱尔兰被认为是异端、粗俗的和危险的。教育是防止犯罪一个关键的因素,学校承担了将移民子女同化为美国人的主要任务;通过学校教育,来减轻移民子女与其家庭的联系。公立教育被视为扶贫的一个重要工具。19世纪晚期至20世纪初,来自东欧和南欧移民进一步强化了公立学校作为文化标准化代理人的作用。卡茨指出,对外来文化的恐惧,促使公立学校制度的建立;从一开始,公立学校就是文化同化的代理人。②

在南北战争以前,黑人并没有接受教育的权利,南部各州法律禁止教黑人奴隶读写,公立学校只是为白人所开设。在北方,虽然政府不反对黑人接受教育,但为他们开办了种族隔离学校。这与政府出资创办号称为所有儿童开放的初等教育的情况并不相符。即便是内战结束以后,南部废除了种族隔离制度,但仍然只是在城市中为黑人开办种族隔离学校。

卡茨指出,对犯罪和移民的恐惧,推动着美国公立教育制度的创立。但这依赖于,更多是感觉而非事实;更多的是回避的刻板印象,而非与结构性来源对抗的焦虑。犯罪也没有表现出人们所想象的那么严重。对穷人救济开支的增长来源于工作的转型与城市生态的变化。现有研究认为,爱尔兰移民代表着爱尔兰社会中一个精选的、高度积极主动、文化程度极高的阶层,他们并不像本土主义者描述的那样放纵、无能和无知。对多元文化的恐惧和不信任,深入了19世纪的美国社会。③ 卡茨的看法,并没有像传统史学,对美国以清教徒为主体的社会尽力吹捧,以及对公立学校建立的理想一味进行肯定,而是揭露了公立学校制度建立的实质。建立学校教育不过是为了预防犯罪和减少贫困的一种手段,它是一种解决棘手社会问题的直接的可供选择的方式。

卡茨分析了美国不同历史教科书对罗斯福新政的描述与评价,认为历史研究,也应针

---

① Michael B. Katz(1995). *Improving Poor People: The Welfare State, the "Underclass", and Urban School as History.* Princeton, New Jersey: Princeton University Press. 103.
② Michael B. Katz(1987). *Reconstruction American Education.* Cambridge, Massachusetts: Harvard University Press. 18–19.
③ Michael B. Katz(1995). *Improving Poor People: The Welfare State, the "Underclass", and Urban School as History.* Princeton, New Jersey: Princeton University Press. 105.

对现实教育问题。这些教科书,旨在让学生了解历史事实之外,美国面对国内外危机所取得的成功和荣耀。20世纪30年代的历史教科书,对当时的社会危机提供了三种不同的解释,即如必要的政府干预视角、无政府主义视角和道德的视角。每种解释也暗含了不同的解决措施。不同教科书采取了不同的史学方法,反映了不同的价值观念。有的是采取进步主义,有的是经济决定论,不同的史学方法,也意味着相互冲突的解释。通过对这些不同解释的分析,他最后得出结论说,这些历史教科书都没有反映当前的教育学术成果,多少也具有偏见。也许,诚实地承认和坦率地介绍偏见,比避免冒犯他人单调乏味的许多现代书要好得多。至于20世纪30年代的美国历史教科书,体现的激情与献身精神,这也是社会研究教学所必须培养的。当然,没有理解的献身精神具有潜在的破坏性;但没有献身精神的理解,则是无效的。①

卡茨认为,19世纪在城市和大市镇的公立学校,是随着城市化、工业化、大规模的移民以及工薪阶层的产生而发生的。伴随着这些社会经济变革,犯罪和贫穷也大量产生。除了对他们进行救济和引入贫民院外,再就是依靠公立学校。正如关于贫困的理解一样,教育思想也将犯罪与穷苦转化为道德问题。城市下层阶级,如果未能在他们的孩子身上植入本分和自我约束的道德品质,就会滋生乞丐和犯罪。公立学校为学生提供了一种可供选择的环境,一流的成人榜样,以及作为监狱和贫民院便宜和高级的替代品。尽管公立学校要花费不少,但从长期来看,它将会减少贫困与成人犯罪的负担。② 卡茨与卡柏莱等人对公立学校的主流认识不同,他不是将公立学校视为一种塑造美国共同价值观念的机构,而是一种消灭贫穷与犯罪的机构;公立学校不是美国统治阶级出于一种良好的愿望,而是一种维护稳定的工具。

卡茨认为,公立学校的产生与工业革命密切相关。工业化需要培养稳定和守时的城市劳动力;工业化的进程,使得以往的学徒制走向衰落,使得少年儿童在小学毕业后难以找到合适的工作,从而让贫困子弟也能享受这种受教育的机会变得重要。教育机会均等与专业化成为了19世纪公立教育的目标,但教师质量堪忧。19世纪中期,由于工业化和城市化进程加快,人口的快速增长,导致师资严重缺乏。学校雇佣了大量并不具备教师资格的妇女,

---

① Michael B. Katz (1966). American History Textbooks and Social Reform in the 1930'S. *Paedagogica Historica*, 6(1):143 - 160.
② Michael B. Katz (1995). *Improving Poor People: The Welfare State, the "Underclass", and Urban School as History*. Princeton, New Jersey: Princeton University Press. 104.

目的是为了减少开支,因为女性教师的待遇只是男性的一半。这样同样的经费支出可以招收两倍的学生,这也导致了教师的女性化。州政府抱怨地方学校委员会凭关系而非能力、经验和专业资格,来任命公立学校的教师。公立中学的发展也有助于减少在街上闲逛的青少年;许多青少年进入学校就读,是因为他们难以找到工作。

卡茨认为,19世纪早中期公立学校的推动者主张,公立学校制度通过处理五大难题,减轻了随着资本主义和民主而来的紧张状态。这五大难题是:城市犯罪与贫困、不断增长的文化多元性、对城市和工业劳动力培训和规训的必要性、19世纪城市青年的危机、父母对青少年的焦虑。① 在这里,公立学校作为了一种减少贫困和犯罪的手段,但在当时,社会政策并未将不道德、越轨与多元文化进行区别,体现了美国盎格鲁—撒克逊人的傲慢,公立学校又成为了一种文化同化的手段。

卡茨还提出了一个有关公立学校最初创立的长期被人忽视的理由,即认知技能和智力的培养和传递能力本身就是目的。公立学校的存在,是为了塑造行为与态度、缓解社会和家庭问题,改善贫困人口状况,巩固充满压力的社会结构。学生的品格被认为比他们的思想更为重要。② 公立学校成为了一个促进社会公平、解决社会问题的机构;同一时代的民主资本主义思想,促进了公立学校的成功;公立学校制度对社会问题的转移,也避免了对资本主义的再分配实行改革。

卡茨通过描述公立学校产生的历史,来说明公立学校并非不可避免的是一种官方机构,它也是经历了与其他学校管理形式的复杂竞争的结果。其他每种形式,都认为自己适合美国的政治社会形式。卡茨分析了这几种常见的学校管理形式变革过程:在19世纪上半叶,主要有四种学校管理形式先后出现;最终,早期官僚制组织模式(incipient bureaucracy)战胜了家长自愿制(paternalistic voluntarism)、社团捐助制(corporate voluntarism)和民主地方制(democratic localism)组织模式,成为了公立学校的管理形式。

卡茨指出,美国人对"公立"一词的看法,也经历了较大的变化。公立与私立之间的关系,是不断变化的,它们之间的边界也是充满着争议与不断的妥协。在殖民地时期,"公立"

---

① Michael B. Katz (1987). *Reconstruction American Education*. Cambridge, Massachusetts: Harvard University Press. 16.
② Michael B. Katz (1995). *Improving Poor People: The Welfare State, the "Underclass", and Urban School as History*. Princeton, New Jersey: Princeton University Press. 110.

是与"在家上学"区别开来;在 19 世纪初期,它是指面向大众,要么是免费的,要么是收费低廉的,也等同于"穷人的",因为只有城市穷人的孩子才接受免费教育。公立学校制度的创造者,总是希望使"公立的教育"摆脱"穷人的教育"的这一印象。公立学校获得了经费的支持,并被官方控制;私立机构创办的学校,不再被称为公立的,对公立学校的概念重塑获得了成功。在南北战争以前,公立学校的概念充满着一种对民主的可能性、对政府的自豪感和强大的公民社会文化的理想主义。① 此后,由于美国民主的失败,种族隔离制度等社会问题的存在,对公立学校的根基造成了损害。

20 世纪 60 年代,美国民权运动兴起,人们对民选政府充满了失望。公立教育种族隔离、分轨和不平等,使它失去了应有的支持。在 20 世纪 70 年代以前,由于社会治安的恶化,教师无力管理班级,师生担心学校暴力,甚至在课堂和走廊上被学生枪击,学生缺勤严重,富人移居郊区,有钱人将孩子送到教会学校和私立学校就读,这导致公立学校质量严重下滑。批评者认为学校至多是一个避免学生在大街上闲逛的看管机构,而很少教给学生知识。因此,在当时,"公立"一词,又等同于 20 世纪早期的"穷人的"一词的意义。② 公立学校并未实现它应有的荣耀,因而失去了公众的支持。

卡茨通过对公立学校发展历史的分析,总结了公立学校失败的原因。他指出,对学校影响最大的力量不是来自于教育规划或深思熟虑的政策,它们也从来没有过;而且,当代教育变革的来源在于,正如其一如既往的那样,学校与社会秩序之间的冲突。③ 第二次世界大战以来,美国政府给了教育大量的投资,希望它们能够帮助解决社会问题;但教育发展的历史证明,这一期望落空。学校既没能解决社会不平等不公正的问题,也没能有效地进行教学。卡茨指出,公立学校的失败表现在:未能达到社会目标;自上而下集权化改革模式的破产;提供解决方案的物质资源不足;研究不足,未能说明学校取得成功与失败的原因。④ 美国社会的阶级与冲突问题,一直反映在公立学校之中,卡茨也提出相应的解决办法。他指

---

① Michael B. Katz (1995). *Improving Poor People: The Welfare State, the "Underclass", and Urban School as History*. Princeton, New Jersey: Princeton University Press. 131.
② Michael B. Katz (1995). *Improving Poor People: The Welfare State, the "Underclass", and Urban School as History*. Princeton, New Jersey: Princeton University Press. 133.
③ Michael B. Katz (1987). *Reconstructing American Education*. Cambridge, Massachusetts: Harvard University Press. 122.
④ Michael B. Katz (1987). *Reconstructing American Education*. Cambridge, Massachusetts: Harvard University Press. 127.

出,有效的教育改革策略,需要调整教育目标,反对集权化模式的改革;从人身上而不是物质资源上,寻找解决办法;用微观层面代替宏观层面,作为研究和行动的中心;努力去回避集团之间相互竞争的教育问题。① 当然,有效的学校改革,实现也有一定的限度,它不能对教师提出一些不合理要求。同时,它也难以去应对学校不能控制的社会问题。

### (三) 卡茨城市教育史学的方法

卡茨在研究中,运用了计量史学和社会学的研究方法;但其后现代教育史学的方法,要求教育史为当前的社会改造服务,则更值得关注。

卡茨对克雷明的《美国教育:建国时期的历程》(1783—1876)作出了评价,认为它揭示了美国教育所取得的巨大成就。美国教育的突出特征在于它的普及与多样化。这意味着众多正规教育与非正规教育机构的发展。由于其与众不同的特征,美国教育被广泛地接受为国际标准,美国人成为了世界上教育水平最高的民族。克雷明的主要贡献在于他关注了非学校教育,如报纸、慈善团体与教会,但也存在着一些局限。

首先,克雷明指出他将避免辉格主义和无政府主义,但他又将他的故事表现为"自由的和解放的传统";他将教育定义为"有目的"和"系统的",但又将教育视为无处不在的生活教育。

其次,在书的开头,克雷明主要集中从历史观念与实践的角度,去界定美国教育中共和国的传统。为了达到他的目标,他吸收了霍拉斯·曼和托马斯·杰斐逊的观点,忽视了与他们观点冲突的方面,以及19世纪中期以来社会教育理论发生的主要变化。

最后,克雷明的历史学具有保守性。克雷明对美国教育的历史总体是赞同的,只有在涉及非洲裔美国人和印第安人的教育时,他才严厉批评了美国的行为和态度。但即便在这里,这种处理方法也是很奇怪的。例如,涉及内战后重建时代的教育只有4个页码。这些页码强调了美国黑人对教育的渴望,北方人对全国教化的尝试;但略去了北方教育家对建立隔离学校制度的默许,以及他们与南部保守主义者的合作。克雷明对19世纪美国社会中存在的暴力、贫困、贪污和种族歧视视而不见,强调对美国先民理想的实现,这帮助他避免了辉格主义和无政府主义。

---

① Michael B. Katz (1987). *Reconstructing American Education*. Cambridge, Massachusetts: Harvard University Press. 128.

卡茨的研究表明，公立学校的历史并非一种政府提前规划、理性化实施过程的结果；它经历了诸多矛盾与冲突，是各种力量相互博弈的结果。他批判了，公立学校的产生和发展是一种出于善良意志的现代化尝试的观点，而且，它也并未完全实现其承诺。

### （四）评价

卡茨承认，公立教育的推动者取得了一定的成功，如公立学校最初的支持者，成功地创立了城市学校制度，建立了分级的、科层制的、集中管理的、税收支持的、义务的，并由受过一定训练教师来任教的体系。进步教育家对教育改造社会抱有乐观的心态。他们主张建立幼儿园、工业教育、改革中学课程，创造了差异化的教育结构。第二次世界大战后，他们呼吁联邦政府，大量投资公立教育，这些都取得了成功。但公立教育也存在着诸多问题。

卡茨的激进修正主义史学受到了拉维齐（Ravitch）等保守主义者的批评。拉维奇认为，修正主义历史学家通过粗制滥造的学术或政治动机，展现的证据不全，体现了糟糕的逻辑和理论贫乏，让人觉得头脑简单、阴谋横行，彻底否定了美国教育的历史；为非美国政治理想服务而进行书写，他们的工作不仅歪曲了过去，而且加重了美国过去教育中学校士气低落、水平下降的问题。拉维奇尝试用一个进步的故事，以及在一个多元化的社会里，为实现民主自由愿望持续努力来取代它。[1] 拉维奇主张教育管理的集权，反对分权。她反对在美国历史研究中采用阶级分析的方法，因为大多数美国人认为他们属于中产阶级。美国白人与黑人之间的差距在缩小，教育在其中起到了积极的作用。但在激进修正主义者看来，这忽视了失业、通货膨胀、种族间的冲突，以及在紧张的就业市场中高等教育文凭的贬值。对此，卡茨批评拉维奇的《对修正主义者的修正》(*The Revisionists Revised*)一书，认为其虚构了一个统一的修正主义群体，忽视他们之间有时也存在着尖锐的冲突，指责她只是通过歪曲修正主义者的观点，忽视他们之间的差异与矛盾，忽略其重要主张，虚构他们没有采取的立场，错误地将修正主义者们同质化，制造稻草人。她的策略恰好是她所归结为激进修正主义者们所采取的那样，即疏漏、歪曲、制造稻草人、意识形态偏见，以及出于动机不公正和毫无根

---

[1] Michael B. Katz（1987）. *Reconstructing American Education*. Cambridge, Massachusetts: Harvard University Press. 144.

据的弹劾。①

卡茨认为,拉维奇的著作采取了传统的历史书写方法,她只是描述;她的著作既没有政策建议,也没有对未来的憧憬(社团或其他的)以及教学处方。② 她主张对过去各种观点进行准确的描述,而非展示其中一派的观点。拉维奇的著作确实呈现了过去教育改革中的各种论争,但缺少重点,也没有说明自己的主张。这些观点都是在后现代主义影响下的激进修正主义者所不赞成的。卡茨指出,拉维奇的著作《艰难的十字军东征:1945—1980年的美国教育》③,其中心的冲突和本质上的无政府主义,两者都表明了新保守主义教育史学的破产。尽管它胡乱指责批判教育史学家和进步主义改革者,但它极力主张自己的客观性,它声称如实直书,保守主义教育史学不能提供一个连贯的过去版本,或根据其结论逻辑和一致性地得出一个当下的立场。④ 拉维奇不考虑学校的政治经济,不去分析学校问题产生的根源,脱离具体的社会情境去思考学校教育。传统教育史学对修正主义的抨击不能解决问题,它们缺少对现实问题的关照,仿佛其生活在真空之中,这也为后现代教育史学所批判。

总之,卡茨通过对历史的研究,揭示过去与现在的联系,用历史来解释当代的教育改革存在的问题,这充分说明了后现代主义思想对他的影响。

## 二、泰亚克的城市教育微观史学

戴维·B.泰亚克(David B. Tyack),是美国斯坦福大学教育与历史学教授,1930年出生于东马塞诸塞州东部的汉密尔顿。在其《一种最佳体制:美国城市教育史》中,采取后现代的视角,批判了美国公立学校的发展。他在该书中"解释的是在美国的学校教育中发生的组织革命的历史。它所要论述的是教育的政治学:谁得到什么、在何处得到、在何时得到

---

① Michael B. Katz (1987). *Reconstructing American Education*. Cambridge, Massachusetts: Harvard University Press. 146.
② Michael B. Katz (1987). *Reconstructing American Education*. Cambridge, Massachusetts: Harvard University Press. 154.
③ Diane Ravitch, *The Troubled Crusade: American Education, 1945–1980* (New York: Basic Books, 1984).
④ Michael B. Katz (1987). *Reconstructing American Education*. Cambridge, Massachusetts: Harvard University Press. 157.

以及如何得到"。① 在后现代思想的影响下,泰亚克也关注了在公立学校中边缘群体的教育情况。该书叙述了美国公立教育的成就,及其对移民和黑人的不公,评估了美国在走向工业社会过程中学校的形成过程。泰亚克的研究,具有一定的综合特点:"我对下述两种立场都不予赞同:一方面,是以传统的历史编撰学为代表的对于公共教育的心满意足的褒奖;另一方面,是严厉指责从事公立学校教育的人们,并将公立学校视为一种失败的时下风尚。"②这体现了,泰亚克教育史学具有一种折中色彩;但其对边缘群体普通群众的关注,以及对微观方法的使用,更多地体现了其研究的后现代特征。

他吸取了之前城市教育史作品的主要观点,并作出了综合,将传统教育史学的叙事取向和新教育史学的问题取向结合起来;在研究方法上,综合运用了历史学、社会学、政治学的方法。③

泰亚克的教育史研究方法,是针对当前的现实问题,通过研究,让人们了解当前的城市教育困境是如何形成的。对那些理所当然的教育制度和价值予以审视。为了理解过去和当前的各种选择,我们需要将事实转变为难题。其理解方式在于,我们今天做出的选择,是如何深深地受到了过去的形塑。④

卡柏莱时代的教育史学,是公共教育的演化,在他们看来,教育史的主要目的,就是给予(教育)管理者和教师一种关于职业精神和认同的更加伟大的感觉。对此,泰亚克指出:"这是一部关于进步的传说,到处都被'政治'所损毁,或者被特殊的利益群体或保守的教师或外行瞎掺和。这是一种权威人士(insider)的视角,是从上向下的。"⑤然而,教育的发展是多方面的,不仅仅是学校教育,更多的"教育"发生在学校之外,如家庭、教会、媒体以及其他诸多教育机构。泰亚克反对两种不同的立场:一种是对于公立教育满足的立场;一种是严厉指责公立教育,并将公立教育视为一种失败的立场。

基于这种观点,泰亚克对美国教育历史发展过程中,公立学校教育的成就与失败进行了全面的考察。他认为公立学校发展过程中取得了部分成功,但存在着诸多问题,如公立

---

① 戴维·B.泰亚克.一种最佳体制:美国城市教育史[M].赵立玮,译.上海:上海人民出版社,2010:1.
② 戴维·B.泰亚克.一种最佳体制:美国城市教育史[M].赵立玮,译.上海:上海人民出版社,2010:前言7.
③ 邹春芹.美国城市教育史学发展历程研究[D].南京:南京师范大学博士学位论文,2013:79.
④ 戴维·B.泰亚克.一种最佳体制:美国城市教育史[M].赵立玮,译.上海:上海人民出版社,2010:2.
⑤ 戴维·B.泰亚克.一种最佳体制:美国城市教育史[M].赵立玮,译.上海:上海人民出版社,2010:7.

教育对少数民族,甚至对天主教徒的教育不公平。在19世纪初,美国公立学校创立之初,就面临着诸多批评和怀疑。公立学校的教育家们,总是试图去毁灭文化差异;许多天主教徒,强烈憎恶19世纪的公共教育所具有的新教特征。因为公立学校教导,天主教必然在道德上、智力上、绝对无误的是一个愚蠢的民族信仰,同时也存在着对爱尔兰移民的鄙视。① 新教的教师和教科书,进一步削弱了天主教徒的宗教信仰。这导致天主教徒不断地反对公立学校,寻求通过自办教育来维护自己的信仰。

在19世纪末,由于多元主义的政治,在天主教徒与新教徒、外来移民与本土文化的保护主义者、黑人与白人之间的文化冲突中,学校教育家们的立场,是一种反常的立场。他们一方面持一种共同的盎格鲁—撒克逊价值观,将其价值观视为不言而喻的;同时,由于公立学校应当依赖共识,他们也不喜欢派系争论。泰亚克指出,文化意义上的利益群体之间的斗争对于学校的影响完全瓦解了那些共识,并干扰了建立一种最佳体制的任务。②

美国主流社会,认为美国化取得了巨大成功;但泰亚克认为,美国移民在此过程中付出了巨大的精神和心理上的代价。公立学校也对移民的文化传统、生活习惯等抱有敌意,这导致了移民在归化过程中的痛苦。他们在家庭中,也经历了与父母之间的冲突;移民父母在此过程中,也充满着矛盾。如意大利移民科维洛,描述了他痛苦的被迫同化过程:他经历了与父母的文化冲突,甚至科维洛和他的朋友们尽可能使他们的母亲远离学校,因为他们对于她们的披肩和意大利发音感到羞耻。在那里,意大利意味着低等的东西。他成为教师之后,提倡多元文化教育,他尽可能让他所教的那些意大利孩子为意大利文化传统自豪。③ 这些故事,在其他移民团体中并不鲜见,进而体现在他们的学业成绩之中,增加了他们的学业失败;反过来,又受到主流群体更多的歧视与指责。

在公立学校体制中,一直存在着对黑人的种族歧视。泰亚克指出,对于美国黑人来说,19世纪为赢得教育公平而进行的斗争,一直是孤独的和不平等的。④ 由于黑人缺乏政治权

---

① 戴维·B. 泰亚克. 一种最佳体制:美国城市教育史[M]. 赵立玮,译. 上海:上海人民出版社,2010: 87.
② 戴维·B. 泰亚克. 一种最佳体制:美国城市教育史[M]. 赵立玮,译. 上海:上海人民出版社,2010: 113.
③ 戴维·B. 泰亚克. 一种最佳体制:美国城市教育史[M]. 赵立玮,译. 上海:上海人民出版社,2010: 249—251.
④ 戴维·B. 泰亚克. 一种最佳体制:美国城市教育史[M]. 赵立玮,译. 上海:上海人民出版社,2010: 129.

利,他们通过逃学和抗议来表达他们被公立学校拒斥的感觉。泰亚克引用美国最有影响的黑人知识分杜波伊斯(W. E. B. Du Bois)的话来说,在北方的许多公立学校系统中,黑人被允许进入和容忍;但是他们不是受教育者,而是受难者(crucified)。① 这种不平等,一直持续到 20 世纪 60 年代才有所改善。

泰亚克的史料来源分为两种:一种是原始资料;另一种是第二手资料。原始资料包括各个城市不同时期的教育报告、教育工会的报告、记者的访谈、教师的回忆录、自传和信件、公民选票、教育调查报告、报纸、账本等;第二手资料包括当时已出版或未出版的教育著作和期刊。② 泰亚克采取个案法和比较法,描述了美国农村学校和城市学校的场景。他将叙事取向与问题取向相结合,叙述了许多影响城市学校发展的小故事。他运用了微观史学的方法,如《一种最佳体制》第一章的标题为"微观世界中的一种最佳体制:乡村教育中的共同体与合并"。他在其中,探讨了农村学校的日常生活细节;同时,他研究的目的也是为了对现实问题作一种回应。《一种最佳体制》的出版时间是 1974 年,而作者声称"研究和写作本书长逾七年"。而开始写作的 1967 年,这个时期正处于美国民权运动时期。他最后指出,教育改革应该选择一种对最佳体制改革的替代方案。在 20 世纪 70 年代的教育改革,教育家需要寻找与许多种族群体的学习风格相匹配的教学方式,许多人不再相信一种关于精英和专家的开明的家长式统治,不再接受沿着现存的阶级和种族界线来进行权力和财富分配的必然性或正义。他要求创设出能够给予学生真正的教导,反映社会的多元主义、满足人们对社会正义的追求的城市学校(体制)——这是一个需要坚持不懈的想象力、智慧和意志(才能完成)的任务。③ 这反映出本书是对时代的一个回应。在泰亚克看来,美国城市公立学校需要进行彻底地改革,以满足社会变革发展的需要。

激进修正主义教育史学,也受到了一些美国教育史家的批评。美国当代教育史学家、比较教育专家布里克曼(William Wolfgang Brickman,1913—1986)批评修正主义史学派的观点缺乏严肃的科学态度,不分青红皂白地否定公立学校的历史作用,失之偏颇。他还对

---

① 戴维·B. 泰亚克. 一种最佳体制:美国城市教育史[M]. 赵立玮,译. 上海:上海人民出版社,2010:239.
② 邬春芹. 美国城市教育史学发展历程研究[D]. 南京:南京师范大学博士学位论文,2013:69.
③ 戴维·B. 泰亚克. 一种最佳体制:美国城市教育史[M]. 赵立玮,译. 上海:上海人民出版社,2010:309.

某些修正主义者的学术品格和学术批判性的正当性,提出了质疑。① 他认为,一些修正主义史学家忽视了教育史的学术性。教育史研究必须坚持一定的学术标准,不要以它为副业,随便拿起和放下,教育史不是儿戏,它有着悠久的历史;对于从事它的研究人员来说有着严格的要求……诚如乌里奇所说:

> 任何人都不能将一种研究运用于另一种研究,除非他对这二者都很了然。这就是说,一个人如果不精通哲学和教育,他就不配讲授教育哲学,这同样适用于历史学、心理学、统计学、社会学或任何其他学科。②

激进派的修正主义史学也缺少对移民自身存在问题的分析。布里克曼则认为,所有的修正主义史学失败的原因在于,因理论准备不足而导致的对方法论的误判;他们对教育史缺乏深入的研究,不够专业;他们低估了学术的地位,在运用编史工作的规则时缺乏精确性,仓促地作出概括,不屑或疏于在史料的鉴别上下工夫,特别是不肯花大力气去鉴别经过仔细检验过的原始资料和事实上的解释,或仅仅是设想之间的差别。③

但总体而言,卡茨、泰亚克等人的激进的改造主义史学,关注边缘群体的教育史研究,思考非正统的和另类的教育史,揭露了美国教育体制内系统地压迫美国少数族裔的历史,开阔了教育史研究的视野,扩大了教育史研究的社会影响。

## 第四节 索尔·科恩的新文化教育史学

20 世纪 70 年代,是美国教育史学处于蓬勃发展的时期,教育史学向多元化发展。美国教育史学家索尔·科恩在海登·怀特"历史若文学"思想的影响下,开展了教育史学研究,他将电影、图像等作为历史文本,对美国教育发展的历史作出了重新的解读。

---

① 杜成宪,邓明言.教育史学[M].北京:人民教育出版社,2004:393—394.
② 杜成宪,邓明言.教育史学[M].北京:人民教育出版社,2004:397.
③ 杜成宪,邓明言.教育史学[M].北京:人民教育出版社,2004:357.

## 一、教育史的叙事观

索尔·科恩毕业于哥伦比亚大学,现任加州大学洛杉矶分校教授。他出生在纽约,父亲是来自波兰的移民,本科毕业于纽约城市大学,在哥伦比亚大学教师学院先后获得硕士学位和博士学位。他的博士指导教师是克雷明。他受到米歇尔·德塞托(Michel De Certeau)的影响,同时也受到了海登·怀特《元史学》中"历史若文学"思想的影响,代表作有:《有助于书写历史的文章:小说史学》(An Essay in the Aid of Writing History: Fictions of Historiography, Studies in Philosophy and Education, Vol 23. No. 5 - 6.2004)、《天真的视角:图片转向、电影研究和历史》(An Innocent Eye: The Pictorial Turn, Film Studies, and History, History of Education Quarterly, Vol. 43. No. 2, 2003)、《挑战正统:转向新文化教育史》(Challenging Orthodoxies: Toward a New Cultural History of Education, New York: Peter Lang, 1999)等。其研究兴趣是教育史学研究方法、后现代主义与语言学转向背景下的教育史学理论、美国教育史中电影和大众文化作为文本等。

科恩对传统教育史学作出了批判,他指出,传统教育史学与实在主义或实证主义哲学相关。虽然传统教育史学不关注哲学,认为历史研究就是负责资料的收集与整理;它们青睐脚注,脚注越多越好,体现资料更加丰富。殊不知我们在进行历史研究的过程中,总应以一定的哲学思想做指导。在传统史学中,我们总是被教导要"客观、公正、精确与尊重过去的逝去性(pastness),而主体性、意识形态、当下主义,以及其他污蔑史学科学主义的东西都受到压制"。①

科恩以克雷明的《学校的变革》(The Transformation of the School)为例,说明克雷明虽然是一个实在主义者,为教育史学的发展做出了巨大贡献;但其写作中也充满虚构的叙事。这说明,实在主义史学反对虚构的观点站不住脚。这与后现代主义思想家海登·海特关于历史书写的观点相似,体现出科恩的后现代主义思想特征。他在其回忆录中明确指明他受到了海登·怀特的影响,他说:"我的史学研讨会同意怀特的观点,从作为一种热情的

---

① Sol Cohen (2004). An Essay in the Aid of Writing History: Fictions of Historiography. *Studies in Philosophy and Education*, 23: 317 - 332.

承诺,到历史作为一种人文学科。"①他承认,海登·怀特让他走上了一条新路。他指出,很清楚今天从事历史研究的任何努力,在科学原则的幌子下,如果不考虑叙事、情节编织、比喻、虚构和其他修辞装饰和文学虚拟,似乎是天真或古怪的。事实上,文学创作可以增强现实性和创造性,加深我们历史中的情感真相,而不是文字真相。②

在科恩看来,克雷明的教育史学注重教育史的微观修辞(micro-rhetoric),他是"风格"的积极倡导者。"风格"是指装饰,那些装饰性的附加物使历史变得有趣和具有可读性。他劝导我们尊重清晰、简洁、通俗易懂,优雅地去书写。但克雷明没有意识到史学的"宏观修辞"(macro-rhetoric)、历史知识的建构维度,这一切仍旧是个谜。好像历史书写与虚构艺术、叙事策略、修辞习惯无关。③ 克雷明对历史实证主义倍加推崇,反感对教育知识的理论反思,现在看来,这是一种故意的哲学上的无知。但在教育史学领域,它显而易见变成了一种救赎行动。由于克雷明的教育史学课程,美国教育史作为一门学科从公认的学术上的一团死水中获得了救赎。④ 在克雷明之前,教育史只是师资培训工作或少数教育史研究者涉及的领域,但之后则变成了令人兴奋的史学专业领域。

美国教育史家 R. F. 巴茨(R. Freeman Butts)认为,教育史必须是"功能性的"或"有用的",能够直接解决当前所面临的教育问题。但克雷明认为相信教育史是"有用的",但它是通过提供"观点""洞察力"和"启发"来实现,用他最喜欢的隐喻来说,是"照亮现在之光",但从来不最先探讨现在的问题。⑤ 虽然克雷明掌握了大量的档案材料和这一领域的文献,但他的写作仍然离不开虚构的描述。科恩指出,明确为了广大公众以及专业人员而写作的作品,需要虚构艺术的帮助。因此,我们发现重要的历史学家,让他的创造性想象自由驰

---

① Sol Cohen (2011). Memoir:*A Mosaic of Memory*. Wayne J. Urban(ed). *Leaders in the Historical Study of American Education*. Rotterdam: Sense Publishers. 35.
② Sol Cohen (2011). Memoir:*A Mosaic of Memory*. Wayne J. Urban(ed). *Leaders in the Historical Study of American Education*. Rotterdam: Sense Publishers. 42.
③ Sol Cohen (2004). An Essay in the Aid of Writing History: Fictions of Historiography. *Studies in Philosophy and Education*, 23:317-332.
④ Sol Cohen (2004). An Essay in the Aid of Writing History: Fictions of Historiography. *Studies in Philosophy and Education*, 23:317-332.
⑤ Sol Cohen (2004). An Essay in the Aid of Writing History: Fictions of Historiography. *Studies in Philosophy and Education*, 23:317-332.

骋。① 这正如海登·怀特指出,历史学家在写作时,需要运用四种修辞策略:即喜剧、浪漫剧、悲剧、讽刺剧。克雷明的《学校的变革》是一部具有想象力的学术著作,它浪漫性的虚构故事,对后世的历史学家也产生了影响,如 2000 年出版的两本教育史著作,戴安娜·拉维奇(Diane Ravitch)的《回眸:百年失败的学校改革》(*Left Back*:*A Century of Failed School Reforms*,2000)和埃伦·康德利夫·拉格曼(Ellen Condliffe Lagemann)的《难以捉摸的科学:令人不安的教育史研究》(*An Elusive Science*:*The Troubling History of Education Research*,2000)。这说明,严格意义上的史学实在主义,是不容易存在的。无论他是否意识到,史学家的撰写离不开文献与想象。

科恩认为,历史学离不开虚构。他认为,虽然历史学的虚构与小说的虚构之间界限模糊,但二者还是可以进行区别的。他指出,历史书写仅仅是一种文学消遣,所有的体裁、情节、比喻和文本策略……历史可能是某类书写,但其总是坚持它的真相追求。② 历史学家必须尊重历史的有参考性的功能或真实的价值,也必须尊重历史的修辞层面。修辞是所有历史学家在历史书写中必须运用的方法,历史研究始于诗意想象的运用。

历史也是一种文学的建构,但它不仅仅是一种文学的建构,历史叙事与小说的叙事存在着区别。历史叙事包括一些关键的文本特征,它由一些想象的和虚构的结构组成。它包括情节、对叙事要求的回应,包括事实经验的基础,以及对学科编撰的方法与实践(证据、文献事实、注释、引用、参考文献等)的回应,它们被用来证实在叙事结构中的语言或陈述中的真相、有效性和可信性。③

总的来说,科恩虽然承认教育史研究中档案文献等具有重要作用,但他也相信,在历史书写中离不开虚构的和想象性的叙事。

科恩认为,传统的教育史学将教育作为人类解放的杰出工具,教育将会带来平等、自由,这显然需要建立一个合适的和官方的教育学话语,来强调教育学、教育学家以及教育学领域行动的重要性,或帮助建立一个理所当然的潜藏的期望。该期望是一个特定文化和特

---

① Sol Cohen (2004). An Essay in the Aid of Writing History:Fictions of Historiography. *Studies in Philosophy and Education*,23:317－332.
② Sol Cohen (2004). An Essay in the Aid of Writing History:Fictions of Historiography. *Studies in Philosophy and Education*,23:317－332.
③ Sol Cohen (2004). An Essay in the Aid of Writing History:Fictions of Historiography. *Studies in Philosophy and Education*,23:317－332.

定时期的主导思想。① 到了20世纪60、70年代,教育史的研究表明,启蒙运动并未达到哲学家和教育学家所期待的高度;受教育机会的增加,并不一定带来权力与自治的机会。20世纪80年代,新文化史学兴起,解放的元叙事受到质疑,在科恩等后现代主义教育史学家看来,解放的哲学、政治学和教育学也逐渐丧失了其合法性。

### 二、文学作品作为历史材料

科恩运用新史料来研究美国的教育。他主张运用英国作家的评论来研究美国19世纪的公立学校,这与以往依据美国的官方档案、政策法令等不同。在19世纪末,随着英国工业革命的进程加速,为了建立与社会发展相适应的公立教育制度,英国社会各界将目标转向国外,包括普鲁士、法国、瑞士,尤其是美国。美国在19世纪中叶开始了公立学校运动,各州都纷纷建立起自己的公立学校系统,这也是美国在南北战争以后迅速崛起的原因之一。这吸引了英国评论家们的注意。

这些评论家对美国教育的记录保存至今,便成为了研究美国19世纪教育的重要素材。如1884年,工业家威廉·马瑟(William Mather)向皇家技术教育委员会报告了美国的教育;1888年,训练学院的皇家督学约书亚·G. 菲齐(Joshua G. Fitch)被准许在国会发布有关美国教育的年度报告《美国教育与训练学院的几点思考》(*Notes on American Schools and Training College*);1894年,英国皇家中等教育委员会委托另外一名皇家督学,《阿诺德的拉格比公学》(*Arnold of Rugby*)的作者,后来成为曼彻斯特大学教育学教授J. J. 芬德利(J. J. Findlay),报告美国中等教育的任务。1902年,教育特别调查与汇报处(Education Department's Office of Special Inquiries and Reports)在著名的比较教育学家迈克尔·萨德勒(Michael Sadler)的领导下,派出调查人员到美国本土对美国教育进行调查,发表了全面深入的美国教育调查报告。② 这些报告激发了英国人对美国教育的更多兴趣,不少英国人自费或通过各种留学项目到美国求学,或在美国任教,更多地亲身观察和了解美国教育。这些人后来返回英国,撰写了关于美国当时教育见闻的回忆录,它们无疑可以成为研究美

---

① Sol Cohen & Marc Depaepe (1996). History of Education in the Postmodern Era Introduction. *Paedagogica Historica*, 32(2):301-305.
② Sol Cohen (1968). English Writers on the American Common Schools, 1884-1904. *The School Review*, 76(2):127-146.

国教育史的资料来源。

这些报告都是基于个人的访谈与观察,表达了自己对美国教育的看法,总结了美国教育的优势与不足。在科恩看来,英国作家们对美国教育的描述主要集中在美国人对教育的信仰。美国人对教育有着宗教般的热忱,教育较为民主,中小学教育免费,并向社会所有阶级开放;它表现在,美国人对其教育充满着骄傲和自豪感。许多英国人注意到,无论在哪里,公立学校都经常会被推荐作为参观的地方;公立学校向所有人包括外国的访问者开放,学校的大门向朋友和陌生人同样敞开着。不管父母是否受过教育,他们都不用担心孩子的教育。美国人对教育的热情也反映在出版的期刊上。他们扩大了受教育的程度,不再将教育限制在简单的读、写、算基础知识上,而是扩展到中等教育上。在芬德利的报告中,他指出,我总是询问美国人对通过征税来提供中等教育的态度,但总是获得肯定的回答。他在报告中写道:

> 除了少数情况外,我总是获得同样的答复:普通人信赖免费的中等教育;普通人希望他们自己的孩子可能足够聪明能接受中等教育,可能以后进入大学;中等教育只是为富人提供的观点是站不住脚的。[①]

这些访问者分析,美国人对教育重视的原因可能是为了培养外来移民的公民责任与义务。

当然,不少评论者也注意到,美国教育存在的问题,如学生的逃学、旷课以及部分美国人对义务教育的漠不关心;有的州并未制定义务教育的法案,平等教育的机会在实践中也难以获得;在美国南部,黑人教育存在着诸多不平等。他们注意到南方教育的落后,高比例的文盲率,以及美国南北教育的巨大差异。问题的原因之一,在于美国"没有国家教育制度",而采用地方分权的教育管理体制;教师也缺乏统一的证书和标准,在教学方法和教学机制上没有统一,最惊人的变化,"仅仅"在地方控制系统、教学方法和组织方法上。[②] 英国人都认为美国教育应在国家层面上需要更多的指导。由于联邦教育署只负责各州教育信息的统计与分享,因而应建立联邦教育部,以提升联邦政府在教育上的作用。

---

① Sol Cohen (1968). English Writers on the American Common Schools, 1884 – 1904. *The School Review*, 76(2):127 – 146.
② Sol Cohen (1968). English Writers on the American Common Schools, 1884 – 1904. *The School Review*, 76(2):127 – 146.

通过以上分析,科恩认为,美国教育对英国《1870年教育法》和《1902年教育法》产生了影响。当然,英国人关于教育与国家权力、教育与国家繁荣,伴随着教育对工业和商业效率的影响,对无产阶级过度教育的危险,影响了第一次世界大战前美国公共教育的改革运动。①

### 三、电影作为历史材料

我们以往总是将档案资料、个人或官方的文件等作为教育史研究的主要资料来源;而电影在教育史研究中的价值,往往被忽视。索尔·科恩将影片当作教育史研究的史料,来作为文本表征和历史解释的重要证据来源,他以彼得·威尔(Peter Weir)导演的《死亡诗社》(*Dead Poets Society*,1989)电影为例进行了分析。

《死亡诗社》简要的故事情节如下:电影讲述的是一所新英格兰地区的中学威尔顿预科中学(Welton Preparatory School)发生的故事。这是一所传统的贵族学校,具有魅力的教师约翰·基廷(John Keating)(由罗宾·威廉斯主演)中途接手一个班级的文学课程。他让学生把握当下,领悟生命的真谛。他代表的是激情,要求学生勇于自我表达,体会文学的力量。他自由的、不拘一格的教学方式,受到了孩子们的喜欢,在他的激励下,学生们成立了他学生时代参与的秘密小组——死亡诗社。他的学生尼尔热爱表演,在一次表演上获得了巨大的成功,但其父亲反对他学习表演,并要求他转学,这导致了尼尔的自杀。学校将责任全部推到了基廷身上,基廷被学校开除了;而其对立面,则是威尔顿中学专横的校长诺兰(Mr. Nolan)先生,他强调学校的传统、纪律、权威与秩序。

科恩简单地对电影进行了评价,采取后现代的文本理论文本互文性来进行分析,对电影进行了解构式的解读。根据罗兰·巴特(Barthes)的理论,电影也可被视为"多元的"和"书面的"文本,其含义是难以捉摸的,对不同甚至矛盾的解释持开放态度。这要求,对电影的解读不是采用强制统一的意义。因此,在电影的解读中,可能挖掘出电影所表达的相反的意义,或者普通读者所压制或忽视的意义。

该电影虽然讲述的是20世纪50年代的故事,但科恩关注的是,它对当前教育的影响。

---

① Sol Cohen (1968). English Writers on the American Common Schools, 1884-1904. *The School Review*, 76(2):127-146.

他将电影中两位主人公的教育方式所体现的教育理念做了比较：基廷所代表的是一种浪漫主义的教育理念；而诺兰所代表的是，一种传统的教育理念。因为浪漫主义强调学生的自我表达，科恩将浪漫主义与美国曾经流行的进步主义教育运动联系起来。他指出，进步主义教育以浪漫主义的方式表现出来。《死亡诗社》提供了来倾听有关进步主义另外一个故事的机会，在其中认识到进步主义教育话语的持久力，也提供了另一个重新考虑进步主义与传统教育两者的机会。①

科恩也通过电影评论家的意见来反映当前的社会心态。《死亡诗社》受到了年轻学生的热烈欢迎，因为它宣扬的教育价值与进步主义教育中以学生为中心的理念密切相关。影评家们认为，基廷浪漫主义教育对于诺兰总体权力的挑战，取得了巨大的成功。《纽约时报》电影评论家认为基廷正如我们之中一个有远见的叛逆教师，如果我们是幸运的，我们将会在教育的某一时刻遇见他。② 这也意味着，进步主义教育虽然衰落了，但它在年轻人中仍然具有吸引力。

但科恩对该电影给出了不同的解读，他首先利用福柯的理论对威尔顿学校的管理措施进行了解构。同时也指出，基廷的浪漫主义、进步主义和解放主义的教育学，为被压迫的青少年带来的希望，但它可能比表面上反动的传统的教育学存在着更大的问题。威尔顿学校，地处郊外的美丽田园，远离城市，电影故意忽略了种族的冲突、贫穷、犯罪与外部世界。主人公代表的是白人盎格鲁—撒克逊新教徒（WASP）群体；电影也体现了他们的思乡之情。电影刚开始时，学校的仪式体现了传统、纪律、荣耀与优秀等学校不变的价值观念；在这里，没有自由表达、生活经验或独立思考的空间，教学依靠死记硬背、朗诵与考试，以及严格的纪律，与对权威的无条件服从。对此，科恩借助福柯的理论进行解读，他指出，威尔顿学校是一个规训的社会。福柯要求我们在运用微观治理技术时，不仅关注身体的知识，而且关注身体本身。威尔顿学校对学生的坐、立、行、走都进行了规训，同时去性别化也是规训的一种方式；该校是一所男子中学，没有女生能够进入这所学校。福柯也提出，要通过凝视来建构一个服从的身体。该校所有教师的行为，都像一个管理者，校长诺兰也处处监督学生，

---

① Sol Cohen (1996). Postmodernism, The New Cultural History, Film: Resisting Images of Education, *Paedagogica Historica*, 32(2):395-420.
② Sol Cohen (1996). Postmodernism, The New Cultural History, Film: Resisting Images of Education, *Paedagogica Historica*, 32(2):395-420.

他是凝视的终极化身,同样地监视、评判和规范所有韦尔顿的居民、老师和学生。①

在科恩看来,威尔顿学校的目的不在于学习方面,而是在于强化和增加文化资本。② 他用布迪厄的文化再生产理论对此进行了解读。孩子们的家庭背景已经为他们提供了文化资本。除尼尔外,威尔顿学校并非作为社会流动的工具,只是具有文化特权的人强化他们优势的一个机构,该校只是一个社会阶层再生产的工具。教育并非阶层上升的工具,但它是进入自身已有阶层的入场券。学校以学生进入常青藤名校作为目标,要求学生压制想象力,必须学会服从,以压制个性和自我表达。

基廷的浪漫主义教育学,利用惠特曼(Whitman)、梭罗(Thoreau)、弗罗斯特(Frost)、丁尼生(Tennyson)、华兹华斯(Wordsworth)和柯勒律治(Coleridge)等人的诗歌,来让学生学会自我表达、自我发现和自我实现。诺兰的教育学,则要求学生为未来生活做准备;对于基廷来说,教育即现实生活。基廷让孩子们自己去控制自己的情感与生活,脱离传统的束缚,将孩子们引入了新的生活;但让他们自己去处理新与旧、个人与社会、自由与必然之间的关系。在科恩看来,基廷的这种浪漫主义教育学存在问题。对于基廷来说,孩子们拥有基本的诗歌天性,一旦从威尔顿传统的干枯的骨头中解放出来,就会获得创造力和自我实现;但这只能是一种幻象。这种教育学是短视的和无知的。③ 因为男孩们在诗歌、音乐、舞蹈中的自我表达是平淡的和陈腐的;学生们的反抗,也没有威胁到达尔顿对学生的霸权压制。它只是一种个人英雄主义的行动,它受到欢迎的原因在于,反映了人们对理想生活的诉求;学生也没有学会批判性的思考,基廷不过是利用他作为教师的权威,让学生去接受一种思考方式。他打破了一个权威——诺兰的权威,却让学生接受了他的权威,这可能会导致一种只追求快乐、自私和自我专注的自恋主义教育学,而且没有传统与纪律,正如影片所展示的普通高中学生的乱性、无纪律、酗酒、愤怒与攻击性言辞,威尔顿学校的孩子又将是一番怎样的景象。因此,美国公立学校的无纪律与威尔顿学生的自恋主义,最后还是会呼唤诺兰的权威与纪律的回归。

---

① Sol Cohen (1996). Postmodernism, The New Cultural History, Film: Resisting Images of Education, *Paedagogica Historica*, 32(2):395-420.
② Sol Cohen (1996). Postmodernism, The New Cultural History, Film: Resisting Images of Education, *Paedagogica Historica*, 32(2):395-420.
③ Sol Cohen (1996). Postmodernism, The New Cultural History, Film: Resisting Images of Education, *Paedagogica Historica*, 32(2):395-420.

科恩的分析，让我们理解，传统与现代教育的文化倾向并非完全对立，也不是非此即彼的关系。也就是说，《死亡诗社》只是提倡了一种浪漫主义的教学模式，而忽视了其中可能带来的问题；保守主义所要求的回到传统、纪律与教育中基本道德价值观念，是学生走向正常生活的保障。教育工作者应努力去解决教育中个人与社会、自我表达与一致性、自由与秩序之间的不平衡问题。

科恩的教育史学在欧美世界造成了广泛影响，波克维茨做出了如下评价：科恩对传统的社会史提出了挑战，将新文化史运用到教育史研究之中；其教育史研究兴趣涉及一种新的激进主义，更具有自我反思性，暂时的不畏哲学反省，而非仅仅作为一种教育史，在随处可见的教师教育项目中，超越边缘地位的策略。由于他的教育史研究成果发在欧洲最古老的教育史研究杂志《教育史研究》上，他在欧洲的影响超过了其在祖国的影响。[1]

---

[1] Thomas Popkewitz, Barry M. Franklin, Miguel A. Pereyra (2001). *Cultural History and Education: Critical Essays on Knowledge and Schooling*. New York: Routledge Falmer. 10.

# 第八章

# 英国后现代教育史学

# 第八章 英国后现代教育史学

20世纪70年代以来,英国教育史学在对传统教育史学的批判中,建立起了新的教育史学研究范式;在后现代主义思想的影响下,针对传统教育史学中"大写的教育史"存在的问题,建立起"由下而上"的教育史学。女性主义史学兴起后,英国教育史学家开始从女性的视角去看待教育,不同于以往只重视对精英女性的历史书写,后现代女性主义教育史学关注普通女性或女童的教育史,挖掘其教育经历,普通女性教师个体的故事在历史中得到被叙述的机会。针对传统教育史学对文化层面的忽视,英国新的教育史学重视学校物质文化在教育历史阐释中的作用,出现了大众读写能力史、图像教育史、日常教育生活史和学校建筑史等教育史作品,对历史的解释更趋多元化。

## 第一节 英国后现代教育史学的缘起

后现代主义思想传入英国后,英国教育史学家意识到,它和马克思主义史学一样,可以成为批判传统教育史学的理论武器,它们成为了继英国马克思主义史学后又一次史学发展的高潮。但英国马克思主义史学,仍然是以传统的男性角色为基础,忽视普通女性在教育历史中的声音,这促进了后现代女性主义史学的产生。在文化转向或图像转向的影响下,英国新文化教育史学的研究也得到了发展。

### 一、英国后现代史学思想的影响

法国后现代主义思想产生后,后现代主义者如福柯、德里达和德勒兹的思想,在20世纪70年代传入英国,对英国思想界产生了影响。新叙事史学的倡导者斯通发表了《叙事史学的复兴:对一种新的旧史学的反思》[1],这标志着英国史学向后现代史学的转向。1994年,荷兰后现代主义史学家安克斯密特出版了《后现代主义史学的起源》一书,扩大了后现代主义史学的影响力。英国后现代主义者詹京斯描述了后现代所带来的影响:

---

[1] Lawrence Stone (1979). The Revival of Narrative: Reflections on a New Old History. *Past & Present*, 85:3-24.

后现代主义是一个困难的领域。由于后现代主义者不承认有任何事物是固定的和连续的,因而妨碍了他们为自己所属领域下定义的企图,以至于某些评论者甚至怀疑这种情景是否真的存在。以往的中心概念都是暂时的虚构,如以盎格鲁—撒克逊为中心、以欧洲为中心、以民族为中心等,而欧洲以外地区的发展和全球化进程正在破除它们。那些赋予西方各项发展以意义的伟大结构性(形而上学的)故事,即根据现代西方历史经验构筑的各种哲学、社会与历史理论,其活力已然耗尽。①

安迪·格林描述了,后现代主义曾经在英国思想界占据的主导地位。虽然后现代主义思想产生于20世纪60年代,但其影响在英语世界要比在法国相对缓慢一些。他指出,在20世纪90年代初,后现代主义思想如利奥塔、鲍德里亚的思想逐渐在英美以及其他重要英语国家的思想界占据主导地位,后现代主义成为了英国理论争论的核心,以至于成为几期"开放大学社会学读本(Open University Sociology Readers)"的结构化范式。后现代主义话语现在已经成为再不能被人们忽视的潮流;并且后现代主义已成长为一种衡量所有知识成果的理论标尺。②

英国文化史学家彼得·伯克在2000年接受《历史教学问题》杂志的约稿中指出,在过去的二三十年间,西方的历史撰述方法已发生了重大变化,表现在历史叙述的类型上,则有所谓"叙事史的复兴",甚或"微观历史学"的兴起。新文化史具备以下五个方面的特点:

(1)强调文化是通过"建构"或"发现"的;(2)历史从过去阶级、性别等固定不变的社会因素转移至易变化的语言,通过语言来重构过去社会历史的证据;(3)关注历史中个体的日常生活,并尝试挖掘出日常生活背后的习俗、常规、原则和规则;(4)新文化史关注的对象不是传统史学关注的精英人物和民族国家,而是小人物、小地区、村庄等微观的历史研究;(5)通过叙述的方式呈现历史的图像。不论是叙事的转向,还是文化的转向,具体而言,后现代主义放弃了宏大的历史分析,转而进行微观的历史叙述。③

---

① 詹京斯.后现代历史学——从卡尔到埃尔顿到洛蒂与怀特[M].江正宽,译.台北:麦田出版社,2000:13.
② 安迪·格林.教育、全球化与民族国家[M].北京:教育科学出版社,2004:7—8.
③ 彼得·伯克.西方新社会文化史[J].历史教学问题,2000(4):25—29.

伯克的思想在英国教育史学家研究学校教育的历史中都有所反映,体现在学校建筑史、识字史方面的研究之中。后现代主义强调,现实的碎片化、异质性和多元化。如詹姆斯·唐纳德(James Donald)的《感伤教育:学校、流行文化与自由规则》(*Sentimental Education: Schooling, Popular Culture and the Regulation of Liberty*)一文吸收了后现代主义的思想,推崇当代文化的碎片化,呼吁教育的多样化和多元性。①

后现代理论为英国的教育史研究带来了新的变化。它提醒教育史研究者对于历史有着多种不同的解释;研究者的任务在于,对各种社会团体用来解决社会问题的不同惯例保持一种审慎的态度。它并不要求,研究者去做任何事情,而是把研究做得更好。科恩认为合法地重新解释教育史的三个条件为:发现新材料;评价新理论、新方法、新学科的影响;对历史数据,无论是新是旧,提出新的或不同的问题。② 后现代教育史学在这三个方面均有所贡献。

## 二、英国教育史学自身发展的需要

20世纪50年代,英国传统教育史学的范型已基本确立,形成了具有鲜明特色的教育史学,主要体现在以下几个方面:在教育史观方面,传统教育史学主要体现了以今论古观、进步史观和精英史观的特征,突出教育史的宣传功能,以及对教育逐渐进步的颂扬。从研究对象上说,主要是精英主义的研究,包括伟大教育家和改革家的教育思想史、培养贵族子弟的教育机构史、教育制度史和教育政策史;从研究方法上说,传统教育史学主要是挖掘调查报告、国会纪要报告、官僚机构档案和教会档案史料,以史实来告诉人们教育历史是什么;从写作上来说,主要是事件和人物的教育叙事史;从教育史与其他相邻学科的关系上来说,传统教育史学强调教育史学科自身的自主性,忽视跨学科方法的运用。③

到了20世纪60年代,随着历史学的变革,英国新教育史学兴起,教育史研究走向深入。受马克思主义历史学家如霍布斯鲍姆(E. Hobbawn)、汤普森(E. P. Thompson)等人的影

---

① Donald, James (1992): *Sentimental Education: Schooling, Popular Culture and the Regulation of Liberty*. London and New York: Verso.
② Cohen. S. (1973). New perspectives in the history of American Education 1960-1970. *History of Education*, 1(2):79-96.
③ 武翠红.英国教育史学:创立与变革[M].北京:中国社会科学出版社,2015:27.

响,英国一部分教育史学研究者转向了马克思主义,运用社会总体论的观点去研究教育史。英国新教育史学的发展与布莱恩·西蒙(B. Simon)等人的推动密切相关。他受到了马克思主义思想的影响,于 1960、1965、1974 年先后出版了《教育史研究,1780—1870》(*Studies in the History of Education*, 1780 - 1870)(再版时改名为《两个民族与教育结构,1780—1870》)(*The Two Nations and the Educational Structure*, 1780 - 1870)、《教育与劳工运动》(*Education and Labor Movement*)和《教育改革的政治学,1920—1940》(*Political of Educational Reform*, 1920 - 1940),猛烈抨击了传统教育史学。有人称他为"1960—1970 年之间英国教育史坛上以批判风格著称的专家"。①

西蒙批判传统教育史学过多关注教育机构、教育制度和教育思想,而没有充分考虑到社会各方面的压力和需求对教育发展的影响;仅仅将教育发展的动力归结于教育内部因素,与社会中的相关因素是无关的。因此,在教育史作品中,读者只能看到具有编年史取向的历史年代、历史事件和法令法规等条条框框的东西,而教育史研究的真正意义——社会改变对教育的影响——被遗忘了。因此,这样就很难很好地理解和消化教育史,教育史研究处于一个孤立和封闭的状态。② 针对传统教育史学仅从精英的视角来看待教育史的发展,西蒙认为,教育史发展是复杂多变的;教育史不但要记载进步,而且还要记录倒退;不仅要记载教育机会的提供,而且还要记录教育机会的剥夺。③ 西蒙采用了马克思主义史学的研究方法,从整体上研究教育史,关注底层人民的教育,具有强烈的批判意识。

但随着后现代主义在英国的发展,促使教育史研究者进行反思。后现代主义者要求关注教育发展过程中的小人物、边缘群体和文化因素。如罗伊·劳在《后现代与教育史家》一文中,要求教育史家积极应对后现代的挑战。他认为,后现代主义对教育史可能带来的影响主要体现在以下几个方面:第一,后现代主义最成熟的后现代话语领域,可能是视觉艺术,尤其是建筑和规划。在这里,后现代主义被认为,是对在英国被称为"社区建筑"或北美"社会建筑"的拒绝;其替代方法,对各种可能性开放,不受高雅文化传统的束缚,这涉及自身内部相互参照的文化,借用和兼收并蓄的原则。其次,后现代主义活动的第二个主要领域起源于文学批评,但很快被视为具有以下含义:远远超出了对文学文本的解构。第三个

---

① 延建林.布拉恩·西蒙和二战后英国教育史学[D].北京:北京师范大学博士学位论文,2003:96.
② 武翠红.英国教育史学:创立与变革[M].北京:中国社会科学出版社,2015:81.
③ Byran Simon (1989). The history of Education. Peter Gordan and R. Szreter edited, *History of Education: The Making of a Discipline*. London: The Woburn Press. 69.

主要领域,产生于后现代主义对最近 20 多年来技术变化本质的反思,即与早期工业资本主义形式的彻底决裂。① 后现代主义颠覆了传统对社会的认识,总体化的论述不再受到欢迎。后现代主义认为,知识的本质充满着不确定性,在我们运用历史陈述作为证据的过程中,应密切地关注。这些对教育史的研究、书写、理解都会产生影响。他指出,为迎接后现代的挑战,研究的视角应自下而上,尤其采用传记法、口述史、生活史等方法,打破地方和国家的界限,采取跨学科的方法,去更加开放地研究教育史。②

斯通探讨了以往教育史研究中忽视的文化层面。到了 19 世纪后半叶的欧洲,不同社会阶层能接受不同程度的教育。他利用结婚证的签名、遗嘱、教区注册证明等历史材料,探索了 17—19 世纪英格兰的识字率,涉及农村地区穷人的星期日学校、妇媪学校、走读学校等情况,包括其师资、学生来源、教学程度、教学方法、日常教学实践等;通过将识字率与苏格兰、法国等地进行比较,得出了应建立一个更加流动和开放的社会的结论。③ 此后,J. 霍普纳·莫兰(J. Hoeppner Moran)则依靠中世纪后期约克地区的 2 000 份遗嘱,研究了 1350—1550 年英格兰北部的识字率。④

### 三、英国后现代教育史学的概况

在 20 世纪 70 年代,英国史学界已经受到后现代主义思想的影响,并体现在教育史的研究之中。1972 年,阿萨·布里格斯(Asa Briggs)总结了当时英国历史研究与教育史研究相关的六个新变化,即地方史、比较史的方法、计量史学、新社会史与从下往上的历史、管理史、思想与文化史。⑤ 地方史不再像过去那样将历史分为几个便利的时期,而是搜索跨越几个世纪的连续性与非连续性;它也不是像过去那样,为已知的国家史去寻找地方证明的案

---

① Roy Lowe (1996). Postmodernity and Historians of Education: A View from Britain. *Paedagogica Historica*, 32(2):307 - 323.
② Roy Lowe (1996). Postmodernity and Historians of Education: A View from Britain. *Paedagogica Historica*, 32(2):307 - 323.
③ Lawrence Stone (1969). Literacy and Education in England 1640 - 1900. *Past & Present*, 42:69 - 139.
④ J. Hoeppner Moran (1981). Literacy and Education In Northern England, 1350 - 1550: A Methodological Inquiry. *Northern History*, 17(1):1 - 23.
⑤ Asa Briggs (1972). The Study of the History of Education. *History of Education*, 1(1):5 - 22.

例,而是利用从地方发现的新史料去重建国家史。一系列研究,打破了原有的国家历史解释,并从它们的角度建立了新的历史解释。

比较史,是基于对不同地点、区域和国家亚文化经验的发现。统计技术与计算机的发展,促进了计量方法的运用,计量史学最早用在新经济史之中。管理史,是对立法史和管理过程的分析批判研究,更关注人与问题的交互关系,着眼于政策的制定。新社会史借用了社会学、人类学和心理学的方法。思想与文化史,涉及印刷的发明与发展、识字史与通讯革命。而教育史研究的转向,与这些新变化有关。如在地方教育史研究中,地方史与国家史的关系必须掌握,因为英国教育样式是地方主义的,教育发展是从边缘而非中心开始的。

20世纪70年代以来,英国教育史研究发生了一些变化。受福柯的影响,研究者开始注意到历史研究的情感维度;学者们借鉴福柯的制度空间理论来阐释情感,认为空间对身体有束缚和影响作用,从而让个体产生情感克制。在教育史研究过程中,学者们将空间由福柯的监狱扩展至学校、家庭、社区、课堂等,探索空间内纪律的状况和情感体验。①

20世纪90年代以来,英国教育史研究的主题为:妇女教育史、高等教育史、宗教、道德和公民教育史、教育学史、初中等教育史、大众与非正规教育史、教师教育史、教育心理学史、殖民教育史、学校物质文化史、学校建筑与环境史、身体史、视觉史等。一些英国教育史学家在他们的研究领域,运用了后现代史学的方法,更多地强调新史料、新解释和新的历史视角。如伯克与新文化史、古德曼与女性史、格罗夫纳(Grosvenor)与视觉史②、物质文化史,而马丁(Martin)更多关注自传研究。③ 后现代教育史学更多地去关注师生的日常生活

---

① 武翠红. 英国教育史研究的情感维度分析[J]. 现代大学教育,2021(4):27—55.
② Grosvenor, I. (2005). The Art of Seeing: Promoting Design in Education in 1930s England, *Paedagogica Historica*, 41(4&5):507 – 534.
Grosvenor, I. (2007). From the 'Eye of History' to a 'Second Gaze': the Visual Archive and the Marginalized in the History of Education, *History of Education*, 36(4&5):607 – 622.
Grosvenor, I. (2008). Seen but not Heard: City Childhoods from the Past into the Present, *Paedagogica Historica*, 43(3):405 – 430.
Grosvenor, I., Rousmaniere, K. & Lawn, M. (1999). *Silences and Images: the Social History of the Classroom*. New York: Peter Lang.
③ Martin, J. (2007). Thinking Education Histories Differently: Biographical Approaches to Class Politics and Women's Movements in London 1900s to 1960s. *History of Education*, 36(4):515 – 533.

经验。

2002年,罗伊·劳(Roy Lowe)以中心与边缘为题,回应了后现代的影响。罗伊·劳先后担任英国伯明翰大学、斯旺西大学教育史教授。1998—2001年担任英国教育史协会主席。罗伊·劳探讨了高等教育史学,他指出,以往高等教育史的研究过度关注制度和狭隘的民族国家描述的研究,而应当采取新的、更广泛的研究方法,以反映全球化和快速变化的世界。在他看来,在后现代主义的影响下,英国教育史研究中发生了一系列的变化:女性主义研究者,使历史中缓慢消逝的传记法得到复苏;19世纪的学校政治史到社会史,为课堂实践研究所取代;近年来强调视觉证据。① 所有这些研究的变化,也来源于英国《教育史》杂志的引导,这证明了期刊编辑有能力决定学术时尚和学术生涯。《教育史》杂志无疑也受到后现代主义思想的影响,并对这种教育范式作出了引导。

在罗伊·劳看来,20世纪70年代后期,教育史研究发生了明显的变化。学术确定性急速崩溃,一个副作用是成立于20世纪80年代的教育史"伟人"学派同时崩溃。该学派相信有几个杰出的个人,在上一个千年欧洲的教育辩论中对世界作出了特殊的贡献,尤其值得研究。这种精英主义教育观逐渐退场,②后现代促进了研究主题的变化,研究的范围变宽,这需要我们采取相应的措施,来迎接后现代的挑战。

英国伯明翰大学多莫斯中心(Domus Centre),更多地促进跨学科研究,吸纳跨专业人士参与教育史研究;关注新的研究方法,如视觉史;新的研究领域,如性别史与科学史;新的协同作用,如遗产教育、文化学习。温斯特大学的妇女教育研究中心,则开展了女性史的研究。剑桥大学教育系成为了教师工作与生活史研究的中心,更多地关注口述史的研究方法。

凯瑟琳·伯克也发表了一系列有关学校建筑文化史的文章,如《有争议的愿望:学校的可食用景观》(Contested Desires: The Edible Landscape of School)、《儿童的观点:在学习环境设计中释放"视觉声音"与话语》(The View of the Child: Releasing "Visual Voices" in the Design of Learning Environments, Discourse)、《由内而外:英国学校设计的合作方法,1945—1972年》(Inside Out: A Collaborative Approach to Designing Schools in England,

---

① Roy Lowe (2012). The Changing Role of the Academic Journal: the Coverage of Higher Education in History of Education as a Case Study, 1972 – 2011. History of Education, 1:103 – 115.
② Lowe, R. (2002). Do We Still Need History of Education: Is It Central or Peripheral?. History of Education, 31(6):491 – 504.

1945 – 1972)等。①

受后殖民主义思想的影响,殖民地教育史的研究也一度成为英国教育史学界研究的热点。后殖民主义强调,关注以白人为中心所来的伦理问题。1999 年 12 月,英国教育史协会年会在温彻斯特召开。会议上,几位教育史专业的杰出学者所作的论文,针对后殖民主义对教育史的影响作出了回应,作者们探索了教育史是如何阐明性别、政治、经验和教育之间的多方面关系。

罗伊·劳指出,后现代主义对教育研究的启示在于:首先,后现代文本最固定的领域,可能是视觉艺术,尤其是建筑和规划。其次,后现代主义者的活动,主要起源于文学批评,但很快就被发现具有影响,在于它远远超出了对文学文本的解构。② 后现代主义产生以来,教育史研究的中心议题也发生了改变。在某种程度上,它们的中心议题是,学校教育过程;教育史研究者的任务,在于说明和阐释社会形成的方式,这个现代世界由正规教育系统构建和促成,社会的阶级构成、性别角色、性别认同、种族观念,对国家身份的理解。

现代教育系统中所有重要结构,在某种程度上,在正规教育系统内已经被定义和确定。教育史学家的任务是,而且必定会是继续阐明这些过程。后现代主义所做的一切,只是提醒我们,任务可能更艰巨,比我们迄今所认识到的更复杂。近年来,现代社会中传递与交流态度和信息的主要模式,已经发生了变化。这拓宽了教育史学家的视野。有关学校教科书传递态度的研究,已证明这是一片肥沃的土地。教育史学家必须准备好利用新的方式去沟通我们的热情和发现;并且必须相信这是可以做到的。在不牺牲核心论点和关键信息的情况下,发展是我们的责任。③

---

① Burke, C. (2005). Contested Desires: the Edible Landscape of School, *Paedagogica Historica*, 41 (4&5):571 – 588.
　Burke, C. (2007). The View of the Child: Releasing 'Visual Voices' in the Design of Learning Environments, *Discourse*, 28(3):359 – 372.
　Burke, C. (2009). Inside out: a Collaborative Approach to Designing Schools in England, 1945 – 72. *Paedagogica Historica*, 45(3):421 – 433.
② Roy Lowe (1996). Postmodernity and Historians of Education: A View from Britain, *Paedagogica Historica*, 32(2):307 – 323.
③ Roy Lowe (1996). Postmodernity and Historians of Education: A View from Britain, *Paedagogica Historica*, 32(2):307 – 323.

## 第二节　英国后现代女性教育史学

随着妇女运动和女性主义学术研究在教育史研究中的推进，后现代女性主义史学开始兴起，女性开始被视为历史行动者，她们在教育史中的声音开始被听见。女性教育管理者、女性教师与女童教育的历史不断地被挖掘出来，女性在教育史中的贡献与作用，也开始受到关注。女性管理者也在不断地将她们的思想运用于管理实践，而非完全从男性的视角去看待这个世界。女性教师在历史上的刻板印象，如作为老处女的形象被改写；后现代女性主义，也揭露了女性教师角色的建构过程。在英国女性主义教育史学中，影响较大的人物有温彻斯特大学教授乔伊斯·古德曼（Joyce Goodman）、英国伯明翰大学教授露丝·瓦茨（Ruth Watts）和简·马丁（Jane Martin）等人。

### 一、英国后现代女性主义史学的产生

在性别史学中，性别既包括男人，也包括女人。但是长期以来，女性作为边缘群体，她们的声音经常被忽视。20世纪70年代，西方女性主义兴起之后，历史学家开始关注历史中优秀女性在社会发展中所起的作用。英国传统的辉格教育史学，也忽视女性或女童教育史。女性主义反对以往教育史研究的宏大视角，承认女性教育在社会发展中的动力，来源于边缘群体的女性行动者，对历史表象与文化传递传统的挑战。

女性主义从单一类别的女性，到多种不同类别的女性，探讨传统家长制下对女性的压迫，女性主义教育史学也在发生变化。用后现代主义观点来看，意义是通过文化、语言和表象建构的，因而要对历史中的女性的类别进行解构和历史化。女性主义史学打破以往对教育的宏大叙事。来自于边缘的女性行动者，正在挑战构成传统历史表象与文化传承的性别维度的不均匀回忆；在不同的历史文化背景中，教育都起到了建构和维持女性身份的作用。教育史的研究，能增进对性别、政治和教育经验的理解。

1984年，英国教育史协会，首次召开了有关女性教育史的年会。女性主义研究的主题被确定，让女性可见，让女性在生活中涉及她们自己的权利时可见，使妇女的声音被听到，

并审查妇女的性别的劳动分工。① 1992 年的女性教育史会议,则探讨了女性化和女性气质的问题。越来越多的女性在会上发出了自己的声音,挑战了教育知识是由男性创造的主流叙事。乔伊斯·古德曼和简·马丁指出,在后结构主义和后殖民理论、男性气质和性别社会建构历史视角的影响下,教育史学家像女性和女权主义历史学家一样作出了回应,扩大了研究范围。来自女性史和性别历史视角的女权主义学术研究,已中断了教育历史的宏大叙事研究。女性行动者,从边缘的视角,正在挑战从性别维度来看不均匀回忆的传统历史再现与文化传承。②

在后现代主义的影响下,女性主义和妇女教育史研究者,开始从历史视角来思考男性气质和性别特征的社会建构。1999 年 12 月,英国教育史协会在温斯特大学召开的年会上,重点回应了这些问题,教育史研究者阐明了性别、政治、经验和教育之间的多方面关系。③ 如伊丽莎白·爱德华兹(Elizabeth Edwards)的研究挑战了以往将女性等同于私人、男性等同于公众的传统叙事,性别界限变得模糊,并相互渗透。她运用生活史的方法,探讨了女性主体的主体性和能动性;她展现了 20 世纪初到 1960 年,三位教师训练学院女校长角色冲突的故事。在这一过程中,"主体"是变动的和不稳定的,通过一些主要的观念和对观念的反抗进行建构。校长被认为是传统的男性角色,但它有时被母亲和女性关怀的角色所打断。校长们通过将她们的生活划分为私人和公共领域,来尝试解决这一冲突。在公共场合,她们可能表现为一种官方权威的父亲角色;在私人场合,则表现为一种对员工和学生的母性关怀,甚至通过与另一个女人形成同性恋伴侣关系,建立更亲密的关系。④ 在传统男性主导的校长岗位,女校长的角色冲突是必然的;但她们可通过专业发展,在公共场合更好地履行校长角色。

马克思主义教育史学者在从底层看教育发展历程时,却忽略了工人阶级女性的教育经历以及她们在社会发展和自身进步中所扮演的角色,这也是英国马克思主义教育史学在 20

---

① Ruth Watts (2005). Gendering the Story: Change in the History of Education. *History of Education*, 34(3):225-241.
② Joyce Goodman & Jane Martin (2000). Breaking Boundaries: Gender, Politics, and the Experience of Education. *History of Education*, 29(5):383-388.
③ Joyce Goodman & Jane Martin (2000). Breaking Boundaries: Gender, Politics, and the Experience of Education. *History of Education*, 29(5):383-388.
④ Elizabeth Edwards (2000). Women Principals, 1900-1960: Gender and Power. *History of Education*, 29(5):405-414.

世纪80年代普遍受到批判的主要原因。① 女性主义教育史学的研究受到批判的原因在于，它们更关注精英女性，而忽视了下层的女性。正如罗伊·劳所指出，这种对现代教育系统的精英主义观点，现在已经过时了。在他看来，这似乎有点讽刺意味，在欧洲，存在着一种风险，这种风险需要抵消教育史中长期存在的性别不平衡，这所"伟大的男人"学派正如历史学家所努力的那样，教育史可能会被一所"伟大的女人"学派所取代，确立妇女对教育进步的贡献，尽管长期以来对我们传记的研究方法持保留态度。② 后现代女性主义更关注普通女性和底层女性，注重从微观的视角去探讨女性的家庭生活和日常活动。在教育史研究中，关注女性的母亲角色、下层女性教育史，以及普通女性教育者的教育经验。

## 二、后现代女性主义史学研究的主题与方法

麦卡洛赫等人对女性主义教育史学的理论和方法进行了总结，他们指出，乔伊斯·古德曼使用沃尔特·本杰明（Walter Benjamin）蒙太奇的概念，来研究妇女教育史；她利用教育史学来研究19世纪的女性教育，展示了女性在当时是积极的公民（active citizenship）的概念。根据其将女性写入教育史学的思想，以往的教育史学话语空间必须被重构。露丝·瓦茨则希望，探讨一个被英国历史学者所忽视的知识领域——科学，以往教育史、科学史和女性史忽略的领域。德里克·阿姆斯特朗（Derrick Armstrong）认为，历史叙事的核心，在于"声音问题"；不仅表现在叙事中的声音，而且还有作者自己的声音。问题就在于，作者自己的声音与他们所研究主题之间的关系，以及产生这些主题的方法和概念问题之中。不同于一些后现代主义者对作者进行解构，德里克·阿姆斯特朗主张强化作者自己的声音，在传记和历史的交汇处，将自己的声音定位于反思性和批判性。简·马丁继莉丝·斯坦利（Liz Stanley）之后，探讨了传记的理论与运用，她认为，传记可以揭示社会可能性和个体的生活。马丁探讨了传记和自传的分析理念，这种方式包括，一系列引出个体记忆的方法。

---

① 武翠红. 论马克思主义与英国教育史学的博弈和创新[J]. 现代大学教育，2013(2)：8—16.
② Lowe, R. (2002). Do We Still Need History of Education: Is It Central or Peripheral?. *History of Education*, 31(6)：491-504.

为了解释或说明她的主张,她尝试去恢复妇女竞选伦敦学校董事会成员的历史记录。①

近年来,女性教育史学开始关注殖民地中女性教育经历,以后女性教育目的的变迁等。在殖民地中,一方面女性能享受到教育;另一方面,殖民地当局对女性本民族的文化加以贬低,使她们经历了文化与身份的冲突。而18世纪到20世纪初,女性接受教育的主要目的是为了获得更好的家庭生活;而今天女性教育,更多的与未来承担的社会工作联系在一起。

### (一) 跨国史

在后现代主义影响下,以西方单一的民族国家为中心的教育史受到冲击,女性、少数族裔的教育史和跨国史受到关注。

威彻斯特大学女性教育史中心主任乔伊斯·古德曼,近年来关注第二次世界大战间的妇女教育问题,包括女子教育机构史、教育中女性组织的历史等问题。她认为,跨国主义关注非国家的跨国或跨统治地区的行动者,为其纠正性别化的过程提供一种方法。跨国主义也为知识建构及其维护的性别化过程可见,以解释妇女为促进教育知识的生产与实践而创造的空间。跨国主义使研究者,通过影响世界主义主体的多个地理位置和地理的历史,来展示在空间与机构中起作用的权力的性别关系。跨国主义揭示了世界主义作为一种历史变化的现象,去接受更广泛的与历史不一致的、不确定的多个层面的时间,以及增加新制度主义教育观点中所建议的学校工作内部的同质化。她对日本学者粕谷·吉野(Kasuya Yoshi)的著作《英德美三国女子中等教育的比较研究及其对日本女子中等教育的启示》(*A Comparative Study of the Secondary Education of Girls in England, Germany and the United States, With a Consideration of the Secondary Education of Girls in Japan*),进行了文本分析,指出该书采用比较教育的性别建构以及跨国史的方法,使妇女在作为非国家行为者构建教育知识,建立作为教育家的机构和实践中可见。②

乔伊斯·古德曼运用一种跨国史的方法,研究在民族国家分离影响下,两次世界大战之间由英国女校长联合会推动的教师跨国流动中女性教师的教育实践。英国女校长联合

---

① Gary McCulloch (2003). Ruth Watts. Introduction: Theory, Methodology, and the History of Education. *History of Education*, 32(2):129 - 132.
② Joyce Goodman (2015). Gender, Cosmopolitanism, and Transnational Space and Time: Kasuya Yoshi and Girls' Secondary Education. *History of Education*, 44(6):683 - 699.

会,与妇女组织、教育组织和国际组织共同工作,来维护两次世界大战之间的和平。它们主要通过强调公民教育来予以践行,如在曼彻斯特女子中学开发历史教育课程进行世界公民教育。① 这改变了英国女校长联合会成立之初,与海外殖民地之间的宗主国关系。

乔伊斯·古德曼分析了在英国海外学校委员会女性委员会(the British and Foreign School Society's [BFSS] Ladies Committee)中,女性使用制度的、家庭的、教育的和宗教的语言,在非西方女性教育的过程中,表现出的一种权威的角色。她强调英国女性教师殖民权力的一些模糊性,它们暗含在这些女性作为权威的自我表现,以及对她们对非西方女性"他者"的描述之中。乔伊斯·古德曼也主张一种城市和边缘的双向关系,在这一网络中普遍使用的与非西方女性相关的"理性"母亲的概念,构成一种早期的母性"专业化",致力于维护英国女性自身的权威、责任和"英国性"。② 研究分析了该委员会发布的年度报告,女性在传教教育中所起的作用,重新评价了妇女在殖民地的教育活动。在妇女的自我指涉报告中,她们在殖民教育中所使用的权威语言,也帮助构建了殖民关系。

**(二) 批判理论**

乔伊斯·古德曼运用后现代主义思想家如福柯、朱迪斯·巴特勒的思想来分析女性教育。她分析了英国《教育史》杂志中刊登的有关女性教育史方面的论文,探讨了社会的、妇女的、女性主义的和性别的历史是如何发展而来,思考围绕身体、空间、物质性、档案的方法是如何变化的,这些都正在告知围绕性别所进行的新的知识生产。③ 如《教育史》发表的论文中,女性主义教育史研究者,追求使女性在教育史中变得可见,成为教育活动的主体,以及创造历史和教育过程中的代理人,对概念提出质疑和分析传统的教育史,审查男性与女性之间的权力关系,发现女性的日常教育经验。

---

① Joyce Goodman (2007). Working for Change Across International Borders: the Association of Headmistresses and Education for International Citizenship. *Paedagogica Historica*, 43(1):165 - 180.
② Joyce Goodman (2000). Languages of Female Colonial Authority: The Educational Network of the Ladies Committee of the British and Foreign School Society, 1813 - 1837. *Compare: A Journal of Comparative and International Education*, 30(1):7 - 19.
③ Joyce Goodman (2012). The Gendered Politics of Historical Writing in History of Education. *History of Education*, 41(1):9 - 24.

乔伊斯·古德曼运用福柯知识与权力的关系理论，考察了在 19 世纪技术官僚实践与理论产生之前，女性管理学校的方式；探讨了引进理性的官僚管理方式后对女性产生的后果。在女性的工作中存在着结构和社会障碍，限制了她们的工作，因而她关注了女性管理的权威风格。在 19 世纪初，女性开始进入教育管理岗位。学校女性管理者的工作，与更广泛的性别和权力问题相关，尤其是与理性话语中的官僚与技术官僚的历史建构相关，它们被看作现代性工程内的男性权力的一种形式。女性工作被置于福柯的框架之中，由于她们横跨"公共的"和"私人的"话语空间，女性管理者同时被建构为有权力或无权力的。① 在福柯的框架中，女性的权力经验是一种矛盾，在她们的学校管理过程中，有权和无权同时被建构。19 世纪初，一些慈善学校的建立后，由女性担任管理者。学校的女性管理者对学校的管理经验，更多是一种熟悉的家庭式环境，这使得她们在家庭内外活动的角色模糊。当前，科层制的管理成为了一种主导的管理实践，而对 19 世纪女性管理方式的研究，可以发现管理问题的复杂性。

古德曼使用网络、场域、自我技术和再生产的概念，构建四个相互关联的框架，来探讨女性教育问题。她运用朱迪斯·巴特勒后现代女性主义中"性别麻烦"的概念，将性别作为一种视角来分析教育理论与历史的麻烦及二者的相互关系。② 她进行了自传的转向，在她看来，以往的历史与理论的书写中，过去的声音都被性别化了，她要求对史料采取批判和怀疑的视角。

古德曼运用 1906 到 1995 年的《女子学校年报》(Girls' School Yearbook, GSYB)，分析了对女子学校的建筑和场地描述的语言。年报内容是固定的，包含师生员工、课程、收费、入学要求等；但在将师生、学校的建筑物、场地列举后，对其描述的语言有所不同。在 19 世纪，英国女子中学建立在用来居住的旧建筑物内。随着校内资源的增加和课程发展，再搬到新修的校舍。《1944 年教育法案》颁布之后，地方市镇女子文法学校兴盛起来，越来越多的新建筑被提供。新办的公立学校，采用了与性别和阶级有关的女子学校选址的长期模式，即学校选址在以前豪华古宅、铁路和公交网络周围，以及"健康环保"的位置，许多女子学校建在半山腰的无污染场地。进入 20 世纪下半叶以后，校舍所在地的海拔高度与土壤

---

① Joyce Goodman (1997). A Question of Management Style: Women School Governors, 1800 - 1862. *Gender and Education*, 9(2):149 - 160.
② Joyce Goodman (2003). Troubling Histories and Theories: Gender and the History of Education. *History of Education*, 32(2):157 - 174.

类型被频繁提及,为引以为豪的重要特征,甚至高于学校的目标、课程、考试和入学政策。

对于今天许多接受公立教育的女孩来说,在维多利亚时代和爱德华时代长期担心女孩的教育对健康有害,其遗产是,在开始一天的学术活动之前,无论天气如何,疲惫地爬山也是有害的。① 古德曼也提出,这些维多利亚时代和爱德华时代的女子公学、中学和公立学校场地、教育空间、想象与物质的历史遗产,可能会以微妙的方式,影响今天单性别学校的"幽闭的风气"(cloistered ethos)和"精英色彩"(elite tinge)。② 她通过对年报的分析,发现学校的地理位置和环境,以潜移默化的方式,滋养着女性气质和学生成绩。

## (三) 传记法

女性主义史学研究中,采取自传、口述史等研究方法。研究者们分析了处于不同空间女性的历史记忆,收集了不同时期反映女性生活与实践的物质材料,运用口述史、传记、自传等材料发现女性的身份、情感与社会地位。教育传记在教育史研究中的意义也受到重视,尤其是被用在女性主义教育史的研究之中。传统未发出声音的普通女性的研究更是引人关注。简·马丁利用传记,力求找回女性参与伦敦学校董事会竞选的历史。

简·马丁首先探讨了传记法的理论基础、运用方法及其研究的主题。她指出,斯坦利(Stanley)使用"自传或传记中的我"(The Auto/Biographical I)来说明传记或自传的互文性,将作者的声音,放在知识生产过程的中心。为生产她所谓"负责任的知识",研究者必须弄清他或她自己的学术传记。目的是让读者能够获得价值承诺、文体偏好和政治偏好,以便将发现与结果进行设计和涂色。③

简·马丁简要介绍了自己的学术传记,她出生于幼儿与初级混合学校校长的家庭,因而她很能理解教师的私人生活。她从小住在学校,并在爸爸的班上呆过两年,她爸爸承担了校长、教师和父亲三重角色。不久,她妈妈成为了学校的秘书。在这种情况下,很难将私人的生活和问题,与公共专业人士剥离开来。

---

① Joyce Goodman (2005). A Cloistered Ethos? Landscapes of Learning and English Secondary Schools for Girls: an Historical Perspective. *Paedagogica Historica*, 41(4&5):589-603.
② Joyce Goodman (2005). A Cloistered Ethos? Landscapes of Learning and English Secondary Schools for Girls: an Historical Perspective. *Paedagogica Historica*, 41(4&5):589-603.
③ Jane Martin (2003). The Hope of Biography: the Historical Recovery of Women Educator Activists. *History of Education*, 32(2):219-232.

在就读本科期间,她从女性主义视角开始批判为女孩提供的课程和教育。在阅读有关女性、阶级与教育的文献时,她会回想到那些离开父母学校去就读预备学校的男孩,以及她初中女同学的弟弟就读的私立学校。不久,她开始了硕士阶段毕业论文的研究生活,探讨英国性别教育的起源,更能理解到教育传统中对女性的排斥。她的博士学位论文研究了维多利亚和爱德华时代伦敦的女性、教育政策制定与管理。她所有的工作都是试图使女性可见,让妇女的声音能被听见和女性视角能被看见。在她看来,传记研究是被用来探索自我身份和行动的概念,关注人类能动性和社会结构之间创造性的交叉点。①

简·里本斯(Jane Ribbens)主张,传记研究提供了一个特别恰当的媒介,以探索私人与公众知识、认识方式之间的联系。② 简·马丁利用传记,恢复了弗洛伦斯·芬威克·米勒(Florence Fenwick Miller)参与伦敦学校董事会的历史。弗洛伦斯参与竞选有三个方面的原因:首先,她对工人阶级的教育感兴趣;其次,她想作为初等学校的女生和女教师的代表;最后,她出于占有和使用权力的动力和抱负,想去纠正妇女"可耻的短缺"③。简·马丁也利用传记或自传,探讨了其他三位女性在19世纪70、80年代参与选举活动的过程。这些选举过程都有女性的声音发出,体现了女性最初参与政治时遇到的困难。她们的胜利也对其他女性参与教育系统的管理具有鼓舞作用。

传记研究的视角,提供了一个理解政治化过程以及政治参与性别动力的框架。传记的探究提供了各种新的材料,使人更能意识到,个人的能动性和社会结构之间的万花筒般的本质联系。在三年一次的伦敦学校董事会的竞选运动中,个体作为社会代理人的建构,为将好女人、好母亲、妇女情感和关爱的劳动之间,以不同的方式联系起来,提供了适当的机会。

总之,在后现代主义的影响下,英国女性主义教育史学,对以往的男性中心主义,以及性别的社会分工进行了批判质疑,扩大了教育史的研究领域;也进行了教育的知识生产,意识到性别问题的教育史研究为当代教育政策改革提供了借鉴。

---

① Jane Martin (2003). The Hope of Biography: the Historical Recovery of Women Educator Activists. *History of Education*, 32(2):219-232.
② Jane Martin (2003). The Hope of Biography: the Historical Recovery of Women Educator Activists. *History of Education*, 32(2):219-232.
③ Jane Martin (2003). The Hope of Biography: the Historical Recovery of Women Educator Activists. *History of Education*, 32(2):219-232.

## 第三节 英国新文化教育史学

20世纪60年代,西方马克思主义史学在英国产生了巨大的影响,拓展了教育史研究的范围。到了20世纪70年代新文化史学的转向,还有受福柯思想的影响,英国教育史学界在80年代出现了不少新文化教育史学的研究成果,识字史、学校图像史学、物质文化史等在英国得到较大的发展。这丰富了英国教育史学研究,教育史学研究呈现出多元化的趋势。

### 一、英国新文化教育史的产生

早在斯通之前,英国教育文化之间的关系就受到了研究者的重视。自斯通之后,英国教育史学界先后出版了《1800—1914年英格兰农村地区的学校教育和识字情况》(Schooling and Literacy in Rural England, 1800-1914)、《都铎王朝英格兰的教育和识字情况》(Education and Literacy in Tudor England)、《维多利亚时代英格兰大众识字的兴起:私人选择和公共政策的影响》(The Rise of Popular Literacy in Victorian England: The Influence of Private Choice and Public Policy)、美国早期教育特刊第二辑《1730—1820年新英格兰妇女的识字、学校教育和教学情况》(Special Issue on Education in Early America Ⅱ Literacy, Schooling, and Teaching among New England Women, 1730-1820)、《英格兰北部的识字和教育,1350—1550年:一项方法学研究》(Literacy and Education In Northern England, 1350—1550: A Methodological Inquiry)等。

20世纪70年代以来,西方教育史学受自下而上的历史、比较史学、社会史学、心理史学与女性主义的影响,出现了许多新的研究成果。在20世纪70年代末,罗伊·劳与英国著名教育史学家马尔科姆·斯博恩(Malcolm Seaborne)合作,撰写了一本关于学校建筑的书,使学校建筑史成为了一种重要的研究领域。[①]

杰弗里·谢林顿探讨了19世纪末20世纪初英国儿童向海外如澳大利亚移民的情况。

---

① M. Seaborne and R. Lowe (1977). The English School: Its Architecture and Organisation, vol. 2, 1870-1970. London: Routledge & Kegan Paul.

虽然英国儿童向海外殖民地移民,在17世纪就开始出现,但在19世纪末20世纪初达到高潮。移民主要涉及,孤儿、弃儿、或工人阶级等下层人民的子弟。该项目在当时受到了广泛的赞誉,但在20世纪90年代受到批评。通过研究,他指出了宗主国中心与边缘关系的变迁,影响到海外儿童移民项目的实施。他选取了两个儿童移民的生活故事,来解释该项目对该边缘或外围群体的影响。他指出,从英国儿童移民史中至少能得出了一个小的教训就是,那些寻求改变儿童生活人们的宏大设计,不仅改变了,而且破坏了儿童的过去,也以一种出乎意料的方式影响到了他们的未来。[1]

2007年,剑桥大学召开了"漫长18世纪与文化"(Education in the Long Eighteenth Century)的学术会议,会议论文跨越了众多学科,如教育史、儿童史、宗教史、科学史、文学研究、书籍史、传记、物质史、视觉、女性主义和性别研究。学者们讨论了思想观念、文化的实践和形式,包括音乐、舞蹈和建筑。会议组织者明确说明,他们的目的在于,将教育放在漫长的18世纪文化史的中心。研究者打破了传统的学科界限,展示了创造的工作。史料的来源也是多方面的,包括契约、儿童故事、小说、诗歌、布道、庆祝仪式和解释自然世界的作品,已出版和未出版的信件和人工制品,如激励教学和对话的游戏、玩具、图片和教学材料。[2] 新文化教育史成为了当时教育史研究的一个分支。

## 二、大众读写能力史

受新文化史学的影响,R. A. 休斯顿(R. A. Houston)研究了爱丁堡启蒙运动时期的识字率。他利用丰富的史料探讨了爱丁堡的识字率、计算能力、印刷业与教育情况,进而为理解苏格兰的启蒙运动发生的文化环境提供了一个更为丰富的图景。苏格兰的启蒙运动发生在18世纪,苏格兰民族由于识字率高,成为了欧洲当时最有教养的民族。启蒙运动中的主要思想家有休谟、亚当·斯密、詹姆斯·安德森(James Anderson)、哈奇森、亚当·弗格森、托马斯·里德等人。以往的研究,主要集中于高雅的文化,即苏格兰大学教育的发展和这些启蒙思想家,而缺失对苏格兰首都社会文化环境的研究。

---

[1] Geoffey Sherington (2003). 'Suffer Little Children': British Child Migration as a Study of Journeyings between Centre and Periphery. *History of Education*, 32(5):461-476.

[2] Joyce Goodman & Ian Grosvenor (2009). Educational Research—History of Education a Curious Case?. *Oxford Review of Education*, 35(5):601-616.

在苏格兰启蒙运动发生的时期，爱丁堡的识字率、印刷与书写的产品、学校教育的数量与形式，都得到了发展；爱丁堡人的文化素养，预示着爱丁堡会成为苏格兰启蒙运动的中心。休斯顿运用爱丁堡的城市档案、一些历史信件、年鉴、杂志、法庭记录、日记、流行的印刷品、教堂的记载、当时的书籍等来说明，爱丁堡人的教育程度远远高于当时的伦敦，以及其他国家。他指出，从17世纪末开始，爱丁堡提供了一个这样的环境，它具有高水平的基本素养和丰富的教育条件，加上繁荣的印刷业，这意味着城市享受着不寻常的深厚的文化。[①]

基本文化素养在性别、城乡、富人与穷人之间，直到18世纪仍存在着较大的差异。在整个17世纪，人们争论是否值得为妇女与下层人士提供更多的教育。学校体系演变的方式在于，在某些特定的学校保留社会特定的出勤率、学习科目的种类和教育的最终利用。那些最好的学校明确宣称要进行社会排斥，而非向所有社会阶层开放，提供独一无二的教育。[②] 而小学教育与基本素养的提升表现在，1700年时，中上层男士都具备签名的能力。在新观念产生之后，印刷业也迎来了爆炸的时期。由于相对延长和高质量的教育，城市中的上层阶级，更适合参与18世纪中叶启蒙运动时期的俱乐部、社团以及会议之中的印刷品输出。各种协会的餐饮和辩论会，各种聚会和俱乐部，精英文法学校的排他性，在培养文人思想方面，可能比一般文人的文化氛围更为重要；而给予大多数儿童的，或同时被少年和成人接受的保守的宗教和实践训练，几乎不适合他们进行批判性思考。丰富的教育和文化供给。在创造苏格兰启蒙运动的条件中，发挥了重要和令人惊叹的作用，即便它对主要思想家的直接影响，可能是轻微的。[③]

托马斯·拉奎尔(Thomas Laqueur)研究了1500—1850年英格兰大众文化情况。他首先指出当时英格兰的识字率情况，17世纪中叶在英格兰南部的较大市镇上60%的男性，以及农村至少30%的男性能识字。在1754年以前，英格兰60%的男性和40%的女性，能够在婚姻登记文件上签名。有证据表明，可能更多的人能够识字；即便是在更多文盲的农村，

---

[①] R. A. Houston (1993). Literacy, Education and the Culture of Print in Enlightenment Edinburgh. *History*, 78:373-392.

[②] R. A. Houston (1993). Literacy, Education and the Culture of Print in Enlightenment Edinburgh. *History*, 78:373-392.

[③] R. A. Houston (1993). Literacy, Education and the Culture of Print in Enlightenment Edinburgh. *History*, 78:373-392.

46%的男性和28%的女性能够签名。① 在当时,各种出版物,非常流行。如汤姆·潘恩的小册子在1790年代被成千上万的人购买。在两个半世纪之中,数以百万计的《圣经》被印刷购买。普通人拥有《圣经》,以及大量的宗教读物,体现了大众受教育的情况。不少穷人也容易接触到这些宗教读物。富人则可能有更多的藏书。书的价格也不贵。教义问答书、小册子、新书、年鉴、宽边本和歌谣单,在上市之初只需几便士;而那些破旧的复印物,不受鉴定人的注意。但在19世纪末之前,很少有经济任务本身需要识字。然而事实上,在经济落后的边境地区,识字率非常高。阅读能力和基本程度的写作能力,显然在广泛的领域发挥着作用。关键是,对识字的经济需求是被文化规范调节的,并不是大多数人工作的绝对必要条件。②

托马斯·拉奎尔的研究也利用自传、日记等来说明当时的大众教育情况,并说明它们在文化上的意义。人们接受教育的原因是多方面的,有宗教、政治、经济、日常社会或娱乐中,对读写能力的运用需求。他指出,在某种程度上,识字是大众文化结构的一部分;它不是为了任何一项特殊任务或原因而需要的技能,而是为了完全融入那种文化而需要的技能。③ 文化被植根于宗教之中,该宗教在法律上、神学上、情感上,都致力于民主使用《圣经》的原则。接受教育,既没有法律的障碍,也没有语言的障碍,也不需要博学的译者,更没有暂时的例外——法律禁止大众去阅读《圣经》,这促使人们正式或非正式地去获得读写能力。在16世纪40、50年代,伊丽莎白统治的早期,她甚至强调,在每一个教区都必须提供一部英语的圣经,并用英语对伊斯拉莫进行解读。④ 政府和教会对阅读《圣经》学习的强调,这纯粹是一种文化的要求。

在16世纪晚期,除了《圣经》之外,还有大量的教义问答、布道书等宗教作品流行。1678年英国清教徒约翰·班扬出版的《天路历程》(Pilgrim's Progress)则是除《圣经》外,对英国人影响最大的著作。在1678到1792年间,该书出版了160版次,还不包括大量的盗版、抄录以

---

① Thomas Laqueur (1976). The Cultural Origins of Popular Literacy in England 1500 – 1850. *Oxford Review of Education*, 2(3):. 255 – 275.
② Thomas Laqueur (1976). The Cultural Origins of Popular Literacy in England 1500 – 1850. *Oxford Review of Education*, 2(3):. 255 – 275.
③ Thomas Laqueur (1976). The Cultural Origins of Popular Literacy in England 1500 – 1850. *Oxford Review of Education*, 2(3):. 255 – 275.
④ Thomas Laqueur (1976). The Cultural Origins of Popular Literacy in England 1500 – 1850. *Oxford Review of Education*, 2(3):. 255 – 275.

及重写。① 而其他各种类别的书籍也被广泛传播,不少穷人也拥有《圣经》和一些书籍。

此后,识字被运用到英国社会生活的各个方面。例如,几个世纪以来,自由人和版权人的权利,一直通过庄园登记来得到确认,甚至是租户的习惯权利都以书面形式保留下来。学徒对师傅的义务,也有书面的约定;财产的遗传,也需要通过书面的遗嘱。即便是财产清单,也不是由公证人书写的,而是由社区中比较谦逊的人写的。在一些大的钢铁厂中,员工守则、工作程序和合同形式都被编成了法典。18 世纪的邮件,也数量众多;在农业中,印刷品也广泛存在。17 世纪的年鉴,印刷数量接近 200 万,关于农业科学的书籍出版剧增,关于牛生病的警告,或其他类型的农业新闻的文章,在省级报刊上成千上万地发表。②

工业革命之后,学校教育得到较大发展,这也促进了识字率的提升。工业革命改变了大众文化的环境,它开放了工人阶级新的政治经济和社会行动的新途径,这使得过去对文化素养的性质及其文化角色的看法,现在得以彻底改变:一方面,工人阶级激进分子贬低了工业革命前大众文化的程度;另一方面,他们为阅读界定了一个新的角色,即理性所创造的典型案例,将它与更广泛的社会领域联系起来,具有社会理想和政治功能的特征。③

文化素养的标准发生了变化,只会阅读《圣经》的人,便也可能被称为文盲。文化的环境也发生了变化,在 18 世纪后期,阅读是工人阶级最善于表达的一部分,不再仅仅是另一种休闲活动,或是一种在日常生活更有效地发挥作用的手段。它与个体自我发展的过程相联系,也是激进政治和社会变化不可分割的一部分,还是工人阶级上升到政治权力和反对压迫的一部分。总之,大众识字率提升的原因和后果是广泛的、复杂的,并与社会的其他方面紧紧地联系在一起。因此,一个连贯的识字的社会史,只有在其文化背景下广泛的、整体概念中才有可能。

### 三、图像教育史

在新文化史学产生以前,图像史研究,只是艺术史研究或对文字资料缺少时代历史研

---

① Thomas Laqueur (1976). The Cultural Origins of Popular Literacy in England 1500 – 1850. *Oxford Review of Education*,2(3):.255 – 275.
② Thomas Laqueur (1976). The Cultural Origins of Popular Literacy in England 1500 – 1850. *Oxford Review of Education*,2(3):.255 – 275.
③ Thomas Laqueur (1976). The Cultural Origins of Popular Literacy in England 1500 – 1850. *Oxford Review of Education*,2(3):.255 – 275.

究的领地。20世纪80年代以后,图像在历史研究之中被广泛运用,被称为"图像的转向"。彼得·伯克出版了《图像证史》,将图像作为一种历史的见证,一些学校建筑的图像,以及传统师生图像,都成为了研究者关注的对象。

凯瑟琳·伯克(Catherine Burke)是牛津大学教育学院教育史荣休教授。她先后毕业于卡迪夫大学、谢菲尔德大学、谢菲尔德哈勒姆大学,2014—2017年担任英国教育史协会主席,她主要从事文化教育史、建筑与教育、创造教育学的历史等方面的研究。

在文化史的影响下,凯瑟琳·伯克进行了图像史学的研究,通过图像史来挑战有关学校的宏大叙事。学校图像史的研究,在20世纪90年代以来,受到重视。研究者从社会学、社会史、文化研究以及女性史的角度来开展研究。新社会学的儿童研究主张,在挑战正统的、反思性的研究框架内,承认儿童的声音,重视儿童的声音,解读儿童的声音。故事、叙事与进步主义历史过时了,在后现代主义对差异、多样化、个人声音和能动性的接受下,以碎片化、错位、普遍的混乱取而代之。①

讲述图片背后潜藏或缺少的故事,是后现代图像史学将图片叙事化的一种做法。凯瑟琳认为,教育史中讲述图片的故事,不仅仅是一个历史行为,也是一个情感行为,它与个体经营相关。大多数成年人都曾在年幼时上过学,也与参与基本的公共的对学校故事的普遍叙事相关。② 学校是一个充满情感的空间,如果学校受到关闭的威胁,地方社区很难避免它的关闭。这是一代又一代人感到失望和不安的经历。对过去学校照片的研究,有利于人们去反思自己过去在学校中生活的情景。凯瑟琳通过对20世纪50年代英国米德尔斯敦学校(Middlestown School)学校照片的研究,对照片中所蕴含的儿童情感进行了分析,她指出,对教育自传反思性理解的路径,有利于批判理解教育的过去。虽然只能生产特殊的和个体的知识,但教育学中个体的观点和视角,便于对过去日常的质疑,具有模糊研究者、教师和学生之间界限的效果。③ 在考虑到学校教育情感史研究中,学校照片史研究的意义在于,在文本中寻找新的资源。

---

① Catherine Burke (2001). Hands-on History: Towards a Critique of the 'Everyday'. *History of Education*, 30(2):191-201.
② Catherine Burke (2001). Hands-on History: Towards a Critique of the 'Everyday'. *History of Education*, 30(2):191-201.
③ Catherine Burke (2001). Hands-on History: Towards a Critique of the 'Everyday'. *History of Education*, 30(2):191-201.

在后现代影响下,图像已被看作是一种可读的文本。私人与公共相册中的图像已被作为一种研究的资料来源,来解读正常的观念,探寻与情感创伤和分裂的隐藏区域。

图像是在特定的时期制作,但随着时间的变化,从不同的时间和文化的视角进行多重解读,会变得越来越可能。如,电影影响着公众意见,进而影响到教育政策;但电影并不一定是真实的历史事件,更多是起到一种对教育思想进行宣传的作用,这就需要研究者进行批判地解读。

彼得·库宁汉姆(Peter Cunningham)从比较和批判的视角,研究了英国政府拍的两部宣传片:1940年的《乡村学校》(*Village School*,1940)和1945年的《儿童宪章》(*Children's Charter*,1945),探讨它们在第二次世界大战期间作为教育空间的历史。教育空间是指,教育政策和理想提升的公共空间。他从以下三个方面进行了研究:图像作为生产者与消费者之间关系的文本;图像作为表达的媒介;图像与更广泛的图像教育学之间的关系。他主要集中在影片推广进步主义的课程和教学方法的方式,该方式刻在战时疏散的学校教育电影之中。他也强调了解读电影,尤其是宣传片作为历史证据的复杂性。[1] 他描述了电影文本产生的环境、生产与观众,学校的建筑与环境,师生与课程,探讨了电影作为一种情感的文本对观众的感染,旨在劝说和传播学校的教育理想。

## 四、日常生活教育史

伯克认为新文化史在理论和方法上有五个特征,即文化建构、语言、历史人类学、微观史学以及历史叙述。[2] 20世纪70、80年代,在法国、德国和奥地利兴起的日常生活史,提倡使用微观的方法来进行历史研究。通过借鉴人类学的研究方法,历史学家们将目光转向人们的日常实践。日常生活史,始终是文化史展示理论与实践的舞台;日常生活史与新文化史、社会文化史有着千丝万缕的关系,甚至可以说,日常生活史是新文化史,社会文化史的组成部分。[3] 英国教育史学家开始关注日常的教育教学实践,通过学校日志、师生的口述

---

[1] Peter Cunningham (2000). Moving Images: Propaganda Film and British Education 1940 – 45, *Paedagogica Historica*, 36(1):389 – 406.
[2] 伯克.西方新社会文化史[J].历史教学问题,2000(4):25—29.
[3] 常建华.日常生活与社会文化史——"新文化史"观照下的中国社会文化史研究[J].史学理论研究,2012(1):67—79.

史,来了解真实的教学情景。

## (一) 学校日志

学校日志是学校每天日常生活的记录,它们是重要的社会文件,反映了具体社会环境中人的教育生活,与学校所处的社区生活密切相关。在后现代的影响下,英国出现了许多有关学校日志的研究。如麦克·德米德(Jane McDermid)[1]、安娜·戴文(Anna Davin)[2]和玛丽·克莱尔·马丁(Mary Claire Martin)[3]、哈罗德和帕梅拉·西尔弗(Harold and Pamela Silver)[4]、威廉·马斯登(William Marsden)[5]等,他们借助于学校日志或其他类似资源,来发现学校的历史细节。彼得·戈登(Peter Gordon)和帕梅拉·霍恩(Pamela Horn)研究了不同地区学校的日志,以考察学校管理者各方面的工作,重点关注了维多利亚和爱德华时代学校儿童的校内外生活,以及小学的课程。[6]

如苏珊娜·赖特(Susannah Wright),分析了19世纪末20世纪初英格兰小学的日志中涉及道德教育的内容。在1862年到20世纪70年代,英格兰教育行政部门要求记录小学的日志。现在许多日志,在县市档案馆和学校得以保存,这为研究提供了便利。当时,校长被要求至少每周记录一次,须详细记录学校日常取得的进步、访客信息、学校信息、教工的行为信息以及其他值得记录的信息等。日志的内容非常广泛,涉及师生的考勤、上级视导、学

---

[1] Jane McDermid (2003). What to do with Our girls? The Schooling of Working Class Girls in Scotland, 1872 - 1900. *History of Educational Research*, 72:28 - 39.
Jane McDermid (2003). Gender and Geography: the Schooling for Poor Girls in Highland and Islands of Nineteenth Century Scotland. *History of Education Review*, 32(2):30 - 45.
[2] Anna Davin (1996). *Growing up Poor: Home School and Street in London, 1870 - 1914*. London: River Oram Press.
[3] Mary Claire Martin (2000). *Children and Religion in Walthamstow and Leyton, 1740 - 1870*. PhD thesis. London: Goldsmith College.
[4] Harold Silver and Pamela Silver (1974). *The Education of the Poor. the History of a National School 1824 - 1974*. London: Routledge and Kegan Paul.
[5] William Marsden (1991). *Educating the Respectable: A Study of Fleet Road Board School, Hampstead, 1879 - 1903*. London: the Woburn Press.
[6] Peter Gordon (1974). *The Victoria School Manager*. London: Woburn Press. Pamela Horn (1988). English Elementary Education and the Growth of the Imperial Ideal: 1880 - 1914. J. A. Mangan (ed.), *Benefits Bestowed? Education and British Imperialism*. Manchester: Manchester Press. 39 - 55.

校社区庆祝活动,甚至为儿童提供的免费膳食等。

苏珊娜·赖特选取了14所样本小学的日志进行研究,其中,7所在伯明翰市,7所在莱斯特市。这两座城市位于英格兰中部,属于工业城市,地方政策都被清教徒自由主义者控制。这些学校1879—1918年的日志,都是开放的。在19世纪末20世纪初,随着人口的增长,两座城市的地方教育管理部门,都引入了道德教育。她分析了这些学校38年间日志的内容,并进行比较,可以发现随着时间的变化,体现了一种连续性与变化的状况。① 不同的学校,同一所学校不同的校长对日志的记录不同。所以,尽管日志属于公共的管理记录,但其也带有一定的个人性质。有的教师可能将其作为日记来加以记录,这反映了记录者的个性与学校的日常生活。在这里,日志的公私界限变得模糊。日志的记录反映了学校的常规与特殊情况,影响学校发展的一些小事件也得到记录。对于学生而言,特别优秀的或困难的学生,才得到讨论。由于为了迎接视导和资金要求,学校日志条目更关注成绩提升、年度视导与考勤。郊游、庆祝活动、音乐会,比日常上课获得了更多的关注。日志既是学习的场域,也是道德教育的场域。日志中有关考试、学生成绩、教学视导的评价,对教师及教师教学能力的评价等,都与教学相关。日志也记录了具体的道德教学,还包括班风、校风、对学生的规训等间接的道德教育。

苏珊娜·赖特指出,日志是公共的管理文件,但对于某些教师来说,起到了日记和个人记录的作用。它们表面看来内容广泛,但它们集中于政府法律所规定的有限的内容。历史学家需要从字里行间的阅读,去填补学校一手资料与二手资料中的空白。日志为教室提供了诱人的一瞥,但是它们的价值,在于为师生在课内外、家庭和社会中,提供一系列的教育空间。② 当然,学校日志作为教育史资源也有其限度,如对一些影响学生发展的事件的记录,就不够详细或完整。它需要与其他历史资料一起才能提供更有价值的洞见,如学生的作业本、照片、师生的口述记录,均可以更好地反映学校的日常生活。

## (二) 口述史

在罗伊·劳看来,历史研究对后现代主义挑战的一个回应,就在于采用"从下而上"

---

① Sjaak Braster, Ian Grosvenory, Maria del Mar del Pozo (eds.) (2011). *The Black Box of Schooling. A Culture History of Classroom*. Bruselas: P. I. E-Peter Lang. 124.
② Sjaak Braster, Ian Grosvenory, Maria del Mar del Pozo (eds.) (2011). *The Black Box of Schooling. A Culture History of Classroom*. Bruselas: P. I. E-Peter Lang. 136.

(history from below)的历史。口述史,便是一种基本的传记方法。当代聊天节目和口述的力量,可作为人们根深蒂固欲望的证据,去理解并接受他们自己的生活史。历史学家所处理的历史背景(时间、群体、工作场所、家庭、地点),主要有三个部分构成:(1)提供地方性的描述,帮助个体置身于语境之中;(2)建构为达到这一目标的假设;(3)通过提出不同文化和地域的"他者",来展示当前和此地独一无二的东西。①

在口述史的运用中,个体被作为历史经验的媒介,口述史也需要让那些沉默的群体发出自己的声音。因为一些群体在历史上的声音被边缘化,被排斥在历史理解之外。在教育史研究之中,作者的声音是重要的,不仅在于它建构或解构与教育结构、实践和经验相关意义的方式,而且体现在话语之中特定的声音被压制的方式。② 这就需要历史书写者关注边缘群体的声音。历史事实不是简单地存在于档案之中,等待被发现和被解读;它们也通过历史学家从事的建构和推理的方式,来建构现在,从而被带入生活。③

菲利普·加德纳(Philip Gardner)使用口述史料来加强历史理解,强调其个人性、地方性和特殊性。他试图让教育史上以往从未听过或很少听过的群体,发出自己的声音。④ 加德纳和彼得·库宁汉姆一道,访谈了300多位曾做过教师的人,来记录学校教师的记忆。在运用口述史的过程中,需要访谈者掌握一定的技巧、同情心、熟练程度和耐心,更好地去记录访谈对象的早期记忆。他指出,记忆不仅建构和维持我们的身份,而且它也见证了历史的真相。⑤

菲利普·加德纳利用1888到1917年之间出生的44位中小学教师的口头访谈资料,研究了师范教育课程特点与教师专业身份和专业地位的关系。⑥ 1907年,英国师资培训方式

---

① Roy Lowe (1996). Postmodernity and Historians of Education: A View from Britain. *Paedagogica Historica*, 32(2):307-323.
② Derrick Armstrong (2003). Historical Voices: Philosophical Idealism and the Methodology of 'Voice' in the History of Education. *History of Education*, 32(2):201-217.
③ Derrick Armstrong (2003). Historical Voices: Philosophical Idealism and the Methodology of 'Voice' in the History of Education. *History of Education*, 32(2):201-217.
④ Philip Gardner (2003). Oral History in Education: Teacher's Memory and Teachers' History. *History of Education*, 32(2):175-188.
⑤ Philip Gardner (2003). Oral History in Education: Teacher's Memory and Teachers' History. *History of Education*, 32(2):175-188.
⑥ Philip Gardner (1995). Teacher Training and Changing Professional Identity in Early Twentieth Century England. *Journal of Education for Teaching: International Research and Pedagogy*, 21(2):191-218.

发生变化,师范生需要接受两年的大学教育,菲利普·加德纳主要不是依赖于官方的记录,而是通过严肃的访谈,了解在这一政策变革背景下,师范生个体如何理解新的专业身份,以及如何评价他们专业的社会地位。第一次世界大战后,师范生的培养由学校完全转移到正规的培训学院,以满足新世纪国家对师资培养的要求。这一政策的转变对不同群体有着不同的意义。对于政治家来说,制度性地培训师资,成为了国家将民众教育提升到国家政策中心的一种象征;对于教育专家来说,培训意味着是将教育视为一种理论研究的学科,而非仅仅是实践技能发展和练习的领域;对于教师专业协会来说,学院的观点构成了提高社会地位,以及达到公众承认的既有专业水平的必要条件。而教师口述史的研究,则发现完全不同的结论。

加德纳和彼得·库宁汉姆对出生于 20 世纪初的 140 位退休的小学教师,进行了口述史的研究。主要调查了他们在两次世界大战之间的专业身份、训练形式以及教学实践。从小学教师专业生活和教学实践的视角,探讨了 20 世纪师生关系样式的变化。通过对以往教师的访谈,发现战时的撤离,是师生关系样式变化的转折点。[①]

### 五、学校建筑史

在学校建筑史的研究中,不仅学校的壁画,户外运动场地以及食堂都成为了研究者关注的重点,用以探讨这些历史空间与学生成长的关系;学校所用的物质材料,历来为英国政府所重视,建筑的质量与设计美观,也多有研究者涉及。

#### (一) 学校建筑史研究的价值

建筑与教育学的关系问题,受到了教育史学家的关注。教育空间属于一种隐性的教育课程,它帮助使学校的教学方法和组织形式正常化。学校建筑不仅仅是师生生活的场所,而且体现了设计者根据对教育功能的假设,通过对师生教育过程的干涉,以使他们表现出特定行为的场景。学校建筑,一方面是根据当时教育制度与思想对学校的要求,反映出它的教育文化功能;另一方面,也体现了一种主流的教育政策话语。教育学和心理学的变化,

---

① Philip Gardner &. Peter Cunningham (1997). Oral History and Teachers' Professional Practice: a Wartime Turning Point?. Cambridge Journal of Education, 27(3):331-342.

也必然体现在学校建筑的变化之中,因而对学校建筑史的研究,也是在探讨教育教学思想的演变。

从历史的视角对学校过去的研究,可能对师生过去的生活世界,进行设想、凭直觉想象或怀疑,进而了解它们对教育过程的约束或促进作用。学校建筑内外的各种空间和地点,都参与了塑造儿童的教育经验;对其历史的研究,有助于理解教育。学校建筑本身就是一种节目,也是一类话语,在其实质上建立了一个价值系统与框架。在教育文化的挪用和完整的符号学框架中,表现出在实行的不同美学、社会和意识形态符号。①

城市学校的建筑设计,展现的符号象征与美学成分,起着文化创造的促进作用。所有的教学实践,都以与空间完美契合,使它们成为可能,引导它们、约束它们而结束。学校建筑的设计,也体现了学校功能的变化。从古代单一的教室,到近代班级授课制的分班教学,再到现代学校各种功能空间的出现,展示了社会中美学、卫生学、教育学对学校的要求。

1998 年 8 月,欧洲教育研究会(European Educational Research Association,EERA)在比利时科特赖克(Kortrijk)举行会议,会议围绕"教育史的视觉挑战"(The Challenge of the Visual in the History of Education)进行。在马克·德佩普(Marc Depaepe)和布雷格特·亨肯斯(Bregt Henkens)的组织下,《世界教育史研究杂志》2000 年第 1 期发表了一组文章,对建筑、图像学和各种形式的可视化环境进行批判性讨论。视觉转向的挑战,在于拓展和丰富了教育史的研究议题。2005 年又发表了一组论文,主题是"抑制学校儿童:建筑与教育学"(Containing the School Child: Architectures and Pedagogies)。凯瑟琳·伯克认为,这反映了在教育环境中空间和地点方面,当代增长的跨学科的和国际兴趣。② 学校建筑史的研究,将以往被忽视的丰富资源,展示在教育史学界之前。教育史研究的视觉转向,为我们提供了一种观看学校的新视角。

学校建筑也是一种斗争的场域,一方面青少年使用学校的围墙传达信息、制造名声、彼此中伤,或主张领地;而另一方面,学校管理覆盖并抹去这些未经批准的对空间,权力和身

---

① Agustin Escolano Benito (2003). The School in the City: School Architecture as Discourse and as Text, *Paedagogica Historica*, 39(1):53 – 64.
② Catherine Burke ( 2005 ). Introduction. Containing the School Child: Architectures and Pedagogies. *Paedagogica Historica*, 41(4&5):489 – 494.

份的主张,因为它将这些表达方式视为对学校权威的挑战。① 在文化史的影响下,英国的学校建筑史研究取得了较为丰硕的成果,如马尔科姆·斯博恩(Malcolm Seaborne)和罗伊·劳探讨了英国学校的建筑与组织。②

## (二) 学校壁画史研究

凯瑟琳·伯克探讨了20世纪上半叶,通过艺术来进行教育(education through art)概念的产生及其实践过程。学校的壁画作为一种公众艺术,是教育建筑的部分延伸。这涉及学校空间中公共艺术的意义,过去设计学校的建筑师、教育工作者与艺术家自己的关系,以解读学校建筑整体的公共艺术。该研究认识到了,教育中总体上关于艺术观念的传播,以及作为一种壁画运动被承认地点的重要性。学校建筑成为画布的一种,也体现了壁画运动产生于第二次世界大战之中,短暂流行于战后的美国、英国、加拿大和中欧一些国家。英国的壁画运动也是世界壁画运动的一部分。教育工作者与艺术家在学校建筑物上壁画之间的合作,不仅体现的是装饰,也传达了一种教育观念,对其研究,也可以发现公民文化情感的变化。凯瑟琳·伯克认为,壁画的本质,是短时的、也是永恒的学校物质文化特质。③

凯瑟琳·伯克分析了学校壁画运动产生的背景,在第二次世界大战期间,围绕在英国国内和国际松散的左翼政治同盟周边的艺术家,将艺术与公共建筑物融合起来,作为自由的象征。作为公共艺术平台的壁画,显然直接成为了社会和装饰价值交流的工具。艺术作为一种公众进行收藏或展览的概念,也让它作为日常生活的一部分来被使用和享受。1949年后,英国教育部建筑师与建筑分部开始支持艺术作为教育的概念,并将其贯彻到新学校的修建之中。但学校壁画运动昙花一现,20世纪50年代以后逐渐消失,壁画被更具有民主性、更能对公民的生活产生影响的艺术形式取代。在20世纪50年代末,学校更多地开始将电影纳入学校的课程,它们被视为更具有创新性和现代性,采取动态的形式,取代以往学校中静止的艺术,如绘画、雕刻、壁画等。这种改变,影响到建筑形式的改变;学校建筑开始关

---

① Annegret Staiger (2005). School Walls as Battle Grounds: Technologies of Power, Space and Identity. *Paedagogica Historica*, 41(4&5):555-569.
② Seaborne, Malcolm and Roy Lowe (1977). *The English School, its Architecture and Organisation*, Vol. II, 1870-1970. London: Routledge & Kegan Paul.
③ Sjaak Braster, Ian Grosvenory, Maria del Mar del Pozo (eds.) (2011). *The Black Box of Schooling. A Culture History of Classroom*. Bruselas: P. I. E-Peter Lang. 224.

注电影设备的安装、放映设备所需要的电的安装等方面的内容。投影仪和屏幕的引进对空间和光线遮挡提出了新的要求。

公共艺术就其本质来说,可以同时涉及私人与公共领域。在学校建筑内,看起来是多余的,仅仅是装饰性的工艺品,随着时间的流逝,在学校故事中它们的设计、位置和重新放置容易被忽略。学校壁画不仅仅作为一种转移注意力或装饰的工具,我们应在一种建筑观念的延伸中,将其作为一种教育观念的中介。凯瑟琳·伯克指出,教育史研究者近年来建议,学校尤其是教室,能被视为一种考古学的场地;通过对留存物进行仔细地考察,过去实践的目标和踪迹都能得以曝光。根据该观点,任何学校可被视为场域,在这里通过对实物进行排列、替换、移除、构建作为永久的特征,能与过去相遇,并使反对的观点被识别、分类、记录和揭示。通过这个观点,可以进行日常的、常见的、被忽视的,以及迄今为止隐藏的教育史研究。①

学校壁画运动的产生与消亡,充分体现了教育观念的变化,体现了教育在民主社会的作用。对于教育史研究者来说,探索学校物质文化历史,壁画无疑可以作为一种好的研究对象。它可以作为一种视觉资源,视为一种教育建筑延伸的观念文本,在其中体现通过艺术来进行教育的具体运用。

学校建筑与教育学之间的关系是复杂的。人们一致认为,建筑环境通过其结构和组织,可以影响教育;但通常不清楚或不知道,在个别情况下这是如何发生的。在这里,我们检查一个设计过程,它影响了英国一所中学的建造;在合作精神的推动下,它导致了一个旨在有利于学生的结构,而不是该机构控制学生的需要,并且它支持协作的项目学习。②

伯明翰大学教授伊恩·格罗夫纳(Ian Grosvenor)主张研究教室的历史照片和学校的日常生活史,以及在正规学校教育过程之外的物质文化史,以发现教育在国民身份构建中的具体作用。教育史应研究学校中的一些陈规,学校日常生活中一些标志性的事件,学校对个人行为产生影响的一些谚语与民谣的学习、训练,其他练习和庆祝活动,教室内挂的长

---

① Sjaak Braster, Ian Grosvenory, Maria del Mar del Pozo (eds.) (2011). *The Black Box of Schooling. A Culture History of Classroom*. Bruselas: P. I. E-Peter Lang. 238.
② Bellfield, T., Burke, C., Cullinan, D., Dyer, E. and Szynalska McAleavey, Karolina (2018). *Creative Discipline in Education and Architecture: Story of a School*. I. Grosvenor, L. Rosén Rasmussen (eds.). *Making Education: Material School Design and Educational Governance. Educational Governance Research*. Switzerland: Springer, Cham.

条横幅图画,学校内的各种标志和图像等。他引用德·塞托的思想来说明日常生活实践的意义,这充分说明,他受到了后现代主义思想的影响。他使用19世纪以来有关学校墙壁图画的各种官方文件、政策文本与报告、艺术家的观点、教师评价、教育专业人员的观点,来展示学校壁画的变迁过程,揭示了人们对壁画教育观念的变化,以及学校壁画对学生美学意识的影响。

伊恩·格罗夫纳分析了学校和教室墙壁上悬挂物品的历史。随着大众教育的发展,在19世纪早期,导生制学校和欧文的学校里就开始在学校墙壁上悬挂动物的图片或大幅欧洲地图。在19世纪后期,小学墙壁上悬挂地形图、图表、动物图片已成为一种时尚,并逐渐成为学校委员会对幼儿学校和小学的一种要求。当时人们已经认识到,学校和教室墙壁上的图片,对学生心灵和大脑的教育意义;并要求学校墙壁的图片能得到定期更换,避免出现裸露的墙壁。学校墙壁上的图像,不仅具有知识宣传的作用;更为重要的是,道德教育作用和美学价值会影响学生的成长。在学生成长之后,对学校壁画的回忆,也能获得一种快乐的体验。随着19世纪大众教育的发展,学校壁画也体现了教育走向现代的一种标志;无处不在的壁画,也体现了以一种"图像向眼睛说话"的大众理解的共同方式来传递知识。

伊恩·格罗夫纳分析了20世纪初的各种政府报告对学校墙壁上图片的重视。如1920年的一份临时报告,强调学校图片的教育价值:"尽管图片属于装饰性的,但不应与学校的装饰相混淆。它们的目的是教育性的。它们的目的在于通过帮助学生将历史、地理和数学等学科视觉化,来促进智力增长。"[①]1924年伦敦市政委员会顾问委员会的报告建议是:"给学校引进各种新种类的图片,比现在学校墙上的图片更有趣,更具有吸引力。同时,价格低廉以鼓励更高频率的更换与流通。"[②]此后,学校不仅强调图片的教育价值,而且强调美学价值。

伊恩·格罗夫纳也描述了学校墙上图片的变化,在20世纪30年代,图像开始由当代的艺术家来帮忙提供,这导致图片受消费主义的影响。第二次世界大战后,学校墙壁图像又开始重视美学价值。由于视觉的快乐来源于秩序和设计,这也对学校墙壁上所挂图片

---

① Sjaak Braster, Ian Grosvenory, Maria del Mar del Pozo (eds.) (2011). *The Black Box of Schooling. A Culture History of Classroom*. Bruselas: P. I. E-Peter Lang. 45.
② Sjaak Braster, Ian Grosvenory, Maria del Mar del Pozo (eds.) (2011). *The Black Box of Schooling. A Culture History of Classroom*. Bruselas: P. I. E-Peter Lang. 46.

提出了要求。伊恩·格罗夫纳指出,学校壁画可被视为国家主义的产品,不仅被儿童,而且被进入学校委员会的家长以及参观者观看和体验。它们重申了学校作为文化场地的功能。① 最后,他也提出从观看的视角来对历史图像进行思考。因为当我们看到这些图像时,我们不可避免地会回想起我们读书时的情景。同时,我们也应意识到我们当代的意识可能使我们忽视或未能看见图片中呈现的某些信息。

英国圣安德鲁斯大学艺术史学院副院长杰瑞米·霍华德(Jeremy Howard)分析了19、20世纪时欧洲各国如瑞士、德国、俄罗斯等国,有关学校或教室的一些不同类型的名画,揭示了这些画中所反映的教育信息。这些图画不仅仅反映的是学校内部教与学的信息,而且描述了学校视导与管理、学校放学与课程结束后的冲突、教育的材料、教育心理、课间休息、留堂(处理犯错学生)、学校的外部的操场与环境、学校往返路途、学校郊游、节假日与游行、学生个体的服装、校服与风格、师资培训、过去与未来的学校等。② 从这些图片中可以获得学校的历史。

### (三) 学校建筑的演变

学校建筑随着社会环境的变化,其内外环境都会发生变化,以适应社会发展的要求。凯瑟琳·伯克还运用图片、自传、教育政策文本的解读等研究了校餐史。在此过程中,她更多探讨了就餐地点——学校食堂的变迁。她认为,食品和饮料是现代学校必不可少的一个部分。它旨在提醒那些寻求"改善"下层民众道德和行为的人,社会阶层之间存在着差异的鸿沟。"可食景观"是学校与食物和水相联系的正式与非正式空间,而以往的教育史研究对此缄默不语。

在早期集体消费的描述中,有一种恐惧和厌恶的感觉。但是19世纪中叶到20世纪,中小学和幼儿园食品的生产与消费,是作为教育教学形式的重要场地。她探索了英国情境下学校的内部和外部的可食景观,并提出了一些关于其在发展教学与课程方面的建议。学校的可食用景观,可以被看作是对欲望和意图有争议的领域;成人和青少年儿童感知的需求,

---

① Sjaak Braster, Ian Grosvenory, Maria del Mar del Pozo (eds.) (2011). *The Black Box of Schooling. A Culture History of Classroom*. Bruselas: P. I. E-Peter Lang. 54.
② Sjaak Braster, Ian Grosvenory, Maria del Mar del Pozo (eds.) (2011). *The Black Box of Schooling. A Culture History of Classroom*. Bruselas: P. I. E-Peter Lang. 76 - 77.

以及教育努力或实验的成果展示空间之间的战场。① 以往的研究主要集中在学校教育,而校餐成为了一个被遗忘的领域。但它的场地、味道、气味、图像与仪式等,也是学校的象征的一部分。它们对于儿童的过去与现在,成人的学校记忆都产生着重要影响。

1906年,英国《学校食品法》颁布之后,英格兰和威尔逊的学校,在为学生的校餐找到合适的用餐空间时,遇到了很大的困难。此后,学校的用餐空间不断改变。社会的、美学的和教育的功能,成为了具体的设计目标:在进餐过程中,教给学生良好的饮食习惯、卫生习惯、行为举止、合作能力和友谊关系等。20世纪英国学生就餐地点变化在于,由教室到作坊、由学校礼堂到休息室,以及由孩子们自己设计建造食堂和牛奶吧。今天的食堂越来越受到商业化的影响。食堂、午餐厅以及作为饮食和社会化的非正式空间,长期以来被视为学校内部"文明化"和"教育化"的基本要素,以及儿童世界和成年世界之间欲望竞争的场所。

马尔科姆·斯博恩(Malcolm Seaborne)和罗伊·劳对学校建筑史的研究,也明显是受到后现代教育史学的影响。他们探讨了学校建筑的发展及其对学校组织的影响,将建筑问题与影响学校设计的教育与社会力量联系起来,并选择有代表性的案例,解释学校设计与建造发展的主要走向。② 在学校建筑史研究中,不仅应考虑到学校建筑的教育功能,也需要关注其美学价值。从教育的角度,学校建筑与其时代的教育观念相关;而从审美的角度,学校建筑与其时代的审美趣味相关。学校的教育功能远超于其美学功能。在建造学校时,应该先了解学生的活动与心理,而这些也与经济有关。最初,经费支出的限制往往使得学校建筑难以寻求专业人员的支持。在义务教育制度建立之后,随着入学人口的激增,学校也引进了校医。学校建筑开始考虑到适当的通风、取暖和采光,以及卫生状况。此后,要求学校建筑应超出家庭的审美标准,以培养孩子的美学意识。

在1870年以前,英国大多数农村和小镇上的学校规模都不大;《福斯特法案》颁布后,各地成立了学校委员会,开始建造容纳高达1500人的大学校。学校的建筑条件改善,被建在空旷的农村或城市郊区,以提供更大的运动场所。该委员会对学校建筑的要求,促进了教育质量的提升。而教会学校由于其糟糕的建筑条件,在与公立学校的竞争中处于弱势;不少教会学校又旧又小,操场狭小,不能达到教育部所规定的,每位学生必须有十平方英尺

---

① Catherine Burke (2005). Contested Desires: The Edible Landscape of School. *Paedagogica Historica*, 41(4&5):571-587.
② Malcolm Seaborne and Roy Low (1977). *The English School: Its Architecture and Organization Volume II 1870-1970*. Oxon: Routledge.

的空间。不久这一规定受到教会的抗议,强调他们所面临的困难。因此,在 1890 年,教育署对原有的教会学校,不再强制达到这一要求,但强调他们应达到合理的卫生标准。[1] 学校委员会和教会团体在教学条件方面产生竞争,教会学校在经费方面的难度越来越大。有一些慈善团体的学校,被迫转给新成立的学校委员会。即使是建立了学校委员会的农村地区,一些学校教室环境发生了巨大的变化;灯光、通风、内部装饰和暖气都得到改善,学校更好地提供了书本。[2] 随着政府对学校建筑条件的要求和限制逐渐加强,在 19 世纪末,很少有学校建筑能缺少政府的参与。

学校建筑的功能,也随着对教育的要求不断变化。如在 19 世纪后期,科学和艺术教育被广泛引入学校教育。科学与艺术部,对学校科学教育的设施控制变得更加严密。1889 年,《技术教育法》颁布,授予科学与艺术部监督当地提供技术和科学服务的权力,这使得政府对学校建筑的控制增强。[3] 实验室和报告厅在文法学校和更高级别的学校建立起来,有些学校还建立起美术馆。

1880 年英国《义务教育法》颁布之后,学校涌入了一些困难学生。为了更好地教育这些不容易教育的学生,政府对班级的人数作出了限制。在 1892 年以后,伦敦学校委员会要求,每班学生人数不超过 30 人,使这些学生能被恰当地分类,以满足他们智力发展的个体需求。而这些学校又被单独设计,以便满足这些学生独特的发展需求。

城镇化的增长,技术的革新,以及国外竞争的需求,中央政府对教育控制的逐渐加强,都使得英国学校更加重视建筑的设计,以满足教育的需求。学校作为社会变革的代表之一,更多受到关注。通过分析提供的教学设施,为解决当代紧迫的教育问题提供灵丹妙药。过去学校建筑,不仅仅是作为过去的纪念碑,反映了过去的时代和传统;而且作为一种坚定的信仰,无声地反映着社会进步。[4]

马克·阿米塔吉(Marc Armitage)则探讨了户外运动场地,他对小学学校建筑与设计

---

[1] Malcolm Seaborne and Roy Low (1977). *The English School: Its Architecture and Organization Volume Ⅱ 1870 – 1970*. Oxon: Routledge. 11.
[2] Malcolm Seaborne and Roy Low (1977). *The English School: Its Architecture and Organization Volume Ⅱ 1870 – 1970*. Oxon: Routledge. 11.
[3] Malcolm Seaborne and Roy Low (1977). *The English School: Its Architecture and Organization Volume Ⅱ 1870 – 1970*. Oxon: Routledge. 13.
[4] Malcolm Seaborne and Roy Low (1977). *The English School: Its Architecture and Organization Volume Ⅱ 1870 – 1970*. Oxon: Routledge. 17.

进行了研究,探讨了它们对学生户外活动经验的影响。电影的发明和网络游戏的泛滥,以及传统游戏的缺少,致使英国小学生减少了户外玩耍时间。他的研究表明,虽然今天人们抱怨儿童的户外游戏过少,但户外运动场地建筑与设计的变化,也影响着儿童的玩耍方式。为了促进全面发展,更好地让运动空间支持儿童的运动,这需要教师、教育家、设计师、研究人员与运动专家之间更好地合作。①

伊恩·格罗夫纳研究了学校建筑设计中的美学与教育学的关系,要求建筑材料安全、设计美观,并须体现教育意义。他分析了1937年英国艺术与工业理事会(the Council for Art and Industry),在伦敦举办的一个全国性小学教学物质材料展览。当时,地方教育当局鼓励学校派代表去参与展览,以确保学校所用的材料质量过关、结构稳固、颜色公平和设计适当,总的来说,就是美观。展览的组织者主张,学校的一个任务是去教育未来的消费者,帮助下一代设定工业标准。伊恩·格罗夫纳对这次展览进行了描述,详细介绍了它的发展,以及在该事件的计划和活动的最终形式中出现的关于教育学的争论和想法。

最终,这个"故事"被用来反思现代主义项目以及"视觉艺术",以阐明学校物质环境形成思想和实践的方式。② 小学物质材料展览,所展出的内容由信件、会议记录、通告、笔记和照片组成。它们旨在对学校的教育教学产生一定的影响。他分析了其中所体现的物质、空间与教育学之间的关系,伊恩·格罗夫纳指出,展览首先表现的,是学校物品的故事与学校物质文化的故事;第二个故事,是利用展览来改变大众的看法;第三个故事,是关于学校艺术教育的审美观念转变,以及关于知识的产生、接受和传播的故事。③

---

① Marc Armitage (2005). The Influence of School Architecture and Design on the Outdoor Play Experience within the Primary School. *Paedagogica Historica*, 41(4-5):535-553.
② Ian Grosvenor (2005). 'The Art of Seeing': Promoting Design in Education in 1930s England. *Paedagogica Historica*, 41(4&5):507-534.
③ Ian Grosvenor (2005). 'The Art of Seeing': Promoting Design in Education in 1930s England. *Paedagogica Historica*, 41(4&5):507-534.

# 第九章

# 加拿大后现代教育史学[①]

---

[①] 本章由北京师范大学国际与比较教育研究院博士生高爱平在其硕士论文上修改而成。高爱平.加拿大现当代教育史学发展研究[D].武汉:华中师范大学硕士学位论文,2018.

# 第九章 加拿大后现代教育史学

加拿大地处北美大陆北部,南部与美国接壤,各方面交流联系密切。此外,历史上的加拿大曾是法国和英国的殖民地,直至1982年英国女王签署《加拿大宪法法案》,加拿大才实现了真正意义上的独立。在此背景下,加拿大教育史学,起步较晚,且深受英美国教育史学的影响;在研究模式上,一直仿效欧美教育史学。早期加拿大教育史学的研究,表现为辉格教育史学传统。20世纪60年代,加拿大史学兴起了新社会史、家庭史和少数民族史的教育史研究。在美国教育史学发生后现代转向后,加拿大教育史学也进行了变革。美国后现代教育史学家迈克尔·卡茨(Michael Katz)移民加拿大后,带来了美国教育史学新的研究范式,在一定程度上影响了加拿大教育史学研究。在后现代主义思想的影响下,加拿大女性主义教育史学、城市教育史学和家庭教育史学均得到较大发展。

## 第一节 加拿大后现代教育史学的产生背景

20世纪60、70年代,受史学研究转向和社会文化思潮的影响,加拿大教育史学也相应地发生了转向,并逐步体现出自身特色。1980年,加拿大教育史协会成立,随后创办了《教育史研究》杂志(*Historical Studies in Education*)等学术期刊,极大地促进了教育史研究的专业化和多元化。后现代主义史学的发展,也深刻地影响着加拿大教育史学的研究范式。加拿大教育史研究呈现出新的趋势和特点,其具有代表性的教育史学流派有女性主义教育史学、家庭教育史学、城市教育史学等等。

### 一、加拿大传统教育史学的发展

加拿大在政治、经济,乃至文化教育上,深受欧美的影响。历史学作为人文学科的重要门类,也必然与欧美相关领域的发展,有着密不可分的联系。加拿大史学研究起步较晚,早期的加拿大历史学隶属于文学。1894年兰克学派研究方法自美国传入加拿大,被视为加拿大史学的开端。[①]

1922年,加拿大历史地标协会(Historic Landmarks Association of Canada)第十六届年

---

① 张友伦.加拿大史学初论[J].南开学报,1994(1):22—30.

会更名为"加拿大历史协会"(The Canadian Historical Association),并于次年 5 月在渥太华维多利亚纪念馆举行了历史协会第一届年会。历史协会的成立极大地促进加拿大史学的研究及其专业化的发展;相应地,教育史的研究也得到了一定的推动和发展。此前,加拿大教育史学界未成立专业化的研究机构,研究成果有限,且受史学的影响较大,故而 1922 年也可视为加拿大现代教育史学的开端。

　　早期加拿大教育史的研究模式,沿袭了欧美教育史研究中的"辉格主义"传统,具体表现为研究范围停留在学校教育制度、教学方法以及著名教育家的实践活动等狭窄领域内。① 同时,有研究者总结,早期加拿大开展的有限的教育史研究,其特点是只侧重于某些英法的经验,其目的是为了全体加拿大人的利益,并稳步推进教育;且这些研究也都是男性根据当时占主导地位的文化实践撰写的。② 受欧美教育史研究范式的影响,20 世纪 60 年代前的加拿大教育史研究,在研究目的、研究内容和研究方法上均表现出浓厚的辉格特色。

　　在研究目的上,早期加拿大教育史学旨在迎合加拿大教育发展的现实需求,提高教育教学的质量和水平。20 世纪 40 年代以前的加拿大教育,处于"困苦肮脏的年代",教育体制基本沿袭了英法殖民时期的教育传统,殖民色彩浓厚,且宗教势力强大。③ 第二次世界大战给加拿大教育质量、教师数量以及学校建设带来了重创;同时,战争也引起了社会对技术教育、健康教育以及公民教育的重视。因而,在第二次世界大战期间,加拿大对教育的关注,达到了前所未有的程度。

　　从 1943 年调查委员会报告(the Report of the Survey Committee)发表以来,特别是从 1946 年该协会全国办事处(National Office)成立以来,加拿大教育协会(Canadian Education Association)的活动日益频繁。战争也使得加拿大当局意识到,必须立即建立并坚决维护更高的教育标准;最重要的是,必须提高教学的专业地位和经济地位,并在以后的危机中保持更高的水平。因此,第二次世界大战后到 20 世纪 60 年代期间,加拿大的教育得到了飞速发展。④ 为迎合教育发展的高目标,这一时期有限的教育史研究,也力图从教育历

---

① 周采.战后西方教育史学流派的发展[J].教育学报,2010(1):110—116.
② Chad Gaffield (2018). From Centennial to Sesquicentennial in Canada: Transformative Research in the History of Education. *Historical Studies in Education/Revue d'histoire de l'éducation*, 30(1): 1-8.
③ 钱扑.加拿大教育的历史演进及其社会因素分析[J].外国中小学教育,1992(1):5—9.
④ Charles E. Phillips (1951). Education in Canada, 1939-46. *History of Education Journal*, 3(1): 7-13.

史的角度,探讨现实教育发展问题,强调教育发展的进步性。

在研究内容上,这一时期加拿大教育史研究关注的是学校历史、教育立法以及一些教育家思想等主题。如麦卡琴(McCutcheon, J. M.)的著作《安大略省的公共教育》(*Public Education in Ontario*),①伍德利(E. C., Woodley)的硕士论文《魁北克省的教育史》(*The History of Education in the Province of Quebec*),②以及谢恩(G. K., Sheane)的论文《阿尔伯塔省小学课程的历史和发展》(*The History and Development of the Curriculum of the Elementary School in Alberta*)③等,均以公立学校教育为探讨对象,综述其教育历史的发展。其中,查尔斯·E. 菲利普斯(Charles E. Phillips)所发表的《加拿大教育的发展》(*The Development of Education in Canada*)是加拿大教育史研究的重要里程碑,该书全面论述了加拿大中小学教育的历史。在书中,作者以加拿大公立学校为主要研究对象,以各大图书馆硕博学位论文、教育政策制度以及地方税收制度等,作为资料来源,按照时间线索将加拿大殖民地时期至20世纪50年代教育发展的历史,划分为四个历史时期。通过不同历史阶段加拿大公立学校的发展,来体现出其教育发展的完整性、进步性。④

在研究方法上,是以教育历史的整体发展为中心,以官方文献记录为主要史料来源。如在《教育史与比较教育》(*History of Education and Comparative Education*)的研究中,关于"加拿大教育史"的部分,作者以1867年《英属北美法》为依据,解读了该法案对加拿大教育的影响;并从省级教育立法、学校组织、教师培训等角度,阐述了加拿大教育历史的发展。⑤ 加拿大学者亨利·约翰逊(F. Henry Johnson)在其代表作《不列颠哥伦比亚省公共教育史》(*A History of Public Education in British Columbia*)一书中,以时间为线索,详细论述了在不列颠哥伦比亚省公共教育历史发展过程中,教师教育、中小学教育、财政管理、少数民族教育等主题;强调了自殖民地时期至20世纪60年代以来,加拿大不列颠哥伦比亚

---

① J. M. McCutcheon (1941). *Public Education in Ontario*. Toronto: Best.
② E. C., Woodley (1932). *The History of Education in the Province of Quebec*. Montreal: McGill University.
③ G. K., Sheane (1948). *The History and Development of the Curriculum of the Elementary School in Alberta*. Toronto: University of Toronto.
④ Charles E. Phillips (1957). *The Development of Education in Canada*. Toronto: W. J. Gage.
⑤ D. S., Woods (1936). History of Education and Comparative Education: History of Education in Canada. *Review of Education Research*, 6(4):377-382.

省公立学校教育发展的整体性和进步性。① 在其另一部著作《加拿大教育简史》(*A Brief History of Canadian Education*)中,这一特征则表现得更为显著。在书中,约翰逊通过加拿大学校法案及相关条款,概括性地回顾了加拿大学校教育的历史。②

不难发现,早期加拿大的教育史学表现出鲜明的辉格特色,具体表现在:在研究目的上,迎合了战后加拿大教育发展的现实需求,展现了教育历史发展的整体性和进步性;在研究内容上,以公立学校教育、教育制度、教育思想为研究主题;在研究方法上,以加拿大相关教育法案法规、官方记载文件为研究的主要文献支撑,侧重于对教育历史的叙述而非解释。

## 二、加拿大教育史学的转向

加拿大教育史学的转向有其特定的学术背景和社会文化背景,是加拿大内外多重因素影响的结果。

从学术背景层面看,西方新史学思潮,特别是欧洲年鉴学派和马克思主义史学,极大地推动了加拿大史学研究范式的转向。第二次世界大战后,西方新史学与传统史学的交锋日益强烈,并逐渐成为史学研究新的时代潮流,加拿大史学也随之出现转向,表现出对传统史学的批判。其次,美国修正派教育史学的兴起,特别是美国激进修正派教育史学家迈克尔·卡茨移民加拿大后,对加拿大教育史学家的思想产生了革命性的影响。③ 同时,加拿大新社会史学的全面崛起,也影响了加拿大史学研究的各领域,并取代了政治史而成为加拿大历史研究的中心内容。④ 加拿大新社会史学的崛起,为加拿大教育史学的发展和变革,进一步开辟了道路,促进了研究向纵深发展。

从社会和文化背景层面看,受加拿大特定历史发展背景的影响,20世纪60年代加拿大民族主义盛行,同时受社会实用主义思潮和相对主义思潮等因素的影响,加拿大新教育史

---

① F. Henry, Johnson (1964). *A History of Public Education in British Columbia*. Vancouver: University of British Columbia.
② F. Henry, Johnson (1968). *A Brief History of Canadian Education*. Toronto: McGraw Hill.
③ Bruno-Jofré Rosa (2014). History of education in Canada: Historiographic "Turns" and Widening Horizons. *Paedagogica Historica*, 50(6): 774–785.
④ 杨令侠. 加拿大新社会史学的崛起和成长(20世纪60年代中至80年代)[J]. 史学理论研究, 2002(2):138—148.

学逐渐兴起。一方面,第二次世界大战以后,各少数民族和加拿大土著居民政治文化意识觉醒,传统教育史学中的"辉格主义"受到民族主义的强烈冲击。① 此外,20 世纪 60、70 年代盛行的加拿大化运动,也是当时加拿大的大众文化的重要组成部分。这一时期,民族主义运动与加拿大化运动此起彼伏,与之带来的妇女解放运动、高校学生运动、反越战运动以及土著居民反对社会不公运动等等,带来了加拿大人思想的解放和意识形态的转变,进而动摇了传统教育史学墨守成规的研究范式。另一方面,这一时期盛行的各种社会思潮,特别是相对主义、实用主义等文化思潮,对加拿大新教育史学的发展也起到了潜移默化的作用。在此背景下,20 世纪 60 年代末,加拿大教育史学也表现出了对传统辉格式教育史学的批判,并呈现出教育史学研究中的修正主义。

1969 年,唐纳德·威尔逊(J. Donald Wilson)在《教育史季刊》(*History of Education Quarterly*)中发表文章,指责加拿大教育史研究中的辉格式解释范式。② 这篇文章首次明确表达了对教育史研究中的辉格主义的批判,因而这篇文章也标志着加拿大教育史研究范式的转折。两年后,艾伦·查德(Alan H. Child)在《社会史》(*Social History*)中,对加拿大史学中的辉格传统进行了更为全面的批判。③ 1973 年,罗伯特·吉德尼(Robert D. Gidney)在《安大略史》(*Ontario History*)期刊中,发表了对上加拿大(Upper Canada)的教育进行了重新评估的文章,向辉格主义提出挑战,这篇文章也被视作对传统教育史学冲击的一个重要标志。④ 20 世纪 60 年代末以后,针对传统教育史学的进步史观、研究内容及研究方法的局限,越来越多的教育史研究者开始了对传统教育史学的反思和批判。

加拿大教育史学中的修正派,在此背景下应运而生;并在其内部,分裂出温和修正派和激进修正派。以唐纳德·威尔逊(J. Donald Wilson)和吉德尼(R. D. Kidney)为代表的加拿大温和修正派教育史学,批判了传统教育史学研究中,只关注公立学校教育和弘扬进步的教育历史的片面性。不同于激进派,温和修正派教育史学并未完全否定学校教育的重要性,而是主张建立一种综合的教育观,将广义的教育与狭义的学校教育相区分。加拿大激

---

① 周采. 当代西方教育史学流派研究[M]. 上海:上海交通大学出版社,2018:59.
② Wilson J. Donald (1969). Canadian Historiography. *History of Education Quarterly*,9(1):88-96.
③ Alan H. Child (1971). The History of Canadian Education:A Bibliographical Note. *Social History*,8:105-17.
④ Robert D. Gidney (1973). Elementary Education in Upper Canada:A Reassessment. *Ontario History*,65:1969-85.

进修正派教育史学的研究主题,则主要涉及社会阶层,作为社会控制工具的学校教育,利用学校阻止或推迟社会改革等等;在研究方法上,更加推崇社会科学的研究方法,倾向于具有很强思想性的历史解释;其研究的总体基调,是批判性的、悲观的。尽管美国激进修正派对教育史的解释,在加拿大教育史上占主导地位的时间并不长,而且主要集中在安大略省教育史上,但这无疑对加拿大教育史学产生了重大影响。[1]

对于教育史研究在研究理念、研究内容和研究方法上的争端,20世纪70年代,加拿大、美国和欧洲关于教育史研究中的主要问题达成了四个方面的共识:其一,教育史是整个历史的重要组成部分;其二,过去教育史过于孤立,必须考虑到影响学校制度发展的社会、政治和经济领域;其三,它需要运用社会科学的方法和范式;其四,它不能再颂扬通过学校教育反映社会进步的史诗故事。[2]

## 第二节　加拿大后现代教育史学的主要流派

后现代主义史学的蓬勃开展,对加拿大教育史研究产生了深刻的影响,其理念和方法也反映在教育史的研究之中。通过对加拿大教育史研究杂志《教育史研究》(*Historical Studies in Education*)的文章进行梳理分析,不难发现,20世纪90年代以来,后现代主义的代表人物福柯的思想和观点被大量引用;21世纪以来,福柯的相关著作有所减少,但皮埃尔·布迪厄(Pierre Bourdieu)的作品,始终是教育史学者研究的参照点,同时对雅克·德里达(Jacques Derrida)、海登·怀特(Hayden White)和汉斯-乔治·伽达默尔(Hans-Georg Gadamer)等后现代史学代表人物也时有研究。后现代史学的冲击深刻地影响了加拿大教育史研究的范式,其中女性主义教育史学、城市教育史学以及家庭教育史学的影响范围较广且特点鲜明。透过对这三个教育史学流派的分析,可以明了加拿大后现代教育史学研究的总体特征。

---

[1] John Abbott (1989). Schools in the West: Essays in Canadian Educational History. *History of Education Quarterly*, 29(2):307-310.
[2] Patrick J. Harrigan (1986). A Comparative Perspective on Recent Trends in the History of Education in Canada. *History of Education Quarterly*, 26(1):71-86.

## 一、女性主义教育史学

20世纪70、80年代,受西方女权主义思潮以及史学研究范式转变的影响,西方女性主义教育史学蓬勃发展起来。20世纪70年代,随着"社会性别"概念的传入,妇女史研究也逐渐引起了加拿大史学界的重视。女性主义相关研究机构、学术期刊的创办以及研究生课程的开设,极大地推动了女性主义在加拿大的传播和发展。在此背景下,以艾莉森·普伦蒂斯(Alison Prentice)为代表的加拿大教育史学研究者将妇女史研究与教育史研究相结合,并围绕女性主义教育史学展开了深入的探讨。

### (一) 女性主义教育史学的产生背景

20世纪80年代后,加拿大女性主义教育史学的兴起主要受两方面因素的影响。

一方面,受女权主义运动和史学发展的共同推动,妇女史研究和女性主义思潮蓬勃兴起。20世纪60、70年代,西方第二次女权主义运动的兴起,引起了人们对社会历史文化中被边缘化的女性群体的关注。同时,"社会性别"(gender)概念的提出,也进一步推动了女性主义思潮的发展。不同于"生理性别"(sex),"社会性别"不仅指两性之间的差异,也强调了父权主义视角下的性别不平等关系。"社会性别"作为重要的分析范畴被引入历史研究,挑战了传统史学中的英雄史观和由男性所主导的史学话语权。女性主义史学家批判了传统史学研究中对女性群体的边缘化,力图打破传统史学话语权,并从女性主义视角去看待和撰写历史,从社会性别的角度去考察社会历史的进程。其后,女性主义史学家进一步提出"差别史",强调关注女性群体内部之间的个体差异,并强调对差异形成背景的分析。20世纪80年代以后,受西方史学思潮的推动,带来了史学研究范式的转变,也促进了教育史研究的转变。妇女史的研究,无论是在研究主题上还是在女性主义史学家的方法论中,都具有重要的代表性。从家庭主妇、女工、移民家庭佣人、精英和社会改革家,到女学生和宗教团体成员,没有任何一个妇女群体能免于历史学家的调查眼光。此外,研究妇女史的学者从非传统来源收集证据,并利用这些证据,修正我们对一般社会发展,以及妇女在这一发展中的作用的理解。①

另一方面,将妇女史纳入加拿大高等教育课程,以及女性主义相关研究机构与期刊的创立,也进一步推动了加拿大女性主义教育史学的发展。1970 年,加拿大皇家妇女地位委员会(Royal Commission on the Status of Women,简称 RCSW)的报告是第一份运用女权主义视角,来审查加拿大教育中的妇女状况的联邦官方文件。该报告密切关注女性教育问题,并指出,"每当妇女被剥夺受教育的机会时,就不能说她们是平等的。"②专业化学术机构和学术期刊的创立,则为特定社会背景下的加拿大妇女史研究与教育史研究提供了固定场所和专业支持。加拿大妇女史委员会(Canadian Committee on Women's History,简称 CCWH)是最早帮助女权主义者(包括对教育史感兴趣的学者)从事相关工作的双语组织之一。该委员会成立于 1975 年,其上级组织是加拿大历史协会(Canadian Historical Association)。1980 年,加拿大教育史协会成立,并于 1989 年创办《教育史研究》杂志。该杂志的创办,对支持和传播女性主义教育史学发挥了重要作用。1989 年,在安大略省伦敦市举行了主题为"教育中的阶级和性别方面"的加拿大教育史协会年会。该主题年会召开之后,女性主义虽然不是 20 世纪 90 年代教育史协会年会的首要主题,但性别问题仍然是所有会议规划的一个次主题。此外,一些奖项的设立,也激励了女性主义相关的研究,如 1982 年设立的"希尔达·尼特比奖"(The Hilda Neatby Award),旨在表彰妇女史研究所取得的杰出成就,从而达到激励妇女史研究的目的。女权主义史学家参与了这场变革运动,以回应日益增长的社会需求。

女权主义者对行动和变革的呼唤,导致了对加拿大大学中盛行的男性中心主义知识体系的批判,并最终建立了第一批妇女研究和妇女历史课程及方案。随着高等院校中相关课程的开设,女性主义理念得到了进一步传播,加拿大女性主义教育史研究也不断深入。20 世纪 70 年代,以多伦多大学为代表一些高等院校开设了妇女史相关课程。20 世纪 80 年代,加拿大许多地区的女权主义学者,开始反思并关注包括魁北克和其他西方国家在内的,为过去的教育发展做出重大贡献的女性主义学者。20 世纪 90 年代,加拿大每一个教育学院,以及整个社会科学和人文学科的部门,都提供了相关学术课程。

---

① Nancy M. Sheehan (1984). Collegiate Women in Canada. *History of Education Quarterly*, 24(1):143-151.
② Royal Commission on the Status of Women (1970). *Report of the Royal Commission on the Status of Women in Canada*. Ottawa: Information Canada. 183.

其中,至少包括一些以妇女为中心的关于加拿大教育历史的学术研究。① 1970 年,吉尔·柯尔·康威(Jill Ker Conway)和娜塔莉·泽蒙·戴维斯(Natalie Zemon Davis)在多伦多大学(University of Toronto)讲授了加拿大最早的妇女史课程。同年,黛博拉·高汉(Deborah Gorham)在卡尔顿大学(Carleton University),讲授了第二门课程。妇女史相关课程的开设,促进了女性主义意识的传播,鼓励了妇女和教育相关的新问题的研究。其中,黛博拉·高汉关于维多利亚时期妇女教育的著作《维多利亚时代的女孩与女性理想》(*The Victorian Girl and the Feminine Ideal*),考察了构成中产阶级女孩的教育和养育基础的假设;同时,该书也是对理论和现实中性别角色学习的研究。在该书的前两部分,研究者考察了维多利亚时代家庭中的女性形象,以及印刷资料中关于维多利亚时期女孩养育的建议。为了说明女性理想在维多利亚时代的影响和演变,作者在这本书的最后一部分介绍了维多利亚时期几位中产阶级妇女的实际经历,这些妇女代表了社会经济意义上从中下层阶级到中上层阶级的三代人。② 同时,该书得到了英国和美国国际学术机构的支持,因而也进一步激发了女性主义教育史领域的学术发展。③ 在魁北克法语加拿大,妇女史研究的发展,同样得益于第二次女权主义运动的兴起和史学研究的发展。从事这一领域的法语学者可以依赖之前著名的双语女权主义组织和期刊,并得到法语机构的支持,这些机构促进了女权主义跨学科教学和研究,并发展了妇女研究。到 20 世纪 80 年代末,妇女和教育被确定为魁北克法语加拿大妇女和教育史上的一个关键的研究主题。

## (二) 女性主义教育史学的发展过程

女性主义史学经历了由"妇女史"到"社会性别史"再到"差异史"的发展历程。女性主义史学的研究,也从单纯地发掘传统史学所忽视的女性群体,发展到寻求性别差别的社会根源。女性主义史学的研究主题也经历了从发现妇女,到揭示父权制对男女两性的规训,

---

① Chad Gaffield (2018). From Centennial to Sesquicentennial in Canada: Transformative Research in the History of Education. *Historical Studies in Education/Revue d'histoire de l'éducation*, 30(1): 1-8.
② Deborah Gorham (1980). *The Victorian Girl and the Feminine Ideal*. London: Routledge.
③ Sharon Anne Cook, Ruby Heap, Lorna McLean (2018). The Writing of Women into Canadian Educational History in English Canada and Francophone Quebec, 1970 to 1995. *Historical Studies in Education/Revue d'histoire de l'éducation*, 30(1): 9-23.

再到解构单一的"妇女"概念的话语转换。① 换言之,妇女史研究已从一个关注女性群体的经历和不平等的社会史分支领域,发展到了一个由女权主义哲学家和文学评论家共同关注的历史认识论领域。正如休厄尔(Sewell)所说:

> 女性主义史学家……开始探索现代女性主义运动内在的激进的认识论含义。毕竟,女权主义挑战了一种最自然的社会区别,即男性和女性之间的差异,并认为其含义是偶然的,容易受到根本性重新定义的影响。②

相应地,由关注教育历史中的边缘女性群体,到关注教育历史中女性的个体经验以及相应的社会背景分析,加拿大女性主义教育史学的发展也同样呈现出阶段性特征。

早期的加拿大女性主义教育史研究强调,发现教育历史中的女性群体,并注重对她们在教育领域的参与和贡献做出重新评价。正如理查兹(J. R. Richards)在《怀疑的女权主义者》(*The Sceptical Feminist*)中所声称的,这种不公正,是女权主义的基础,它解释了一种女权主义,既不关注某一特定的意识形态,也不关注妇女问题,甚至不关注一场历史性的运动,而是关注某种必须消除的不公正现象。③ 玛格丽特·吉列(Margaret Gillett)在其1981年出版的著作《我们小心翼翼地走着:麦吉尔大学女性史》(*We Walked Very Warily: A History of Women at McGill*)中很好地体现了这一特征。在该书中,作者试图分析女性在著名的麦吉尔大学,获得入学和平等录取的斗争过程;描述了1884年第一批准备进入麦吉尔大学的加拿大女高中毕业生身上发生的不公正现象,及其对此所做出的努力;并进一步论述了19世纪加拿大社会中,关于女性的性质、可教育性、社会角色以及关于男女同校等问题的争议。

在书的第一部分"录取"(Admission)中,作者向读者介绍了校长道森(J. W. Dawson)关于女性教育的思想;1884年之前蒙特利尔女性的受教育机会;男女同校的争议,以及麦吉尔大学招收首批女学生和男学生对此事的反应。通过对上述主题和相应的时代背景的介

---

① 史静寰,延建林等.西方教育史学百年史论[M].北京:人民教育出版社.2014:193.
② H. William, Jr. Sewell (2005). *Logics of History: Social Theory and Social Transformation*. Chicago: University of Chicago Press. 48.
③ Naomi Hersom (1983). We Walked Very Warily: A History of Women at McGill by Margaret Gillett. *Canadian Journal of Education/Revue canadienne de l'éducation*, 8(1):89-90.

绍,反映这一时期女性在加拿大高等教育中的不公正现象。

该书第二部分"维多利亚皇家学院和学生生活"(Royal Victoria College and Student Life),则以斯特拉斯科纳勋爵(Lord Stratcona)和1899年至1980年间麦吉尔女子学院九个管理员的生活为例,细致描绘了包括学生组织和学校著名教师在内的校园生活的各个方面,从而刻画了这一阶段女性教育的图景。

在第三部分"职业学院"(Professional Faculties),作者讨论了女性在接受职业教育中所受到的偏见,并揭示了女性在进入诸如医学和法律之类的"男性"学院,以及女性在诸如教育、食品服务和护理等"女性"院系中,所遇到的偏见和困难。

书的最后一部分,探讨了校园中的女性运动,并指出麦吉尔大学的女性学生目前仍然面临着在就业市场上的歧视和不公正等问题,如招聘政策中的性别歧视、男女工资差异以及其他形式的微妙的或明显的歧视等等。

透过本书,玛格丽特·吉列不仅叙述了女学生争取充分平等参与大学生活权利而进行的斗争;而且关注到了,女性专业教师被接受的过程,以及她们为实现与男性教师平等地位所做的努力。① 同时,作者也向读者强调了这样一个事实:优秀的女性历史和良好的教育历史书写,就像任何其他历史一样,必须展现与塑造所有历史的力量、思想、发展相互作用的过程。② 换言之,女性主义教育史的研究,既要关注教育发展历史中的女性声音,也要关注具体时代的政治、思想、文化等背景。

其后的研究,则更加关注女性在教育历史中的不平等地位和内部差异性,更加关注多种渠道的史料来源,且在历史叙述中,更加关注结合广泛的社会背景并分析其根源。后现代主义没有统一的思想或是理论框架,它是一种反传统、反体系、反中心的思维模式,表现出怀疑主义和反本质主义倾向;其基本思想表现为反对基础主义、理性主义、主体性以及"权威话语"。③

早期加拿大女性主义教育史学的研究对象,主要是种族主义的白人女性、中产阶级女性群体。与其他历史领域一样,关于种族化的黑人或土著妇女的教育经历的研究进展缓

---

① Margaret Gillett (1981). *We Walked Very Warily: A History of Women at McGill*. Montreal: Eden Press Women's Publications.
② Nancy M. Sheehan (1984). Collegiate Women in Canada. *History of Education Quarterly*, 24 (1): 143-151.
③ 张天社.近现代史学流派简析[M].西安:西北大学出版社,2018:209—211.

慢,也并未体现教育历史中女性群体内部的差异性。直到20世纪90年代初,学术界才开始质疑种族歧视如何影响妇女在社会和教育方面的经验。诸如迪安·布兰德(Dionne Brand)的原始手稿《不负重担》(*No Burden to Carry*, 1991)以及佩吉·布里斯托(Peggy Bristow)、迪安·布兰德等人的作品集《我们植根于此,他们不能把我们拔出》(*We're Rooted Here and They Can't Pull Us Up*, 1994)等,都引起了人们对黑人女性教育史上缺乏代表性的关注。

在《不负重担》中,迪安·布兰德叙述了20世纪20年代到50年代安大略省黑人女性的生活。作者运用口述史的方法,展现了黑人女性个人和集体,为解决种族和性别不平等所作的努力。这对恢复黑人女性在加拿大女性史上的地位做出了重要贡献。多年来,加拿大历史上的学术和文化精英的形成,以及对"重要"事件、精英人物和重大主题的定义一直由白人、男性所主导。他们以自己的形象创造并重塑了加拿大历史,但是,在过去的二十年里,这一形象越来越受到具有不同观点和经历的学者的挑战,如妇女、原住民、有色人种,都表明必须对其历史进行研究和承认,因而加拿大的历史必须重写,历史的书写需关注不同种族、性别和阶级的力量。[①]

迪安·布兰德在该书中则进一步指出,黑人女性的经历,已经被边缘化;这不仅反映在传统的历史叙述中,而且反映在加拿大有限的黑人历史研究中,以及过去的妇女史研究之中。在书中,被采访的黑人女性均表示,历史书写对一个人的身份感、自豪感以及个体在社会中的地位至关重要。一个叫维奥莱特·布莱克曼(Violet Blackman)的女人,用雕像的例子说明了黑人在加拿大社会和历史上的边缘化。她告诉采访者,在多伦多"波特兰和皇后"(Portland and Queen)公园中有一尊黑人雕像,这尊雕像是战争中为拯救自己的军队而献出生命的黑人士兵,而在同样情况下,白人的名人雕像则会放在大学中而非仅仅放置在公园中。同时,这些黑人女性悲观地指出,教育作为向儿童传输文化自尊的重要手段,却剥夺了黑人儿童对黑人英雄的这种尊重。正如一位母亲所说,当她试图鼓励她的孩子做一个黑人英雄时,他的回答却是:"有黑人英雄吗?"

同时,迪安·布兰德强调人们不能简单地采取"加法"的方式,将"种族"或黑人女性的范畴,附加到现有的主题和模式上。正如书中一位黑人女性所言,女性获得选举权是现代

---

[①] Joan Sangster (1992). Review of No Burden to Carry by Dionne Brand. *University of Toronto Quarterly*, 62(1):120-29.

女性史学的重要标志；但这对她来说，并不真实。部分原因在于这件事没有解决加拿大社会中黑人男女的隔离问题。因此，将黑人女性纳入历史，需要质疑所有现有的假设和范式，重新思考妇女史的定义和分期等问题；同时，需要鼓励研究者去分析种族、阶级和性别，在塑造加拿大所有历史轮廓时的联系性和主导作用。①

作者通过这些例子说明，重新思考女性的历史，不仅需要关注历史中的女性群体，而且需要注意女性经历的多样性；而不是把白人女性的历史，简单概括为所有女性的历史。

在《我们植根于此，他们不能把我们拔出》中，作者收集的六篇论文探讨了从17世纪到第二次世界大战后加拿大黑人妇女的300年历史，并指出："正如女性不能等待男性史学家将女性纳入主流历史，黑人女性也不能等待白人女性将其纳入女性历史研究中。"②此外，《加拿大土著教育杂志》(Canadian Journal of Native Education)，也为开拓女性主义教育史研究新的领域和空间提供了支持。③ 同时，在方法论方面，这一时期的女性主义教育史研究要求对旧资料进行细致的重温，寻找分散和零碎的新资料，分析新的定性和定量数据，并使用口述史等方法。教育史料来源的广泛性和口述史等研究方法的使用更多地关注到了教育史研究中女性的内部差异性。

## （三）普伦蒂斯与女性主义教育史学

艾莉森·普伦蒂斯(Alison Prentice)是加拿大著名的历史学家，专门研究教育史和妇女史，开创了加拿大妇女史领域的先河。在漫长的职业生涯中，普伦蒂斯确立了自己在教育史研究和妇女史研究领域中的先驱地位，并且注重将妇女史研究与教育史研究相结合。20世纪70年代早期，普伦蒂斯是安大略省教育研究所(Ontario Institute of Studies in Education，简称OISE)迈克尔·卡茨(Michael Katz)的研究生。1975年，普伦蒂斯以历史上第一位终身制女性成员的身份加入了安大略省教育研究所历史与哲学系。普伦蒂斯在

---

① Brand Dionne (1991). *No Burden to Carry*: *Narratives of Black Working Women in Ontario 1920s to 1950s*. Toronto: Women's Press.
② Peggy Bristow, Dionne Brand (1991). *We're Rooted Here and They can't Pull us Up*: *Essays in African Canadian Women's History*. Toronto: University of Toronto Press. 4.
③ Sharon Anne Cook, Ruby Heap, Lorna McLean (2018). The Writing of Women into Canadian Educational History in English Canada and Francophone Quebec, 1970 to 1995. *Historical Studies in Education/Revue d'histoire de l'éducation*, 30(1): 9-23.

OISE 建立妇女历史的项目中发挥了重要作用,并于 1983 年成立了妇女研究教育中心。通过"加拿大妇女史计划",普伦蒂斯等人编写了加拿大第一本着眼于全国范围内的关于妇女史的大学教科书——《加拿大妇女:历史》(Canadian Women: A History)。普伦蒂斯的思想和研究实践,影响了后辈学者去发掘历史中被遗忘的女性故事,促进了加拿大女性主义教育史的兴起和发展。分析不同时期普伦蒂斯的研究,同样可以体现加拿大女性主义教育史学的阶段性特征。

1988 年,普伦蒂斯等人出版的《加拿大妇女:历史》一书是加拿大妇女史上第一本教科书。该书探讨了从 17 世纪美洲印第安人时期到 20 世纪 80 年代,女性的日常工作、意识以及在社会和政治组织中的独立性、自治性和从属性等重要问题。例如,一些东部部落的美洲印第安人妇女,将农业控制权转化为更大群体中的重要权力。19 世纪白人资产阶级世界中的性别隔离,使妇女在政治上的排斥更加突出;但它也为女性自我发展提供了空间,并通过自治妇女组织的发展增加了公共权力。同时,在这本书中,普伦蒂斯也力图解决传统史学研究的文化多样性和阶级差异性的问题,试图将所有群体纳入每一章节的叙述之中,如第一章涉及美洲印第安人妇女,第二章涉及法国殖民时代末期(1763 年)的法国妇女,并试图在文中整合所有女性群体。① 此外,普伦蒂斯还通过实践的方式,推动了女性主义教育史学的传播和发展。普伦蒂斯在高校给研究生讲授女性与教育的历史,有效地传播了女性主义教育史的理念,她的学生进一步发展了这一主题课程。

在早期研究和实践中,普伦蒂斯旨在通过著书立说以及教学实践的方式,引导研究者关注教育史上的女性,关注历史中边缘的女性群体,及其在生活、工作过程中的不平等。普伦蒂斯指出,传统狭隘的教育史研究,仅仅由专业人士和政治家组成。以教师发展历史的研究为例,史学家们往往将注意力集中于公立学校制度背景下男性教师的职业化上,而非在当地社区和学校系统背景下探索学校教育的历史和教师。而在后者的研究中,却更加强调女性教师的职业地位。②

因而,在其 1988 年与苏珊·休斯顿合著的《19 世纪安大略的学校和学者》(Schooling and Scholars in Nineteenth-Century Ontario)中,普伦蒂斯向读者详细刻画了女性在学校系

---

① Alison Prentice et al (1988). Canadian Women: A History. Toronto: Harcourt Brace Jovanovich.
② Marta Danylewycz, Alison Prentice (1986). Revising the history of teachers: A Canadian perspective. Interchange, 17(2): 135-146.

统中作为管理者、教师和学生的角色。在《19世纪安大略省的学校教育和学者》的第三部分"教室门后"(Behind the Schoolroom Door)中最后一节"我希望我现在不在这里"(I Wish I were Not Here at the Present Juncture),作者突出了公众对女童适当上学的看法与当地的班级规模和费用现实之间的差异,记录了独立学校制度的发展、语言在学校特别是法语中的作用以及黑人的教育,从而揭示了当时教育的背景。

在该书的最后一部分,作者叙述了一位名为伊丽莎白·史密斯(Elizabeth Smith)的女性教师的职业经历,这也是安大略省公立学校系统发展的代表性案例。伊丽莎白·史密斯是早期的加拿大流动老师,在安大略省公立学校接受教育,不仅参加了男女同校课程,还与男生一起参加了拉丁文和希腊文学习,最终有资格在女王大学医学院就读。这在当时是闻所未闻的,进而也反映了安大略公立学校系统,对女性教育和职业发展的意义。此外,在这本书中,作者还运用了包括期刊、日记、正式的督学报告,家长、教师和教育改革者的信件,教师手册、学校课本和学校使用的教育设备等丰富多样的研究资料,再现了学校生活的图景,深入探讨了学科态度、教学方法、教师队伍的资历和背景、入学对象及入学年限等研究主题。①

女性主义对后现代史观中的反本质主义、反普遍主义产生了强烈的共鸣,指出性别差异概念,也因社会、历史文化等因素的不同而不同,强调了女性作为人的主体性和独特性。随着研究的深入,普伦蒂斯不仅关注到了教育历史中被忽视的女性群体,而且更多地关注到了教育史中女性的"声音",以及女性的个体差异性。她主张女性主义研究者从不同于男性史学家的角度去看待历史,着眼于男性史学家所忽视的主题,并对其进行社会、文化和区域的研究。

1991年,希普(Heap)和普伦蒂斯合著的《安大略省的性别与教育:一本历史读物》(*Gender and Education in Ontario: A Historical Reader*)的出版,证明了妇女史学家对教育史的浓厚兴趣以及女权主义挑战的生命力。该书对教师的工作和工会组织、职业培训、犹太和天主教女童教育、学校督学的男性文化、神学院教育以及母亲与学校的关系等研究,也表明目前采用性别观点得到了历史学家的广泛接受。这是一本关于性别、教育和社会变革之间关系的学术研究选集,普伦蒂斯在引言中追溯了20世纪70年代以来妇女史和教育

---

① Houston Susan E., Alison Prentice (1988). *Schooling and Scholars in Nineteenth-Century Ontario*. Toronto: University of Toronto Press.

史之间的互动,并将每篇文章置于其历史背景中,旨在对特定的阶级和不同种族背景下的妇女教育进行更多的探索,以充分揭示妇女教育经历的多样性和复杂性。①。

此外,普伦蒂斯还关注女性在职业中,特别是女性教师在其职业中的地位。早期,对职业的批判性分析很少,主要是通过列出特定职业的特征或属性来定义职业。② 后来,艾略特·弗里德森(Eliot Friedson)等理论家,对这一观点提出了挑战,从而为将职业置于更大的分层体系中的更多理论分析铺平了道路。③ 其后的职业研究,更多的是关注阶级关系,对性别与职业之间关系的研究相对较少。少数女性主义研究者对职业的研究,也往往倾向于远离对有酬就业的研究。普伦蒂斯与伊丽莎白·史密斯(Elizabeth Smyth)、桑德拉·阿克(Sandra Acker)、宝拉·伯恩(Paula Bourne),于1999年出版的论文集《挑战性职业:女性职业工作的历史与当代透视》(*Challenging Professions: Historical and Contemporary Perspectives on Women's Professional Work*),弥补了这一不足。该书"通过在不同的地方和不同的时间里,对特定的职业群体进行审查,并检查他们的性别及其后果,从而减少职业的神秘性"。全书分为三个部分,包括四篇关于女性个人的文章,四篇女性集体传记的文章,以及五篇主题更加广泛的集体案例研究。

在该书的第一部分"个人奥德赛"(Individual Odysseys)中,作者概述了加拿大历史上四位不同职业的杰出女性;第二部分"多重反思"(Multiple Reflections)介绍了女性在物理、营养与饮食、护理和林业领域的集体传记;第三部分,探讨了职业女性的更大群体,即多伦多大学医学院的女学生、罗马天主教的宗教妇女、新斯科舍省的女特许会计师和药房的妇女。④ 该书打破了传统史学中由男性主导的、对精英人物的历史书写,转而关注到了对不同职业、不同阶级以及社会底层的女性群体及个体的描述。

在《创造历史记忆:英语加拿大妇女与历史工作》中,普伦蒂斯集中展示了女性在19世

---

① Ruby Heap, Alison Prentice (1991). *Gender and Education in Ontario: An Historical Reader*. Toronto: Canadian Scholars' Press.
② Alison Prentice et al (1988). *Canadian Women: A History*. Toronto: Harcourt Brace Jovanovich.
③ Natalie J. Sokoloff (1992). *Black Women and White Women in the Professions*. New York: Routledge.
④ Elizabeth Smyth, Sandra Acker, Paula Bourne and Alison Prentice (1999). *Challenging Professions: Historical and Contemporary Perspectives on Women's Professional Work*. Toronto: University of Toronto Press.

纪 70 年代至 20 世纪 70 年代间，从事写作和历史教学的生活和作品，探讨了学院内外历史记忆的创造，体现了女性主义史学家叙述的历史，如何因其生活经历而与男性不同。全书的四个主体部分，概括了女性在历史写作中从学术界外部转移至内部的"演变"。第一部分"社区建设"（Community Building），从社会而非政治的角度看待从事建国史的妇女的个人和集体努力，将女性纳入了历史叙事。第二部分"过渡"（Transitions），指出史学家通过研究和采用专业的历史研究方法，弥合了"业余"和"专业"历史之间的鸿沟。第三部分"学院"（Academy），则着眼于学院内部或边缘的女性，阐明了她们在接受历史职业时所面临的挑战。例如，女性通常在本科学习甚至硕士研究生阶段获得升学机会，但是她们发现很少有教授鼓励她们更进一步，很少有获得博士学位的加拿大女性获得永久教职。最后一部分"新起点"（New Departures），将女性历史作为 20 世纪 70 年代大学里的一个研究范畴来看待，并强调尽管女性历史学家们取得了一些成就，但她们仍然需要积极主动地维护和改善女性在她们职业中的地位。

普伦蒂斯着眼于学术研究内部和边缘的女性，利用跨学科的研究方法，并通过这些"业余"和"专业"历史学家个人和集体努力的写照，力图阐明女性在接受历史职业时所面临的挑战。①

## 二、城市教育史学

城市教育史研究关注城市教育发展的历史进程。早期西方城市教育史的研究，是以城市学校为研究对象。20 世纪 80 年代以后，城市教育史的研究扩展到所有文化传承机构，但依旧以城市学校为关注的重点。② 城市教育史学则是以城市教育史的成果为研究对象，对城市教育史的研究进行总结和反思。在本部分中，笔者以加拿大城市教育史研究的作品为研究对象，梳理和总结了加拿大城市教育史学兴起的背景及其发展过程，并对后现代史学影响下的加拿大城市教育史学的研究特点进行了分析和归纳。

---

① Beverly Boutilier, Alison Prentice, eds (1997). *Creating Historical Memory: English-Canadian Women and the Work of History.* Vancouver: UBC Press.
② 周采. 当代西方教育史学流派研究[M]. 上海：上海交通大学出版社，2018：158.

### (一) 城市教育史学的兴起与发展

加拿大城市教育史学的发展是社会政治、经济发展和学术发展的产物,同时受英国和美国城市教育史学的影响较大。20世纪60年代西方"城市危机"(urban crisis)的出现,城市问题引起了人们对社会问题的广泛关注。正如布莱恩·西蒙(Brain Simon)教授所评论:"教育是一种社会功能,是每个社会最重要的功能之一。"①城市教育历史的研究也引起了学者的广泛关注。

同时,在教育政策者迫切需求的刺激下,越来越多研究者从教育史的视角寻求城市问题的解决策略。正如里德(David A. Reeder)所言,城市史将被发展成为一个重要的城市研究,一个跨学科研究和写作的论坛,以及提供一种对当前城市问题提供急需的视角和方法。② 在此背景下,关于城市教育政策和组织方面的书籍和文章大量涌现,城市教育史的研究成果丰富。另一方面,史学研究的理念和方法,也为加拿大城市教育史的研究提供了重要的理论基础。正如布里格斯勋爵(Lord Briggs)所指出,教育史的研究,是对社会史进行的更广泛研究的一部分。③ 新社会史的发展,对城市教育史的创立产生了重要影响;同时,后现代史学思潮也极大地影响了加拿大城市教育史的研究范式。城市教育史研究者,以城市为单位,关注底层群众的教育,注重利用社会学的研究方法,旨在为解决现实问题提供新的研究视角。

在现实背景和学术背景的双重作用下,西方城市教育史学兴起并发展。其中,美国城市教育史研究最为成熟,且形成了城市教育史学流派;英国次之,但没有形成明确的城市教育史流派。④ 受英美的影响,加拿大城市教育史研究,也引发了研究者的关注,并结合加拿

---

① J. W. Tibble (1966). *The Study of Education*. London: Routledge and Kegan Paul. 91.
② David A. Reeder (1992). "*History, Education and the City: A Review of Trends in Britain.*" R. K. Goodenow and W. E. Marsden edited. *The City and Education in Four Nations*. Cambridge: Cambridge University Press. 14.
③ G. R. Batho (1979). Urban Education in the Nineteenth Century: Proceedings of the 1976 Annual Conference of the History of Education Society of Great Britain. *British Journal of Educational Studies*, 27(1):90-92.
④ David A. Reeder (1992). History, Education and the City: a Review of Trends in Britain. Ronald K. Goodenow & William E. Marsden edited. *The City and Education in Four Nations*. Cambridge: Cambridge University Press. 206.

第九章
加拿大后现代
教育史学

大的社会和学术发展现状,形成了专门的研究领域。此外,卡茨(Michael Katz)、罗纳德·K.古德诺(Ronald K. Goodenow)和艾莉森·普伦蒂斯等学者,也为加拿大城市教育史学的兴起和发展做出了重要贡献。

美国学者迈克尔·卡茨,是美国城市教育史学的重要代表,其教育史学思想,对20世纪70年代后的加拿大教育史研究产生了革命性的影响。20世纪60年代末,卡茨加入了加拿大安大略省教育学院(Ontario Institute of Education,OISE)历史和教育哲学系,并于1974年至1978年期间在加拿大多伦多大学讲授历史课程。其研究成果和思想的传播,极大地影响了加拿大城市教育史的研究。受卡茨及其学生的影响,加拿大教育史研究与欧美其他国家一样,开始关注儿童、妇女以及与教育有关的社会、文化和宗教团体等研究主题;不仅考察了学校教育的变化,还考察了与之相关的人口、地理、经济、政治和科学技术等的变化过程;教科书、照片、日记、学校建筑和当地学校记录等广泛的史料来源为研究者所接受,并注重对史料的解释、推理和分析。

卡茨的学术背景和研究兴趣,使得其早期教育史研究成果,主要关注于城市社区。卡茨于1961年获得哈佛大学的学士学位,1962年获得哈佛大学的社会学硕士学位,1966年获得哈佛大学的教育史博士学位。其研究主要关注教育史、城市研究以及社会福利和贫困史等领域。1968年,卡茨出版了《对早期学校改革的嘲讽:马萨诸塞州19世纪中期的教育革新》(The Irony of Early School Reform: Educational Innovation in Mid-nineteenth Century Massachusetts),该书通过对具体的小事件的考察表明,美国公立学校制度的建立是对快速工业化的保守反应,有关公共教育历史的进步神话掩盖了其起源中固有的弱点,从而阻碍了改革。卡茨直言不讳地指出,与以前的改革一样,当今的学校教育改革是基于学校对个人的功利性价值,以及中产阶级对社会的政治和经济需求,而城市的正规教育状况是"灾难性的",城市危机"必须引起所有关心美国人生活质量的人们的热情响应"[1]。

通过对关于建立高中、教育理论和建立国家改革学校等,"小而具体的情况"(small, concrete situations)的细致研究,卡茨力图寻求更多关于那些赞成或抑或是反对教育改革创新的人,及其各自动机、促进教育变革的方法以及改革的后果的信息。《对早期学校改革的嘲讽》打破了传统教育史研究的进步史观,关注教育问题,并在研究中运用了社会控制理论

---

[1] Michael B. Katz (1968). *The Irony of Early School Reform: Educational Innovation in Mid-Nineteenth Century Massachusetts*. Cambridge: Harvard University Press. Ⅶ.

和计量史学的研究方法,因而该书也被视为城市教育史学的开端。

卡茨关于城市教育史研究的著作颇丰,这些成果均以城市公立学校的教育为研究对象,书中涉及的新的理论和方法,对后来加拿大城市教育史的研究产生了重要的影响。1971年,卡茨发表的《阶级、官僚政治和学校:美国教育变革中的幻影》(Class, Bureaucracy, and Schools: The Illusion of Educational Change in America)一书,运用阶级分析的方法探讨了1800年至1885年间的改革。这一时期,是美国教育体系形成的关键时期,在城市公共教育结构出现问题之际,虽提出了主要组织替代方案,但仍须对美国公立学校的教育进行结构性的批判,从而打破了学校教育历史进步的神话。同时,卡茨也指出,虽然似乎每个人都在书写城市教育的问题,但是很少有人尝试把这些问题放在一个恰当的角度来加以探讨,即通过展示形成城市学校体系模式的建立和发展过程。

因此,他从阶级分析的角度指出,美国教育系统自1885年建立以来,基本保持不变,是普及的、税收支持的、免费的、强制、官僚、种族主义和阶级偏见的(universal, tax-supported, free, compulsory, bureaucratic, racist, and class-biased),原因在于其是保持下级秩序有序和调节社会流动的最实际的方法,而官僚机构和社会阶层的问题是理解这种关系的核心,也是解决当今城市教育问题的关键。①

1975年,卡茨将加拿大汉密尔顿城市教育史与家庭教育史的研究相结合,出版了《加拿大西部汉密尔顿的人们:19世纪中期城市里的家庭和阶级教育》(The People of Hamilton, Canada West: Family and Class in a Mid-Nineteen Century City)。该书以安大略省汉密尔顿为中心,是第一个系统地处理有关19世纪城市整个人口的个性化数据的项目;并提出了将不同来源的个人信息和资料联系起来的方法,如人口普查记录、学校和教堂记录以及报纸等等,极大地丰富了家庭研究和城市史研究的路径和方法。②

卡茨移民加拿大后,其思想和研究成果则对加拿大城市教育史学产生了更加直接的影响。城市范式成为加拿大教育史研究的主要范式。继卡茨之后,将社会控制理论运用于教育史研究成为20世纪70年代后研究城市公立学校教育史的流行方法,同时,城市教育史的

---

① Michael B. Katz (1971). *Class, Bureaucracy, and Schools: The Illusion of Educational Change in America*. New York: Praeger Publishers.
② Michael B. Katz (1976). *The People of Hamilton, Canada West: Family and Class in a Mid-Nineteenth Century City*. Cambridge, Mass: Harvard University Press.

研究也更多地关注到了阶级冲突、社会不公和社会历史歧视等问题。①

罗纳德·古德诺和艾莉森·普伦蒂斯等加拿大本土学者的努力，也为加拿大城市教育史学的发展起到了重要的推动作用。罗纳德·古德诺于1973年获得教育史博士学位，主要从事美国和加拿大城市教育史研究和比较教育的研究。古德诺肯定了城市教育史研究的意义和价值，并注重不同学科、不同地区研究者之间的交流与合作。他认为，城市化是国家教育史的中心，通过国际、国家和地区之间城市教育发展的比较，以及产生这种比较的城市教育史学家的国际合作，城市教育史研究将得到不可估量的增强。同时，为促进该领域的发展和壮大，城市教育史学还须注重与相关领域学者的合作，进而为其写作提供理论依据。②

鉴于此，1992年，古德诺与威廉·马斯登（William E. Marsden）合编了《城市与四国教育》（*The City and Education in Four Nations*），该书汇集了由加拿大、英国、美国和澳大利亚学者撰写的关于城市教育史的12篇文章，所涉及的问题包括，历史研究与实践的复杂关系中所产生的重要问题，以及城市在理解教育发展方面的突出地位。例如，该书第一章四篇论文分别介绍了以英国、美国、澳大利亚和加拿大为代表的四个英语国家城市教育史文献的调查。同时，研究者也关注到了城市教育史学家写作的理论基础，以及理论在教育历史写作中的作用、各种研究方法的有效性以及比较的适当运用等问题。古德诺在序言中即指出："作为一个整体，这本书的目的是激发人们对不同研究方法的潜力的思考，而不是对城市教育史应如何进行提出一致的观点。"③

艾莉森·普伦蒂斯肯定了城市研究的重要性，并从城市的角度对女性教育史进行了深入的研究。普伦蒂斯指出："如果说19世纪是关键时期，那么就学校教育和学校结构的发展而言，加拿大的城市是至关重要的地方。"④在《英国、北美和加拿大的教学女性化1845—1875》（*The Feminization of Teaching in British North America and Canada 1845－1875*）一书中，普伦蒂斯从城区学校系统和公立学校制度的角度，就英国、北美和加拿大教学女性

---

① 邹春芹.美国城市教育史学发展历程初探[J].河北师范大学学报（教育科学版），2014,16(5):30—33.
② Cathy L. James (1994). The City and Education in Four Nations. *Historical Studies in Education/Revue d'histoire De l'éducation*，6(2):341-343.
③ K. Goodenow, William E. Marsden (1992). *The City and Education in Four Nations*. Cambridge: Cambridge University Press. xiv.
④ Alison L. Prentice, Susan E. Houston (1975). *Family, School and Society in Nineteenth Century Canada*. Toronto: Oxford university press. 2.

化的发展及成因进行了探讨。普伦蒂斯指出,在1845年至1875年间,女性只是刚刚从家庭和私人教育的世界进入公立学校的世界,依旧面临许多偏见。女性教师在城市公立学校系统中往往担任助理教师、幼儿和低年级教师等从属地位的职位;而城市公立学校往往通过以一名男教师的价格雇用两名女教师的方式,来扩大学校系统。因而,公立学校本身的出现,以及在城市中心地区出现的大型分级公立学校体系,使得越来越多的女性教师进入公共教学领域。①

此外,普伦蒂斯的学生戴维(Ian E. Davey)和格拉夫(H. Graff)所著的《走向识字的意义:1861年安大略省汉密尔顿市的识字率与社会结构》(*Towards a Meaning of Literacy: Literacy and Social Structure in Hamilton, Ontario, 1861*),以及丹顿(Frank Denton)和乔治(Peter George)所撰写的《社会经济对入学率的影响》(*Socio-economic Influences on School Attendance: A Study of a Canadian Country in 1871*),②围绕汉密尔顿的城市教育,分别就城区学校教育与社会不平等的关系,以及城区入学率等主题进行了讨论分析。如在"走向识字的意义"中,研究者通过调查表明,识字的获得基本上是一个文化适应的过程,一个同化中产阶级社会规范和目标的过程;识字和基础教育与19世纪城市的社会结构密切相关。

同时,研究者有关读写能力的研究,对教育史学家也有着特殊的意义,以汉密尔顿为例,成年文盲者是社会进程的例外,他们往往是接受教育机会最少的人。是什么让他们中的一些人,在没有识字能力的情况下取得了成功?他们的入学率有何不同?这对他们的后代有何影响?这些是在今后的教育发展和教育史研究中必须面对的问题。③

### (二) 加拿大城市教育史学的研究特点

西方城市的发展和变化,以及新社会史学的观点和方法,为加拿大城市教育史学的兴起提供了现实和理论条件。后现代史学思潮的冲击,则为加拿大城市教育史学的进一步发

---

① Alison Prentice (1975). The Feminization of Teaching in British North America and Canada, 1845-1875. *Histoire Sociale-Social History*, 8(15):5-20.
② Frank T. Denton, Peter J. George (1974). Socio-economic Influences on School Attendance: A Study of a Canadian Country in 1871. *History of Education Quarterly*, 14(2):223-232.
③ Harvey J. Graff (1972). Towards a Meaning of Literacy: Literacy and Social Structure in Hamilton, Ontario, 1861. *History of Education Quarterly*, 12(3):411-431.

展奠定了思想和理论基础。同时,加拿大城市教育史学的兴起和发展,受英、美研究成果的影响较大;但也依据其自身民族特征和社会政治、经济发展的特点,呈现加拿大特色。

首先,加拿大城市教育史研究的目的,旨在为城市教育问题的解决和教育政策的制定服务的,并注重国际社会中城市教育史研究的交流与比较。许多历史学家认为,自己的作用就是帮助政策制定者提供解决现实问题的历史前景。① 城市教育史研究的目的和作用,则在于为解决城市教育问题提供更广阔的解决思路和视角。

后现代主义者反对僵化的思维模式,反对预设的"中心",以福柯和利奥塔为代表的学者反对历史进步论和宏大叙述,"西方中心主义"和"民族中心主义"思想因此动摇。加拿大城市教育史研究不仅仅是宏观城市教育历史的叙述,而是更多地将过去和现在关于城市教育政策和相关社会问题的研究结合在一起。加拿大是典型的多民族移民国家,受其民族发展历史的影响,加拿大城市教育史的研究关注种族和民族问题,包括对城市原住民教育问题的研究等。② 同时,为促进加拿大城市教育史研究理论的发展和本民族城市教育问题的解决,加拿大城市教育史研究越来越注重区域、国家之间的交流和比较,如一些研究者对安大略、汉密尔顿,以及英国、美国、加拿大和澳大利亚的城市教育史进行综合研究。③

其次,加拿大城市教育史研究的内容,不仅关注城市学校教育发展的历史,而且重视与教育相关的种族、性别、阶级等主题。后现代史学研究的内容和兴趣发生转移,"语言学转向""话语转换"等理论,否定了现代主义史学所强调的科学性和客观真实性,关注文本背后的深层结构,强调将历史史料纳入有意义的结构之中。传统的教育史往往侧重于描述教育机构在建筑、教师和学科等方面的发展;城市教育史研究不仅包括对狭义的城市教育研究,即对城市学校教育机构的研究,而且关注到了广义上的城市教育相关的研究,包括对专业培训、学生生活、女性教育以及阶级、种族等主题的探讨,关注更深层背景下的城市教育历史的发展。

---

① Maris A. Vinovskis (1999). History and Educational Policymaking. New Haven: Yale University Press. 40.
② 罗伯特·W.海伯,熊耕.加拿大城市原住民教育所面临的问题[J].北京大学教育评论,2008(2): 67—71+189.
③ K. Goodenow, William E. Marsden (1992). The City and Education in Four Nations. Cambridge: Cambridge University Press.

正如让·巴尔曼(Jean Barman)和尼特·萨瑟兰(Neit Sutherland)所指出,加拿大的学术研究已开始探索教室之外的领域。但这些探索的核心不是"城市"本身,而是诸如性别、阶级等概念。① 例如,以普伦蒂斯为代表的加拿大教育史学家,对城市中的妇女教育进行了深入研究,包括对城市工业化背景下的妇女教育,②以及特定的阶级、种族背景下的妇女教育等主题的研究;③一些研究者则对城市化、工业化发展所带来的新的家庭结构,及其与教育的关系进行了分析。④ 如卡茨在《加拿大城市入学率与早期工业化:多元分析》(School Attendance and Early Industrialization in a Canadian City:A Multivariate Analysis)中则演示了如何使用多元分析确定学校入学率,并揭示了加拿大城市学校入学率与主要社会和人口因素之间的差异关系,展示了学校入学率和早期工业化之间的关系。卡茨指出,上学是一个特殊的过程,它因地点、年龄、性别、阶级和种族等的不同而有所差异;在大多数人上学的年份中,社会结构和入学率之间,几乎没有系统的联系;但是在特殊情况中(即入学仅限于少数群体),社会结构与学校教育之间仍然存在明确的联系。此外,上学率的提高并没有破坏甚至没有严重改变教育与阶级之间的联系,而教育有助于维持和重现资本主义社会的阶级关系。

最后,加拿大城市教育史的研究,注重跨学科的研究方法,历史学、政治学、社会学等理论被广泛运用,其中新马克思主义教育史学和家庭教育史学研究方法,对加拿大城市教育史的研究产生了重要影响。受卡茨的影响,西方马克思主义教育史学中的阶级分析和社会控制的方法,被应用于加拿大城市教育史的研究之中。具体表现在对城市教育中不同阶级,特别是劳工阶级、下层群众、少数民族等的关注,以及与此相关联的教育的公平性等问题。如《加拿大西部的印第安工业学校》(Indian Industrial Schools in Western Canada)、《不平等教育:不列颠哥伦比亚省土著儿童的教育》(Schooled for Inequality:The

---

① K. Goodenow, William E. Marsden (1992). *The City and Education in Four Nations*. Cambridge: Cambridge University Press.
② Elizabeth Smyth, Sandra Acker et al (1999). *Challenging Professions: Historical and Contemporary Perspectives on Women's Professional Work*. Toronto: University of Toronto Press.
③ Ruby Heap, Alison Prentice (1998). *Gender and Education in Ontario: An Historical Reader*. Toronto: Canadian Scholars' Press.
④ Michal B. Katz, Ian E. Davey (1972). School Attendance and Early Industrialization in a Canadian City: A Multivariate Analysis. *History of Education Quarterly*, 12(3):411-431.

*Education of Britain Columbia Aboriginal Children*)、《反抗与复兴：印第安寄宿学校的生存》(*Resistance and Renewal*：*Surviving the Indian Residential School*)等研究成果，即体现了研究者对加拿大土著居民教育的关注。在《不平等教育：不列颠哥伦比亚省土著儿童的教育》中，研究者通过从儿童在学时间、师资力量与教学、教育资金，以及不同时代土著居民教育政策与土著居民的反应等方面，系统地分析了寄宿学校制度对加拿大土著人民生活质量的影响，进而揭示了教育的不平等。以师资力量为例，研究者通过调查指出，土著儿童的教育是由志愿者而不是经过专业培训的教师进行的；且这些志愿教师大多数是来自加拿大各宗教派别的传教士，其中有些是担任志愿教师的法语传教士，甚至不会说英语。此外，联邦政府通过将学校的日常运作交给这些传教士，解除了对土著儿童学校提供财务支持或监督教师的直接责任。这些情况反映了加拿大土著儿童教育的师资质量参差不齐，总体较差。在教育资金方面，对每名土著儿童的教育补贴通常不足以满足其日常生活的最低标准；而大多数学校由于负担不起教职员工的支出，往往采用半日学习的方式来维持学校的生存，从而极大地影响了土著儿童的受教育时间，给土著儿童的教育质量带来了消极影响。①

另一部反映加拿大土著教育历史的著作《反抗与复兴：印第安寄宿学校的生存》，是最早出版的关注加拿大寄宿学校现象的书籍之一。在书中，研究者采访了13位土著居民，通过口述史的研究方法生动地叙述了印第安寄宿学校的真实生活。②

此外，加拿大城市教育史研究也借鉴了家庭教育史学的研究方法，主要体现在家庭策略方法的运用。城市教育史研究者开始重新审视家庭策略与社会发展、城市公立学校教育之间的互动关系。在《19世纪加拿大的劳动和学习：家庭再生产变化过程中的儿童》(*Laboring and Learning in Nineteenth Century Canada*：*Children in the Changing Process of Family Reproduction*)等书中，一些研究者也尝试运用家庭形成的理论来解释民族国家教育的形成。

---

① Barman J. (1995). *Schooled for Inequality*：*The Education of British Columbia Aboriginal Children*. J. Barman, N. Sutherland and J. D. Wilson (Eds.). *Children*，*Teachers & Schools*：*In the History of British Columbia*. Calgary, Alberta, Canada：Detselig Enterprises. 57 - 80.
② Celia Haig-Brown (1988). *Resistance and Renewal*：*Surviving the Indian Residential School*. Vancouver B. C.：Tillacum Library.

### 三、家庭教育史学

家庭作为一个社会组织,过去一直是社会学家和人类学家的研究对象。家庭史(family history),则是一个相对较新的领域;而历史分析则可以通过对现在和过去的比较,指出"家庭"发展过程中的连续性和间断性。家庭史学家与社会学家、心理学家、人类学家和经济学家所提出的问题有很多共同点。历史学家的贡献在于针对不同时期的社会和文化背景,依据动态的时间变化提出观点。① 20世纪下半叶,在新社会史学、历史人口学以及二战后经济社会发展需求等因素的影响下,西方家庭史学重新焕发生机。后现代史学思想的冲击,使得西方家庭史研究呈现出新的内涵和研究特点。教育是现代家庭生活的重要内容,也是社会变迁的重要组成部分,通过梳理二战后家庭史学的研究范式,也有助于更好地理解家庭教育史的研究。

#### (一) 西方家庭史的源起与发展

西方关于家庭史的研究,最早可以追溯到瑞士学者巴霍芬(Johann Jakob Bachofen)于1861年发表的《母权论》,以及其后摩尔根(Lewis Henry Morgan)的《古代社会》(*Ancient Society*)和恩格斯(Friedrich Engels)的《家庭、私有制和国家的起源》(*Der Ursprung der Familie, des Privateigentums und des Staats*)等著作。二战后,家庭史研究重新得到关注,并被赋予了新的内涵。分析家庭史研究的演变和发展,可以为分析这一时期教育史研究的特点提供启示和思路。

新家庭史研究的直接动力,来源于西方社会的快速发展变迁,以及随之带来的家庭结构、模式、观念等的变化。20世纪以来,随着社会的快速发展和变迁,西方社会的家庭也经历了一系列的发展和变化,表现为社会经济发展带来的家庭结构、家庭分工的变迁,女权运动、社会思潮等带来的家庭模式和观念的变迁,以及随之带来的人口出生率的变化等等。在此背景下,研究者不满足于仅从政治、经济层面了解社会变化发展原因,更多地关注到了家庭作为微观社会组织与宏观社会进程之间的互动关系,关注到了不同时代主题转变下的

---

① Tamara K. Hareven (1971). The History of the Family as an Interdisciplinary Field. *Journal of Interdisciplinary History*,(2):399 - 414.

家庭史的研究背景。

加拿大对家庭史研究兴趣的重新兴起,源于当代有关"家庭危机"(family crisis)的辩论。加拿大家庭史研究建立在魁北克人口历史的悠久传统,以及历史社会学、历史地理、民族史以及文化历史的最新发展之上。① 很少有加拿大历史学家将自己称之为家庭史学家,对家庭的关注通常来自于历史学其他领域的研究议程,以及其他学科。加拿大家庭史的研究与社会史关系紧密,研究者更多地关注到了社会背景下的家庭问题,以及家庭中人的经历及其意义。就加拿大家庭史研究方法而言,有学者在对家庭史研究进行总结和梳理时指出,加拿大家庭史研究主要包括描述性和解释性调查,也包括一些综合方法。描述性研究的史料主要来源于信件、日记,以及关于旅行者、拓荒者和移民的记述,官方和非官方记录,人口统计资料,如人口普查和生命统计报告等等。解释性研究,则主要是指在特定的时间范围内研究家庭和社会事件之间的相互作用,研究者要么将两个或多个家庭行为项目(如生育率和结婚率)联系起来,要么将家庭的演变归因于广泛的社会过程,如城市化、工业化和现代化等。②

历史学理论和实践的发展为西方新家庭史研究范式的转变提供了理论准备。一方面,家庭史学的发展得益于历史人口学发展的推动。历史人口学不仅要研究历史人口的总数,还要研究与历史人口发展趋势有关的变量,因而有力地推动和深化了家庭史的研究。③ 20世纪中叶,"家庭重构"方法的出现极大地推动了历史人口学的发展,也促进了新家庭史研究的崛起。"家庭重构"方法提出了一种不同于基于单一资料基础上的家庭人口重建方法的观点。该方法将基督教教会洗礼、结婚和安葬记录分别进行的记录汇集,连接在一起,重现被记录个人及其家庭成员之间的相互关系及所经历的人口事件,④从而用来研究各种人口变化过程,大大促进了对在广泛开展计划生育前时代的已婚生育力的研究。因此,这一研究可以视为家庭人口重建方法的新的、重要的突破。⑤ 随着历史人口学研究方法的转变,研究者对家庭的研究也从人口、规模的量化分析,逐渐转变为对家庭成员个人以及家庭与

---

① Eric W. Sager, Peter Baskerville (1999). Family history in Canada: An Introduction. *The history of the family*, 4(4):367-374.
② Emily M. Nett (1981). Canadian Families in Social-Historical Perspective. *The Canadian Journal of Sociology/Cahiers canadiens de sociologie*, 6(3):239-260.
③ 侯建新.浅议当代西方家庭史学[J].天津师大学报(社会科学版),1990(3):40—45.
④ Tamara K. Hareven (1977). Family Time and Historical Time. *Daedalus*, 106(2):57-70.
⑤ 米红,解孟源.西方历史人口学前沿研究评述[J].国外社会科学,1997(3):30—34.

社会的互动关系等的研究,关注更广泛社会背景下的家庭研究。在此背景下,研究者以历史人口学为基础,从不同资料中搜集有关家庭的信息,大大促进了对家庭的研究。

另一方面,20世纪下半叶史学的发展进一步推动了家庭教育史的研究。随着新社会史学的兴起,"家庭"作为社会发展的重要组成部分,满足新社会史学自下而上的研究理念,家庭史的研究受到越来越多研究者的关注。后现代史学重视历史中沉默的大多数,反对宏大叙事,强调个体情感和经验,注重叙事研究。受其影响,家庭史研究由宏观的人口、规模的研究扩展到内部的情感、观念以及互动等研究,研究内容得以大大拓展,有效地促进了家庭史研究的兴起。

**(二)西方家庭史对教育史研究的启示**

在研究对象上,新家庭史学关注的不仅仅是社会变迁过程中的杰出个体或精英,而更多地关注到了普通群众的家庭生活,以及普通家庭的能动性。家庭不再是受工业化、社会变迁影响的被动客体,而是一个具有能动性的、动态的实体。后现代史学打破精英文化或学术文化与大众文化的界限和等级划分,将历史研究的范围或主题扩展到政治事务和精英人物之外,为那些没有书面历史、历史上被压迫或忽视的人发出声音,以涵盖大众文化或普通人的生活。

在新家庭史的研究中,家庭被视为社会发展过程中,促进社会变革、促进家庭成员适应新的社会和经济条件的积极因素。通过对人口普查记录、出生、婚姻和死亡记录、私人日记、公共文件、医疗和教育论文以及家庭信件的深入研究,历史学家们开始重建大量普通个人的家庭模式,并结合时代背景,将其与宏观社会变迁相连接,进而了解个人和家庭如何应对历史变化。同时,他们在影响这种变化中的作用,也可以大大加深我们对变化过程本身的理解。家庭史的研究,启示教育史研究者,关注边缘、微观群体的研究;同时关注研究对象的能动性,关注人们的文化观念和行为习惯等因素,促进了教育史研究视角的转换。

在研究内容上,新家庭史学将研究主题由早期对家庭人口和家庭结构分类的关注扩展到更为广泛的主题,包括婚姻和性行为、子女抚养和亲属关系等等。后现代史学反对宏大叙事,注重微观研究,但又不局限于小事件本身,而是将其置于更大的、历史的、社会的语境之中,关注特定时代和地点等层面的分析。家庭史学家,在试图理解过去家庭的作用及其内在动力的过程中,也逐渐从关注家庭本身,转向探究家庭与其他社会过程和制度的相互作用,力图将家庭史的研究与社会的变迁史相联系,进而在更广阔的社会范畴里了解家庭的演变。家庭史研究内容的扩展,也启示教育史研究者关注与教育发展过程相关联的方面,打破传统教育史研究的局限性,分析家庭教育演变发展的宏观背景,重视社会、家庭与教育发展之间的互动关系,进而更加全面地理解教育历史、家庭教育历史的演变。

在研究方法上,新家庭史学强调学科之间的合作与交流,注重利用多学科的方法,特别是社会学与历史学的交叉研究。如迈克尔·安德森(Michael Anderson)的著作《西方家庭史方法:1500—1914》(Approaches to the History of the Western Family, 1500-1914),即关注到了史学方法的研究。这部作品体现了当下史学研究最新兴的部分,因而它也标志着家庭史研究的成熟。[1] 家庭史研究一直是社会历史发展中最重要和最具争议的领域之一。安德森回顾了过去历史学家的研究成果,并对其所运用的不同研究方法的优缺点进行了思考,进而阐述了三种书写家庭史的主要方法:其一,人口统计学的方法(the demographic);其二,"情感"的方法(the sentiments),旨在传达一种基于文学、民间传说、人类学、大众文化的方法,其关注的重点是家庭内部的关系,特别是情感生长的场域;其三,经济学的方法(the economic),该方法强调的是农业或工业结构如何决定家庭的形成等。[2]

在史料来源上,在新家庭史研究中,更多微观的、非官方文本材料引起教育史研究者的重视。后现代史学家认为,官方文献并不比报纸、信件、个人传记等更能代表事实,应注重从民间社会中挖掘边缘史料。

艾莉森·普伦蒂斯在其著作《19世纪加拿大的家庭、学校和社会》(Family, school and society in nineteenth century Canada)中,将教育史研究从"直线进步"(one-path-to progress)的综合症中解放了出来,并提出了许多有关19世纪教育的基本问题,如在本世纪初,家庭在道德、宗教、职业和公民教育中发挥了什么作用?谁推动了公立学校的发展?为什么?公立学校运动为什么成功?在这个世纪中,为什么越来越多的儿童被送往学校?在本世纪末,家庭在教育中扮演什么角色等等。对此,作者通过运用官方提供的材料和一些私人材料,包括当代育儿论文摘录、讲道、日记和家庭书信、慈善团体记录、报纸广告等等,对这些问题进行了回答,并指出要正确看待学校教育的作用。艾莉森·普伦蒂斯肯定了学

---

[1] Olwen Hufton (1982). Approaches to the History of the Western Family 1500-1914. *Social History*, 7(3):344-346.

[2] Michael Anderson (1980). *Approaches to the History of the Western Family 1500-1914*. Macmillan: Studies in Economic and Social History.

校在19世纪和20世纪塑造加拿大社会中的重要作用,同时作者也强调,教育并不等于学校教育,反对教育只能在学校进行的假设。① 此外,家庭中儿童的学习工具、游戏、玩具等非文字材料,也逐渐被研究者纳入史料范畴之中。对信件、遗嘱、日记、教区登记等史料的利用,也极大地扩充了教育史研究中史料的范围。

**(三) 家庭史学在教育史研究中的运用**

加拿大教育史研究中对家庭史研究相关主题和方法的运用,产生于20世纪下半叶。20世纪70年代,加拿大教育史研究者逐渐意识到,难以将"社会控制"理论运用于19世纪和20世纪早期公立教育系统的研究之中。② 20世纪80年代,加拿大教育史学家逐渐将家庭与教育史研究联系起来,并借鉴了家庭史的研究范式。加拿大教育史学家对家庭史研究的运用主要体现为父母对公立学校的态度、家庭中儿童教育的历史、女性教育历史以及种族教育历史等主题。

20世纪80年代以来,加拿大家庭教育史的研究,以研究父母对公立学校的态度和需求最具代表性。1972年,艾莉森·普伦蒂斯以上加拿大为例,指出了教育与家庭的隐喻。通过研究,普伦蒂斯也分析了,加拿大家庭对教育观念和态度的变迁。传统的加拿大理想家庭除了负责孩子的早期教育外,还承担着正式教育的义务。随着家庭结构和人们对家庭观念的变化,要求家庭既要保护自己的孩子远离社会的不良影响,又要让他们做好进入社会的准备,正规的文学教育和许多道德教育的功能,正在逐渐地转移到学校和大学。

沃尔特·伊尔斯(Walter Eales)和埃格顿·瑞森(Egerton Ryerson)则倡导了家庭的新功能和新结构。对此,普伦蒂斯指出,这些变化与前工业经济方式的消失、人口的快速增长和城市化有关;但是,这些反过来,又必然部分地依赖于家庭生活和教育观念的转变。这种转变,使人们倾向于寻求和接受一种新的社会秩序。③ 换言之,加拿大家庭教育史研究,关注广阔社会背景下,家庭对教育观点的变迁,以及家庭与社会的互动性。同时,加拿大家庭教育史的研究也汲取了家庭史学的经验,重视跨学科方法的运用。

---

① Alison L. Prentice, Susan E. Houston (1975). *Family, school and society in nineteenth century Canada*. Toronto: Oxford university press.
② 武翠红. 论"家庭策略"方法在教育史研究中的运用[J]. 教育学术月刊,2012(1):86—89.
③ Alison Prentice (1972). Education and the Metaphor of the Family: The Upper Canadian Example. *History of Education Quarterly*, 12(3):281-303.

1986年,艾尔西·伊娜·瓦特(Elsie Ina Watt)在其硕士论文中,运用社会学、心理学等综合学科的方法,探讨了殖民时期维多利亚州家长对公立学校发展的态度。[1] 此外,加拿大教育史学家在对家庭教育史研究的同时,也关注家庭中的儿童、女性的教育历史。1962年,法国社会学家菲利普·阿里耶斯(Philippe Ariès)在《儿童的世纪:家庭生活的社会史》一书中,运用了绘画、私人日记、家书、传记等史料,对欧洲家庭的变迁与教育的发展进行了探讨;追溯了从中世纪末期儿童被视为小大人到以儿童为中心的现代儿童概念的演变,并考察了人们对儿童和教育的看法。[2] 在这本书中,这位法国学者有力地说明了教育史上将孩子的看法和家庭历史,融入学校故事中的可能性。[3] 同时,阿里耶斯的作品,也反映了其对童年概念的历史和文化偶然性的坚持。

童年在中世纪的经历和想象与今天不同,也就是说,物质条件、权力关系、宗教信仰、文化习俗,对儿童观念的形成有着深刻的影响。换言之,童年以及随之而来的家庭生活,不是一个普遍不变或自然的范畴,而是一个不断变化的动态的概念。1982年,乔伊·帕尔(Joy Parr)出版了《加拿大历史上的童年与家庭》(Childhood and Family in Canadian History)一书,书中依据考古证据、绘画、照片、人口普查记录、案例档案、教区卷宗等史料,描绘了17世纪以来加拿大儿童生活的肖像,描述了不同的家庭教育方式、家庭结构、经济状况及其背景下的儿童生活等。[4] 例如,在开篇文章中,彼得·穆格(Peter N. Moogk)的研究发现,法国拜访者对早期法属加拿大的孩子所使用的"les petits sauvages"一词,可以洞悉新世界中父母和子女之间不断变化的关系。殖民地分散的农村聚落,而不是等级森严的聚落村庄,意味着社会控制的实施最初属于核心家庭。家庭中的子女是家庭经济中的稀缺劳动力,同时是父母老年时的经济支持,这可能使得殖民地的儿童不像法国的儿童那样从属于家庭中的长辈。儿童在家庭中的经历因时间和地点而异,因社会阶层和城乡差别而异。这些研究成果,确立了家庭所代表的私人领域和公共领域(包括宗教、政治、经济、教育和福利)是历

---

[1] Elsie Ina Watt (1986). *Attitudes of Parents toward the Development of Public Schooling in Victoria, B.C. During the Colonial Period*. Vancouver: Simon Fraser University.

[2] Ariès Philippe (1962). *Centuries of Childhood: a Social History of Family Life*. translated from the French by Robert Baldick, New York: Vintage Books.

[3] Charles E. Strickland (1964). Centuries of Childhood: A Social History of Family Life. *History of Education Quarterly*, 4(4):307-309.

[4] Joy Parr (1982). *Childhood and Family in Canadian History*. Toronto: McClelland and Stewart.

史进程中不可分割的一部分;也很好地补充了对加拿大过去家庭史研究中三个"看不见的"主体,即妇女、儿童和工人阶级的研究。

综上所述,不难发现,家庭史学影响下的加拿大家庭教育史研究,在研究主题上,关注家庭历史与社会变迁、教育发展间的互动关系,以及家庭历史与家庭中的儿童教育、女性教育的发展;在研究方法上,注重研究中心理学、社会学、人类学等综合学科方法的运用;在研究史料上,注重史料来源的多样性,注重发掘和利用日记、传记、绘画、图片等非官方甚至非文字史料。

## 第三节 加拿大后现代教育史学的总体特征

纵观加拿大教育史学的发展历程,是一个在借鉴的过程中不断超越和独立的过程,是一个在发展中不断深化和专业化的过程。作为一个年轻的国家,加拿大教育史学的研究历史并不长。受其殖民历史以及地理位置的影响,早期加拿大教育史学的发展深深地打上了欧美的烙印。二战后,加拿大教育史研究发展迅速,并在借鉴与发展的过程中,逐渐形成具有加拿大特色的教育史研究体系。20世纪80年代以来,随着加拿大社会的发展以及教育史相关理论和实践的发展,加拿大教育史研究,更加专业化和多元化。受后现代史学冲击的影响,加拿大教育史学呈现出新的特点。以加拿大女性主义教育史学、城市教育史学和家庭教育史学为例,通过对各教育史学流派代表性思想和成果进行梳理和分析,可以在一定程度上概括出加拿大后现代教育史学的研究特征。

### 一、关注边缘主题,强调教育历史的"他者"

后现代教育史研究不再以西方史学模式为统一标准,而是关注到了非西方史学的成就和经验;同时,就具体的研究内容而言,也不再以精英人物的思想为重点,史学研究关注到了边缘群体,即历史研究中的"他者"。所谓历史研究中的"他者"(the other),与"自我"(self)是一组相对的概念,他者的具体内涵也会随着参照物的不同而改变。在加拿大教育史研究中,他者则是指相对于主流教育历史而言的土著人民、少数族裔等的教育史研究。在此背景下,加拿大教育史的研究主题更加广泛,强调研究主题不应仅反映精英阶层、统治集团的思想,还应关注到处于从属地位的边缘群体教育史,即少数族裔教育史、殖民地教育史以及工人阶级教育史等。例如,亚历山大·克里斯汀(Alexander Kristine)在对加拿大儿童的历史进行研究时批判道,过去的学术成果集中于对福利国家、儿童移民等问题的研究,这些作品运用社会史的框架和方法,而忽视了土著儿童的童年,没有将非土著加拿大人视为定居者。同时,他也指出,随着关于土著儿童在日间、工业和寄宿学校中的经历的研究发表后,传统的研究方式变得越来越站不住脚。①

以土著教育研究为例,新世纪以来,越来越多的研究者开始分析探讨土著教育的发展历程,并试图为土著教育的未来发展提供借鉴。维娜·J. 柯克尼斯(Verna J. Kirkness)在其文章《加拿大原住民教育:回顾与前瞻》(Aboriginal Education in Canada: A Retrospective and a Prospective)中,追溯了加拿大土著教育的历史,并基于加拿大土著教育的过去、现在与未来,将其历史分为五个时期。②

洛伦索·凯鲁比尼(Lorenzo Cherubini)在《加拿大安大略省土著教育政策:天主教教师的职业和道德启示》(Aboriginal Educational Policy in Ontario Canada: Professional and Moral Implications for Catholic Teachers)一文中,从安大略省天主教教师的职业道德的角度对加拿大土著教育政策进行了分析。③ 其后,洛伦索在《理解主流中的边缘化:加拿大安大略省的教师教育与土著教育政策》(Understanding the Marginalized in the Mainstream: Teacher Education and Aboriginal Educational Policy in Ontario Canada)一文中对土著教育政策问题又进行了进一步的解读和评价。④

杰瑞·帕奎特(Jerry Paquette)等在其《加拿大原住民教育政策:进步或停滞?》(First Nations Education Policy in Canada: Progress or Gridlock?)一书中,介绍了加拿大土著居民教育的历史,并在此基础上批判性分析了 20 世纪 80 年代中期以来土著教育的相关政策

---

① Kristine Alexander (2016). Childhood and Colonialism in Canadian History. *History Compass*, 14(9): 397 – 406.
② Verna J. Kirkness (1999). Aboriginal Education in Canada: A Retrospective and a Prospective. *Journal of American Indian Education*, 39(1): 14 – 30.
③ Lorenzo Cherubini (2010). Aboriginal Educational Policy in Ontario Canada: Professional and Moral Implications for Catholic Teachers. *International Journal of Education*, (2): 1 – 15.
④ Lorenzo Cherubini (2011). Understanding the Marginalized in the Mainstream: Teacher Education and Aboriginal Educational Policy in Ontario (Canada). *International Journal of Education*, 3: 1 – 21.

及管理。①

## 二、注重微观研究,肯定个体经验和个人能动性

后现代教育史学反对宏大的、整体的、进步的历史,强调教育历史的微观研究。通过微观研究,能够更加真实地描述人类行为,它是现实的,传达个人经验的,并向读者展示了社会和文化的结构;它向读者展示了历史中鲜活的个体,而非宏观历史进程中被同质化的群体。② 加拿大教育史学者将教育史与微观研究相结合,通过文化史、传记研究等方式,关注加拿大教育历史中的小人物、小事件、小案例,进而使得加拿大教育史更加生动和立体。

例如,对于教育史研究中的传记研究,罗伯特·莱维特(Robert M. Leavitt)指出,传记在方法论、内容和视角上,往往是双文化的。它既是传记主体,也是传记作者文化素养和学习经历的反映;同时,传记不必完全是个人主义的,因为人们往往既有个人身份,也有群体身份。对此,在进行土著教育研究时,土著作家可以使用传记,来探索集体和个人身份。而传记,则可以在其他人身上看到这些身份;通过研究,可以反映土著人对空间和时间的知识,以及土著居民和非土著居民对相关主题的评论。③

另一方面,微观史学在微观尺度上密切关注人与人的互动,保留了普通人的能动性。④ 对于微观历史学家来说,生活在过去的人们不仅仅是蕴含着巨大潜力的历史手中的木偶,而且他们被视为活跃的个体和有意识的行动者。⑤ 如在加拿大后现代教育史研究中,研究者不仅关注到了非精英阶层的教育历史,而且关注到了作为微观社会组织的家庭与宏观社会进程和教育发展之间的关系。在对女性教育历史的研究中,加拿大教育史研究也经

---

① Jerry Paquette, Gerald Fallon (2010). *First Nations Education Policy in Canada: Progress or Gridlock?*. University of Toronto Press. 1-17.
② 李先军,高爱平.微观史学视角下的教师生活史研究[J].比较教育研究,2021,43(3):46—54.
③ Robert M. Leavitt (1994). "They Knew How to Respect Children": Life Histories and Culturally Appropriate Education. *Canadian Journal of Education/Revue canadienne de l'éducation*, 19(2): 182-193.
④ Brad S. Gregory (1999). Is Small Beautiful? Microhistory and the History of Everyday Life. *History and Theory*, 38:100-110.
⑤ Thomas Robisheaux (2017). Microhistory Today: A Roundtable Discussion. *Journal of Medieval and Early Modern Studies*, 47:7-52.

历了由发现教育历史中的女性,到关注女性在教育历史中的不平等地位,以及女性群体内部差异性的变化过程。教育史的微观研究,在向读者展示社会和文化结构的同时,也展示了教育历史中个体的力量。

### 三、运用跨学科研究方法,重视多渠道的史料来源

一方面,后现代教育史学关注教育历史中的个体经历,因而所有与个体经历相关的报纸、传记、信件乃至民间传说、宗族记录等等都能够成为其史料来源。如在加拿大家庭教育史研究中,研究者将日记、遗嘱、信件等非官方材料,以及儿童学习工具、玩具、教具等非文字性材料纳入史料范畴,力图更加全面、立体地反映不同历史文化背景下加拿大家庭教育史的发展。

另一方面,后现代教育史研究注重运用跨学科的研究方法来解释教育历史,注重揭示不同社会文化背景下教育个体的互动关系。随着教育史专业化和多元化的发展,吸收和借鉴不同学科研究方法越来越受到加拿大教育史研究者的重视。2004年,加拿大教育史协会以"教育史跨学科的理论与实践"为主题召开了第13届教育史年会。加拿大教育史学家莫娜·格里森(Mona Gleason)在开幕式中发表了"超越学科问题:跨学科与教育史的前景"(Beyond Disciplined Questions: Interdisciplinarity and the Promise of Educational Histories)主题演讲,他指出,历史学家已经证明,教育并非独立于其他社会过程;相反,它与其他社会过程密不可分。跨学科方法鼓励历史学家从各种不同的、相互竞争的角度来考虑和解释问题,可以为我们提供了一幅关于过去非常动态的图景。①

---

① Mona Gleason (2005). Beyond Disciplined Questions: Interdisciplinarity and the Promise of Educational Histories [J]. *Historical Studies in Education/Revue d'histoire de l'éducation*, 17(1):169-178.

# 第十章

# 后现代教育史学的评价

第十章
后现代教育
史学的评价

虽然后现代主义思想的热潮已然过去,但其在今天仍然潜移默化地影响着我们的思维方式,进而对研究产生影响。在美国莱斯大学历史系教授约翰·扎米托看来,在1997—2000年这段时间里,后现代主义在史学理论中占据着统治地位,而如今已经处于强弩之末。① 后现代主义的热潮已经退去,但其留下的影响却十分深远。后现代主义思想对教育史学的影响要晚一些。20世纪初,教育史研究者未能对研究主题和方法进行革新,导致研究止步不前。而一些新的变化反而使教育史研究失去了初心。美国教育史学家于尔根·赫伯斯特(Jurgen Herbst)批评道,在美国,教育史由师资培训的项目,转向专业的历史;而欧洲教育史学越来越复杂,但缺少对教室史进行系统的探索。② 前者忘却教育史中"教育"的历史,至于后者则忽视了历史中具体的课堂教育教学实践。

后现代教育史学研究的影响总体是积极的,使得教育史研究的主题、内容、方法以及书写方式都出现了一些变化。当然它也带来了一些消极的影响,如对教育史学客观性的冲击以及碎片化的研究。

## 第一节　西方后现代教育史学的成绩

在后现代主义思想的影响下,教育史学界出现了思想的解放。后现代主义对权威的打破,使得教育的意义发生了变化。教育不再仅仅是对学生传授已有知识,更为重要的是激发学生积极地独立思考。研究者更多地向历史学、社会学等学科知识学习,吸纳其研究思路。在教育史研究中产生了一些新的研究范式与研究主题,研究方法走向多元化。教育史研究开始关注普通大众和边缘的个体,扩大了受众。近年来,西方的教育史研究取得了较为丰硕的研究成果,促进了教育史研究的勃兴。

### 一、研究主题的多样化

后现代主义强调多元与开放,这带来了思想的解放,为教育史研究转向普通大众和边

---

① 约翰·扎米托.夸张与融贯:后现代主义与历史学[J].陈栋,译.历史研究,2013(5):12—24.
② Jurgen Herbst (1999). The History of Education: State of the Art at the Turn of the Century in Europe and North America. *Paedagogica Historica*, 35(3):737-747.

缘个体提供了理论支撑。麦卡洛赫等人强调,理论与方法是历史学家技艺的有机组成部分,而且彼此不能开分。他们借用米尔斯的"社会学的想象力"的概念,来说明理论在历史研究中的重要性。①

费瑟斯通指出,后现代主义对现代性的元叙事(科学、宗教、哲学、人本主义、女性主义等,都力图把一致性的和令人信服的意义强加给历史)的批判和拒斥,使我们开始抛弃普遍性的知识,而去接受具体的地方性的知识。这是一种理论层次上的转变,其证据是建立在尼采、海德格尔和德里达等人著作的基础上。② 而地方性知识的接受,意味着全球各个国家、民族的教育史都值得关注,它们都将成为教育史研究的主题。

后现代主义提醒研究者开始关注更多的研究领域。福柯的谱系学以及对传统进行解构的理论与方法,被运用于其中,以批判传统对主体的身体与思想的禁锢。如福柯开辟的心理史、医疗史等研究领域,在后现代主义的影响下,教育生活史、情感史、后殖民地史学、记忆史、环境史、后现代女性主义教育史学、身体史,都进入了研究者的视野。

新文化史学对大众文化,尤其是物质文化史的关注,拓展了教育文化场所,使得凡是与人成长相关的场所都进入了研究者的视野。如博物馆教育的历史,也受到关注。③ 以往博物馆的核心功能是收藏、展示,按照历史阶段来向观众进行呈现;现在博物馆,还包括了用户的互动与参与,强调儿童的动手,激发儿童学习的兴趣。

在20世纪80年代,西班牙教育史学家佩尔·索拉曾指出,未来文化教育,"正朝着两个方向在前进:一是与罗哈纳(Luhanian)的《地球村》的说法相应的普及化运动;二是重新发现社会群体、社团、民族的文化教育根源"。④ 这也反映了新文化教育史学的影响。

## 二、激发了教育史研究者的主体性

后现代史学,更强调历史的想象能力,研究者需要发挥能动作用,对过去进行转译或诠

---

① Gary McCulloch (2003). Ruth Watts. Introduction: Theory, Methodology, and the History of Education. *History of Education*, 32(2):129-132.
② 迈克·费瑟斯通.消费文化与后现代主义[M].刘精明,译.南京:译林出版社,2000:50.
③ 海伦·香农.美国博物馆教育的历史与现状[J].伍彬,译.博物院,2018(4):43—49.
④ 卡特林娅·萨里莫娃,欧文·V.约翰宁迈耶.当代教育史研究与教学的主要趋势[M].方晓东,等,译.北京:教育科学出版社,2001:57.

释。研究者需要回到历史场景,与古人心神相通,才能真正知道发生了什么。费瑟斯通评价道,鲍德里亚的消费文化,实际上就是后现代文化,"毫无深度"的文化;在这样的文化中,一切价值都重新评估,艺术已赢得了超越现实的胜利。① 在"后现代无深度文化"的影响下,历史有序发展的观念,应该让位于汇集了对过去的影像、片断及场面的感知。在这些影像、碎片与场面中,你不可能去发现重要的秩序或价值判断基点,但是它被无休止地复制与模仿。② 费瑟斯通认为,向后现代文化的转变,就是要引入这样一种运动,它远离人们一致公认的、普遍的文化品味之判断标准,而跨入一种更为相对的多元文化景观中;以前被排斥的、奇行怪异的、异己的、芸芸众生的文化品味,现在都可能被接受。在这种意义上,目前的趋势是,以符号等级为基础的、长期把持着西方社会的普遍性标准被排斥,而代之以对差异与多样性具有更大容忍程度的文化品味标准。③

我国学者陈新认为,后现代主义提供的不仅仅是一种学术思想,更是一种观察世界的眼光,一种对待生活的态度和一种对人性的新的认识。它倡导一种平等和宽容的精神,以这种精神来看待历史写作;传统历史学的基本元素在后现代史学的框架内都能获得新的定位。判断一部历史作品是否是后现代主义史学作品的关键,不在于它是否强调了历史是建构的产物;而在于历史表现者,通过这样一部作品,是否能够传达那种平等和宽容的后现代精神。④

后现代思想激发了人极大的创造力。在福柯那里,真理和知识不再是客观中立的,它们承载着价值取向,而权力在其中扮演着重要角色。它对主体中心的解构,对人的情感的解放,使得无中心的主体,具有更多的机会去创造。费瑟斯通指出,中心消解的主体,能以更大的能力去从事有控制的情感宣泄的活动,探索从前被当作威胁、需要严格控制的形象化倾向、即时的感官体验和情感体验。⑤ 而所有的创造活动,都需要获得外界的宽容,不同读者对文本解读不同,在于其解读的视角不同,对此的接纳,就需要抱有一颗宽容之心。创造活动也需要主体不囿于常规,对创造的对象倾注热情,才可能取得创造性的成果。

后现代主义史学通过追求历史认识的根基,挑战了历史学家的职业自负。通过对历史

---

① 迈克·费瑟斯通.消费文化与后现代主义[M].刘精明,译.南京:译林出版社,2000:124.
② 迈克·费瑟斯通.消费文化与后现代主义[M].刘精明,译.南京:译林出版社,2000:143.
③ 迈克·费瑟斯通.消费文化与后现代主义[M].刘精明,译.南京:译林出版社,2000:156.
④ 陈新.态度决定历史:后现代状况下的历史学[J].历史教学问题,2007(6):34—38.
⑤ 迈克·费瑟斯通.消费文化与后现代主义[M].刘精明,译.南京:译林出版社,2000:147.

客观性的诘问,使得历史学家更关注史料的鉴别,更认识历史研究的局限性,更多地参与现实。在回应后现代主义批判的过程中,增加了历史学家的理论自觉性。

在教育史研究中,研究者主体能动性的发挥,能避免成为史料的俘虏。史料的制作,总是融入了制作者的思想观念,史料并不一定呈现了历史事实。这需要研究者对史料进行鉴别与考证。同时,史料只能部分呈现历史的事实,研究者需要基于这些已有的事实,进行合理的想象,对历史进行复原。

后现代要求打破权威,去中心化。传统教育史学忽视研究者的主体性,偏重资料的收集与整理。这只是通过资料的堆砌,来掩饰思想的贫乏。这也需要研究者加强对资料的分析,大胆地融入个人的情感与见识。

年鉴学派的代表人物马克·布洛赫和吕西安·费弗尔也曾批评过传统史学对史料的崇拜。史料并不是唾手可得,因而他们强调要对史料进行积极的干预。他们认为,历史学家应当把材料,即文献组合在可理解的系列中,融入预定的理论框架里,并使其适应他们的研究。如果不是这样提出总问题(problématique),历史学家只能算是个残废人和打字员,最多算个建筑师,但绝不是科学家。①

在历史研究中,应充分发挥历史学家的主观性。历史是由历史学家所创造,而非相反。这与兰克学派所提倡的"让史料说话"完全不同,历史学家必须从现实问题出发,选择史实,然后将它们置于某种假设之下,去理解历史。历史学家不再被动地接受资料,而是主动地对其分门别类。德国学者宇森指出,元史学反思历史,历史并不是发生在过去的事,而是如何面对过去的事,使往事具有意义,以便引导在时间中今人的生活。② 过去并不等同历史,在观察中使过去的性格与现在以及未来人生相连结,才是历史。③ 过去需要人去赋予意义。由于不同的时期、不同时代的人所处的境地不同,因而对过去的理解也不同,这需要人不断地重构历史,探寻历史新的意义。过去发生的事情,只有为人所理解才能成为历史。历史感的产生是当今生命的一部分,因此历史在成为历史之前是当代的。我们或可称之为"前

---

① 弗朗索瓦·多斯.碎片化的历史学:从《年鉴》到"新史学"[M].马胜利,译.北京:北京大学出版社,2008:45.
② 宇森(Jorn Rüsen).什么是后设史学? 寻找一个可以理解的研究历史之理论[J].汪荣祖,译.史学史研究,2013(2):81—90.
③ 宇森(Jorn Rüsen).什么是后设史学? 寻找一个可以理解的研究历史之理论[J].汪荣祖,译.史学史研究,2013(2):81—90.

史"(pre-history),当然不具时间的意义,而是具有在可能情况下的超自然的先验意义(the transcendental meaning)。①

在教育史学的研究之中,需要采取一种开放的方式,运用超限、生成、舞动的方式来进行理论的创造。教育史研究者的主体意识的提升,有利于解决我国史学沉闷、迟缓和缺乏活力的问题。教育史研究者的主观性是不可避免的,这是由教育史认识活动的目的性、认识形式的特殊性、认识主体的观念和用于概念范畴思维的主观性以及认识中的创造性行为所决定的。② 从认识的目的上来看,人们总是从自身需要去认识教育史。从认识形式上来看,人们必须通过教育史料来认识教育史,而教育史料是由人来加以选择的,难免会打上研究者主观的烙印。从认识主体的观念和用于概念范畴思维的主观性来看,教育史研究者用于解释史料的概念框架,都会受到时代话语体系的影响,因而这些概念和范畴都带有主观性。从认识活动中的创造性来看,研究者在历史研究中通过历史想象,对历史过程的叙述都带有创造性。后现代主义对主体性的强调,有利于扩大教育史的研究视野。

## 三、关注边缘群体的教育史研究

现代性使得异样的、不同的声音和多元的文化、道德价值观念沉默不语,而后现代则肯定差异和多样性,提倡现代性中的对话潜能,从而走向一个更加和谐的社会。因而,在历史研究中,要阐明各种复杂的力量游戏,包括在特殊语境中发挥作用的各种结构和行为。正如阿兰指出,要避免行动与结构、宏观与微观之间的这种虚假的两分法,就要将互动秩序融入一个更大的力量场域中,在分析中掌握互动与客观"立场"之间相互加强的种种方式。③

后现代主义承认他人对文本多元解读的合法性,这体现了后现代主义对宽容精神的承认。它反对单一叙事所表现出来的专制与霸权,承认差异与大众的话语权力。后现代视角的变化,使我们看见了以往看不见的风景。在利奥塔那里,元叙事或总体叙事,是官方的;而局部叙事,总是和边缘群体联系在一起。美国学者克莱茵认为,利奥塔总是把局部叙述

---

① 宇森(Jorn Rüsen).什么是后设史学?寻找一个可以理解的研究历史之理论[J].汪荣祖,译.史学史研究,2013(2):81—90.
② 周洪宇.教育史学通论[M].北京:人民教育出版社,2018:488.
③ 阿兰·斯威伍德.文化理论与现代性问题[M].黄世权,桂琳,译.北京:中国人民大学出版社,2013:186.

与其典型的叙述者联系在一起,如"堕胎者、犯人、上诉者、妓女、学生和农民"。但他也把康德的《第三批判》,说成是局部叙述,因为"它并非元叙述",它本身是"一件艺术品"。因此小叙述或局部叙述,也被看做是艺术的和想象的作品。①

总体叙事与局部叙事之间存在着利益的分歧。后现代史学认为,宏大叙事可能会使边缘群体的利益受到忽视,并对此进行了揭露和批判。尊重差异,成为了后现代主义核心观点之一。人们认识到每个人或每个民族的独特个性。每个个体或小人物的命运、沉浮、幸福与欢乐,他们的挣扎与艰辛等都受到关注。在 20 世纪 80 年代,由于视角的转换,研究者开始关注档案馆普通个体的材料,进行记忆史的研究,史学界出现了"记忆的转向"。个体成长的历史或受教育的历史,成为研究的主题。当代科学技术尤其是信息技术的发展,更使得个体受到关注成为可能。

后现代主义,也改变了话语权力分配的方式,福柯论述了知识与权力的互动关系。受德里达解构主义思想的影响,罗兰·巴特则提出"作者已死",解构了过去将作者原意奉为圭臬的思想,将权力转到读者中心。鼓励读者对文本进行多元视角的解读,普通个体获得了对历史进行诠释的权力;而且随着"作者已死",读者通过对文本的解读,获得了和作者同等的地位。作者不再处于权威地位,其权力向读者分散。普通大众获得了一种平等的权力。后现代对传统史学的批判,也与梁启超对中国旧史学的批判有着相通之处。他指出,中国虽有传承 2000 多年的史学,却乃一丘之貉……史学外貌虽甚发达,却无非是帝王将相之家谱,是地球上空前绝后之一大相斫书、"墓志铭""蜡人院",难以激发中国人的改签之心、合群之力。②

传统教育史的研究,多集中于精英个体,后现代教育史学提倡更多地转向普通大众群体,下层普通民众、边缘群体的教育史越来越受到研究者的关注。

## 四、研究方法的多元化

不同于传统史学对史料的考证,后现代教育史学强调,一种对现实的参与。在史料的

---

① K.L.克莱因.肖华锋,肖卫民,译.叙述权力考察:后现代主义和没有历史的人[J].世界哲学,2003(2):98—110.
② 梁启超.新史学.蒋大椿.史学探渊——中国近代史学理论文编[C].长春:吉林教育出版社,1991:271—275.

分析过程中，强调权力关系在史料真实性的作用。史料本身，由于权力关系的影响存在着偏见，其自身存在的目的，也可能是为了维护统治关系的合法性。它可能排除一些不利于统治阶层利益的史料。史料的制作在权力关系中进行了自动的筛选。所有的史料生产者，难以违反"政治正确"这条法则。这就需要对传统的那些对史料的解释进行批判性重构。

将历史写成永恒不变的，历史本身就不复存在了。后现代主义要求，关注历史与现实的互动关系，从现实问题出发，探索其历史根源，提高对当前教育问题的理解，进而有利于问题的解决。

在教育史的研究过程中，新叙事史、微观史、口述史、生活史等研究方法都被运用到教育史的研究之中。一些研究者将文学作品，如小说、图像、雕塑等也作为了史料的来源。伊格尔斯认为，伟大的小说往往会比之历史文本，更加贴近一个社会或者一个文化的现实。在某种程度上，历史文本置身于事实与虚构之间。隐喻在历史叙事中当然无法回避，然而它们可以作为启发性的手段，来帮助我们理解和解释某一情境。① 经过后现代洗礼过的教育史学已经放弃了任何占主导地位的研究范式，强调跨学科的研究方法。

### 五、历史编撰方式的多样化

历史学发展至今，主要出现了三种编撰模式，即传统的历史编撰模式、社会科学的历史编撰模式以及叙事主义的历史编撰模式。20世纪70年代以后，新叙事史学发展后，叙事主义编撰模式开始流行。中国传统的史书，多采用叙事的方式。而近代以来，西方的历史著作长于分析，而对叙事的方式加以抛弃。与中国传统叙事的重心在帝王将相不同，新叙事史学关注普通民众的日常生活，由宏大叙事走向个体叙事。叙事主义编撰模式采用类似于小说的写作手法。如德国的日常生活史、意大利的微观史以及法国的心态史学。在周采看来，日常生活史是人类学式的微观研究在德国的具体运用，研究对象聚焦于普通人们的行为和苦难，运用人类学方法对普通民众的劳动和日常闲暇生活进行详细描述。②

---

① 埃娃·多曼斯卡.邂逅:后现代主义之后的历史哲学[M].彭刚,译.北京:北京师范大学出版社,2007:127.
② 周洪宇,周采教育史学前沿研究(上)[M].济南:山东教育出版社,2019:13.

近年来,在对其他社会科学借鉴下,教育史学出现了口述史学、田野调查、记忆史学、传记研究等成果,采取这些方法,都离不开历史叙事的运用。如美国学者黄仁宇的《万历十五年》在叙事手法方面运用得非常的娴熟,这对我们运用教育的历史叙事提供了很好的借鉴。

有学者认为,回归叙事、寻找读者、进行话语转换,已成为当今历史书写的一个世界性潮流。① 叙事史学的编撰方式,也可以扩大史学的受众,有利于解决教育史学研究所面临的受众危机。不同于传统的官方的和精英化的历史叙事,斯通提出的情节编排模式丰富了历史叙事的方式。这使得我们在教育史的研究中,重视通过情节的编排,来体现历史事件的丰富性与多元性。情节是叙述文本中事件的序列性组合,具有内在的时间性。情节、叙述与历史因为时间性而具有内在的通约性。教育史作品,作为一种叙事性文本,必然贯彻着史家的情节运作。有学者通过对卡伯莱经典教育史作品的分析,来说明卡伯莱讲述的教育史故事之主题和类型正是一种情节化表现。②

## 第二节 西方后现代教育史学的不足

在后现代史学出现后,西方历史学界对其进行了猛烈的批判,如会导致历史虚无主义,研究的碎片化等。在将后现代主义运用于教育史研究之中时,也存在着不少类似的问题。解构主义承认,语言的歧义性、文本的复杂性与矛盾性,扩大了对文本的解读,有利于解放思想;但它否认对文本解读的客观性,可能导致对文本的强制阐释。由于缺少对统一身份的关注,它也带来了教育史研究意义的消弭。

### 一、教育史研究客观性的冲击

后现代叙事主义对历史实在论的批判,可能会导致走向虚无主义。自近代兰克史学产生之后,客观真实一直被认为是历史学的生命所在。相对主义史学对此作出批判,如新康德主义者李

---

① 郭震旦.历史编撰新图景:大众化历史叙事的隆起——兼论后现代史学[J].清华大学学报(哲学社会科学版),2009(5):36—46.
② 冯强,周采.论教育史学的情节问题——一种后现代主义史学的视角[J].教育学术月刊,2016(3):22—27.

尔凯特强调历史学家的个性和直觉,滑向了相对主义。而后现代主义史学,尤其是海登·怀特的后现代叙事理论,则使得历史学的编撰不可避免地带有相对主义的色彩。

"后现代史学"一反实证史学,实行了"语言的转向"。从史学方法的角度观察,"语言的转向",促使史学进行一系列的回归:从史实至语言、从语言至文本,最后从文本至符号,其结果则是将语言和经验完全隔绝。巴尔特就说:"事实无它,仅是语言性的存在。"德里达亦附和道:"文本之外,别无它物。"封闭的文本论,令历史不再指涉过去;而失去对外的指涉性,历史变成自成一格的符号游戏。①

在《叙事的逻辑》(Narrative Logic)一书中,安克斯密特写道:"过往仅仅是在叙述中被建构的。叙述的结构,是一种被赋予或施加在过往之上的结构,而不是过往本身之中客观存在的类似结构的反映。"因而:"历史学家们如此频繁地提及的那些过往之中的对象,如思想的、社会的或者政治的运动,甚至国族(Nations)或社会群体,在过往本身之中都不具有独立于叙述的地位:它们仅仅从叙述中产生,也只能由叙述来证明其正当性。"②他进一步指出,我们所有的,不过是由历史学家在过去留给我们的踪迹基础上的建构;我们所拥有的,不过是对某些主题碰巧具有的各种历史叙述之间的"文本间的"相互作用。这表明,安克斯密特认为我们获得了历史描述,并不一定真实地指向过去,而对历史的客观性造成了损害。

杨耕等人指出,出于民族主义或其他意识形态的需要,借古喻今、文过饰非,甚至编造谎言的现象,在当今比比皆是。在一定意义上,后现代主义对此起了推波助澜的作用。它对事实与虚构、客观实在与话语之间区别的抹杀为谎言提供了佐证,从而使得历史问题的解决变得更为艰难。③

现代主义包括一系列的宏大叙事,代表的是自启蒙运动以来的科学理性、历史进步、个人主体的自治等。后现代主义反对任何总体化的思维体系,如自由主义。在后现代主义看来,它们可能带来极权主义。对于后现代主义者来说,经验是暂时的和不可知的,历史是主观的和没有方向的,个人主体也没有稳定的身份和意识。对此,英国学者安迪·格林指出,后现代主义的价值相对主义,"导致许多学者落入了利用混乱的道德和文化相对主义来辩

---

① 黄进兴.后现代主义与中国"新史学"的碰撞[J].历史研究,2013(5):24—32.
② 约翰·扎米托.夸张与融贯:后现代主义与历史学[J].陈栋,译.历史研究,2013(5):12—24.
③ 杨耕,张立波.历史哲学:从缘起到后现代[J].学术月刊,2008(4):32—39.

护的简单反对主义陷阱中,而不是追求批判理性主义的更为有效的途径"。① 他认为:"后现代主义批判话语的目的,是用最新的理论处方来延长在某种制度上已经垂死的自由进步主义的生命。"②

后现代主义割裂了历史与经验之间的联系,将历史称为虚拟。但"历史主义、即便是后现代主义也不会否认,并且也不能否认,历史学是一门经验性的学科。在这门学科中,无论去如何设想历史实在,它都是在经验材料的基础上被描述或者表现的"。③

申丹在分析凯南与米勒之间的对话时指出,正如米勒所言,"所有"解构主义的分析结论"必然"遭到失败。所谓失败,就是与自己的理论相背离。根据解构主义的理论,任何符号都具有永无穷尽的不确定性;但无论是在日常交流,还是在文学交流中,实际情况并非如此。申丹认为,这种理论与实践的脱节,来自于宏观与微观两个层次的混淆。解构主义理论在宏观层次上展开,考虑的是一个符号在不同时空、不同语境中会具有不同意义;而在具体实践中,任何交流或阐释行为都会在某一个特定语境、特定时空中进行。这一语境、这一时空、这一上下文会对符号的意义加以限定,使符号相对于这一特定语境中的交流者或阐释者产生较为确定的意义往往是一至三种阐释,而非永无穷尽的不确定性。也就是说,从某一个特定的信息交流行为这一微观的角度来看,符号的意义往往是较为确定的;但若从宏观的角度,来统观符号在不同时空的不同语境中的意义,符号就会带有永无穷尽的不确定性。令人感到遗憾的是,解构主义学者,往往将宏观层次的理论,用于解释微观层次上的具体交流和阐释行为,将宏观层次上的不确定性强加于微观层次,这必然会导致理论与实践的脱节。④

伊万斯(Evans)在《为历史辩护》中指出,尽管后现代主义对历史的真实提出了各种批判,但历史真实地存在过,如果我们能做到非常谨慎、仔细和自我批评,我们真的就能找出它是如何发生的,得出一些关于其含义的站得住脚的、尽管并非最终的结论。⑤

---

① 安迪·格林.教育、全球化与民族国家[M].朱旭东,徐卫红,等,译.北京:教育科学出版社,2004:19.
② 安迪·格林.教育、全球化与民族国家[M].朱旭东,徐卫红,等,译.北京:教育科学出版社,2004:20.
③ 约翰·扎米托.夸张与融贯:后现代主义与历史学[J].陈栋,译.历史研究,2013(5):12—24.
④ 申丹."歧义"与"晦涩难解"——从里蒙与米勒的对话看结构主义与解构主义叙事理论[J],2002(1):21—27.
⑤ R. J. Evans (1997). *In Defence of History*. London: Granta. 253.

历史研究离不开对真相的探索。但一些较为极端的后现代史学家,如凯斯·詹京斯(Keith Jenkins)主张,历史研究应停止对过去真相的追求,接受其自身的生产过程。对于詹京斯来说,真相不过是一种自我指涉的修辞方式,无法进入现象世界;话语和世界、话语和对象之间仍然存在着分离。另外,大部分历史研究者,仍然将他们的任务理解为尽可能完整和准确地记录和解释事件。①

后现代主义者认为,"历史若文学"。因为历史和文学作品一样,都存在着虚构的成分。这样历史和文学,并未有什么差别。如荷兰学者安克斯密特也指出:"历史学争论,并不是就如历史学家相信的,有关过去实际上是怎样的争论,而在本质上,是语言学的争论。"②虽然历史叙事不得不借助于想象,但并不意味着历史写作完全是虚构。"实在",是历史中不可或缺的。历史是已经发生了的过去,而文学只能是一种历史的可能性。历史总有一个最终的所指,不同于文学中解构主义所认为的通过延异,没有一个最终的所指,从而是一种虚构。

后现代主义与人本主义存在着不少的争论。在伊格尔顿看来,最尖锐的争论在于这样一个问题,即在人相信一种人的本质或者共同人性的意义上,在相信人类因为具有人性而大量共享的、具有伦理和政治含义的某些属性这个意义上,人是否是一个人本主义者。后现代主义者加以整体拒绝的,而他们的对手竭力加以提倡的,正是该术语的这个意义。③

伊格尔顿评价道:

> 后现代主义的最大考验,或者对于其他任何政治信仰来说也是最大的考验,是它如何发展到那一步。它的有关种族主义和族性特点,有关统一性思想的偏执,有关总体性的危险和对他者的恐惧的大量著作:所有这些,连同它对于权力的狡诈的深刻见解,无疑具有相当大的价值。但是它的文化相对主义和道德约定主义,它的怀疑主义,实用主义和地方主义,它对团结和有纪律组织的观念的厌恶,它的缺乏任何关于政治中介力量的适用理论:所有这一切都将对它极为不利。它在对抗它的政治对手左派——左派现在比任何时候更是它的对手——的时候,它需要强有力的伦理学甚至人类学基础;缺少这一点的任何东西都不可能给予我们所需要的政治资源。因为这个理

---

① Richard Aldrich (2003). The Three Duties of the Historian of Education. *History of Education*, 32(2):133-143.
② 韩震.历史哲学中的后现代主义趋势[J].学术研究,2004(4):15—17.
③ 特里·伊格尔顿.后现代主义的幻象[M].华明,译.北京:商务印书馆,2000:131.

由,后现代主义是处于问题的最后部分而不是解决办法的最后部分。①

普遍主义的衰落必然会带来多元主义与相对主义盛行。后现代对总体论的批判,使得人们对普世价值观的追寻受到怀疑。当一个群体中缺少一种共同的价值观念,倡导"什么都行",可能会带来相对主义,进而产生道德危机。在后现代主义看来,历史学家无法摆脱个体自身主观性,历史研究客观真实神话的破灭,无异于"历史的谋杀"。

后现代主义并非像他们自身所认为的那么宽容。伊格尔顿对此进行了严厉的批评,他指出,虽然后现代主义者自吹自擂它对他者十分坦然,但是它像它所反对的正统一样,也可以是相当排他的和苛求的。总的来说,人类可以谈论人类文化,而不是人类本性;谈论性,而不是阶级;谈论身体,而不是生物学;谈论快乐,而不是正义;谈论后殖民主义,而不是小资产阶级。它是一种完全正统的异端,它像任何形式的本体一样,为了继续生存,它需要用来吓人的怪物和草靶子。②

安迪·格林认为,后现代对教育理论带来的最大危险在于,后现代主张的逻辑在许多方面指向了一个个体的教育消费主义,类似于新左派对自由市场的主张。在他看来,具有后现代表征的教育市场主义应遭到反对。③ 这带来了教育的商业文化,加强教育的外部控制,反而不利于教育的发展。它带来教育多元化的同时,也导致了教育的碎片化。

教育史的发展,不是循环的,命定的。历史发展体现了人的能动性。教育史研究的本质是求真。周采认为,教育史学的多元化,带来所谓的"碎化"危机。她指出,由于碎化的缘故,自下而上的西方教育史学,缺乏对国家、民族和教育史演化的综合性研究。此外,后现代主义思潮对教育史学的渗透,助长了相对主义;过分强调语言的独立性,从而否定了评价教育史学著作的最终客观标准。④

## 二、教育史研究的碎片化

哈桑认为,信仰是后现代状况的关键所在。因为后现代状况是多元的、相互冲突的、内

---

① 特里·伊格尔顿.后现代主义的幻象[M].华明,译.北京:商务印书馆,2000:152.
② 特里·伊格尔顿.后现代主义的幻象[M].华明,译.北京:商务印书馆,2000:34.
③ 安迪·格林.教育、全球化与民族国家[M].朱旭东,徐卫红,等,译.北京:教育科学出版社,2004:22.
④ 周采.历史研究视角的转移与战后西方教育史学[J].清华大学教育研究,2010(1):20—25.

在不确定的;不管是意识到还是意识不到,信仰都会告诉我们,我们的一切劳动都是合法的,我们的一切妄想也是合法的。① 后现代社会中,弥漫着各种程序和含混的内在性使得信仰问题变得困难。而信仰的缺失,也会带来诸多较为严重的后果。

有人认为,在后现代主义旗帜下,反哲学的、反基础论的哲学之出现,反映了西方知识界,对自身筹划的优越性,对确立促进人类进步的普遍真理、道德和品味标准的权威和能力,都失去了自信心。②

后现代主义,也曲解了历史连续性与断裂性的关系。福柯要求历史学放弃宏观的综合,而去关注零碎的知识。历史学不应再描述演变,因为演变是生物学的概念;它也不再应探讨进步,因为进步是个伦理概念。历史学应该分析多种变化,发掘众多不连贯的瞬间。③ 在特里·伊格尔顿看来,只有在马克思主义那里,历史的连续性和多样性才能得到统一。他指出,对于马克思来说,关键不是使我们朝着大写的历史的目的前进,而是从这一切的下面摆脱出来,以便我们能够从此开始——以便严格意义上的历史,带着它们所有的丰富差异,能够从此开始。最后,这将是唯一的"历史"成就。在这里,普遍性和多元性携手并进。④

特里·伊格尔顿也反思了,后现代主义对闭合概念的批判。激进的后现代主义者主张,不应该在任何社会秩序中排斥任何人。但这只是一种善良的想法,因为这种社会是不存在的。他指出,所有的闭合都是压迫性的这样一种观念,在理念上是草率的,在政治上是无效的——还不用说完全是没有根据的,因为不可能存在一个没有闭合的社会。这不是一个抛弃闭合这种东西的问题,如果真的存在一种普遍主义的姿态,那么抛弃闭合就是这样一种东西;这是一个在它的比较可行的和比较不可行的变体之间,进行区别的问题。⑤

费瑟斯通认为,随着社会生活规律的消解,社会关系更趋多变,更少根据固定的规范来结构化,消费社会也从本质上变成了文化的东西。记号的过度生产和影像与仿真的再生产,导致了固定意义的丧失,并使实在以审美的方式呈现出来。大众就在这一系列无穷无

---

① 伊哈布·哈桑.后现代转向:后现代理论与文化论文集[M].刘象愚,译.上海:上海人民出版社,2015:368.
② 迈克·费瑟斯通.消费文化与后现代主义[M].刘精明,译.南京:译林出版社,2000.61.
③ 弗朗索瓦·多斯.碎片化的历史学:从《年鉴》到"新史学"[M].马胜利,译.北京:北京大学出版社,2008:169.
④ 特里·伊格尔顿.后现代主义的幻象[M].华明,译.北京:商务印书馆,2000:78.
⑤ 特里·伊格尔顿.后现代主义的幻象[M].华明,译.北京:商务印书馆,2000:80.

尽、连篇累牍的记号、影像的万花筒面前，被搞得神魂颠倒，找不出任何固定的意义联系。① 意义的丧失，是后现代社会的一个典型特征。加缪在《西西弗神话》中提出，人生的实质就是荒谬，必须在荒谬中寻找人存在的意义。

后现代主义消弭了精英文化和大众文化的区别。各种破碎的生活片段、细小而新奇的文化产品，成为后现代主义经验的一部分。后现代主义所探讨的边缘与中心问题也充满着矛盾。在荷兰教育史学家德克看来，在边缘与正常的关系中，二者之间的界限很难区分，因为边缘是一种模糊的存在。边缘的边界和概念是不断波动的，边缘也是一个历史现象。②

后现代主义宣称是对现代主义的反动，是一个崭新的时代。它可被用来作为各种社会运动的理论基础，如女权运动、废奴运动、大众教育运动等。这些运动代表了当时的潮流，然而它们仅仅是引进了一些新论题和新方法，仍然是现代主义的延续。美国学者C.凯勒指出，后现代主义代表了历史变迁的主张，提出了历史特性这一问题。但这一问题主要是以虚假历史的方式提出来的，它建立在对现代性过分简单的看法上，并为其过分退让的不成熟的要求进行辩护。③

人类对崇高、神圣等宏大叙事的追求，也是人类不断进步的促进力量。后现代主义归根到底是产生于欧美资本主义的一种文化现象，它随着全球化的步伐在全球的扩散并非完全是积极的。安德森指出："曾经属于第三世界的许多地区缺乏彻底的资本主义现代化。在基本上不具备或只是在局部地区存在现代性的最低条件的情况下，后现代性还能有何意义可言？"④在经济社会现代性发展不是那么充分的国家，恐怕必须更多地吸纳建设性后现代主义的观点。

后现代主义并未对资本主义社会制度，以及自由民主主义产生任何怀疑，将关注的焦点转向社会的边缘地带、普通人的日常生活。激进的后现代主义倡导无中心、无主体将会导致意义的丧失和确定性的失落。正如多斯对年鉴学派批评的那样："历史学从社会科学中汲取养料后，便抛弃了自身的特性。随着研究对象的支离破碎和大量增加，历史学将失

---

① 迈克·费瑟斯通.消费文化与后现代主义[M].刘精明,译.南京：译林出版社,2000:21.
② Jeroen J. H. Dekker (1990). The Fragile Relation Between Normality and Marginality. Marginalization and Institutionlization in the History of Education. *Paedagogica Historica*，26(2): 12-29.
③ C.凯勒.作为虚假历史的后现代主义[J].孔明安,译.国外社会科学,1993(8):5—9.
④ 佩里·安德森.后现代性的起源[M].紫辰,合章,译.北京：中国社会科学出版社,2008:127.

去自我。"①后现代史学研究对象的破碎,也会导致史学失去自我。受此影响的后现代教育史学也将难逃此劫,使研究对象变得过于宽泛。

### 三、教育史研究意义的消弭

教育在塑造人的身份认同方面起着积极的作用。后现代主义对差异的重视,导致统一的身份认同遭到质疑。格林提出,在全球化时代,要在尊重差异的基础上,以宽容教育来建立身份认同。格林认为:"在某种意义上而言,身份最为关键,因为我们所接受的和采用的身份决定了我们的情感和意识形态边界,因此也决定了我们信任和合作的核心和范围。"②

我们的身份或人格,总是充满着模糊性,它总是在社会交往中生产出来,而为集体经验所限定,如我们作为家庭成员、团队成员以及工作中的一份子。而政治总是去促进或唤起个人身份,我们在批判政策研究中,对个人身份的关注,就可以发现个人在特定时期的政治和社会义务,理解政治和社会环境如何构建这些义务,理解个人身份的形成有利于更了解知识的生产过程。个人身份与行动主体密切相关,这让我们不仅思考在特定的场景中何以成为一个政策问题和政策解决办法;而且思考,在特定的时间,什么问题和解决方案绝不可能。

后现代主义提倡研究短时段的历史,忽视对历史总体进程的认识。但短时段的历史可能具有假象,变化莫测。而从长时段的历史,更容易看清当时教育变革所具有的永恒意义。后现代主义思想,使人们忽视对知识和人类文化本质的追求,更多追求一些碎片化的东西。这也使得教育史研究,忽略教育本质的一些东西,如教育的意义,教育史研究缺少对意义的追求,个人生存的意义与价值问题的探讨。

其实,当在后现代的影响下,我们呈现的一些无意义的、无实质意义的、冗长文字的研究成果时,实际上也在偷偷地强调普遍主义的重要性。无论如何,性别、种族和阶级政治,影响着教育研究的重心。后现代带来了身份政治,以及欧美各国近三十年学术研究的虚假繁荣。从20世纪60年代末起,这些研究者关注女性、边缘群体、少数民族等的研究,而未去

---

① 弗朗索瓦·多斯.碎片化的历史学:从《年鉴》到"新史学"[M].马胜利,译.北京:北京大学出版社,2008:235.
② 安迪·格林.教育、平等和社会凝聚力:一种基于比较的分析[M].赵刚,等,译.上海:华东师范大学出版社,2018:167.

发现新的学术研究主题。在教育方面,带来了对教育民主与平等的关注,沦为了谁比谁更受到压迫的争论,谁应该享受教育的补偿权;而对教育知识的创造、教育质量的提升等重要议题趋于忽视。

总之,后现代主义思想,对西方教育界的冲击是巨大的,并遭到了一些思想家的反对。它提倡教育的多元化和异质性,导致了教育上的相对主义。但教育在民族国家的塑造方面起着积极的作用,它充当着一种社会整合的力量。随着全球化的进一步加深,社会变得愈加破裂,更需要教育促进社会团结。正如安迪·格林在多年前就已指出的那样,教育必须保留在公共领域培养宽容、相互尊重、理解、相互合作的能力。就像为个人发展和进步提供机会一样,教育也一定会努力促进市民认同和市民能力,并使得一个民主的和凝聚的社会有可能实现。教育不能忽视全球市场的事实,但也不能屈服于全球的商品化。①

## 第三节　后现代主义对中国教育史学的影响

随着中国改革开放的发展,西方后现代教育思潮在 20 世纪 80 年代传入中国,在 90 年代教育史学界开始引入后现代主义思想。21 世纪后,后现代教育史学思想影响了中国的中外教育史研究。新文化史学和新叙事史学方法的运用,便是具体体现。近年来,我国学者也受到后现代主义教育史学的影响,发表了一批有影响力的研究成果。如司洪昌的《嵌入村庄的学校——仁村教育的历史人类学探究》,蒋纯焦的《一个阶层的消失:晚清以降塾师研究》,田正平运用日记对晚清时期普通士子的研究,周采领衔的南京师范大学西方教育史学研究团队对战后英美教育史的研究,都对后现代在英美教育史学产生的影响进行了较为详细的介绍。张斌贤对传统教育史观的批判与重构,丁钢对叙事史学和图像史学的研究,无疑也是这方面的开风气的成果。

杜成宪和邓明言主编的《教育史学》、华中师范大学教育史团队周洪宇等倡导的教育生活史与活动史、身体史、情感史、教育记忆史、文庙学等相关研究成果都受到了新史学或后现代教育史学的影响。如 2017 年华中师范大学周娜的博士学位论文《臣属与自决:近代中

---

① 安迪·格林.教育、全球化与民族国家[M].朱旭东,徐卫红,等,译.北京:教育科学出版社,2004:203.

国女学生身体生成研究》,则受到了福柯的影响。2015年刘京京的博士论文《民国时期中学生生活研究(1912—1937)》、诸园的《美国女性教育史学史研究》和武翠红的《英国教育史学:创立与变革》都有专门的章节,来讨论后现代史学对英美教育史学的影响。总之,后现代教育史学对中国教育史学界的影响,主要体现在新叙事教育史学、新文化教育史学、微观教育史学以及对教育史学研究方法的反思之中。

## 一、新叙事教育史学

叙事是传统教育史学的一个基本方法。我国的教育叙事研究,兴起于20世纪90年代末;在21世纪初,我国教育学界则掀起了一波教育叙事研究的热潮。教育史学界也改变了以往教育史研究的一元化取向,开始在唯物史观的指导下,进行了多元化的研究。我国教育史学界出现了多种取向的教育史研究,表现出回归经典取向、现代化取向、叙事取向与活动取向等多种研究路径。① 其中,叙事取向与活动取向的教育史研究,明显受到了后现代主义的影响。"文化叙事"的引入,与以往的宏大叙事不同,开始从微观角度来进行个体叙事,它影响到21世纪的中国教育史研究。

近年来,叙事方法也被广泛地运用在师生的日常生活叙事之中。受此影响,叙事研究在教育史研究中的意义,也开始得到关注。有研究者主张,为实现教育史编纂视角的多样化,应采取包括叙事主义的历史编纂模式。② 在教育史研究过程中,承继自身叙事传统,将人的活动置于教育史研究的中心地位。③ 田正平将叙事的方法,运用于《朱峙三日记》《管庭芬日记》的研究之中。④ 他通过对19世纪中期社会大变动背景下,一个普通乡村塾师日记中所记载的生活故事进行分析,为加深理解中国教育现代化起步时期乡村塾师的生活世界,并进而理解中国教育现代化的起步维艰和步履蹒跚提供了一个很好的窗口。⑤

---

① 周洪宇,申国昌.教育史通论(下卷)[M].北京:人民教育出版社,2018:565.
② 周采.关于教育史编纂的若干思考[J].河北师范大学学报(教育科学版),2011(11):28—33.
③ 丁钢.叙事范式与历史感知:教育史研究的一种方法维度[J].教育研究,2009(5):37—41.
④ 相关研究详见:田正平.清末废科举、兴学堂的另一类解读——《朱峙三日记(1893—1919)》阅读札记[J].教育研究,2012(2):128—134.鸦片战争前后一位乡村塾师的生活世界——《管庭芬日记》阅读札记[J].社会科学战线,2019(2):231—242.
⑤ 田正平.鸦片战争前后一位乡村塾师的生活世界——《管庭芬日记》阅读札记[J].社会科学战线,2019(2):231—242.

我国学者丁钢,是最早运用叙事方法的学者之一。他先后发表了诸多相关论文,在其主编的《中国教育:研究与评论》中发表了一些叙事的作品。如许美德的《现代中国精神:知名教育家的生活故事》,讲述了李秉德、朱九思、鲁洁等六位知名教育家的生活故事,提供了80年来中国教育发展的图景。① 黄向阳的《学校春秋:一个小学校长的笔记》,从普通小学校长的视角,为我们理解新中国教育改革提供了一个新的窗口。耿涓涓的《教育信念:一位初中女教师的叙事探究》,则从一个普通初中女教师的角度,来看她如何思考教学,感受普通教师的理想与追求。② 这些事情虽然都发生在我们身边,但在传统的教育史学中,我们难以听见他们的声音。通过对他们的叙事研究,可发现与传统教育史学所研究的不同情景。

周洪宇、王配的《给教育情感世界打开一扇窗——以近代乡村塾师刘绍宽为例》,以近代塾师的日记为研究材料,研究了其职业情感变化的规律。③ 刘云杉的《帝国权力实践下的教师生命形态:一个私塾教师的生活史研究》,研究了清末塾师的生活状况,反映了权力对教师精神世界的训诫。④ 戴志红的硕士论文《尽心育人:江西泰和一个乡村老师的教学经历与生活史》,研究了一位普通乡村教师的生活史。⑤ 这类研究都运用了叙事方法,来探讨普通教师的生活史。

## 二、新文化教育史学

在20世纪80年代的文化热中,针对当时中国的现代化热潮,一些学者从传统文化的视角来反思中国的现代性问题,将文化分为雅文化和大众文化。这体现了后现代思想的影响,学界开始注意到下层民间的教育,对文化传递与变迁的实际功用。

我国是一个具有五千年文明史的大国,历代留下了较为丰富的历史文物。在新文化史

---

① 许美德.现代中国精神:知名教育家的生活故事.中国教育:研究与评论(第1辑)[C].北京:教育科学出版社,2002:1—74.
② 这两篇文章来源于:丁钢.中国教育:研究与评论(第2辑)[C].北京:教育科学出版社,2002.
③ 周洪宇,王配.给教育情感世界打开一扇窗——以近代乡村塾师刘绍宽为例[J].教育研究,2020(2):72—80.
④ 刘云杉.帝国权力实践下的教师生命形态:一个私塾教师的生活史研究[C].北京:中国教育:研究与评论,2002.
⑤ 戴志红.尽心育人:江西泰和一个乡村老师的教学经历与生活史[D].南昌:江西师范大学硕士学位论文,2007.

的影响下,一些历史图像中显现出来的教育信息,受到教育史研究者的关注。周洪宇、周采主编的《教育史学前沿研究》,在中国教育史学前沿部分,就涉及教育生活史、教育身体史、教育情感史、记忆史、图像史、器物史等后现代教育史学的内容。这些论题,不少受到了后现代教育史学的影响。如图像史、器物史,受到新文化史学家彼得·伯克的影响。如教育器物史的研究主要是探讨教育器物与人类文化的关系。与教学活动相关的一些器物,如教材、黑板、教鞭、课桌板凳、试卷、参考书、奖状、证书、录取通知书都有其历史。这些器物,都体现了一定民族文化。我国留存的大量古代文庙、博物馆中收集的器物为研究者提供了便利。赵国权利用两汉时期的一些图像史料,对其所描绘的庄重而有序的官学活动、自然且自在的私学活动、日常生活中的礼仪教化等表现教育活动场景进行解读,试图在历史的长河中寻找出本真教育。他通过探寻图像对教育史学研究的价值,进而对图像史料中的两汉各类教育活动做出了别样诠释。①

周愚文在《教育史学》研究中,将影视(像)史学作为后现代教育史学的一个派别。② 丁钢通过展示中国古代社会生活中屏风及其绘画,分析了其教化寓意,指出了屏风及其图像的教化,并不刻意为之,而是自然流露。其作用,在于潜移默化地呈现。③ 他也指出,利用图像来自下而上、由古而近、以小见大地深入剖析和阐释教育历史事件中的意蕴,从而实现从具体直观的教育活动中,去逼近教育实相的目的。④

杜成宪、邓明言2004年出版的《教育史学》,其中有一章探讨了中国教育史学与相关学科的关系,尤其探讨了中国教育史与文学的关系。

该书认为,中国教育史学科与文学在研究视角和方法上融通。认为二者的关系在于,总是遭遇到"书写后的教育史"。并明确指出,这是受到了海登·怀特的历史叙事理论的影响。进而指出,"教育史"绝不可能是所谓"客观真实的历史",而只能是"书写的教育史"。其理由在于:"教育史"作为一种过去的历史史料总是在我们之前发生,因为在今天只有借助于有关教育史的叙述,才可能遭遇到教育史。作为文本,"教育史"被卷入书写和阅读的

---

① 赵国权.图像史料:教育活动场景的别样诠释——以两汉图像为例[J].河南大学学报(社会科学版),2016(5):119—126.
② 周愚文.教育史学[M].台北:台湾师范大学出版中心,2014:150.
③ 丁钢.转向屏风:空间、图像及其叙事中的教化[J].湖南师范大学教育科学学报,2017(4):1—5.
④ 丁钢.村童与塾师:一种风俗画的教育诠释[J].社会科学战线,2015(2):242—248.

陈规,从而使整个教育的发展历史,被解构成为众多朝代的教育制度史及教育家的思想史。① 否认教育史是完全客观真实的历史,这是后现代史学的一个最根本的观点。从历史文本的话语叙事的视角来探讨教育史,也是海登·怀特等人的观点,这说明了《教育史学》吸取了当时西方最热门的历史成果。

该书强调了文学的教育史学价值,主要是从研究的史料、研究视角,以及文风来分析文学作品独特的教育史学价值。该书指出,文学作品可以作为教育史料,展现教育历史的一些细节,从文学作品可以看到教育史的另一个侧面,文学作品可以帮助教育史著作的文风变得活泼生动。② 文学作品具有教育史学价值,实际上是对一个客观存在的事实的概括,即文学作品或多或少、或直接或曲折地反映了当时的一些教育现实。它的描写中蕴涵着对历史上某些教育现象的认定。③ 同时,该书也认为,虚构手法须与众多的文学作品作整体综合之后,才有可能产生较有说服力的结论。

该书利用古代的一些文学作品来反映当时的教育情况。该书指出,从文学作品可以看到教育史的另一个侧面,并引用了福柯的话来加以证明,这明确可以看出该思想受到了后现代思想的影响。该书指出,历史具有双重角色:

一方面,讲述历史,国王、掌权者、君主和他们胜利的历史,从而通过法律的延续,在这权力的中心及其功能的表现之中使人和权力合法地联系起来。另一方面,它也用光荣,用其典范和功勋令人难以忍受的热烈程度使人慑服……作为加冕礼,作为庆典,作为传奇叙事的历史是权力的操纵者和巩固者。④

并主张,可以从各个时代的文学作品中发现教育史的另一张面孔。这幅面孔应该是贴近于历史真实的。这一视角,有助于了解官方的与非官方的教育历史话语之间,是如何对立和斗争的。该书也以古代女子教育为例,从文学作品中来了解女子受教育的情形、她们被压迫的状况、以后文学作品中女子的反抗。

---

① 杜成宪,邓明言.教育史学[M].北京:人民教育出版社,2004:245.
② 杜成宪,邓明言.教育史学[M].北京:人民教育出版社,2004:246—254.
③ 杜成宪,邓明言.教育史学[M].北京:人民教育出版社,2004:246.
④ 杜成宪,邓明言.教育史学[M].北京:人民教育出版社,2004:249—250.载于福柯.必须保卫社会.钱翰,译.上海:上海人民出版社,1998:60.

《教育史学》也提出了,文学作品作为教育史料的要求,即不能将正史轻率地置一旁而不顾。

主张从文学作品中解读教育史,并不是仅仅就某一部作品而言,而是要求对大量的同时代的文学作品作合适的梳理与综合。由于那些作家所处的时代大致相同,面临的社会现象与问题又大多相似,于是他们在作品的描写必然会有重叠、交叉之处,所以我们可以将众作品中相关的描写按性质进行分类,并将其作为研究教育史的重要史料。①

### 三、微观教育史学

微观史学的研究,能帮助获得一种对社会新的理解。如历史学家王笛在《茶馆:成都的公共生活和微观世界,1900—1950》指出:"茶馆讲理这个实践显示了市民的相对自治状态,他们试图在没有官方介入的情况下解决冲突,说明一个国家之外社会力量的存在。这种力量是基于调解人的社会声望。"②该研究为我们了解当时的社会状况提供了一个新的视角。

在后现代教育史学的影响下,教育研究者越来越关注教育中微观的个体,如从村落、公共领域与个人生活史的角度来考察。周洪宇和王配指出,传统的史学研究,过于注重历史人物的理性思考和行为,而对行为背后的感性和情感因素视而不见,更别提去认识并关注"情感"可以转化成或是推动行为的发生这一现象。③ 这带来了历史解释的不完整。从事教育实践的教师,必定有着较为丰富的情感。在不同时期、不同地域、不同的个体,情感有着较大的区别。如对教师情感的变迁进行研究,更能解释它们如何影响教师的行为,以及教育的发展历程。

徐勇采用个案研究法,以微观叙事形式生动描述了王锡彤、詹鸣铎等秀才的读书、谋职、婚姻的社会生活史,从而让我们对古代科举制度有了更加直观和多元化的了解。④ 刘云

---

① 杜成宪,邓明言.教育史学[M].北京:人民教育出版社,2004:254.
② 王笛.茶馆:成都的公共生活和微观世界,1900—1950[M].北京:社会科学文献出版社,2010:345.
③ 周洪宇,周采主编.教育史学前沿研究(上)[M].济南:山东教育出版社,2019:119.
④ 徐梓,王立刚.科举·秀才[M].北京:中华书局,2018:15—98.

杉的《从启蒙者到专业人——中国现代化历程中教师角色演变》,从教师角色的变化,揭示了教师所信奉的伦理从心志伦理向责任伦理的转变。周洪宇、魏珂的《校园中的"文化"与"身体":民国时期大学的"拖尸"研究》一文,从教育生活史、教育身体史的视角,探讨了身体与文化的关系。论文揭示了近代大学生的自治生活,通过对大学新生身体的规训,以强化对新生的道德教育,培养学生对学校秩序的认同,从教育者身心合一的角度,阐释历史中大学生身体规训的教育意义。

这些微观史的研究,一般都会利用口述史、日记等来拓展研究史料。同时,也会运用图像等资料,来描述个体的生活史。

### 四、教育史学研究方法的反思

20 世纪 90 年代以来,我国研究者除了对传统的史学研究方法进行反思外,还在此基础上对西方教育史学进行了研究。田正平指出,在 21 世纪初,作为教育史研究最基本方法的文献研究法,其核心概念"文献"一词的"边际"被充分扩展,传统的档案文献、朝章邸报、公私撰述、史籍传记、报纸杂志、日记书信等,固然是重要的文献资料;而宗谱族谱、方志家乘、日常读物、诗歌民谣、小说戏剧、野史笔记等等,都蕴藏着丰富的教育史料。这些史料的充分发掘和利用,极大地改变着教育史研究成果的面貌。① 张斌贤批判了传统的教育史观,他认为进步观念指导下的线性史观,忽视了不同地区、不同民族、不同社会制度下,历史中教育发展的差异性与多样性,以及它们所具有的独特价值。②

周采指出,20 世纪 70 年代文化史得以重新发现的原因,在于当代史学的困境,与后现代主义对历史学、历史写作的冲击及其后果有关,后现代主义其实是对现代性的一种反思。提倡教育史研究者应尝试从文化角度解释教育史,从经典文化史和新文化史的经典中汲取与教育史研究有关的养料,进而从教育史学史的角度研究新文化史对于各国教育史学发展的影响。③ 她还总结了,在历史上存在过三种主要的历史编纂模式,即传统的历史编纂模式、社会科学的历史编纂模式和叙事主义的历史编纂模式。新叙事史是后现代主义史学中

---

① 田正平.老学科 新气象——改革开放 30 年教育史学科建设述评[J].教育研究,2008(9):7—16.
② 张斌贤.教育史观:批判与重构[J].教育学报,2012(6):3—14.
③ 周采.新文化史与教育史研究[J].河北师范大学学报(教育科学版),2016(4):12—15.

的一个重要流派,其中最具有代表性的是意大利的微观史、德国的日常生活史、法国的心态史和事件史。在上述语境下,我们可以从教育史编纂领域的拓展、教育史编纂视角的多样化和史料及记忆史学等角度对教育史研究的未来进行一些思考。① 同时,她还分析了后现代教育史学带来的消极问题。她指出,在后现代主义反对宏大理论叙事思潮的影响下,战后西方教育史学朝着多样化和多元化方向发展,但同时也带来了历史相对主义盛行和"碎化"危机。在打破了老教育史学的局限之后出现的过度专业化和分散化,所研究的课题越来越细小分散,彼此之间缺乏联系,乃至整个教育史学呈现出无形和无序的状态。② 她从三个方面研究了战后西方教育史学从一元到多元的演变历程。在研究范式方面,战后西方教育史学从传统教育史学到新教育史学再到新文化教育史学。在新文化史学的影响下,结构史和宏大叙事逐步让位于对个体教育经验的细致而深入的描述。③ 教育文化史的提出,一方面促进了教育史学观念的更新、教育史学研究范围的扩展和教育史学理论体系的完善;另一方面,教育文化史在强调教育的文化解释的同时,忽视了教育的社会、经济和政治解释,对教育历史客观性的怀疑,可能会引起主观主义的盛行;无所不包而又缺乏中心的做法,可能会导致教育史的碎片化。④

有研究者从后现代主义的视角,来研究史学的受众维度,后现代视角下历史的叙事性,内含了受众维度,提出"史学受众的问题,实际上是史学认识论批判的内容。从史学受众视角出发,发展教育史学的危机,可以转换成一个受众流失的问题。教育史学可以从内外两方面寻找受众,以摆脱危机走出困境"。⑤

---

① 周采.关于教育史编纂的若干思考[J].河北师范大学学报(教育科学版),2017(6):28—33.
② 周采.当代西方教育史学的发展[J].南京师大学报,2009(6):67—73.
③ 周采.多元化发展的战后西方教育史学[J].教育研究与实验,2009(5):65—68.
④ 杨伟东,胡金平.教育文化史:新文化史视域下的教育史学新范式[J].大学教育科学 2021(4):105—112.
⑤ 冯强,周采.史学受众与教育史学[J].中国人民大学教育学刊,2012(4):17—20.

# 结语：走向杂糅

## 结语
## 走向杂糅

1725年,维科的《新科学》的出版,标志着历史哲学的产生。多米尼克·拉卡普拉(Dominick Lacapra)在《历史与批判》(*History and Criticism*)中指出,历史学是哲学的话语,只是它没有意识到而已。① 怀特的观察,历史学家在历史学和哲学史之间划定一个严格的界限,没有认识到每一个历史话语中,包含一个全面的,如果只是蕴含其中,但也是适合的哲学史。② 英国历史学家沃尔什,将历史哲学分为思辨的历史哲学和分析的历史哲学。思辨的历史哲学关注的是历史问题本身;而分析的历史哲学,则关注的是对历史的认识,即由历史本体论转向认识论。后现代的历史哲学的兴起,意味着知识的不确定性,表征的则是社会的不确定性。它在否认历史客观性的同时,极大地强化了批判性;同时,它并没有否认历史的意义,显示出对历史哲学的最初梦想,以及思辨的历史哲学的高层次复归。③

传统史学重点关注偶像,借用巴孔关于"史学部落偶像"的隐喻说法,此类偶像主要包括:"政治偶像",它是政治史的研究重点或者持续关注的对象;"个人偶像",或把个人视为历史主体的习惯;最后是"年代偶像"即沉迷于追根溯源。④ 后现代主要反对传统史学对这三种偶像的专注。

但后现代主义者,并不是虚无主义者。安克斯密特指出,没有历史学家能避开历史主义。因为,如果他拒斥历史主义关于事物的本质或本体基于过去的主张,那他作为历史学家的目的何在?离开这一点,历史学家的努力,将没有意思或者说没有意义。⑤ 如福柯提出的现代主体观念包含了拒绝、好奇和创新,将它们置于道德的中心。福柯指出,我的道德有三个要素:(第一)拒绝接受向我们提出的东西,就是理所当然的;第二,分析和认知的必要性,因为如果没有思考和认识,那么我们必须做的任何事情都不可能完成,这就是好奇原则;第三,创新原则,这就是说不要受到任何事先规划的影响,而要在我们思考的某些内容中,在我们的行为方式中寻找那些从来就没有被思考过、从未被想象过、从未被认识的东西。这就是拒绝、好奇和创新。⑥

---

① LaCapra, D (1988). *History and criticism*. Ithaca: Cornell University Press. 12.
② Sol Cohen (2004). An Essay in the Aid of Writing History: Fictions of Historiography. *Studies in Philosophy and Education*, 23:317-332.
③ 杨耕,张立波.历史哲学:从缘起到后现代[J].学术月刊,2008(4):32—39.
④ 弗朗索瓦·多斯.碎片化的历史学:从《年鉴》到"新史学"[M].马胜利,译.北京:北京大学出版社,2008:18.
⑤ 安克斯密特.历史表现中的意义、真理和指称[M].周建漳,译.南京:译林出版社,2015:3.
⑥ 米歇尔·福柯.自我解释学的起源[M].潘培庆,译.重庆:西南师范大学出版社,2018:116.

有研究指出,尽管后现代主义已经不再流行,或许去日不多,虽然有那么多人热情地以时代先知的语气,诊断各种"后—后现代主义"的到来,但我们几乎可以肯定地说,即便后现代主义真的彻底终结了,今后也难以产生任何一种具有主导意义的文化范式或美学风格。互联网、智能手机等信息技术的高度发达,使得人们可以轻松拥有可供选择和消费的海量文化产品。这样的文化消费状况,几乎不可能允许,有一种主导性的风格长期占据人们的兴趣中心。21世纪的文化,具有了前所未有的民粹化和去中心化特征,而这又何尝不是后现代主义最终大获全胜的一个结果?①

对西方后现代教育史学的研究,有利于我们更好地了解它们,也体现了研究者的一种共情的心理。陈寅恪对冯友兰的《中国哲学史》进行评论时指出:

> 凡著中国古代哲学史者,其对于古人之学说,应具了解之同情,方可下笔。盖古人著书立说,皆有所为而发。故其所处之环境,所受之背景,非完全明了,则其学说不易评论,而古代哲学家去今数千年,其时代之真相,极难推知。吾人今日可依据之材料,仅为当时所遗存最小之一部,欲藉此残余断片,以窥测其全部结构,必须具备艺术家欣赏古代绘画雕刻之眼光及精神。然后古人立说之用意与对象,始可以真了解。所谓真了解者,必神游冥想,与立说之古人,处于同一境界,而对于其所持论所以不得不如是之苦心孤诣,表一种之同情,始能批评其学说之是非得失,则无隔阂肤廓之论。②

虽然后现代的高潮已经退去,但其并未过时。只要当代人还存有对现代主义的追求,对现代化向往的存在,后现代的批判就仍能发挥其建设性的作用。正如大卫·格里芬指出,迈向一个后现代世界,而不是试图回归到前现代的生活方式,以逃避现代性带来的恐惧的观念,意味着要吸收现代性的优点并克服它的缺点。这些优点中包括共有、自由和平等的理想。③ 从这个意义上来看,后现代不应该被终结,而应该作为现代主义的有益批判者一直存在。

---

① 陈后亮.后现代主义"终结"论:分析与理解[J].四川大学学报(哲学社会科学版),2021(3):64—73.
② 陈寅恪文集之三·金明馆丛稿二编[M].上海古籍出版社,1998:344.
③ 大卫·格里芬.后现代精神[M].王成兵,译.北京:中央编译出版社,1997:34.

从后现代教育史学的发展过程,我们可以发现,未来教育史研究应处理好以下四对关系。

第一,大众文化与精英文化的关系。

经过20世纪后现代的冲击之后,人们对文化的推崇,不再区分大众文化与精英文化,即对二者持有非此即彼的看法。在文化史研究过程中,应该考虑不同阶层是怎样接受不同文本的,并影响到他们的世界观。在彼得·曼德勒(Peter Mandller)看来:"最好的文化史应当是跨学科的——它应当运用虚构和非虚构的文本,运用幻想和经验。但我们使用的证据类型越多,如何维持清晰的概念就越困难。"①

教育史研究,不再仅仅依赖传统的史料,如官方档案证据、政策文本等。这需要拓展文献的研究范围。文献可分为个人文献和公共文献。个人文献包括,日记、信件、照片、备忘录、个人简历、自传、电影录像日记、墓志铭、记录个人梦想的录音带等;公共文献则包括,出生证、考试成绩、驾照、银行记录、报纸、各种委员会的记录、公开悼词、政策报告、公共条约、杂志、小说、遗嘱等。这既是对研究内容的丰富,同时也要求对研究方法及时更新。英国教育史学家麦卡洛赫指出,应根据各种具体的因素,来对文献进行解读,这涉及它们的生产和社会的背景,如与个人、社会、政治和历史的关系。②

第二,历史与现实之间的关系。

年鉴学派强调过去与现实的互动关系。这与历史主义不同,历史主义认为史学实践与当前毫无关系。而年鉴学派要求,历史学家关注他们所处的时代,认为当前有利于对历史的研究,应从当前出发,去追溯历史的线索。年鉴学派认为,史学论说具有相对性,因为史学不能摆脱它所处的时代,并渗透着当今的各种现实问题,这便造成了对历史时期的建构和阐释,对界限的划分也为研究创造了条件。这种建构每次在何时何地出现有待标明。每个时期都会根据当时的关注创造历史的表象。③ 也就是说,当前有利于了解过去,而不了解过去也不能正确地理解现在,更不能有效地去采取行动。与后现代史学不同的是,年鉴学派更强调当下对历史的启示意义。我们需要改变的,是世界而非过去。因此应打破现实与

---

① 彼得·曼德勒.文化史相关问题[C].陈恒,王刘纯.文化史与史学史.郑州:大象出版社,2017:11.
② McCulloch G. (2004). *Documentary Research in Education, History and Social Science*. London: Routledge Falmer. 3.
③ 弗朗索瓦·多斯.碎片化的历史学:从《年鉴》到"新史学"[M].马胜利,译.北京:北京大学出版社,2008:55.

过去之间的隔膜,通过了解过去,来更好地理解现在。

吕森指出,与历史经验碎化或以微观史进展的过去的个体图景相对照,就历史经验作为一个整体的范畴分析,这种理论工作历史编撰学是不能缺少的。对于用自下而上的历史来对抗自上而下的历史,用大众历史对抗精英历史,用异己的历史对抗自我的历史,与此相反,所有这些方面的联系都不应忽视,而且兼容并包的工作也一定不能放弃。这种范畴分析与历史综合,需要与现在的一种历史联系。① 只有现在与过去建立历史的联系,当代的定位危机才能解决。

今天各国的教育,无不受到全球化浪潮的影响。教育史的研究,无疑也应关注这一影响,尤其是关注其对不同历史时期各地方化情境中人的发展的影响。正如伊格尔斯所言,历史不同于自然,"历史学处理的,乃是表现为创造了历史的男男女女的意愿,以及使社会得以凝聚的种种价值和风尚。历史学处理的是,处在时间之中的具体的人和具体的文化"。②

因此,教育史研究不应只是在故纸堆里"讨生活",更为重要的是,基于对现实问题的关照。否则,教育史的研究,就可能成为了对某一主题的资料汇编,从而失去了研究本应具有的意义和价值。教育史研究应关注事件,以及对现实问题的解决,寻找现实问题的历史根源,建立起过去与现在的有机联系,而非厚古薄今,导致教育史研究对当前教育问题的漠视与隔膜。当前的消费主义导致人们对变化着的历史不感兴趣,教育史应当承担起对过去的伦理责任,探究过去与现在的关系,以更好地把握未来。

第三,批判与继承之间的关系。

任何创新都必须在已经确定的范畴下进行。后现代主义史学对现代主义的批判,也离不开对现代主义的继承。詹克斯主张,文化产品要从过去获得丰富性,承认当下的多元性,同时又不屈从于换汤不换药或庸俗文化的问题,则需要采取:

  双重编码、反讽戏仿以及大量引用的策略。③

---

① 耶尔恩·吕森.后现代主义观点下的历史启蒙:"新费解"时代的历史学[J].赵协真,译.东南学术,2005(3):43—53+77.
② 格奥尔格·伊格尔斯.二十世纪的历史学:从科学的客观性到后现代的挑战[M].何兆武,译.济南:山东大学出版社,2006:1.
③ 查尔斯·詹克斯.现代主义的临界点——后现代主义向何处去?[M].丁宁,等,译.北京:北京大学出版社,2011:69.

双重编码的意思就是精英/大众、和解/颠覆、以及新/旧。这些被夸大了的对立面说明了后现代风格为什么总是如此反讽的意味。反讽就像戏仿，可以同时说出两件不同的事情；在把矛盾双方思考透彻的同时，在头脑里保持一种受控制的精神分裂症。①

历史研究要避免非此即彼的立场。无论是历史若文学，还是实证主义的立场，都只是揭示历史研究的一个侧面。即便是后现代主义者，安克斯密特简短提及的立场：

> 二十年前，历史哲学是科学主义的；人们应避免走相反的极端，将历史学视为文学的一种形式。历史主义是二者之间的中道；历史主义保留了对于历史的科学主义取径与文学取径中正确的东西，而避免了它们都有的夸张成分。②

后现代主义思潮带来的成果是显而易见的，当然也有一定限度。有研究者认为，现代性与后现代是一种中心和边缘的关系。后现代作为一种思维方式，对现代社会的批判的力度虽然很大，但很难撼动现代社会的根基，更不大会对当前的统治秩序造成太大的干扰。后现代在政治学、社会学领域，也发出自己的声音，但只是产生了批判的效果，并未触动当下现代性政治的任何根基；后现代的诸多表现中，有边缘群体拒斥现代性的积极表现；而更多的是，在消费社会中所呈现的无根状态。③

后现代也并非与现代性是完全对立的关系，它只是现代性内部的一种变化。哈贝马斯甚至认为，现代性是一项未完成的构想。④

因此，在教育史研究中，也应避免采取极端的立场。应努力挖掘中外传统教育史学中的一些史学研究方法和编撰体裁；将传统教育史学研究范式与新的研究范式并重，走向多元化研究，其中包括研究者理论知识的多元化、方法手段的多元化、对象领域的多元化、成果形式的多元化等方面。⑤

---

① 查尔斯·詹克斯. 现代主义的临界点——后现代主义向何处去？[M]. 丁宁，等，译. 北京：北京大学出版社，2011：69.76.
② 约翰·扎米托. 夸张与融贯：后现代主义与历史学[J]. 陈栋，译. 历史研究，2013(5)：12—24.
③ 陆云. 后现代与现代间的张力：边缘与中心的对话[J]. 江苏师范大学学报(哲学社会科学版)，2020(5)：79—87.
④ 哈贝马斯. 现代性的哲学话语. 曹卫东，等，译. 南京：译林出版社，2004：作者前言1.
⑤ 周洪宇，周采. 教育史学前沿研究[M]. 济南：山东教育出版社，2019：743.

第四,总体与零碎之间的关系。

如何在总体的历史与零碎事件中寻找其平衡,是后现代史学之后必须回应的一个问题。年鉴学派的代表人物布罗代尔,曾经在总体史与个体史之间起到承上启下的作用。多斯指出,由于布罗代尔缺少将长时段和短时段联系起来的辩证法,他只能用当时"零碎的事件"拼成一幅图表。①

随着知识的全球化、网络时代的到来,国际文化交流日益频繁,使我们更多地开始摆脱地方的偏见。这使得教育史学家更多地从整体上看待问题。在总体性的指导下,教育史学应提高思想性,不能只关注历史的细枝末节;而应关注教育思想,教育习俗与国家教育的伟大进程,而不能只谈政策和法律。

年鉴学派布洛赫在《为历史学辩护》中指出,历史学家要揭示的是人,如果做不到这一点,你最多只能当个资料员。② 在年鉴学派看来,历史学研究的对象是人,在于研究人类社会的变化。他们对某一时段进行总体研究,把人置于中心地位,并重点关注变化。③

教育史应研究,在教育历史变革中人的发展变化。应信守总体史,在大教育观的指导下,揭露各种教育现象之间的因果关系,应表现抽象的逻辑结构与历史现实之间的辩证关系,以再现历史的脉络。多斯指出,历史学家的任务,就是透过错综复杂和含义模糊的事实,发现合理性的轮廓。④ 从总体性入手,探讨因果关系。他进一步指出,在建构因果关系体系时应避免两种危险:一是脱离现实的抽象概括;二是单纯描述特殊情况。因此,历史学家应当在事件陈述和观念框架之间反复往来。他们的综合工作,不应是把各个部分简单地拼凑到一起,而是要探讨其中的因果关系。⑤

整体史研究,须采取"自下而上"和"自上而下"并重的研究视角,不再仅仅关注精英人物,以及制度化的教育发展历程;而是所有职业、各个阶层的人,在各个社会活动领域接受

---

① 弗朗索瓦·多斯.碎片化的历史学:从《年鉴》到"新史学"[M].马胜利,译.北京大学出版社,2008:147.
② 弗朗索瓦·多斯.碎片化的历史学:从《年鉴》到"新史学"[M].马胜利,译.北京大学出版社,2008:55.
③ 弗朗索瓦·多斯.碎片化的历史学:从《年鉴》到"新史学"[M].马胜利,译.北京:北京大学出版社,2008:85.
④ 弗朗索瓦·多斯.碎片化的历史学:从《年鉴》到"新史学"[M].马胜利,译.北京:北京大学出版社,2008:240.
⑤ 弗朗索瓦·多斯.碎片化的历史学:从《年鉴》到"新史学"[M].马胜利,译.北京:北京大学出版社,2008:241.

教育的情景。教育史的阅读对象,不限于特定人群,而是面向普通读者。教育改革不是一种技术的、管理层面的问题,它与广阔的社会背景相联系。这需要教育史研究者,将教育发展置于整个社会发展的背景之下,研究教育与社会其他各子系统之间的互动关系,揭示教育发展的本质。

在后现代主义的影响下,20世纪80年代以来,文化史,包括日常生活史、妇女运动史等研究兴盛了起来,地方性和社会个体得到了大幅度的强调。然而对历史编纂学影响更为深远的却仍是当今的全球化进程。确信过去的真实性,知晓历史认识中的主观性,遵循共同的理性尺度,容许历史阐释的多样性,或许将使我们比以往的"科学"史家更加了解历史。[1] 因此,应从一种长时段的视角来理解后现代教育史学(educational historiography of postmodernism),而非从后现代的视角来看待后现代教育史学,否则那将带来一种混乱。今天,西方教育史学走向一种全球的教育史学,更多地是走向一种融合与杂糅。

现在的历史研究越来越有必要走向折中主义。韦恩·厄本在《美国教育:一部历史档案》的前言中指出:"对历史批判最为猛烈的人和最卖力地为历史辩护的人都是错误的,批判者对历史不屑一顾,而拥护者又对历史寄予了太多的希望。"对历史持一种理性的态度,它往往会带来更多的惊喜。[2] 这句话同样适用于对西方后现代教育史学的评价。

总之,后现代主义虽然激发了个人的精神力量,但对主流教育史学的批判和解构,则可能导致整个社会主流的精神方向出现偏差。因此,教育史研究应以挖掘历史中教育发展中进步的历史,以发现优秀的历史文化教育遗产;同时,对教育历史发展的多元性、多种可能性,持一种开放的态度。传统的研究领域,仍得继续发掘,但也得运用新理论和新方法,去探索与过去不同的那些东西。只有这样,教育史学的研究,才具有永不停息的生命力。

---

[1] 格奥尔格·伊格尔斯.历史编撰学与后现代主义[J].东岳论丛,2004(6):24—31.
[2] 韦恩·厄本,杰宁斯·瓦格纳.美国教育:一部历史档案[M].周晟,谢爱磊,译.北京:中国人民大学出版社,2008:前言1.

# 参考文献

## (一) 中文论文

1. 阿莱达·阿斯曼.历史与记忆之间的转换[J].教佳怡,译.学术交流,2017(1).
2. 彼得·伯克.西方新社会文化史[J].刘华,译.历史教学问题,2000(4).
3. 曾水兵.后现代主义对现代性教育的解构和重构[J].宁波大学学报(教育科学版),2005(2).
4. C.凯勒.作为虚假历史的后现代主义[J].孔明安,译.国外社会科学,1993(8).
5. 常建华.日常生活与社会文化史——"新文化史"观照下的中国社会文化史研究[J].史学理论研究,2012(1).
6. 陈后亮.后现代主义"终结"论:分析与理解[J].四川大学学报(哲学社会科学版),2021(3).
7. 陈华.西方课程史的研究路径及内涵探析[J].全球教育展望,2014(4).
8. 陈旭光.互联网与当代青年集体记忆的建构——基于90后"高考记忆"的经验研究[J].当代传播,2007(1).
9. 丁钢.村童与塾师:一种风俗画的教育诠释[J].社会科学战线,2015(2).
10. 丁钢.叙事范式与历史感知:教育史研究的一种方法维度[J].教育研究,2009(5).
11. 丁钢.转向屏风:空间、图像及其叙事中的教化[J].湖南师范大学教育科学学报,2017(4).
12. 冯强,周采.论教育史学的情节问题——一种后现代主义史学的视角[J].教育学术月刊,2016(3).
13. 冯强,周采.史学受众与教育史学[J].中国人民大学教育学刊,2012(4).
14. 冯强.多元文化:美国教育史学的族群课题[J].外国教育研究,2019(3).
15. 格奥尔格·伊格尔斯.历史编撰学与后现代主义[J].李丽君,译.东岳论丛,2004(6).
16. 郭震旦.历史编撰新图景:大众化历史叙事的隆起——兼论后现代史学[J].清华大学学报(哲学社会科学版),2009(5).
17. 海伦·香农.美国博物馆教育的历史与现状[J].伍彬,译.博物院,2018(4).
18. 韩江雪."进步教育"寻绎:地位政治语境下的课程冲突研究[J].当代教育科学,2019(12).
19. 韩震.历史哲学中的后现代主义趋势[J].学术研究,2004(4).
20. 何平.历史进步观与18、19世纪西方史学[J].学术研究,2002(1).
21. 侯方峰.历史叙事的兴衰及理论论争[J].求索,2013(9).
22. 侯建新.浅议当代西方家庭史学[J].天津师大学报(社会科学版),1990(3).
23. 黄进兴.后现代主义与中国"新史学"的碰撞[J].历史研究,2013(5).
24. K. L.克莱因.叙述权力考察:后现代主义和没有历史的人[J].肖华锋,肖卫民,译.世界哲学,2003(2).

25. 李宏图.当代西方新社会文化史述论[J].世界历史,2004(1).
26. 李倩雯.美国课程史研究的史观问题[J].外国教育研究,2018(9).
27. 李先军,高爱平.微观史学视角下的教师生活史研究[J].比较教育研究,2021,43(3).
28. 李先军.论波克维茨的"历史化"教育史学[J].华东师范大学学报(教育科学版),2017(4).
29. 李先军.论新叙事史学与教育史学研究[J].教育研究,2019(10).
30. 李友东.西方后现代"历史叙事"论争及其启示[J].天津社会科学,2020(2).
31. 刘大伟,周洪宇.教育记忆史:教育史研究的新领域[J].现代大学教育,2018(1).
32. 刘象愚.法农与后殖民主义[J].外国文学,1999(1).
33. 刘中玉.从"碎片化"到"形象化"——简论全球化视野下的文化史观[J].形象史学研究,2014(4).
34. 陆云.后现代与现代间的张力:边缘与中心的对话[J].江苏师范大学学报(哲学社会科学版),2020(5).
35. 罗伯特·W·海伯,熊耕.加拿大城市原住民教育所面临的问题[J].北京大学教育评论,2008(2).
36. 毛毅静,丁钢.别样的历史叙事——作为一个研究领域的教育影像[J].教育研究,2013(1).
37. 米红,解孟源.西方历史人口学前沿研究评述[J].国外社会科学,1997(3).
38. 缪学超.学校仪式的文化记忆功能及实现路径[J].教育学报,2020(2).
39. 彭刚.对叙事主义史学理论的几点辨析[J].史学理论研究,2010(1).
40. 彭刚.历史记忆与历史书写——史学理论视野下的"记忆的转向"[J].史学史研究,2014(2).
41. 钱扑.加拿大教育的历史演进及其社会因素分析[J].外国中小学教育,1992(1).
42. 邵东方.文化史学、微观史学和《蒙泰卢谬误的乐土》[J].读书,1993(1).
43. 申丹."歧义"与"晦涩难解"——从里蒙与米勒的对话看结构主义与解构主义叙事理论[J].英语研究,2002(1).
44. 孙利天,吴旭平.后形而上学思想的确定性[J].社会科学战线,2011(1).
45. Thomas S. Popkewitz.理性之理性:世界主义及其对学校的治理[J].胡美馨,韩春燕,吴宗杰,译.全球教育展望,2010(3).
46. 田正平.老学科 新气象——改革开放30年教育史学科建设述评[J].教育研究,2008(9).
47. 田正平.清末废科举、兴学堂的另一类解读——《朱峙三日记(1893—1919)》阅读札记[J].教育研究,2012(2).
48. 田正平.鸦片战争前后一位乡村塾师的生活世界——《管庭芬日记》阅读札记[J].社会科学战线,2019(2).
49. 王治河.论后现代主义的三种形态[J].国外社会科学,1995(1).
50. 邬春芹.美国城市教育史学发展历程初探[J].河北师范大学学报(教育科学版),2014,16(5).
51. 武翠红.劳伦斯·克雷明教育史学方法论述评[J].河北师范大学学报(教育科学版),2011(1).
52. 武翠红.论"家庭策略"方法在教育史研究中的运用[J].教育学术月刊,2012(1).
53. 武翠红.论马克思主义与英国教育史学的博弈和创新[J].现代大学教育,2013(2).

54. 武翠红. 英国教育史研究的传记叙事模式述评[J]. 大学教育科学,2020(6).

55. 武翠红. 英国教育史研究的情感维度分析[J]. 现代大学教育,2021(4).

56. 杨耕,张立波. 历史哲学:从缘起到后现代[J]. 学术月刊,2008(4).

57. 杨令侠. 加拿大新社会史学的崛起和成长(20世纪60年代中至80年代)[J]. 史学理论研究,2002(2).

58. 杨伟东,胡金平. 教育文化史:新文化史视域下的教育史学新范式[J]. 大学教育科学,2021(4).

59. 耶尔恩·吕森. 后现代主义观点下的历史启蒙:"新费解"时代的历史学[J]. 赵协真,译. 东南学术,2005(3).

60. 耶尔恩·吕森. 后现代主义观点下的历史启蒙[J]. 赵协真,译. 东南学术,2005(3).

61. 宇森(Jorn Rüsen). 什么是后设史学?寻找一个可以理解的研究历史之理论[J]. 汪荣祖,译. 史学史研究,2013(2).

62. 约翰·扎米托. 夸张与融贯:后现代主义与历史学[J]. 陈栋,译. 历史研究,2013(5).

63. 张斌贤. 告别教科书传统:教育研究规范化的必由之路[J]. 教育科学研究,2017(12).

64. 张斌贤. 教育史观:批判与重构[J]. 教育学报,2012(6).

65. 张晓阳. 论"教育"历史的"真实"叙事[J]. 湖南师范大学教育科学学报,2014(11).

66. 张友伦. 加拿大史学初论[J]. 南开学报,1994(1).

67. 赵国权. 图像史料:教育活动场景的别样诠释——以两汉图像为例[J]. 河南大学学报(社会科学版),2016(5).

68. 赵婧. "碎片化"思维与教育研究——托马斯·波克维茨教授访谈录[J]. 全球教育展望,2012(10).

69. 弗兰克·安克斯密特. 历史编撰与后现代主义[J]. 陈新,译. 东南学术,2005(3).

70. 赵静蓉. 文化记忆与符号叙事——从符号学的视角看记忆的真实性[J]. 暨南学报(哲学社会科学版),2013(5).

71. 周采. 当代西方教育史学的发展[J]. 南京师大学报(社会科学版),2009(6).

72. 周采. 多元化发展的战后西方教育史学[J]. 教育研究与实验,2009(5).

73. 周采. 关于教育史编纂的若干思考[J]. 河北师范大学学报(教育科学版),2011(11).

74. 周采. 历史研究视角的转移与战后西方教育史学[J]. 清华大学教育研究,2010(1).

75. 周采. 评斯普林的《美国学校》[J]. 教育史研究辑刊,2004(2).

76. 周采. 新文化史与教育史研究[J]. 河北师范大学学报(教育科学版),2016(4).

77. 周采. 战后西方教育史学流派的发展[J]. 教育学报,2010(1).

### (二)中文专著

1. 阿兰·斯威伍德. 文化理论与现代性问题[M]. 黄世权,桂琳,译. 北京:中国人民大学出版社,2013.

2. 埃马纽埃尔·勒华拉杜里. 蒙塔尤:1294—1324年奥克西坦尼的一个山村[M]. 许明龙,马胜利,译. 北京:商务印书馆,2012.

3. 埃娃·多曼斯卡. 邂逅:后现代主义之后的历史哲学[M]. 彭刚,译. 北京:北京师范大学出版社,2007.
4. 艾格勒·贝奇,多米尼克·朱利亚.西方儿童史(上卷)[M].卞晓平,申华明,译.北京:商务印书馆,2016.
5. 艾格勒·贝奇,多米尼克·朱利亚.西方儿童史(下卷)[M].卞晓平,申华明,译.北京:商务印书馆,2016.
6. 爱德华·W·萨义德.东方学[M].王宇根,译.北京:生活·读书·新知三联书店,2019.
7. 爱德华·W·萨义德.文化与帝国主义[M].李琨,译.北京:生活·读书·新知三联书店,2016.
8. 安迪·格林.教育、平等和社会凝聚力:一种基于比较的分析[M].赵刚,等,译.上海:华东师范大学出版社,2018.
9. 安迪·格林.教育、全球化与民族国家[M].朱旭东,徐卫红,等,译.北京:教育科学出版社,2004.
10. 安克斯密特.历史表现中的意义、真理和指称[M].周建漳,译.南京:译林出版社,2015.
11. 安托万·普罗斯特.历史学十二讲[M].王春华,译.北京:北京大学出版社,2012.
12. 芭芭拉·查尔尼娅维斯卡.社会科学研究中的叙事[M].鞠玉翠,等,译.北京:北京师范大学出版社,2010.
13. 保罗·康纳顿.社会如何记忆[M].纳日碧力戈,译.上海:上海人民出版社,2000.
14. 保罗·科布利.叙述[M].方小莉,译.成都:四川大学出版社,2017.
15. 彼得·伯克.什么是文化史[M].蔡玉辉,译.北京:北京大学出版社,2009.
16. 彼得·伯克.图像证史[M].杨豫,译.北京:北京大学出版社,2018.
17. 彼得·伯克.文化史的风景[M].丰华琴,刘艳,译.北京:北京大学出版社,2013.
18. 蔡铮云.另类哲学:现代社会的后现代文化[M].上海:上海人民出版社,2006.
19. 查尔斯·詹克斯.现代主义的临界点——后现代主义向何处去?[M].丁宁,等,译.北京:北京大学出版社,2011.
20. 陈恒,王刘纯.文化史与史学史[C].郑州:大象出版社,2017.
21. 陈嘉明.现代性与后现代性十五讲[M].北京:北京大学出版社,2006.
22. 陈启能.二战后欧美史学的新发展[M].济南:山东大学出版社,2005.
23. 陈新.西方历史叙述学[M].北京:社会科学文献出版社,2005.
24. 陈寅恪文集之三·金明馆丛稿二编[M].上海:上海古籍出版社,1998.
25. 大卫·格里芬.后现代精神[M].王成兵,译.北京:中央编译出版社,1997.
26. 戴维·B·泰亚克.一种最佳体制:美国城市教育史[M].赵立玮,译.上海:上海人民出版社,2010.
27. 丹尼尔·夏克特.找寻逝去的自我:大脑、心灵和往事的记忆[M].高申春,译.长春:吉林人民出版社,1998.
28. 丹尼尔·坦纳,劳雷尔·坦纳.学校课程史[M].崔允漷,译.北京:教育科学出版社,2006.
29. 丁钢.中国教育:研究与评论(第2辑)[C].北京:教育科学出版社,2002.
30. 杜成宪,邓明言.教育史学[M].北京:人民教育出版社,2004.
31. E. H. 卡尔.历史是什么[M].陈恒,译.北京:商务印书馆,2007.
32. E. P. 汤普森.英国工人阶级的形成(上)[M].钱乘旦,等,译.南京:译林出版社,2013.

33. 恩斯特·布赖萨赫. 西方史学史[M]. 黄艳红,等,译. 北京:北京大学出版社,2019.
34. F. R. 安克斯密特. 历史表现[M]. 周建漳,译. 北京:北京大学出版社,2011.
35. 菲利普·阿利埃斯. 儿童的世纪:旧制度下的儿童与家庭生活[M]. 沈坚,朱晓罕,译. 北京大学出版社,2013.
36. 弗兰克·安克斯密特. 崇高的历史经验[M]. 杨军,译. 上海:东方出版社,2011.
37. 弗朗索瓦·多斯. 碎片化的历史学:从《年鉴》到"新史学"[M]. 马胜利,译. 北京:北京大学出版社,2008.
38. 海登·怀特. 元史学:19世纪欧洲的历史想象[M]. 陈新,译. 南京:译林出版社,2004.
39. 韩震,孟鸣歧. 历史·理解·意义——历史诠释学[M]. 上海:上海译文出版社,2002.
40. 黄进兴. 后现代主义与史学研究[M]. 北京:生活·读书·新知三联书店,2008.
41. 佳亚特里·斯皮瓦克. 后殖民理性批判:正在消失的当下的历史[M]. 严蓓雯,译. 南京:译林出版社,2014.
42. 卡特林娅·萨里莫娃,欧文·V. 约翰宁迈耶主编. 当代教育史研究与教学的主要趋势[M]. 方晓东,等,译. 北京:教育科学出版社,2001.
43. 克利福德·格尔茨. 文化的解释[M]. 韩莉,译. 南京:译林出版社,2014.
44. 劳伦斯·A. 克雷明. 美国教育 2:建国初期的历程 1783—1876[M]. 北京:北京师范大学,2002.
45. 劳伦斯·A. 克雷明. 美国教育 3:城市化时期的历程 1876—1980[M]. 北京:北京师范大学,2002.
46. 劳伦斯·A. 克雷明. 学校的变革:美国教育中的进步主义,1876—1957[M]. 单中惠,马晓斌,译. 上海:上海教育出版社,1994.
47. 劳伦斯·斯通. 历史叙述的复兴[C]. 古伟瀛,译. 陈恒,耿相新主编. 新史学(第4辑). 郑州:大象出版社,2005.
48. 勒高夫. 历史与记忆[M]. 方仁杰,倪复生,译. 北京:中国人民大学出版社,2010.
49. 梁启超. 新史学. 蒋大椿. 史学探渊——中国近代史学理论文编[C]. 长春:吉林教育出版社,1991.
50. 林·亨特. 导论:历史、文化与文本. 林·亨特. 新文化史[C]. 姜进,译. 上海:华东师范大学出版社,2011.
51. 林恩·范德勒(Lynn Fendler). 米歇尔·福柯[M]. 邵文实,译. 哈尔滨:黑龙江教育出版社,2016.
52. 马克·布洛赫. 历史学家的技艺[M]. 张和声,程郁,译. 上海:上海社会科学院出版社,1992.
53. 马克·弗里曼. 传统与对自我和文化的回忆. 哈拉尔德·韦尔策. 社会记忆:历史、回忆、传承[M]. 季斌,等,译. 北京:北京大学出版社,2007.
54. 马克·柯里. 后现代叙事理论[M]. 宁一中,译. 北京:北京大学出版社,2003.
55. 詹姆斯·D. 马歇尔. 米歇尔·福柯:个人自主与教育[M]. 于伟,李珊珊,等,译. 北京:北京师范大学出版社,2008.
56. 迈克·费瑟斯通. 消费文化与后现代主义[M]. 刘精明,译. 南京:译林出版社,2000.
57. 米歇尔·福柯. 规训与惩罚:监狱的诞生[M]. 刘北成,杨远婴,译. 北京:生活·读书·新知三联书店,2009.
58. 米歇尔·福柯. 词与物——人文科学考古学[M]. 莫伟民,译. 上海:上海三联书店,2001.
59. 米歇尔·福柯. 知识考古学[M]. 谢强,马月,译. 北京:生活·读书·新知三联书店,1998.
60. 米歇尔·福柯. 自我解释学的起源[M]. 潘培庆,译. 重庆:西南师范大学出版社,2018.
61. 米歇尔·福柯. 福柯访谈论:权力的眼睛[M]. 严峰,译. 上海:上海人民出版社,1997.
62. 莫里斯·哈布瓦赫. 论集体记忆[M]. 毕然,郭金华,译. 上海:上海人民出版社,2002.
63. 欧文·潘诺夫斯基. 图像学研究:文艺复兴时期艺术的人文主题[M]. 戚印平,范景中,译. 上海:上海三联书店,2011.
64. 佩里·安德森. 后现代性的起源[M]. 紫辰,合章,译. 北京:中国社会科学出版社,2008.
65. 彭刚. 叙事的转向:当代西方史学理论的考察[M]. 北京:北京大学出版社,2017.
66. 乔尔·斯普林. 美国学校:教育传统与变革[M]. 史静寰,等,译. 北京:人民教育出版社,2010.
67. 让·弗朗索瓦·利奥塔. 后现代状况[M]. 车槿山,译. 南京:南京大学出版社,2011.
68. 石海军. 后殖民:英印文学之间[M]. 北京:北京大学出版社,2008.
69. 史静寰,延建林等. 西方教育史学百年史论[M]. 北京:人民教育出版社,2014.
70. 特里·伊格尔顿. 后现代主义的幻象[M]. 华明,译. 北京:商务印书馆,2000.
71. 托马斯·波克维茨. 教育改革的政治社会学:教学、师资培育及研究的权利/知识[M]. 薛晓华,译. 台北:国立编译馆,巨流图书股份有限公司,2007.
72. W. J. T. 米歇尔. 图像何求:形象的生命与爱[M]. 陈永国,高焓,译. 北京:北京大学出版社,2018.
73. 王笛. 茶馆:成都的公共生活和微观世界,1900—1950[M]. 北京:社会科学文献出版社,2010.
74. 王明珂. 华夏边缘:历史记忆与族群认同[M]. 杭州:浙江人民出版社,2013.
75. 王文智. 美国课程史学的话语变迁[M]. 济南:山东教育出版社,2015.
76. 王岳川. 后现代后殖民主义在中国[M]. 北京:首都师范大学出版社,2002.
77. 威廉·W. 布里克曼. 教育史学:传统、理论和方法[M]. 许建美,译. 济南:山东教育出版社,2013.
78. 韦恩·厄本,杰宁斯·瓦格纳. 美国教育:一部历史档案[M]. 周晟,谢爱磊,译. 北京:中国人民大学出版社,2008.
79. 武翠红. 英国教育史学:创立与变革[M]. 北京:中国社会科学出版社,2015.
80. 徐梓,王立刚. 科举·秀才[M]. 北京:中华书局,2018.
81. 许美德. 现代中国精神:知名教育家的生活故事. 中国教育:研究与评论(第1辑)[C]. 北京:教育科学出版社,2002.
82. 杨智颖. 课程史研究观点与分析取径探析:以Kliebard和Goodson为例[M]. 高雄:高雄复文图书出版社,2008.
83. 伊格尔斯. 二十世纪的历史学:从科学的客观性到后现代的挑战[M]. 何兆武,译. 沈阳:辽宁教育出版社,2003.
84. 伊哈布·哈桑. 后现代转向:后现代理论与文化论文集[M]. 刘象愚,译. 上海:上海人民出版社,2015.
85. 伊曼纽尔·列维纳斯. 总体与无限[M]. 朱刚,译. 北京:北京大学出版社,2016.

86. 伊曼纽尔·沃勒斯坦.书写历史[A].王建娥,译.伊格尔斯等.书写历史.上海:上海三联书店,2003.
87. 约恩·吕森.历史思考的新途径[M].綦甲福,来炯,译.上海:上海人民出版社,2005.
88. 约翰·赫伊津哈.中世纪的秋天:14世纪和15世纪法国和荷兰的生活、思想和艺术[M].何道宽,译.桂林:广西师范大学出版社,2008.
89. 詹京斯.后现代历史学——从卡尔到埃尔顿到洛蒂与怀特[M].江正宽,译.台北:麦田出版社,2000.
90. 詹明信.晚期资本主义的文化逻辑[M].张旭东编,陈清侨,等,译.北京:生活·读书·新知三联书店,2013.
91. 张天社.近现代史学流派简析[M].西安:西北大学出版社,2018.
92. 赵静蓉.文化记忆与身份认同[M].北京:生活·读书·新知三联书店,2015.
93. 周兵.新文化史:历史学的"文化转向"[M].上海:复旦大学出版社,2012.
94. 周兵等.西方史学通史(第6卷 现当代时期)[M].上海:复旦大学出版社,2011.
95. 周采.美国教育史学:嬗变与超越[M].北京:人民教育出版社,2006.
96. 周采.当代西方教育史学流派研究[M].上海:上海交通大学出版社,2018.
97. 周洪宇,周采.教育史学前沿研究[M].济南:山东教育出版社,2019.
98. 周洪宇.教育史学通论[M].北京:人民教育出版社,2018.
99. 周愚文.教育史学研究[M].台北:台湾师范大学出版中心,2014.
100. 诸园.美国女性教育史学史[M].北京:中国社会科学出版社,2017.

(三) 英文论文

1. Agustín Escolano (1996). Postmodernity or High Modernity? Emerging Approaches in the New History of Education. *Paedagogica Historica*, 32(2):325 – 341.
2. Agustín Escolano Benito (2003). The School in the City: School Architecture as Discourse and as Text. *Paedagogica Historica*, 39(1):53 – 64.
3. Alan H. Child (1971). The History of Canadian Education: A Bibliographical Note. *Social History*, 8.
4. Alan Williamson (1997). Decolonizing Historiography of Colonial Education: Processes of Interaction in the Schooling of Torres Strait Islanders. *Qualitative Studies in Education*, 10(4):407 – 423.
5. Alison Prentice (1975). The Feminization of Teaching in British North America and Canada, 1845 – 1875. *Histoire Sociale-Social History*, 8(15):5 – 20.
6. Alison Prentice (1972). Education and the Metaphor of the Family: The Upper Canadian Example. *History of Education Quarterly*, 12(3):281 – 304.
7. Amit Sarwal, David Lowe (2021). "Behind the White Curtain": Indian Students and Researchers in Australia, 1901 – 1950. *History of Education Review*, 50(2):212 – 225.
8. Andrea Hofmeister, Reiner Prass, Norbert Winnige (1998). Elementary Education, Schools, and the Demands of Everyday Life: Northwest Germany in 1800. Translated by Jonathan B. Knudsen. *Central European History*, 31(4):329 – 384.
9. Anne Scrimgeour (2006). Notions of Civilisation and the Project to 'Civilise' Aborigines in

South Australia in the 1840S. *History of Education Review*, 35(1):35-46.
10. Annegret Staiger (2005). School Walls as Battle Grounds: Technologies of Power, Space and Identity. *Paedagogica Historica*, 41(4-5):555-569.
11. Anthony L. Brown, Wayne Au Race (2014). Race, Memory, and Master Narratives: A Critical Essay on U. S. Curriculum History. *Curriculum Inquiry*, 44(3):358-389.
12. António Nóvoa (2000). Ways of Saying, Ways of Seeing Public Images of Teachers (19th-20th Centuries). *Paedagogica Historica*, 36(1):20-52.
13. António Nóvoa (1995). On History, History of Education, and History of Colonial Education. *Paedagogica Historica*, 31(sup1):23-64.
14. Arie Wilschut (2010). History at the Mercy of Politicians and Ideologies: Germany, England and the Netherlands in the 19th and 20th Centuries. *Journal of Curriculum Studies*, 42(5):693-723.
15. Asa Briggs (1972). The Study of the History of Education. *History of Education*, 1(1):5-22.
16. Beard, M. R. (2017). Re-thinking Oral History-A Study of Narrative Performance. *Rethinking History*, 21(4):529-548.
17. Bernard Hyams (1995). United States Colonialism in Hawaiian Education: The Teacher's Role. *Paedagogica Historica*, 31(sup1):279-292.
18. Bert Vanhulle (2009). The Path of History: Narrative Analysis of History Textbooks-A Case Study of Belgian History Textbooks (1945-2004). *History of Education*, 38(2):263-282.
19. Berthold Molden (2016). Resistant Pasts Versus Mnemonic Hegemony: On the Power Relations of Collective Memory. *Memory Studies*, 9(2):125-142.
20. Brad S. Gregory (1999). Is Small Beautiful? Microhistory and the History of Everyday Life. *History and Theory*, 38(1):100-110.
21. Bruno-Jofré Rosa (2014). History of education in Canada: Historiographic "Turns" and Widening Horizons. *Paedagogica Historica*, 50(6):774-785.
22. Burke, C. (2005). Contested Desires: the Edible Landscape of School. *Paedagogica Historica*, 41(4-5):571-587.
23. Burke, C. (2007). The View of the Child: Releasing 'Visual Voices' in the Design of Learning Environments. *Discourse*, 28(3):359-372.
24. Burke, C. (2009). Inside out: a Collaborative Approach to Designing Schools in England, 1945-72. *Paedagogica Historica*, 45(3):421-433.
25. Burke, C. (2001). Hands-on History: Towards a Critique of the 'Everyday'. *History of Education*, 30(2):191-201.
26. Burke, C. (2005). Contested Desires: The Edible Landscape of School. *Paedagogica Historica*, 41(4-5):571-587.
27. Burke, C. (2005). Introduction. Containing the School Child: Architectures and Pedagogies. *Paedagogica Historica*, 41(4-5):489-494.

28. Catherine Manathunga, Mark Selkrig & Alison Baker (2018). Enlivening the Senses: Engaging Sight and Sound to (re)Consider the Hidden Narratives of Academics in the Histories of University Education. *History of Education*, 47(2):169-189.
29. Cathy L. James (1994). The City and Education in Four Nations. *Historical Studies in Education/Revue d'histoire De l'éducation*, 6(2):341-343.
30. Chad Gaffield (2018). From Centennial to Sesquicentennial in Canada: Transformative Research in the History of Education. *Historical Studies in Education/Revue d'histoire de l'éducation*, 30(1):1-8.
31. Charles E. Phillips (1951). Education in Canada, 1939-46. *History of Education Journal*, 3(1):7-13.
32. Charles E. Strickland (1964). Centuries of Childhood: A Social History of Family Life. *History of Education Quarterly*, 4(4):307-309.
33. Christine Wall (2008). Picturing an Occupational Identity: Images of Teachers in Careers and Trade Union Publications 1940-2000. *History of Education*, 37(2):317-340.
34. Clive Whitehead (2005). The historiography of British Imperial Education Policy, Part II: Africa and the Rest of the Colonial Empire. *History of Education*, 34(4):441-454.
35. Cohen. S. (1973). New perspectives in the history of American Education 1960-1970. *History of Education*, 1(2):79-98.
36. Curtis A. Brewer (2014). Historicizing in Critical Policy Analysis: the Production of Cultural Histories and Microhistories, *International Journal of Qualitative Studies in Education*, 27(3):273-288.
37. D. S. Woods(1936). History of Education and Comparative Education: History of Education in Canada. *Review of Education Research*, 6(4):377-382.
38. Derek Taira (2018). Embracing Education and Contesting Americanization: A Reexamination of Native Hawaiian Student Engagement in Territorial Hawaii's Public Schools, 1920-1940. *History of Education Quarterly*, 58(3):361-391.
39. Derrick Armstrong (2003). Historical Voices: Philosophical Idealism and the Methodology of 'Voice' in the History of Education. *History of Education*, 32(2):201-217.
40. Donald Warren (2014). American Indian Histories as Education History. *History of Education Quarterly*, 54(3):255-285.
41. Elizabeth Edwards (2000). Women Principals, 1900-1960: Gender and Power. *History of Education*, 29(5):405-414.
42. Emily M. Nett (1981). Canadian Families in Social-Historical Perspective. *The Canadian Journal of Sociology/Cahiers Canadiens De Sociologie*, 6(3):239-260.
43. Epstein, T. (2016). The Relationship between Narrative Construction and Identity in History Education: Implications for Teaching and Learning. *Educar em Revista*, 60:121-131.
44. Eric W. Sager, Peter Baskerville (1999). Family History in Canada: An Introduction. *The History of the Family*, 4(4):367-374.

45. Fay Gasparini, Malcolm Vick (2006). Picturing the History of Teacher Education: Photographs and Methodology. *History of Education Review*, 35(2):16-31.
46. Frank T. Denton, Peter J. George (1974). Socio-economic Influences on School Attendance: A Study of a Canadian Country in 1871. *History of Education Quarterly*, 14(2):223-232.
47. Furet, F. (1975). From Narrative History to History as a Problem. Translated by Susanna Contini. *Diogenes*, 23(3):106-123.
48. G. R. Batho (1979). Urban Education in the Nineteenth Century: Proceedings of the 1976 Annual Conference of the History of Education Society of Great Britain. *British Journal of Educational Studies*, 27(1):90-92.
49. Gardner Philip (2003). Oral History in Education: Teacher's Memory and Teachers' History. *History of Education*, 32(2):175-188.
50. Gary McCulloch, Ruth Watts. (2003). Introduction: Theory, Methodology, and the History of Education. *History of Education*, 32(2):129-132.
51. Geoffey Sherington (2003). 'Suffer Little Children': British Child Migration as a Study of Journeyings between Centre and Periphery. *History of Education*, 32(5):461-476.
52. Grosvenor, I. (2005). The Art of Seeing: Promoting Design in Education in 1930s England. *Paedagogica Historica*, 41(4-5):507-534.
53. Grosvenor, I. (2007). From the 'Eye of History' to a 'Second Gaze': the Visual Archive and the Marginalized in the History of Education. *History of Education*, 36(4-5):607-622.
54. Grosvenor, I. (2008). Seen but not Heard: City Childhoods from the Past into the Present. *Paedagogica Historica*, 43(3):405-429.
55. Harvey J. Graff (1972). Towards a Meaning of Literacy: Literacy and Social Structure in Hamilton, Ontario, 1861. *History of Education Quarterly*, 12(3):411-431.
56. Hayden Lorimer (2005). Cultural Geography: the Busyness of Being 'More-than-representational'. *Progress in Human Geography*, 29(1):83-94.
57. Hayden White (1988). Historiography and Historiophoty. *The American Historical Review.*, 93(5):1193-1199.
58. Ian Grosvenor (2005). 'The Art of Seeing': Promoting Design in Education in 1930s England. *Paedagogica Historica*, 41(4-5):507-534.
59. Ida Juul (2008). Educational Narratives: Educational History Seen from a Micro-perspective. *Paedagogica Historica*, 44(6):707-720.
60. Inés Dussel (2013). The Assembling of Schooling: Discussing Concepts and Models for Understanding the Historical Production of Modern Schooling. *European Educational Research Journal*, 12(2):176-189.
61. J. Hoeppner Moran (1981). Literacy and Education In Northern England, 1350-1550: A Methodological Inquiry. *Northern History*, 17(1):1-23.
62. James R. King (1991). Collaborative Life History Narratives: Heroes in Reading Teachers'

Tales. *International Journal of Qualitative Studies in Education*, 4(1):45-60.
63. Jane Martin (2003). The Hope of Biography: the Historical Recovery of Women Educator Activists. *History of Education*, 32(2):219-232.
64. Jane Martin (2007). Thinking Education Histories Differently: Biographical Approaches to Class Politics and Women's Movements in London 1900s to 1960s. *History of Education*, 36(4-5):515-533.
65. Jane McDermid (2003). Gender and Geography: the Schooling for Poor Girls in Highland and Islands of Nineteenth Century Scotland. *History of Education Review*, 32(2):30-45.
66. Jane McDermid (2003). What to do with Our girls? The Schooling of Working Class Girls in Scotland, 1872-1900. *History of Educational Research*, 72:28-29.
67. Jeroen J. H. Dekker (1990). The Fragile Relation Between Normality and Marginality. Marginalization and Institutionlization in the History of Education. *Paedagogica Historica*, 26(2):12-29.
68. Jeroen J. H. Dekker (1996). A Republic of Educators. Educational Messages in Seventeenth-Century Dutch Genre Painting. *History of Education Quarterly*, 36(2):155-182.
69. Jeroen J. H. Dekker (2008). Moral Literacy: the Pleasure of Learning How to Become Decent Adults and Good Parents in the Dutch Republic in the Seventeenth Century. *Paedagogica Historica*, 44(1-2):137-151.
70. Jeroen J. H. Dekker (2009). Beauty and Simplicity: the Power of Fine Art in Moral Teaching on Education in Seventeenth-Century Holland. *Journal of Family History*, 34(2):166-188.
71. Jeroen J. H. Dekker (2015). Images as Representations: Visual Sources on Education and Childhood in the Past. *Paedagogica Historica*, 51(6):702-715.
72. Joan Sangster (1992). Review of No Burden to Carry by Dionne Brand. *University of Toronto Quarterly*, 62(1):120-129.
73. Johanna Miller Lewis (1989). A Social and Architectural History of the Girls' Boarding School Building at Salem, North Carolina. *The North Carolina Historical Review*, 66(2):125-148.
74. John Abbott (1989). Schools in the West: Essays in Canadian Educational History. *History of Education Quarterly*, 29(2):307-310.
75. John Ramsland (2006). The Aboriginal School at Purfleet, 1903-1965: A Case Study of the Segregation of Aboriginal Children in New South Wales, Australia. *History of Education Review*, 35(1):47-57.
76. Jonathan Dewald (1998). Roger Chartier and the Fate of Cultural History. *French Historical Studies*, 21(2):221-240.
77. Josephine May (2009). A Challenging Vision: the Teacher-student Relationship in The Heartbreak Kid. *Journal of Australian Studies*, 33(4):405-415.
78. Joyce Goodman (1997). A Question of Management Style: Women School Governors, 1800

-1862. *Gender and Education*, 9(2):149-160.

79. Joyce Goodman (2000). Languages of Female Colonial Authority: The Educational Network of the Ladies Committee of the British and Foreign School Society, 1813-1837. *Compare: A Journal of Comparative and International Education*, 30(1):7-19.
80. Joyce Goodman (2003). Troubling Histories and Theories: Gender and the History of Education. *History of Education*, 32(2):157-174.
81. Joyce Goodman (2007). Working for Change Across International Borders: the Association of Headmistresses and Education for International Citizenship. *Paedagogica Historica*, 43(1):165-180.
82. Joyce Goodman (2012). The Gendered Politics of Historical Writing in History of Education. *History of Education*, 41(1):9-24.
83. Joyce Goodman (2015). Gender, Cosmopolitanism, and Transnational Space and Time: Kasuya Yoshi and Girls' Secondary Education. *History of Education*, 44(6):683-699.
84. Joyce Goodman (2005). A Cloistered Ethos? Landscapes of Learning and English Secondary Schools for Girls: an Historical Perspective. *Paedagogica Historica*, 41(4-5):589-603.
85. Joyce Goodman, Ian Grosvenor (2009). Educational Research — History of Education a Curious Case?. *Oxford Review of Education*, 35(5):601-616.
86. Joyce Goodman, Jane Martin (2000). Breaking Boundaries: Gender, Politics, and the Experience of Education. *History of Education*, 29(5):383-388.
87. Jurgen Herbst (1999). The History of Education: State of the Art at the Turn of the Century in Europe and North America. *Paedagogica Historica*, 35(3):737-747.
88. Karl Schwartz (1971). Filipino Education and Spanish Colonialism: Toward an Autonomous Perspective. *Comparative Education Review*, 15(2):202-218.
89. Kathleen M. Fennessy (2005). 'Making Difficult Things Plain': Learning at the Industrial and Technological Museum, Melbourne, 1870-1880. *History of Education Review*, 34(2):59-77.
90. Kay Whitehead (2019). Histories of teachers in Australia and New Zealand from the 1970s to the present. *History of Education Review*, 48(2):242-258.
91. Kearney, R. (1997). The Crisis of Narrative in Contemporary Culture. *Metaphilosophy*, 28(3):183-195.
92. Kilemi Mwiria (1991). Education for Subordination: African Education in Colonial Kenya. *History of Education*, 20(3):261-273.
93. Konrad H. Jarausch (1986). The Old "New History of Education": A German Reconsideration. *History of Education Quarterly*, 26(2):225-241.
94. Kristine Alexander (2016). Childhood and Colonialism in Canadian History. *History Compass*, 14(9):397-406.
95. LaGarrett J. King (2015). "A Narrative to the Colored Children in America": Lelia Amos Pendleton, African American History Textbooks, and Challenging Personhood. *The Journal of Negro Education*, 84(4):519-533.

96. Lawrence Stone (1969). Literacy and Education in England 1640 – 1900. *Past & Present*, 42:69 – 139.
97. Lawrence Stone (1979). The Revival of Narrative: Reflections on a New Old History. *Past & Present*, 85(1):3 – 24.
98. Lorenzo Cherubini (2010). Aboriginal Educational Policy in Ontario Canada: Professional and Moral Implications for Catholic Teachers. *International Journal of Education*, 2(1):1 – 15.
99. Lorenzo Cherubini (2011). Understanding the Marginalized in the Mainstream: Teacher Education and Aboriginal Educational Policy in Ontario (Canada). *International Journal of Education*, 3(2):1 – 21.
100. Lowe, R. (2002). Do We Still Need History of Education: Is It Central or Peripheral?. *History of Education*, 31(6):491 – 504.
101. Lydon Megarrity (2005). Indigenous Education in Colonial Papua New Guinea: Australian Government Policy 1945 – 1975. *History of Education Review*, 34(2):41 – 58.
102. Lynn Fendler (2008). The Upside of Presentism. Paedagogica Historica, 44(6):1 – 15.
103. Lynn Fendler (2012). Lurking, Distilling, Exceeding, Vibrating. *Studies in Philosophy and Education*, 31:315 – 326.
104. Lynn Fendler (2008). New and improved educationalising: faster, more powerful and longer lasting. *Ethics and Education*, 3(1):15 – 16.
105. Lynn Fendler, Paul Smeyers (2015). Focusing on Presentation Instead of Representation: Perspectives on Representational and Non-representational Language-games for Educational History and Theory. *Paedagogica Historica*, 51(6):691 – 701.
106. Marc Armitage (2005). The Influence of School Architecture and Design on the Outdoor Play Experience within the Primary School. *Paedagogica Historica*, 41(4 – 5):535 – 553.
107. Marcus Harmes (2020). Education in the Apocalypse: Disaster and Teaching on British Television. *History of Education Review*, 49(2):165 – 179.
108. Marta Danylewycz, Alison Prentice (1986). Revising the history of teachers: A Canadian perspective. *Interchange*, 17(2):135 – 146.
109. Michael B. Katz (1966). American History of Textbooks and Social Reform in the 1930'S. *Paedagogica Historica*, 6(1):143 – 160.
110. Michal B. Katz, Ian E. Davey (1972). School Attendance and Early Industrialization in a Canadian City: A Multivariate Analysis. *History of Education Quarterly*, 12(3):271 – 293.
111. Mona Gleason (2005). Beyond Disciplined Questions: Interdisciplinarity and the Promise of Educational Histories. *Historical Studies in Education/Revue d'histoire de l'éducation*, 17(1):169 – 178.
112. Nancy M. Sheehan (1984). Collegiate Women in Canada. *History of Education Quarterly*, 24(1):143 – 151.

113. Naomi Hersom (1983). We Walked Very Warily: A History of Women at McGill by Margaret Gillett. *Canadian Journal of Education/Revue canadienne de l'éducation*, 8(1):162-164.
114. Naomi Norquay (1990). Life History Research: Memory, Schooling and Social Difference. *Cambridge Journal of Education*, 20(3):291-300.
115. Nelleke Bakker (2007). Sunshine as Medicine: Health Colonies and the Medicalization of Childhood in the Netherlands c. 1900-1960. *History of Education*, 36(6):659-679.
116. Olwen Hufton (1982). Approaches to the History of the Western Family 1500-1914. *Social History*, 7(3):344-346.
117. Patrick J. Harrigan (1986). A Comparative Perspective on Recent Trends in the History of Education in Canada. *History of Education Quarterly*, 26(1):71-86.
118. Peter Burke (2001). Picturing History. *History Today*, 51(4):22.
119. Peter Cunningham (2000). Moving Images: Propaganda Film and British Education 1940-45. *Paedagogica Historica*, 36(1):389-406.
120. Philip Gardner & Peter Cunningham (1997). Oral History and Teachers' Professional Practice: a Wartime Turning Point?. *Cambridge Journal of Education*, 27(3):331-342.
121. Philip Gardner (1995). Teacher Training and Changing Professional Identity in Early Twentieth Century England. *Journal of Education for Teaching: International Research and Pedagogy*, 21(2):191-218.
122. R. A. Houston (1993). Literacy, Education and the Culture of Print in Enlightenment Edinburgh. *History*, 78(254):373-392.
123. Rebecca Swartz, Peter Kallaway (2018). Editorial: Imperial, global and local in histories of colonial education. *History of Education*, 47(3):362-367.
124. Remy Low, Eve Mayes, Helen Proctor (2019). Tracing the Radical, the Migrant, and the Secular in the History of Australian Schooling: Contrapuntal Historiographies. *History of Education Review*. 48(2):137-141.
125. Rhonda Povey, Michelle Trudgett (2019). There was Movement at the Station: Western Education at Moola Bulla, 1910-1955. *History of Education Review*, 48(1):75-90.
126. Richard Aldrich (2003). The Three Duties of the Historian of Education. *History of Education*, 32(2):133-143.
127. Robert D. Gidney (1973). Elementary Education in Upper Canada: A Reassessment. *Ontario History*, 65:1969-1985.
128. Robert M. Leavitt (1994). "They Knew How to Respect Children": Life Histories and Culturally Appropriate Education. *Canadian Journal of Education/Revue canadienne de l'éducation*, 19(2):182-193.
129. Roy Lowe (1996). Postmodernity and Historians of Education: A View from Britain. *Paedagogica Historica*, 32(2):307-323.
130. Roy Lowe (2012). The Changing Role of the Academic Journal: the Coverage of Higher

Education in History of Education as a Case Study, 1972 – 2011. *History of Education*, 41(1):103 – 115.
131. Ruth Watts (2005). Gendering the Story: Change in the History of Education. *History of Education*, 34(3):225 – 241.
132. Sharon Anne Cook, Ruby Heap, Lorna McLean (2018). The Writing of Women into Canadian Educational History in English Canada and Francophone Quebec, 1970 to 1995. *Historical Studies in Education/Revue d'histoire de l'éducation*, 30(1):9 – 23.
133. Sheldon S. Cohen (1969). Book Review. *The New England Quarterly*, 42(2):291.
134. Sol Cohen, Marc Depaepe (1996). History of Education in the Postmodern Era Introduction. *Paedagogica Historica*, 32(2):301 – 305.
135. Sol Cohen (1996). Postmodernism, The New Cultural History, Film: Resisting Images of Education. *Paedagogica Historica*, 32(2):395 – 420.
136. Sol Cohen (2004). An Essay in the Aid of Writing History: Fictions of Historiography. *Studies in Philosophy and Education*, 23:317 – 332.
137. Stephen J. Ball (1983). Imperialism, Social Control and the Colonial Curriculum in Africa. *Journal of Curriculum Studies*, 15(3):237 – 263.
138. Stone, L. (1969). Literacy and Education in England 1640 – 1900. *Past and Present*, 42(1):69 – 139.
139. Tamara K. Hareven (1977). Family Time and Historical Time. *Daedalus*, 106(2):57 – 70.
140. Tamara K. Hareven (1971). The History of the Family as an Interdisciplinary Field. *Journal of Interdisciplinary History*, 2(2):399 – 414.
141. Thomas Laqueur (1976). The Cultural Origins of Popular Literacy in England 1500 – 1850. *Oxford Review of Education*, 2(3):255 – 275.
142. Thomas Robisheaux (2017). Microhistory Today: A Roundtable Discussion. *Journal of Medieval and Early Modern Studies*, 47(1):7 – 52.
143. Thomas S. Popkewitz (1997). The production of reason and power: Curriculum history and intellectual traditions, *Journal of Curriculum Studies*, 29(2):131 – 164.
144. Thomas S. Popkewitz (2011). Curriculum History, Schooling and the History of the Present. *History of Education*, 40(1):1 – 19.
145. Thomas S. Popkewitz (2013). The Sociology of Education as the History of the Present: Fabrication, Difference and Abjection. *Discourse: Studies in the Cultural Politics of Education*, 34(3):1 – 18.
146. Timothy Stanley (1998). The Struggle for History: Historical Narratives and Antiracist Pedagogy. *Discourse: Studies in the Cultural Politics of Education*, 19(1):41 – 52.
147. Tom O'Donoghue (2009). Colonialism, education and social change in the British Empire: the cases of Australia, Papua New Guinea and Ireland. *Paedagogica Historica*, 45(6):787 – 800.
148. Una Ni Bhroimeil, (2008). Images and Icons: Female Teachers' Representations of Self

and Self-control in 1920s Ireland. *History of Education Review*, 37(1):4-15.
149. Verna J. Kirkness (1999). Aboriginal Education in Canada: A Retrospective and a Prospective. *Journal of American Indian Education*, 39(1):14-30.
150. Vicentel Rafael (2015). The War of Translation: Colonial Education, American English, and Tagalog Slang in the Philippines. *The Journal of Asian Studies*, 74(2):283-302.
151. Wilson J. Donald (1969). Canadian Historiography. *History of Education Quarterly*, 9(1):88-96.

## (四) 英文著作

1. Alison L. Prentice et al (1988). *Canadian Women: A History*. Toronto: Harcourt Brace Jovanovich.
2. Alison L. Prentice, Susan E. Houston (1975). *Family, School and Society in Nineteenth Century Canada*. Toronto: Oxford University Press.
3. Anita Sinner(2013). *Unfolding the Unexpectedness of Uncertainty Creative: Nonfiction and the Lives of Becoming Teachers*. Rotterdam: Sense Publishers.
4. Anna Davin (1996). *Growing up Poor: Home School and Street in London, 1870-1914*. London: River Oram Press.
5. Ariès Philippe (1962). *Centuries of Childhood: A Social History of Family Life*. translated from the French by Robert Baldick. New York: Vintage Books.
6. Barbara Finkelstein (1989). *Governing the Young: Teacher Behavior in Popular Primary Schools in 19th-Century United States*. Philadelphia: Falmer Press.
7. Barnita Bagchi, Eckhardt Fuchs, Kate Rousmaniere (2014). *Connecting Histories of Education: Transnational and Cross-cultural Exchanges in (Post) Colonial Education*. New York & Oxford: Berghahn Books.
8. Beverly Boutilier, Alison L. Prentice (1997). *Creating Historical Memory: English-Canadian Women and the Work of History*. Vancouver: UBC Press.
9. Byran Simon (1989). *The History of Education*. Peter Gordan and R. Szreter edited, *History of Education: The Making of a Discipline*. London: The Woburn Press.
10. C. Whitehead (2003). *Colonial Educators: The British Indian and Colonial Education Service 1858-1953*. London: I. B. Tauris.
11. Celia Haig-Brown (1988). *Resistance and Renewal: Surviving the Indian Residential School*. Vancouver B. C. : Tillacum Library.
12. Charles E. Phillips (1957). *The Development of Education in Canada*. Toronto: W. J. Gage.
13. Cristina Yanes-Cabrera, Juri Meda. Antonio Vinao(2017). *School Memory: New Trend in the History of Education*. Switzerland : Springer International Publishing.
14. D. LaCapra (1988). *History and Criticism*. Ithaca: Cornell University Press.
15. David Hamilton(1989). *Towards a Theory of Schooling*. London: Falmer.
16. Deborah Gorham (1980). *The Victorian Girl and the Feminine Ideal*. London: Routledge.

17. E. C. Woodley(1932). *The History of Education in the Province of Quebec*. Montreal: McGill University.
18. Elizabeth Smyth, Sandra Ackereal (1999). *Challenging Professions: Historical and Contemporary Perspectives on Women's Professional Work*. Toronto: University of Toronto Press.
19. Elsie Ina Watt(1986). *Attitudes of Parents toward the Development of Public Schooling in Victoria, B. C. During the Colonial Period*. Vancouver: Simon Fraser University.
20. F. Henry Johnson (1964). *A History of Public Education in British Columbia*. Vancouver: University of British Columbia.
21. F. Henry Johnson(1968). *A Brief History of Canadian Education*. Toronto: McGraw Hill.
22. G. K. Sheane(1948). *The History and Development of the Curriculum of the Elementary School in Alberta*. Toronto: University of Toronto.
23. G. Sherington, C. Jeffery (1998). *Fairbridge: Empire and Child Migration*. Perth: University of Western Australia Press.
24. Gauri Viswanathan (1989). *Mask of Conquest: Literary Study and British Rule in India*. New York: Columbia University Press.
25. H. William, Jr. Sewell (2005). *Logics of History: Social Theory and Social Transformation*. Chicago: University of Chicago Press.
26. Harold Silver, Pamela Silver (1974). *The Education of the Poor: the History of a National School 1824–1974*. London: Routledge and Kegan Paul.
27. Hsu-Ming Teo, Richard White(2003). *Cultural History in Australia*. Sydney: UNSW Press.
28. I. Grosvenor, K. Rousmaniere, M. Lawn (1999). *Silences and Images: The Social History of the Classroom*. New York: Peter Lang.
29. I. Grosvenor, L. Rosén Rasmussen (2018). *Making Education: Material School Design and Educational Governance. Educational Governance Research*. Switzerland: Springer, Cham.
30. Ivor Goodson (2013). *Developing Narrative Theory: Life Histories and Personal Representation*. London: Routledge.
31. J. A. Mangan (1988). *Benefits Bestowed? Education and British Imperialism*. Manchester: Manchester Press.
32. J. Barman, N. Sutherland, J. D. Wilson (1995). *Children, Teachers & Schools: In the History of British Columbia*. Calgary, Alberta, Canada: Detselig Enterprises.
33. J. M. McCutcheon (1941). *Public Education in Ontario*. Toronto: Best.
34. J. W. Tibble (1966). *The Study of Education*. London: Routledge and Kegan Paul.
35. James Donald (1992). *Sentimental Education: Schooling, Popular Culture and the Regulation of Liberty*. London and New York: Verso.
36. Jeroen J. H. Dekker (2010). *Educational Ambitions in History: Childhood and Education*

*in an Expanding Educational Space from the Seventeenth to the Twentieth Century*. Frankfurt am Main: Peter Lang GmbH.

37. Jerry Paquette, Gerald Fallon (2010). *First Nations Education Policy in Canada: Progress or Gridlock?*. Toronto: University of Toronto Press.
38. Joel Spring (2014). *The American School: A Global Context from Puritans to the Obama Administration*. New York: McGraw-Hill Education.
39. John Pulliam, James Van Patten(1999). *History of Education in America*. New Jersey: Prentice-Hall.
40. Josephine May (2013). *Reel Schools: Schooling and the Nation in Australian Cinema*. Bern: Peter Lang.
41. Joy Parr (1982). *Childhood and Family in Canadian History*. Toronto: McClelland and Stewart.
42. K. Bhabha (1994). *The Location of Culture*. London & New York: Routledge.
43. K. Goodenow, William E. Marsden (1992). *The City and Education in Four Nations*. Cambridge: Cambridge University Press.
44. K. Tsianina Lomawaima(1995). *They Called It Prairie Light: The Story of Chilocco Indian School*. Lincoln: University of Nebraska Press.
45. K. Weiler, S. Middleton(1998). *Telling Women's Lives: Narrative Inquiries in the History of Women's Education*. Buckingham: Open University Press.
46. Kathleen Casey(1993). *I Answer With My Life: Life Histories of Women Teachers Working for Social Change*. New York: Routledge Press.
47. Lawrence A. Cremin(1980). *American Education: The National Experience, 1783–1876*. New York: Harper and Row.
48. Leoncio Vega Empires (2014). *Post-Coloniality and Interculturality: New Challenges for Comparative Education*. Rotterdam: Sense Publishers.
49. Malcolm Seaborne and Roy Lowe(1977). *The English School, its Architecture and Organisation, Vol. II, 1870–1970*. London: Routledge & Kegan Paul.
50. Marcia Landy (2001). *The Historical Film: History and Memory in Media*. New Brunswick: Rutgers University Press.
51. Maris A. Vinovskis(1999). *History and Educational Policymaking*. New Haven: Yale University Press.
52. Martin Carnoy (1974). *Education as Cultural Imperialism*. New York: David McKay Co.
53. Michael Anderson(1980). *Approaches to the History of the Western Family 1500–1914*. Macmillan: Studies in Economic and Social History.
54. Michael B. Katz (1968). *The Irony of Early School Reform: Educational Innovation in Mid-Nineteenth Century Massachusetts*. Cambridge, Massachusetts: Harvard University Press.
55. Michael B. Katz (1971). *Class, Bureaucracy, and Schools: The Illusion of Educational*

*Change in America.* New York: Praeger Publishers.
56. Michael B. Katz (1976). *The People of Hamilton, Canada West: Family and Class in a Mid-Nineteenth Century City.* Cambridge, Massachusetts: Harvard University Press.
57. Michael B. Katz (1987). *Reconstruction American Education.* Cambridge, Massachusetts: Harvard University Press.
58. Michael B. Katz (1995). *Improving Poor People: The Welfare State, the "Underclass", and Urban School as History.* Princeton, New Jersey: Princeton University Press.
59. Myriam Vuc̆ković(2008). *Voices from Haskell: Indian Students between Two Worlds, 1884–1928.* Lawrence: University Press of Kansas.
60. Natalie J. Sokoloff (1992). *Black Women and White Women in the Professions.* New York: Routledge.
61. Peggy Bristow, Dionne Brand(1991). *We're Rooted Here and They Can't Pull Us Up: Essays in African Canadian Women's History.* Toronto: University of Toronto Press.
62. Peter Gordon(1974). *The Victoria School Manager.* London: The Woburn Press.
63. R. J. Evans (1997). *In Defence of History.* London: Granta.
64. R. K. Goodenow, W. E. Marsden(1992). *The City and Education in Four Nations.* Cambridge: Cambridge University Press.
65. Rebecca Swartz (2019). *Education and Empire: Children, Race and Humanitarianism in the British Settler Colonies, 1833–1880.* Cham: Springer Nature Switzerland AG.
66. Robert Aman(2018). *Decolonising Intercultural Education: Colonial Differences, the Geopolitics of Knowledge, and Inter-epistemic Dialogue.* New York: Routledge.
67. Royal Commission on the Status of Women (1970). *Report of the Royal Commission on the Status of Women in Canada.* Ottawa: Information Canada.
68. Ruby Heap, Alison L. Prentice(1998). *Gender and Education in Ontario: An Historical Reader.* Toronto: Canadian Scholars Press.
69. Sarah Steinbock-Pratt (2019). *Educating the Empire: American Teachers and Contested Colonization in the Philippines.* New York: Cambridge University Press.
70. Sjaak Braster, Ian Grosvenory, Maria del Mardel Pozo (2011). *The Black Box of Schooling: A Culture History of Classroom.* Brussels: P. I. E-Peter Lang.
71. Solsirée del Moral(2013). *Negotiating Empire: The Cultural Politics of Schools in Puerto Rico, 1898–1952.* Madison: The University of Wisconsin Press.
72. Sue Middleton(1993). *Educating Feminists: Life Histories and Pedagogy.* New York: Teachers College Press.
73. Susan E. Houston, Alison L. Prentice(1988). *Schooling and Scholars in Nineteenth-Century Ontario.* Toronto: University of Toronto Press.
74. T. Allender (2007). *Ruling Through Education: The Politics of Schooling in the Colonial Punjab.* Delhi: New Dawn Press.
75. T. Allender(2014). *Brown Ladies: Learning Femininity in Colonial India, 1800–1932.* Manchester: Manchester University Press.

76. Thomas S. Popkewitz(1983). *Change and Stability in Schooling: The Dual Quality of Educational Reform*. Geelong: Deakin University Press.
77. Thomas S. Popkewitz. (1987). *The Formation of School Subjects: The Struggle for Creating an American Institution*. New York: The Falmer Press.
78. Thomas S. Popkewitz(1991). *A Political Sociology of Education Reform: Power/Knowledge in Teaching, Teacher Education and Research*. New York: Teachers College Press.
79. Thomas S. Popkewitz (2007). *Cosmopolitanism and the Age of School Reform: Science, Education, and Making Society by Making the Child*. New York: Routledge Taylor & Francis Group.
80. Thomas S. Popkewitz (2013). *Rethinking the History of Education Transnational Perspectives on Its Questions, Methods, and Knowledge*. New York: Palgrave Macmillan.
81. Thomas S. Popkewitz (2015). *The Reason of Schooling: Historicizing Curriculum Studies, Pedagogy, and Teacher Education*. New York: Routledge.
82. Thomas S. Popkewitz, Barry M. Franklin, Miguel A. Pereyra(2001). *Cultural History and Education: Critical Essays on Knowledge and Schooling*. New York: Routledge Falmer.
83. Thomas S. Popkewitz, Marie Brennan (1998). *Foucault's Challenge: Discourse, Knowledge, and Power in Education*. New York: Teachers College Press.
84. Wayne J. Urban (2011). *Leaders in the Historical Study of American Education*. Rotterdam: Sense Publishers.
85. William Marsden(1991). *Educating the Respectable: A Study of Fleet Road Board School, Hampstead, 1879-1903*. London: The Woburn Press.

（五）网站

1. Europeana Collections 1914-1918［EB/OL］.［2020-01-30］. https://www.europeana.eu/portal/en/collections/world-war-I/.
2. Share Your Immigration Stories & Experiences & complaints［EB/OL］.［2020-02-10］. https://www.immigrationboards.com/general-uk-immigration-forum/share-your-immigration-stories-experiences-compl-t10456.html.
3. The Irish Memorial. Share Your Story［EB/OL］.［2020-02-10］. https://www.irishmemorial.org/stories/share-your-story/.

（六）硕博论文

1. Mary Claire Martin (2000). *Children and Religion in Walthamstow and Leyton, 1740-1870*. PhD thesis. London: Goldsmith College.
2. 高爱平.加拿大现当代教育史学发展研究[D].武汉:华中师范大学硕士学位论文,2021.
3. 邹春芹.美国城市教育史学发展历程研究[D].南京:南京师范大学博士学位论文,2013.
4. 延建林.布拉恩·西蒙和二战后英国教育史学[D].北京:北京师范大学博士学位论文,2003.

# 后　记

本书是国家社会科学基金教育学一般课题"西方后现代教育史学研究"的最终研究成果。

我对后现代主义这一主题的兴趣，始于 2012 年。2012 年 6 月到 2013 年 6 月，受国家留学基金委公派委派，我前往美国威斯康星大学麦迪逊分校课程与教学系访学，合作导师是有着"教育界的福柯"之称的托马斯·波克维茨（Thomas Popkewitz）教授。波克维茨教授有一个"周三组会（Wednesday Group）"，经常要求同学们在该组会上阅读西方后现代主义者福柯、德里达、利奥塔等人的著作。回国后，我以"波克维茨的历史化教育史学"为题，撰写了一篇关于其后现代教育史学思想的论文，发表于《华东师范大学学报（教育科学版）》2017 年第 4 期。

在本书写作期间，我受教育部教师司和留学基金委的委派，在英国伦敦大学学院教育学院跟随英国著名教育史学家加里·麦卡洛赫（Gary McColloch）教授访学半年。在此期间，我收集了大量与本项目相关的资料。麦卡洛赫教授也对本项目提出过一些指导意见，对此我表示感谢！

本书能得以顺利完成，特别感谢南京师范大学周采教授的悉心指导。感谢浙江大学田正平教授，武汉大学程斯辉教授，湖南师范大学易红郡教授，华中师范大学喻本伐教授、申国昌教授、杨汉麟教授对项目实施的宝贵建议。感谢课题组成员的鼎力支持！感谢华中师范大学教育学院教育学一流学科建设项目的支持！

本书"加拿大后现代教育史学"一章是在北京师范大学教育学部博士生高爱平的硕士论文上修改而成的。本书部分内容已发表在《教育研究》《华东师范大学学报（教育科学版）》《教育学报》《比较教育研究》《现代大学教育》和《教育研究与实验》等杂志上，在此一并表示感谢。本书也参阅了国内外诸多相关研究成果，对此表示感谢！向华东师范大学出版社教育心理分社彭呈军社长及责任编辑老师表示诚挚的谢意！

本书虽已完成，但对教育史学的研究犹如初上高楼，自感前路漫漫。恩师陆有铨教授

# 后　记

已于2019年11月12日仙逝,在他生病期间,我去看望时,曾在其病床前郑重汇报,"未来将从哲学的视角去研究教育史学",让当时已丧失语言功能的恩师面露喜色。只有不断进取,才能无愧于先人。至于成效如何,还请各位方家批评指正!

李先军

2023年2月